THOMAS MANN

Gesammelte Werke

IN EINZELBÄNDEN

FRANKFURTER AUSGABE

HERAUSGEGEBEN
VON
PETER DE MENDELSSOHN

S. FISCHER VERLAG

THOMAS MANN

Die Forderung des Tages

ABHANDLUNGEN UND KLEINE AUFSÄTZE
ÜBER LITERATUR UND KUNST

NACHWORT VON
HELMUT KOOPMANN

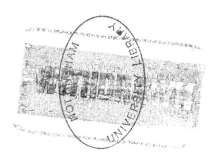

S. FISCHER VERLAG

308483

Für diese Ausgabe:
© 1986 S. Fischer Verlag GmbH, Frankfurt am Main

DIE FORDERUNG DES TAGES

HEINRICH HEINE, DER ›GUTE‹

Daß Sympathie da ist – o gewiß, das ist sehr erfreulich, aber daß sie sich immer wieder darin äußert, ihn als ›guten‹ Menschen rehabilitieren zu wollen, das ist wirklich komisch!

Es mag sehr ungerecht von mir sein, aber ich habe nun einmal die Gewohnheit, sobald ich den Ausdruck ›ein guter Mensch‹ höre, ihn mir blitzschnell ins Französische zu übersetzen: un bonhomme. Man könnte sagen, das sei ein Beispiel für den berühmten Schritt vom Sublimen zum Ridikülen; meiner Auffassung nach jedoch haftet dem ›gut‹ in obengenannter Verbindung so herzlich wenig Sublimes an, daß ich mich geradezu beleidigt fühlen würde, wollte mir jemand dies Prädikat aufhängen.

Indem ich dies sage, stelle ich mich nicht einmal auf meinen sonstigen philosophischen Standpunkt, von dem aus ich die Wörter ›gut‹ oder ›schlecht‹ als soziale Aushängeschilder ohne jede philosophische Bedeutung und als Begriffe betrachte, deren theoretischer Wert nicht größer ist als derjenige der Begriffe ›oben‹ und ›unten‹. Ein absolutes ›gut‹ oder ›schlecht‹, ›wahr‹ oder ›unwahr‹, ›schön‹ oder ›häßlich‹ gibt es eben in der Theorie ebensowenig, wie es im Raum ein oben und unten gibt.

Aber, wie gesagt, so viel Philosophie braucht man gar nicht herbeizuziehen, um zu verstehen, wie ich's meine. Ganz abgesehen von aller grauen Theorie bitte ich nur, mir einmal in der grünen, goldnen Praxis einen *wirklich guten* Menschen zu zeigen. Ich schwöre, sofort reuig an meine Brust zu schlagen, denn ein solcher Mensch wäre eine wahrhaft sublime Erscheinung.

Aber bleibt mir nur vom Leibe mit diesen sogenannt ›guten‹ Menschen, deren Gutheit aus praktischem Lebensegoismus und christlicher Moral mit möglichster Inkonsequenz zusammengestückt ist! Von dem sublimen, wirklich guten

Idealmenschen bis zu diesem ridikülen Otterngezüchte ist nicht ein Schritt, sondern eine Ewigkeit!

Und zu einer solchen Spottgeburt sucht man immer und immer wieder meinen Heine zu stempeln?!

Da schwang sich wieder vor einiger Zeit im ›Zeitgeist‹ (Beiblatt des ›Berliner Tageblattes‹) ein Dr. Conrad Scipio zu einem mäßig stilisierten Artikel auf, betitelt ›Zur Würdigung Heinrich Heines‹, in dem er aus Leibeskräften bewies, das lockere Privatleben Heine's müsse man demselben unbedingt verzeihn, weil er doch im Grunde ein guter Protestant und ein guter Patriot – und was der Komplimente noch mehr waren – gewesen sei.

Es ist zu lächerlich! Glaubt denn dies Menschlein wirklich, dem toten Harry Heine einen nachträglichen Gefallen zu erweisen, wenn er ihm solche Beschränktheiten nachsagt?! – Und was das für Beweise waren! – Weil Heine mit Begeisterung von Martin Luther spricht, ist er ein Protestant! Mit demselben Rechte könnte Dr. Scipio sagen: Weil Heine – ich glaube, es war auf Helgoland – so eifrig die Bibel las und dies Buch schön fand, war er ein Pietist! – Heinrich Heine, mein lieber Doktor, bewunderte Napoleon, trotzdem er ein geborener Deutscher war, und er bewunderte Luther, trotzdem er *kein* Protestant war.

Wozu überhaupt der Versuch, ihn selbst Lügen zu strafen, der sich noch in der letzten Zeit seines Lebens, als er »zuweilen an Auferstehung glaubte« und die Hoffnung aussprach: »Dieu me pardonnera, c'est son metier –« eifrig gegen das ausgestreute Gerücht verwahrte, er sei »in den Schoß einer Kirche zurückgekehrt«? Für Geister, wie Sie *keiner* sind, werter Herr, sind dogmatische Zwangsjacken irgendwelcher Art nun mal nicht geschneidert.

Ach, und dann das Triumphgeschrei, das man so oft anhören muß: »Ja, nicht wahr? Daß dieser Heine, der sein Lebtag unsere Moral mit Worten und Werken geschmäht hat, auf dem Totenbett zu seinem Gott zurückgekehrt ist, das beweist doch ...« Was, bitte? Wann ist das Urteil eines Menschen am kompetentesten, wenn er in körperlicher und geistiger Blüte steht, oder wenn er zum »spiritualistischen Skelett« abgemagert der gänzlichen Auflösung entgegensiecht?! –

Und das Patriotentum Heine's!

Ich muß gestehen, die diesbezüglichen Beweise Dr. Scipio's sind mir zu weit entfallen, als daß ich sie hier heranziehen könnte. Aber wenn von Patriotismus überhaupt die Rede ist, fällt mir immer ein Wort ein, das ich einmal von einem meiner Schullehrer hörte. »Goethe's Geist«, so sagte etwa dieser Brave, »war zu groß und gewaltig, um an der Vaterlandsliebe Genüge zu finden; er umspannte die ganze Welt.« Bravo! Also der Mensch muß schon von einer gewißgradigen geistigen Beschränktheit sein, um Patriot sein zu können. – Ob wohl Heine's Geist beschränkt genug dazu war, Herr Dr. Scipio? –

Nein, Heinrich Heine war kein ›guter‹ Mensch. Er war nur ein *großer* Mensch. – Nur ...!

Der Artikel war übrigens so dürr und würdig geschrieben, daß der Doktor dafür Professor zu werden verdiente. –

[ÜBER DIE KRITIK]

Ich sehe über Ihre Absichten nicht ganz klar. Sie wünschen die Kritik als Kunst ausgeübt zu sehen – also: Kerr? Sie lassen Ihr Unternehmen von Hermann Sudermann segnen – also: Wider die »Verrohung«? Ich bekenne Ihnen offen, daß dies letztere mein Fall nicht wäre und ich durch ihn eine Liga von großen Männern wider die respektlose Kritik als etwas unendlich Lächerliches empfinde. Aber eine solche Liga läßt die Liste von Herren, die Ihnen zustimmend geantwortet haben, fast schon vor dem geistigen Auge erstehen.

Ich gehöre ja wohl gewissermaßen zu den »Schaffenden«; aber ich hege eine Schwäche für alles, was Kritik heißt, – und diese Liebe möcht' ich nie besiegen. Mein Interesse für den Publizisten Maximilian Harden sieht der Bewunderung zum Verwechseln ähnlich, und dem Doktor Kerr verdanke ich so viel tiefes Amüsement, daß es barer Unsinn wäre, öffentlich wider ihn zu zeugen. Ich glaube, daß es die besten Autoren nicht sind, die mit der Kritik auf gespanntem Fuße leben, denn ich glaube, daß kein moderner schaffender Künstler das Kritische als etwas seinem eigenen Wesen Entgegengesetztes empfinden kann. Als Schiller seine »sentimentalische« Kunstart gegen die »naive« Goethe's abgrenzte, empfand er die seine als die modernere. Er bemerkte auch, daß es viel schwerer sei, einen Brief des Julius zu schreiben, als die beste Szene zu machen (wobei man sich fragen mag, ob nicht das Schwerere auch schon das Höhere ist); und in der Schule von Geistern, die Nietzsche in Europa geschaffen, hat man sich längst gewöhnt, den Begriff des Künstlers mit dem des Erkennenden zu identifizieren. Kritik ist Geist. Der Geist aber ist das Letzte und Höchste. Und wenn, was freilich besser nicht geschähe, Geist und Kunst einander in die Haare geraten, so bin ich imstande und nehme Partei für den Geist. Ich bin, um es ganz schlicht zu sagen, für *Freiheit*. Das Wort, der Geist sei frei. Die Kritik sei frei – denn sie ist das steigernde, befeuernde, emportreibende Prinzip, das Prinzip der Ungenügsamkeit. Jeder Künstler sollte die Freiheit vor allem und in allem lieben. Und mit einem Autor, der kritischer Angriffe wegen greint und grollt oder gar in die Gerichte läuft, habe ich nichts zu schaffen.

Dies alles mag für den bestimmten praktischen Fall nicht in Betracht kommen, aber ich möchte es wenigstens so obenhin aussprechen, um ein Mißverständnis über meine Stellung zur »Kritik« in irgendeinem höheren Sinne zu vermeiden. Daß bei unserer Tageskritik vieles, beinahe alles im argen liegt, – wer wollte es leugnen! Und wer sollte also nicht freudig Ihr Unternehmen begrüßen, das hier Wandel und Abhilfe schaffen möchte. Wer die Kritik am höchsten ehrt, muß es am tiefsten bedauern, wenn sie unter ungünstigen Umständen und von unwürdigen, unberufenen Persönlichkeiten ausgeübt wird. Unsere Tageskritik ist in der Tat in den meisten Fällen nicht würdig, ja, einfach nicht imstande, das letzte und entscheidende Wort über irgendeine Produktion zu sprechen. Eine Instanz *über* ihr zu schaffen, wie Sie es offenbar mit Ihrer »Kritik der Kritik« beabsichtigen, ist ein Versuch, der gewiß aufs wärmste akklamiert werden muß. Nur darf – dies ist mein ceterum censeo – diese Instanz nicht unter dem Gesichtspunkt errichtet werden, daß die Kritik etwas dem »Schaffen« Entgegengesetztes sei. Es gibt keinen wahren Künstler – heute gewiß nicht! –, der nicht zuletzt auch ein Kritiker wäre, und kein wahrhaft kritisches Talent ist denkbar ohne die Feinheiten und Kräfte der Seele, welche den Künstler machen.

VERSUCH ÜBER DAS THEATER

I

Wovon ist die Rede? Vom Drama oder vom Theater? Wir wollen die Begriffe scheiden und jedem das Seine geben.
Das Drama ist eine Dichtungsform (die höchste, – sagen die Dramatiker). Aber das Theater ist nicht die Literatur (obwohl ein großer Teil des Publikums und der Kritiker das glaubt).
Das Theater macht Zugeständnisse an die Literatur, es hat den Ehrgeiz, sich ihrer bisweilen anzunehmen. Aber das Theater hat die Literatur nicht nötig, es könnte offenbar ohne sie bestehen. Das ist mein Eindruck. Man muß dem Theater eine gewisse absolute Daseinsfähigkeit und Daseinsberechtigung zuerkennen. Es ist ein Gebiet für sich, eine Welt für sich, eine fremde Welt: die Dichtung ist dort nicht eigentlich zu Hause, auch die dramatische nicht, wie wir sie verstehen, – das ist mein Eindruck.
Wenn Sarcey sagen durfte: »Monsieur de Goncourt ne comprend absolument rien au théâtre«, hat dann das Theater irgend etwas mit unserer Kunst zu tun?
Ich vergesse nie den Ruck, den mir vor Jahr und Tag eine

Zeitungsnachricht versetzte. Es war eine Theaternotiz, eines jener Telegramme, welche die Theaterreferenten um Mitternacht in alle Winde senden. In einer großen Stadt hatte man das dramatische Gedicht ›Die Kronprätendenten‹ einer Theateraufführung zugrunde gelegt. »Die Aufführung war ansprechend«, hieß es. »Das Stück vermochte nicht zu interessieren.« – »Das Stück«, »vermochte nicht«, »zu interessieren«. Und zwar die ›Kronprätendenten‹. Eine Nachricht aus der Welt des Theaters. Eine wildfremde, unheimliche Nachricht.

Die Fremdheit, die Befremdung ist gegenseitig. Wenn Nietzsche über das Theater bittere und tief geringschätzige Dinge sagte, wenn Maupassant erklärte: »Le théâtre m'ennuye«, wenn Flaubert schrieb, er kehre von der Beschäftigung mit seinem Theaterstück zu »ernsten Dingen«, »à des choses sérieuses« zurück (die erstbesten Beispiele), – man gibt uns von drüben die Geringschätzung, die Langeweile zurück. Ich sprach einmal mit einem Hoftheaterregisseur, einem Mann vom Ruf literarischen Feinsinns. Es war von dem Dänen Herman Bang die Rede. Irgendwo war ein Theaterstück dieses Romanciers aufgeführt worden. Es sei recht gut, seine erste brauchbare Leistung, sagte der Regisseur; was er früher gemacht habe, sei nichts. Ich war verletzt und betrübt. »Oh«, sagte ich, »er hat wundervolle Sachen geschrieben, – ›Tine‹ zum Beispiel, ›Am Wege‹« … »Ja, ja, Romane und Aufsätze, das mag sein«, – sagte der Regisseur.

Das Theater, das Theaterstück ist die Kunst dort drüben. Der Roman, die Novelle sogar ist Geschreibsel. Ein Theaterkritiker hat drucken lassen, in dem erzählenden Satze »Rosalie erhob sich, strich ihr Kleid glatt und sagte: ›Adieu!‹« sei Kunst doch strenggenommen nur das Wort »Adieu«. Er wiederholte: »Strenggenommen.«

Man weiß nichts von uns auf der anderen Seite. Man kennt uns dort nur, insofern wir dem Theater unseren Tribut gezollt haben. Herr M. hatte seinem Namen durch eine Reihe distinguierter Romane und Novellen literarischen Ruf verschafft. Dieser Ruf genügte ihm nicht; das Rampenlicht, die plumpe Öffentlichkeit, der sinnfällige Ruhm des Theaters verlockte ihn, und er schrieb ein Stück, in welchem er allen sich darbietenden dichterischen Wirkungsmöglichkeiten fast heldenmütig entsagte, sich mit zusammengebissenen Zähnen den Bedürfnissen der Kulisse bequemte. Nehmen wir an, daß das Stück ›Kaspar Hauser‹ hieß. Es ward aufgeführt, hatte einigen Erfolg und verschwand wieder. Es vergeht Jahr und Tag, aber der Romancier hat Blut geleckt, er beißt die Zähne zusammen und schreibt ein zweites Stück. Und nun notiert die Theaterpresse: »Herr M., der Verfasser des ›Kaspar Hauser‹, hat soeben eine Verskomödie beendet ...« Herrn M. als »Verfasser des Kaspar Hauser« zu bezeichnen, ist eine boshafte Ungerechtigkeit. Aber in der Welt des Theaters kommt er ausschließlich als solcher in Betracht.

Um in das seltsam zweideutige Verhältnis zwischen Literatur und Bühne Einblick zu gewinnen, genügt es, unsere Theaterkritik am Werke zu sehen. Der Typus des Oncle Sarcey kommt bei uns ja nicht vor. Dieser joviale Zyniker, der auf die Bretter schwor, dem Publikum immer recht gab, mit dem Kulissenroutinier durch dick und dünn ging und dem zarten Dichter ins Gesicht sagte, daß er absolut gar nichts vom Theater verstehe, – hat unter unseren Dramaturgen nicht seinesgleichen. Dennoch war er zum mindesten eine reinliche Existenz. Er gehörte mit Leib und Seele zur Welt jenseits der Rampe, zum Schauspieler, zum Stückeschreiber, er stand mit behäbiger Entschlossenheit auf seiten des Theaters, gegen die Literatur, er liebte das Theater, und wenn er ihm seine ganze Aufmerksamkeit, die Arbeit seines Lebens widmete, so war das eine klare und einleuchtende Handlungsweise. Aber wer erklärt mir die Folgerichtigkeit in dem Verhältnis unserer Kritiker zum Theater? Das Theater ist in weit handgreiflicherem Sinne als die übrigen Kunstarten eine gesellschaftliche Angelegenheit, und eine prompte journalistische Berichterstattung über die theatralischen Ereignisse der Saison ist in der Ordnung. Klage ist laut geworden, daß diese Berichterstattung neuerdings meist in einem überaus verdrossenen, höhnischen und spielverderberischen Tone ausgeübt werde, – aber hier ist nicht die Rede von der großen Menge der Zeitungsschreiber, die mit Ächzen und Ekel ihre Freiplätze einnehmen, in Telegrammen und spaltenlangen Artikeln die Dramatiker verhöhnen, das Theater verfluchen und dennoch durch die Eilfertigkeit und den Umfang eben dieser Berichterstattung dem Publikum von der Wichtigkeit des Theaters eine Meinung eingeben, die ihnen selbst offenbar ein Gelächter ist. Es handelt sich um die kleine Anzahl wirklicher Schriftsteller unter den Theaterkritikern, jene vier bis sechs (oder sind es so viele nicht?), die den Namen von Autoren verdienen und für ihre Produktionen mit Recht den Wert eines selbständigen Kunstgebildes in Anspruch nehmen. Wie steht dieser Typ zum Theater? Er hat keinerlei praktische Beziehungen zur Schaubühne, er empfindet literarisch durch und durch und stellt an das Drama rein dichterische Ansprüche. Sarceys Urteilsweise widert ihn an, er verabscheut den Schauspielerstandpunkt und würde nie den traurigen Mut besitzen, ein Publikum zu rechtfertigen und zu loben, das einen Dichter ausgepfiffen hat. Er ist Nietzscheschüler und literarischer Künstler genug, um jeden Augenblick das Theater zu verachten. Er spricht gelegentlich mit nervösem Widerwillen von der üblen Atmosphäre »euerer« Schauspielhäuser, erklärt beiläufig, ein Drama weit lieber im stillen Arbeitszimmer zu lesen als es vor bemalter Leinwand dargemimt zu sehen und ist, vor allem, sofort bereit, gegenüber dem Schaffen irgendeines Theatermannes für seine eigene Kunstleistung – eine kritische, redende Kunstleistung – mit leidenschaftlichem Stolz den höheren Rang in Anspruch zu nehmen. Aber wenn er das Theater nicht liebt, wenn er nicht daran glaubt, wenn er es verachtet: warum opfert er ihm seine Zeit, seine Kunst? Warum macht er nicht lieber die lyrische, novellistische Produktion zum Gegenstand seiner Analyse? Weil er das Drama für vorzüglich betrachtenswert, es stillschweigend für die höchste Gattung der Dichtkunst hält? Unmöglich! Kann jemand, der, wahrscheinlich mit Recht, bei jeder Gelegenheit darauf besteht, einen Wesensunterschied zwischen Kritiker und Dichter nicht anzuerkennen, logischerweise an einen dichterischen Vorrang des Dramas glauben? Die Ahnen und Meister eines solchen Schriftstellers sind selbstverständlich nicht unter den Dramatikern zu finden. Er glüht vielleicht für Flaubert, bekennt sich als Schüler irgendeines großen Prosaisten wie Jean Paul, – und wenn die Tatsache, daß er mit diesem Geschmack, dieser Herkunft ausschließlich über das Drama, und zwar über das aufgeführte Drama, also über das Theater schreibt, sich erklären läßt, – er selbst hat niemals eine Erklärung dafür gegeben.

II

Ich habe mich hier, ungelehrt, anspruchslos und für meine Person, mit der Anschauung auseinanderzusetzen, als ob dem Drama im Reiche der Dichtkunst der Vorrang gebühre. Ich überlege im voraus, daß heute, zur Zeit der Zwischengattungen, der Mischungen und Verwischungen, des autonomen Künstlertums, – daß es heute, wo kaum Grenzen festzuhalten sind, eine Narrheit ist, auch noch von Rangordnung zu reden. Aber selbst davon abgesehen, ist der Vorrang des Dramas eine Anmaßung, um es herauszusagen, und die ästhetischen Gründe, mit denen er verteidigt wird, sind akademisches Gerümpel.

»Das Drama«, sagte der Oberlehrer, »ist das Höchste, denn es ist die Dichtungsart, welche die übrigen in sich vereinigt.« – Sehr gewiß. Und zwar dergestalt, daß es zuweilen gerade das Epos ist, was eigentlich aus dem Drama wirkt. Ich denke an Wagner (wer dächte nicht unausgesetzt an ihn, wenn vom Theater die Rede ist?). Ich habe oft Mühe, ihn als Dramatiker zu empfinden. Ist er nicht eher ein theatralischer Epiker? Keins seiner Gebilde verleugnet im Untertone das Epos, und von den schildernden musikalischen Vorspielen zu schweigen, so habe ich stets seine großen Erzählungen am meisten geliebt, eingerechnet die Nornenszene der ›Götterdämmerung‹ und das unvergleichlich epische Frage- und Antwortspiel zwischen Mime und dem Wanderer. Was ist der dramatische Wotan, den wir im ›Rheingold‹ auf der Bühne sahen, verglichen mit dem epischen in Sieglindens Erzählung vom Alten im Hut? – Grillparzer verwarf das mehrteilige Drama als Form. Das Drama sei eine Gegenwart, es müsse alles, was zur Handlung gehöre, in sich enthalten. Die Beziehung eines Teiles auf den anderen gebe dem Ganzen *etwas Episches*, wodurch es freilich an Großartigkeit gewönne ... Aber das ist die Wirkung des ›Ringes‹! Und ich begreife nicht, wie man im ›Leitmotiv‹ ein wesentlich dramatisches Mittel erblicken kann. Es ist im Innersten episch, es ist homerischen Ursprungs ...

Dies nebenbei. Aber angenommen, daß eine größere Zusammengesetztheit der Wirkungsarten einer Kunstgattung ihren vornehmeren Rang bewiese: sind im Roman nicht Lyrik und Drama beschlossen, so gut wie im Drama Epos und Lyrik? Ist der Roman nur Deskription und äußere Gegenständlichkeit oder nicht etwa auch Seele, Leidenschaft, Schicksal? Bietet er nicht die lyrische Kontemplation des Monologs und die stürmische Bewegung der Wechselrede? Gibt er nicht Mienenspiel, Gestenspiel, pittoreske Sichtbarkeit? Wo ist der Dramenauftritt, der eine moderne Romanszene an Präzision des Gesichtes, an intensiver Gegenwart, an Wirklichkeit überträfe? Sie ist tiefer, behaupte ich, diese Wirklichkeit, im Roman als im Drama. Nietzsche bemerkt, die Kunst gehe von der natürlichen Unwissenheit des Menschen über sein Inneres als Leib und Charakter aus. »In der Tat«, sagt er in dem skeptischen Aphorismus vom ›Geschaffenen Menschen‹, »in der Tat verstehen wir von einem wirklichen, lebendigen Menschen nicht viel und generalisieren sehr oberflächlich, wenn wir ihm diesen und jenen Charakter zuschreiben: Dieser unserer sehr unvollkommenen Stellung zum Menschen entspricht nun der Dichter, indem er ebenso oberflächliche Entwürfe zu Menschen macht (in diesem Sinne ›schafft‹), als unsere Erkenntnis der Menschen oberflächlich ist. Es ist viel Blendwerk bei diesen geschaffenen Charakteren der Künstler ... Der erdichtete Mensch, das Phantasma, will etwas Notwendiges bedeuten, doch nur bei solchen, welche auch einen wirklichen Menschen nur in einer rohen, unnatürlichen Simplifikation verstehen ... Sie sind also bereit, das Phantasma als wirklichen, notwendigen Menschen zu behandeln, weil sie gewöhnt sind, beim wirklichen Menschen ein Phantasma, einen Schattenriß, eine willkürliche Abbreviatur für das Ganze zu nehmen.« Dies trifft, wie mir scheint, für das Drama in weit höherem Maße zu als für den Roman, wie denn der große Erkenner und Entlarver des Künstlers den Dramatiker auch besonders nennt. Der Vorwurf der rohen Simplifikation und willkürlichen Abbreviatur, der Oberflächlichkeit, des Schattenhaften und der mangelhaften Erkenntnis ist beim Roman weit weniger am Platze als beim Drama; es ist kein Zufall, daß sich im Schauspiel und nicht im Roman jene stereotypen und in bezug auf individuelle Vollständigkeit überhaupt völlig anspruchslosen Figuren und Vogelscheuchen des ›Vaters‹, des ›Liebhabers‹, des ›Intriganten‹, der ›Naiven‹, der ›komischen Alten‹ entwickelt haben, und es ist ein Gleichnis, daß auf der älteren Bühne die Darsteller dem Publikum nur im Provil und von vorn, aber niemals von hinten sich zeigen durften. Der Roman ist genauer, vollständiger, wissender, gewissenhafter, tiefer als das Drama, in allem, was die Erkenntnis der Menschen als Leib und Charakter betrifft, und im Gegensatz zu der Anschauung, als sei das Drama das eigentlich plastische Dichtwerk, bekenne ich, daß ich es vielmehr als eine Kunst der Silhouette und den erzählten Menschen allein als rund, ganz, wirklich und plastisch empfinde. Man ist Zuschauer bei einem Schauspiel; man ist mehr als das in einer erzählten Welt. Ich weiß nicht, ob je einem Dramatiker die Genugtuung geworden ist, aus einem Publikum den Gruß zu vernehmen: »Wir leben mit deinen Menschen, wir kennen sie ganz, sie sind uns vertrauter noch als die Nächsten, Liebsten«? »Ich habe deinem Helden einen Abend lang zugesehen, und im vierten Akt hat er mich ungemein erschüttert«, – das ist alles, was man dem Dramatiker sagen kann. Viel mehr als der Roman kommt das Schauspiel der natürlichen Unwissenheit des Menschen über den Menschen entgegen. Es ist eine Kunst für solche, die auch im wirklichen Leben gewohnt sind, eine Handlung für einen Charakter, fremdes Schicksal für ein Objekt des Gaffens und eine rohe Vereinfachung, das Produkt ihrer egoistischen Erkenntnisträgheit, für den ganzen Menschen zu nehmen. Es ist eine Kunst für die Menge ...

Aber der Oberlehrer meinte es anders? Er hatte seinen Friedrich Theodor Vischer gelesen und bewegte bei sich das berühmte Zitat: »Wenn nun, was in der Lyrik gewonnen ist, diese subjektive Durchdringung der Welt, sich vereinigt mit dem, was das Epos durch seine Objektivität voraus hat, wenn die von dem Weltinhalte erfüllte Brust diesen wieder entläßt, daß er sich als gegenständliches, aber aus dem Innern geborenes Bild ausbreite, so kehrt der Kreis der Poesie ganz gefüllt in sich zurück – das Drama ist die Poesie der Poesie« –? Allen schuldigen Respekt. Jedoch den Roman hat Goethe eine »subjektive Epopöe« genannt, in welcher der Dichter sich die Erlaubnis ausbitte, die Welt auf seine Weise zu behandeln, und Vischers Definition des Dramas paßt Wort für Wort auf den ›Wilhelm Meister‹, während sie auf jedes zweite Drama – nicht paßt. »Der Dichter«, sagt er, »spricht im Drama durch Personen, in die er sich verwandelt und die er gegenwärtig vor uns auftreten läßt, sein Inneres aus.« Das trifft auf so manchen großen und kleinen Fall nicht zu. Nähme man es aber als ideale Regel hin, so wäre der Unterschied zwischen Epos und Drama dieser, daß der erzählende Dichter nicht nur durch die Personen, *sondern auch durch die Dinge* sein Innerstes ausspricht – woraus sich zum mindesten ergibt, daß der Erzähler mehr zu tun hat als der Dramatiker, nämlich all das noch, was diesem der Schauspieler, der Regisseur, der Maler, der Maschinist und selbst der Musiker abnehmen. Beim Theater dagegen herrscht Arbeitsteilung (meinetwegen unter der Oberlei-

tung eines kleinen, großköpfigen Generals und Meisters aus
Sachsen) – und das ›Gesamtkunstwerk‹, meine Herren Bay-
reuther, kann nicht theatralisch sein.

Was aber die Gegenwärtigkeit des Dramas betrifft (gesetzt,
daß man sie ernstlich als einen Vorzug anführen will), so
lehrt beinahe der erste Blick, daß es damit eine heikle
Bewandtnis hat. Stellt wirklich das Drama eine Gegenwart
vor? Wäre eine Kunst, die Gegenwärtigkeit vorgäbe, überhaupt noch Kunst und nicht vielmehr Gaukelei? Hebt nicht
alle Kunst über das Gegenwärtige hinaus, und spricht nicht
alle Kunst wie das Märchen: »Es war einmal«? Jeder kennt
›Hoffmanns Erzählungen‹ von Offenbach, dieses musikalische Drama, dessen drei Akte, zwischen Vorspiel und
Nachspiel, die Erzählungen seines Helden leibhaftig vorführen. Nun, hier ist ein Schaustück, das offenkundig jedem
Anspruch an Gegenwärtigkeit entsagt und nichts sein will
als szenische Erzählung. Kein sehr hohes Beispiel meinethal-
ben; aber steht es nicht vielleicht immer so? Ist Wagner
gegenwärtig? Dies Werk, das dort oben in kindlich hohen
Gesichten erscheint, während die Musik ihre singende, sagende Flut zu den Füßen der Ereignisse dahinwälzt, – trachtet es wirklich nach Gegenwart? Aber was frage ich! Schiller
hat geantwortet, als er erklärte, daß »die Tragödie in ihrem
höchsten Begriffe immer zu dem epischen Charakter hinauf,
das epische Gedicht ebenso zu dem Drama herunterstrebe«.
Hinauf, sagt er, und: herunter. Was bedeutet das? Das
bedeutet, daß der mächtigste deutsche Theatraliker bis
Wagner den epischen Kunstgeist als den höchsten empfunden hat. Und nun gehe man mir mit dem alten Vischer und
seiner »Poesie der Poesie«!

Sind es also technische Vornehmheiten, höhere Verpflichtungen der Komposition, welche das Drama auszeichnen?
Aber jene zweckvolle Auswahl und Sonderung, jene Straff-
heit, Konzentration und ideelle Gedrängtheit, die das Drama
verlangt, man findet sie im hohen Roman sowohl wie in der
Novelle wieder. »Keine Details außerhalb des Gegenstandes«, gebot Flaubert, »die gerade Linie.« Wenn man mir

aber einwendet, der Roman besitze die Möglichkeit, sich selbst zu interpretieren, und hierin beruhe seine Unterlegenheit als Form, so antworte ich, daß das Drama diese Möglichkeit ebensowohl besitzt wie der Roman und naiver- oder ironischerweise sehr oft davon Gebrauch gemacht hat; daß aber beide desto weniger davon Gebrauch machen werden, je weiter sie in der technisch-formalen Entwicklung vorgeschritten sind. Es ist die berühmte ›indirekte Charakteristik‹, die hier in Rede steht und von der man nicht gar zuviel Aufhebens machen sollte. Indirektheit ist, sollte ich denken, Bedingung und Merkmal aller gestaltenden Kunst, und es ist die psychologische Beschränktheit jeder bindend direkten Beurteilung und Kennzeichnung seiner Geschöpfe, die dem Künstler wider die innersten Instinkte geht. Sind Dostojewski's ›Dämonen‹ direkt? Ist Meyers ›Heiliger‹ direkt? Das mögen ausgesuchte Beispiele sein. Aber der bescheidenste Geschichtenerzähler wird heute nicht mehr seine Heldin dem Publikum als ›liebenswürdiges Frauenzimmer‹ präsentieren, sowenig wie, ohne romantischen Spaß, der Dramatiker eine Figur mit den Worten einführen wird: »Ich bin der wackere Bonifacius.« Der epische Vortrag ist kein Gerede, sondern ein Darstellungsmittel, und wer erfahren hat, welcher ironischen Unverbindlichkeit, welcher feinsten Indirektheit er fähig ist, der weiß, daß der Roman an Raffinement der Technik dem Drama zum mindesten nicht nachsteht; daß die Kunst sich nicht unbedingt im Dialog zu offenbaren braucht; und daß der Satz von Rosalie und ihrem »Adieu« der keckste Unsinn ist, der je schwarz auf weiß gesetzt wurde.

Nein, nein, das alles ist das Begriffsgerät einer Ästhetik, die sich heute noch sperrt, dem Roman überhaupt das Heimatrecht im poetischen Reiche zuzuerkennen. Das ist ein wenig streng. ›Werther‹ und die ›Wahlverwandtschaften‹ sind also nicht geradezu Poesie. ›Niels Lyhne‹, ›Madame Bovary‹, ›Väter und Söhne‹ haben mit Dichtkunst nicht allzu viel zu schaffen. In der Tat, wenn man, wie ich, von der Lektüre gewisser Briefe kommt, so neigt man in diesen Dingen zur

Ungeduld. Ich hätte mögen den Vater Flaubert mit diesen Grenzwächtern sich auseinandersetzen hören. »Ich habe«, schreibt er, »gestern sechzehn Stunden gearbeitet, heute den ganzen Tag, und heute abend habe ich endlich die erste Seite beendet.« Sonderbarer Schwärmer! Nur das Drama wäre deiner Qualen würdig gewesen!

Denn es ist, sagte der Oberlehrer, die späteste Offenbarung der Poesie, es tritt erst auf, wenn Epos und Lyrik bereits zu voller Entwicklung gelangt sind, es ist das Höchste, weil es das Letzte ist. – Erstens könnte man das bestreiten. Eine Art hymnischer Produktion, die den Keim der Tragödie enthielt, ging, wenn ich recht unterrichtet bin, bei den Griechen dem Epos voraus. Die Gesänge Homers, wie wir sie kennen, sind etwas viel Späteres als die Tragödie. Und menschlich-individuell betrachtet, stellt sich die Reihenfolge der Dichtungsarten jedenfalls als zartes Empfinden, irrendes Handeln und episches Überschauen dar. Was ich aber meine, ist, daß nicht notwendig das Letzte auch immer das Beste und Höchste zu sein braucht. Richard Wagner, in einer seiner scharfsinnigen, aber haarsträubend theatromanischen Parteischriften, schildert mit großer Eindringlichkeit die Entstehung des Dramas aus dem mittelalterlichen Roman. Er spricht dabei von Shakespeare, betont aber selbst, daß wir ihn uns »hier immer im Verein mit seinen Vorgängern und nur als deren Haupt denken müssen«, und gibt also zu bedenken, daß Shakespeare nur auf unvergleichlich geniale Weise tat, was vor ihm viele auf eine sehr simple und mechanische Weise getan hatten, daß er einen seinem Wesen nach populären Jahrmarkts-Kunstbetrieb, den er vorfand, mit seiner Dichterseele erfüllte. Das Drama entstand, indem man den von Handlung wuchernden Abenteurerroman für die leibliche Vorstellung auf der Schaubühne übersetzte. »Die vorher von der redend erzählenden Poesie nur geschilderten menschlichen Handlungen« ließ man »von wirklich redenden Menschen, die für die Dauer der Vorstellung in Aussehen und Gebärde mit den vorzustellenden Personen der Romane sich identifizieren, Auge und Ohr zugleich vorführen«. Das bedeutete nichts als eine Verweltlichung der alten Mysterienbühne, eine Stoffzufuhr für eben diese Bühne aus profanem Bereich. Da nun nicht mehr allgemein vertraute und durch die bloße Sichtbarkeit sofort verständliche Legenden, Lebensbilder und fromme Historien aufgeführt wurden, sondern neu arrangierte und unbekannte Abenteuer, denen zu folgen nicht ohne die Verständlichkeit des Wortes möglich war, so ergab sich die Beschränkung der Gassen- und Angerszene auf das geschlossene Theater und damit der Zwang, die sorglos ausgesponnenen, tagelang dauernden Schauspiele der Mysterienbühne für ein fest versammeltes, nicht mehr unter freiem Himmel ab- und zuwallendes Publikum auch zeitlich zu begrenzen, die bunte Handlung auf das Wesentliche und Wichtige zusammenzudrängen. Eine Überlegenheit des Dramas in Linienstrenge und Komposition auf freien, inneren, rein idealen Formbetrieb und nicht vielmehr auf die bare, praktische Notwendigkeit zurückzuführen, sehe ich danach keinen Grund. Wenn man sich aber in die Kindlichkeit des Wunsches und Dranges zurückdenkt, der jene erste Volks- und Mysterienbühne ins Leben rief, so gewinnt man, wie mir scheint, den richtigen Gesichtspunkt für die Entstehung des Dramas. Der kleine Junge, welcher, von Indianergeschichten voll, sich selbst den Kopf mit Federn schmückt, sich selbst das Gesicht bemalt, selber den Speer ergreift und, indem er »sich in Aussehen und Gebärde mit den darzustellenden Personen identifiziert«, die Abenteuer, von denen seine Einbildung sich lange genährt hat, schließlich persönlich nachspielt, – handelt nicht anders als das Volk, das die Gestalten seiner mythischen, religiösen, belletristischen Welt sich endlich im Mummenschanz auf der Bretterbühne vor Augen führt. Unser Drama, nach seinem Ursprunge nichts als die leiblich redende Darstellung des Romans, bedeutet gegen das Epos schlechterdings keinen Schritt vorwärts, keine Erfüllung und Vollendung, sondern ein Seitenstück und Widerspiel, die kindliche Huldigung eines populären Enthusiasmus vor den Gestalten der Poesie. Es war nichts als eine eifersüchtige Fälschung des alten Zauberers von Bayreuth, das erzählende Kunstwerk den »dürftigen Todesschatten« des sinnlich dargestellten dramatischen zu nennen – und zuletzt eine häßliche Undankbarkeit gegen das Epos, von dem er fast alles empfing. »Das wirkliche Kunstwerk«, sagt er, »erzeugt sich eben nur durch den Fortschritt aus der Einbildung in die Wirklichkeit, das ist Sinnlichkeit.« Aber auch die sinnliche Darstellung tut nicht den letzten Schritt in die Wirklichkeit, denn wenn sie zu Recht in Anspruch nähme, sich an »den vollkommenen sinnlichen Organismus des Menschen« zu wenden, so müßte man sie nicht nur sehen und hören, sondern auch riechen – und was der Forderungen noch mehr sein dürften. Die Wahrheit ist, daß euer »wirkliches Kunstwerk« die geistig-sinnliche Suggestion rein künstlerischer Wirkung zu einem panoptischen Illusionismus vergröbert, der nicht jedermanns Sache ist. Das Schauspiel, das Theater, das wie eine schlechte Illustration die Phantasie tyrannisiert, sie auf eine unzulängliche Sinnfälligkeit festlegt, – das Schauspiel, das Theater mit seiner aufdringlichen Täuschungssucht, seinem technischen Zauberapparat, seinen Guckgenüssen gegen Entree, – das Theater als Kunstsurrogat für die stumpfe Menge, als prädestinierte Volksbelustigung, als eine höhere – und nicht immer höhere – Kinderei: diese Auffassung wäre mir sehr verständlich.

Weit entfernt, irgend etwas Höchstes und Letztes zu geben, ist das Theater vielmehr die naivste, kindlichste, populärste Art von Kunst, die sich denken läßt, und – hier, wenn irgendwo, liegt vielleicht die Erklärung dafür, daß gerade unsere selbstgenügsamsten und artistisch anspruchsvollsten Kritiker, welche sich einer Produktion nicht dienend unterzuordnen, sondern ihr die eigene, womöglich überlegene Produktion entgegenzustellen wünschen, mit Vorliebe das Theater zum Tummelplatz ihres Geistes machen. Das Theater, behaftet mit allen Lächerlichkeiten der Materie, mit seiner Gesellschaftlichkeit, seiner sinnlichen Öffentlichkeit, seinem populären Niveau, bietet dem kritischen Artisten eine viel größere Möglichkeit geistig-stilistischer Überlegenheit als die Literatur; es schreibt sich über das Theater aus einer luftigeren Höhe; der kritische Artist *spielt* mit der Naivität des Theaters wie ein ironischer Dichter mit dem unbewußten und stummen Leben.

III

Es handelt sich um persönliche Fragen. Bin ich dem Theater zu Dank verpflichtet? Hat es irgend an meiner Bildung teilgehabt?

Das Theater ... Es sei fern von mir, eine Stätte zu schmähen, an die sich die Erinnerung so vieler seltsam erregender Eindrücke knüpft! – Man war ein Junge, man durfte das ›Tivoli‹ besuchen. Ein schlecht rasierter, fremdartig artikulierender Mann, in einer ungelüfteten Höhle, die auch am Tage von einer offenen Gasflamme erleuchtet war, verkaufte die Billette, diese fettigen Pappkarten, die ein abenteuerliches Vergnügen verbürgten. Im Saal war Halbdunkel und Gasgeruch. Der ›Eiserne Vorhang‹, der langsam stieg, die gemalten Draperien des zweiten Vorhangs, das Guckloch darin, der muschelförmige Souffleurkasten, das dreimalige Klingelzeichen, das alles machte Herzklopfen. Und man saß, man sah ... Verworrene Bilder kehren zurück: Szene, Symmetrie; eine Mitteltür. Ein Armstuhl rechts, einer links. Ein Bedienter rechts, einer links. Jemand reißt von außen die Mitteltür auf, steckt zuerst den Kopf hindurch, kommt herein und klappt mit beiden Händen die Flügel hinter sich zu, wie man nie im Leben eine Tür hinter sich zuklappt ... Erregter Auftritt, Lustspielkatastrophe. Ein eleganter, kurzlockiger Jüngling, der im Zorn einen Stuhl gegen seinen Widersacher erhebt ... Bediente fallen ihm in den Arm ... Aschenputtel und die Tauben an Drähten! König Kakadu, ein Komiker mit rotem Gesicht und goldener Krone. Eine verkleidete Dame, namens Syfax, Diener der Fee, in grünen Trikots, klatscht in die Hände und bewirkt so den unglaublichsten Zauber ... Ballett, Feenglanz ... rosa Beine, ideale Beine, makellos, himmlisch, trippeln, schwirren, federn nach vorn ... Die Galoschen des Glücks ... Die Versenkung! Jemand sagt im Ärger: »Ich wollt', ich wär', wo der Pfeffer wächst!«, versinkt und steigt wieder auf in tropischer Landschaft, umtanzt von Wilden, wird fast gefressen ... Draußen vorm Saal war ein Ladentisch mit Kuchen, Schaumhügeln mit roter Süßigkeit auf dem Grunde. Man vergrub die Lippen im Schaum. Bunte Lampen glühten. Und der Garten war voller Leut' ...

Welcher Rausch! Welche Entgleistheit der Seele! War sie ästhetischen Wesens? Ein erstes Schönheitserlebnis? Ich weiß es nicht. Das Ästhetische beginnt ja recht früh, recht tief. Was darf man so nennen, was noch nicht? – Schule und Haus lagen grau dahinten. Man wandelte in der Neuheit, im Abenteuer, in der zügellosen Welt. Man hatte sie aus exotischem Trieb ersehnt und erbeten, diese seltsame Betörung, man liebte sie, sicher, man trank, man betrank und vergaß sich darin; man war bereits Moralist genug, sich ihr hinzugeben. Aber war sie das eigentlich Rechte, Gute und Angemessene? Brach man nicht hernach zu Hause zuweilen in Tränen aus? Was war das? Unfähigkeit zur Alltäglichkeit, nachdem man die Schönheit erkannt, oder Katzenjammer und Reue nach einer zehrenden Zerstreuung, an welcher die Beine, die idealen Beine bereits ihren Anteil gehabt? ... Hat je das Spektakel die reine, heitere, vertrauenswürdige, kraftweckende, kraftbildende Wirkung geübt, die Grimms und Andersens Märchen, Reuter und Vossens Homerübersetzung übten? Niemals!

Aber später war Gerhäuser am Stadttheater. Er sang, mit seiner impetuosen Inbrunst, den Tannhäuser. Er sang jeden zweiten Abend den Lohengrin. Er kam im Sturm der Instrumente ein wenig ruckweise herangeschwommen und sang mit weichen Bewegungen: »Nun sei bedankt.« Er kam mit leise klirrenden Schritten nach vorn, er sang: »Heil, König Heinrich!«, und seine Stimme klang wie eine silberne Trompete. Es war damals, daß mir zuerst die Kunst Richard Wagners entgegentrat, diese moderne Kunst, die man erlebt, erkannt haben muß, wenn man von unserer Zeit irgend etwas verstehen will. Und dieses ungeheure und fragwürdige Werk, das zu erleben und zu erkennen ich nicht satt werde, dieser kluge und sinnige, sehnsüchtige und abgefeimte Zauber, diese fixierte theatralische Improvisation, die außerhalb des Theaters nicht vorhanden ist, – sie ist es in der Tat, und sie allein, die mich auf Lebenszeit dem Theater verbindet. Daß man die dramatischen Dichter, Schiller, Goethe, Kleist, Grillparzer, daß man Henrik Ibsen und unsere Hauptmann, Wedekind, Hofmannsthal nicht ebensogut lesen als aufgeführt sehen könne, daß man in der Regel nicht besser tue, sie zu lesen, wird niemand mich überzeugen. Aber Wagner ist nur im Theater zu finden, ist ohne Theater nicht denkbar. Das zu beklagen ist eitel. Zu wünschen, Instinkt und Ehrgeiz möchten ihn nicht zur großen Oper getrieben haben, ist müßig, seine Wirkung vom Theater zu lösen unmöglich. Er hat, mit größerer praktischer Kraft als Schiller, das Pathos des Theaters erhöht, hat ihm, zur höheren Glorie seines eigenen Werkes, Würde und Weihe ertrotzt. Aber jeder Radikalismus lag diesem Reformator fern. Er hat das Theater nicht eigentlich erneut und verjüngt. Er hat keinen Versuch unternommen, aus der Bühne irgend etwas Künstlerisches zu machen, keinen, das Dekorationswesen ins Ernsthafte umzugestalten. Er hatte Lust, sich von Makart Kulissen malen zu lassen – ein bedenklicher Zug, der auf eine Verwandtschaft in wichtigen Instinkten deutet. Er hat den ganzen kindischen Apparat gelassen, wie er war, und sein Theater ist Theater wie jedes andere auch. Es ist der Triumph unserer selbst, die Epoche als Kunst, die Sehnsucht als Meisterschaft, und es ist Theater. Wir haben uns damit abzufinden.

Und so macht man sich denn auf zur Tempelbude, diesem musischen Staatsinstitut. Man wirft sich in Schwarz, man hat Gesellschaftsfieber. Es trifft sich möglicherweise schlecht, man ist vielleicht müde, verstimmt, ruhebedürftig; aber man hat sechs Tage vorher unter bedeutenden Opfern an Zeit und Bequemlichkeit sein Billett von einem Beamten erstanden und ist gebunden. Man wallfahrtet per Droschke zur Gnadenstelle. Man kämpft den Kampf der Garderobe, legitimiert mehrmals, das Billett in der Hand, sein Recht auf Kunst und bekommt seinen Sammetsitz in der Menge angewiesen. Parfüms, Geschwätz, Atlastaillen, die in den Nähten krachen, schlechte Menschengesichter, – Gesichter von Menschen, denen man es ansieht, daß sie weder eines guten Satzes noch einer guten Handlung fähig wären. Und dann dort oben das Ideal, zu dem man, rasch trunken von Musik, emporstarrt, die Scham und Frage im Herzen: Ist das gut, ist es hoch, da es all denen auch gefällt? – Das Ideal hat seine komische Seite. Hunding ist bauchig und x-beinig wie eine Kuh. Sieglindens gepuderter Busen wogt in der Dekolletage ihres Fellgewandes, einer Art prähistorischer Balltoilette. Siegmund, knapp und gespannt auf der Kante des Sessels, läßt die Besorgnis erkennen, seinen Trikots möchte etwas Fürchterliches begegnen. Daß dieser rosige und dralle Mann geradeswegs aus Wildnis, Wetter und tiefstem Elend kommt, ist übrigens nicht zu glauben. Das Herdfeuer stäubt Funken gegen die Kulisse: einen Augenblick verstört dich die Erinnerung an Schreckensberichte von Theaterbränden. Später laufen Fricka's Widder, eine Glanznummer der Regie, ein großes Spielzeug mit Uhrwerk, wirklich über die Bühne, und ihre Beine klappern in den Scharnieren. Warum blöken sie nicht? Man kann heute verlangen, daß sie blöken! ... Und zwischen all dem Schauer und kurze Seligkeiten, Wonnen der Nerven und des Intellekts, Einblicke in wundervolle Beziehungen, in rührende und große Bedeutsamkeiten, wie nur diese nicht zu überbietende Kunst sie gewährt ...

Vielleicht genießt man den Augenblick des reinen Glückes so innig, weil man sie aus eigener ästhetischer Kraft dem Theater abgewinnt, weil es so schwer ist, sie ihm abzugewinnen? Ein eigenartiger Kunstgenuß, der auf dieser Art von Genugtuung beruhte! Auf einer abstrakten Leistung! Auf momentanen Triumphen der Phantasie über die ›Illusion‹! Wo ist die Stimmung, der Ernst, die berühmte ›inter-

esselose Anschauung‹ so beständig bedroht und in Frage
gestellt wie dort, »wo sich die bleichen Dichterschatten
röten wie des Odysseus Schar von fremdem Blut«? Aber
Dichterschatten sind nicht notwendig bleich, und das
fremde Blut ist zuweilen sehr störend. Was ist das für ein
ästhetischer Zustand, der dadurch aufgehoben werden kann,
daß die Hände des Herrn X. mir widerlich sind, oder daß ich
mich auf einem fleischlichen Interesse für die Schultern des
Fräuleins Y. ertappe? – Keine Andeutung? Kein Appell an
die Phantasie, sondern »wirkliche Vorstellung an die
Sinne«? Die Resultate sind da: Meiningen, Possarts Wallen-
stein-Inszenierung, die ›Natur‹ auf der Bühne, Waldbäume,
Mooshügel, Glühwürmer, echte Laub-Soffitten. Aber der
Ehrgeiz des Theaters, durch die Illusion sich selbst vergessen zu machen, ist der aussichtsloseste aller Ehrgeize. Die
Gefahr der Disillusionierung *wächst* mit dem Apparat.
Wenn, im Bilde gesprochen, durch den echten Moosteppich
einmal der Bretterboden guckt, so ist die Ernüchterung
desto größer. Je bescheidener, andeutender das Theater sich
verhält, je weniger es die Sinnlichkeit agaciert, je mehr es die
Einbildung freiläßt, desto möglicher ist eine reine und
künstlerische Wirkung. Wer möchte bezweifeln, daß das
Volk um Shakespeare's Teppichgerüst vor dem Schaupöbel
unserer Theater an ästhetischer Fähigkeit, an ästhetischem
Glück Unendliches voraus hatte?
Ich verstehe mehr und mehr, daß alles, was ich gegen das
Theater einzuwenden habe, sich auf seine wesentliche Sinnlichkeit zurückführen läßt: es ist nicht zuletzt das Sinnlich-
Gesellschaftliche der theatralischen Öffentlichkeit, was mich
abgeneigt macht, was ich verachte. Wie, was wir Öffentlichkeit nennen, wäre wirklich nur Wechselwirkung des
Sinnlichen, und ein ›Mann der Öffentlichkeit‹ wäre notwen-
dig ein Mann des Marktes, des Saales, des Menschendun-
stes? Geht mir! Es steht ganz fest, daß alle bürgerliche
Öffentlichkeit, in welcher Optik, Akustik, physische
Menschlichkeit herrschen, daß Gerichtssaal, Volksver-
sammlung, Theater mit ihrer dicken und törichten Atmo-

sphäre, daß sinnliche Öffentlichkeit schlechte, dumme, unzulängliche Öffentlichkeit ist. Die Öffentlichkeit, die ich meine, ist anders, ist zarter, reinlicher, weiter. Das unsichtbare, lautlose und leidenschaftliche Getriebe in den hohen Gegenden des Geistes, an dem ich teilnehme, wenn ich lese, denke und schreibe, der Zusammenklang aller Willensmeinungen und Sehnsüchte der ringenden Zeit, die stille Fernwirkung des beseelten Wortes, Freundschaften und Feindschaften über Länder und Epochen hinweg, der Name als Begriff, die Persönlichkeit als Ruhm: das ist, flüchtig bezeichnet, die Öffentlichkeit, nach der mir der Sinn steht. Zuletzt ist sie ein wenig anspruchsvoller. Man zuckt die Achseln, in dieser Öffentlichkeit, über Dinge, die im Theater zu fanatisieren vermögen ...

... Was verdanke ich dem Theater? Das Erlebnis der Kunst Richard Wagners; ein Erlebnis, das ich dem Theater abgewinnen mußte und ohne das ich mein Wollen und mein geringes Vollbringen nicht denken kann. – Hat mir je das Theater einen reinen Genuß, eine hohe und zweifellose Schönheitserfahrung vermittelt? Nein.

IV

Nochmals, wir wollen die Begriffe scheiden und jedem das Seine geben. Daß das Theater die Literatur nicht nötig habe, daß man ihm eine gewisse absolute Daseinsfähigkeit zuerkennen müsse, scheint auf den ersten Blick ein spielerisch widersinniger Satz; und doch ist es eine ganz respektable Wahrheit, die man im Auge behalten muß, wenn man, wie ich, den Wunsch hat, dem Theater gerecht zu werden.

Ein junger dramatischer Dichter, dessen sich ein Theater angenommen hatte, erzählte mir, die Proben seien schrecklich gewesen: Seine Dichtung sei in den Händen des Regisseurs gleichsam zum Textbuch für etwas Fremdes, Anderes geworden, für ein Etwas, das noch gar nicht vorhanden gewesen sei ... Dieser junge Autor hatte den Vorgang richtig emp-

funden; daß er ihm Pein machte, zeugt für die Kluft, das Mißverständnis, die Zwietracht, die zwischen Dichtertum und
Theater besteht. Aber zur Entscheidung aufgerufen, auf welcher Seite sich in dieser Zwietracht das Recht befinde, würde
ich unbedenklich für das Theater eintreten. Ich glaube in der
Tat, daß die Dichter sich im Irrtum und überheblichen Unrecht befinden, wenn sie das Theater als ein Instrument, ein
Mittel, eine reproduktive Einrichtung betrachten, welche ih-
retwegen vorhanden wäre, – und nicht vielmehr als etwas
Selbständiges, Selbstgenügsames und auf eigene Art Produktives, als ein Reich, worin sie mit ihrer Dichtung zu Gaste
sind und worin diese Dichtung zum Anhalt und Textbuch
für eine in ihrer Art reizvolle Veranstaltung wird. Das ›Buch‹
verhält sich zur ›Aufführung‹ schlechterdings nicht wie die
Partitur zur Symphonie, sondern vielmehr wie das Libretto
zur Oper. Die ›*Aufführung*‹ ist das Kunstwerk, der Text ist
nur eine Unterlage. Es ist das Kennzeichen jedes rechten
Theaterstücks, daß man es nicht lesen kann, – so wenig wie
ein Opernlibretto. Auch Shakespeare's Stücke sind nicht gelesen worden, schon deshalb, weil sie lange Zeit nur als Souf-
flierbüchlein vorhanden waren. Als Dichter hat er sich mut-
maßlich nur auf Grund seiner Sonette und episch-lyrischen
Arbeiten gefühlt; im übrigen war er ein Schauspieler und
Theaterunternehmer, der sich und seiner Truppe aus Novellen, Historien und alten Dramen ziemlich lebhafte Theaterstücke herrichtete.

Wer war früher: der Schauspieler oder der Dichter, welcher
ihm Stücke schrieb? Die Antwort liegt in der Frage. Ursprung und Wesen alles Theaters ist die mimische Stegreif-
Produktion, und das Stück ist zunächst einmal gar nichts als
ein Aktionsplan, den die Mimen sich selbst vorzeichnen,
eine fixierte Verabredung, deren literarische, das heißt:
geistig-sprachliche Eigenschaften überhaupt nicht in Betracht kommen. Der improvisatorische Grundcharakter alles
Theaters wird klar, wo irgend das Theater sich noch naiv
und unumwunden als Selbstzweck und causa sui gibt. Er
wird klar bei dem geselligen Theaterspiel, wo, nach flüchti-

ger Verständigung über den Hergang, jeder Mitwirkende spricht, was er mag und kann; er wird klar bei dem Ballett-Divertissement, dessen ›Drama‹ eben nur im Kopf der arrangierenden Ballettmeisterin vorhanden ist; er wird am klarsten bei dem ursprünglichsten Volksschauspiel, dem Kasperltheater, wo Goethe's Auseinandersetzung zwischen Direktor, Theaterdichter und lustiger Person hinfällig ist, weil alle drei in einer Person das Spiel betreiben, – und man erinnere sich des »atemlosen« Entzückens, das Richard Wagner eines Tages angesichts solcher Volksunterhaltung empfand, wie er in seinem Aufsatz ›Über Schauspieler und Sänger‹ erzählt! Kein Wunder, dieses Entzücken, bei dem Theaterdirektor von Bayreuth, bei dem, der den ›Ring des Nibelungen‹ in Szene setzte, dies ideale Kasperltheater mit seinem unbedenklichen Helden! Hat denn noch niemandem die hohe Ähnlichkeit dieses Siegfried mit dem kleinen Pritschenschwinger vom Jahrmarkte eingeleuchtet?

Wer war früher: der Schauspieler oder der Dichter, welcher ihm Stücke schrieb? Keiner von beiden; denn der erste Theaterdichter war der Schauspieler, und von dem Chorführer Äschylos bis Shakespeare, bis Molière, bis zu einer Zeit, die noch gar nicht weit zurückliegt, haben alle Schauspieler sich schlecht oder recht ihre Stücke selber geschrieben. Die theatralische Kunst unterscheidet sich wesentlich von der des eigentlichen, des absoluten Dichters; sie ist nicht sowohl ein Dichten für die Bühne, als ein Dichten auf der Bühne, sie ist eine Umwendung der dichterischen Natur ins Mimische, und sie ist ganz eigentlich Sache des Schauspielers oder solcher, die, gleich Lope de Vega, mit ihm in unmittelbarer Fühlung stehen, in seiner Sphäre leben und weben. Die Kluft, die Zwietracht zwischen Dichtung und Theater entstand sofort, als dies zum ersten Male in Vergessenheit geraten war. Was geschah? Die absolute Dichtkunst usurpierte das Schauspiel; sie dachte nicht anders, als daß es ihr zugehöre, ein Stück, ein Glied, eine Erscheinungsform ihrer selbst sei, deren sie sich ernstlich anzunehmen habe; sie versuchte sich darin und fand, daß sie es sehr gut machte.

Das ›Buch‹ emanzipierte sich. Der Theaterdichter, nichts als der Bundesgenosse der Schauspieler bisher, emanzipierte sich und begann, das Theater, das ein Zweck, sich selbst der einzige Zweck gewesen war, als ein Mittel, ein Klavier, ein reproduktives Instrument zu betrachten und zu behandeln. Das mußte sich rächen. Das Theater ist zu stark, zu eigenwillig, um nur die Magd einer Dichtung zu sein, die sich will und ihren Ruhm, nicht den des Theaters. Eine Interessenspaltung zwischen Dichtertum und Bühne vollzog sich, jene »Trennung zwischen Drama und Theater«, welche Hebbel als unnatürlich beklagte, aber deren Bestehen er anerkannte (er schrieb sie bereits von der Auflösung der griechischen Tragödie her). Das Schauspiel ward Literaturgattung, das ›Buchdrama‹ entstand. Aber sehr folgerichtigerweise emanzipierte sich auch der Schauspieler, der einzelne, enorm befähigte, vom theatralischen Bunde, und wie um der Welt die Unabhängigkeit des Theaters vom Dichtertum handgreiflich zu machen, wurde er selbständig, Egoist, Virtuos ... Ich denke an den wildesten und grandiosesten Fall von Virtuosentum, den ich erlebt habe, an Ermete Novelli. Oh, er spielt Shakespeare. Der ›Kaufmann von Venedig‹ heißt bei ihm ›Shylock‹, – er hieße noch besser ›Novelli‹. Alle Stücke, in denen er spielt, heißen Novelli, sind von Novelli, handeln von Novelli. Ich habe ihn in italienischen und französischen Schreckensdramen gesehen, deren Titel ich den dritten Tag vergessen und nach deren Verfassern ich mich überhaupt nicht erkundigt hatte. Geht man zu Novelli eines Stückes wegen? Braucht dieser Mann überhaupt Stücke? Sollte er nicht imstande sein, auch ohne eine fixierte dichterische Unterlage uns einen Abend lang mit seinen Schlagflüssen, Konvulsionen und Totenschluchzern die Haare zu Berge stehen zu machen? Hier ist das Schauspiel, das auf sich selber steht, von sich selber lebt; hier ist Theater aus erster Hand, Theater an sich, hier ist der Schauspieler, welcher den Dichter nicht nötig hat ...

Daß man zu einem Novelli nicht der Stücke wegen, nicht aus irgendeinem literarischen Interesse geht, brauchte nicht festgestellt zu werden. Aber die Frage ist, wie viele Leute überhaupt eines Stückes wegen und um einen Dichter zu hören in das Theater gehen. Die Frage ist, ob nicht, selbst heute und trotz allem Bildungs-Snobismus, in der erfreulichsten Weise die Zahl derer überwiegt, welche einfach kommen, um Theater spielen zu sehen, in aller Unverdorbenheit sich des Schauspiels freuen und sich um das besondere Verdienst, das irgendein unsichtbarer ›Verfasser‹ etwa an der Gesamtveranstaltung haben möchte, gar wenig kümmern. Man liest zuweilen in den Theaterberichten der Zeitungen, der Beifall des Publikums habe ›der Vorstellung‹, nicht dem Stücke gegolten (das Umgekehrte liest man bemerkenswerterweise nie) – und man fragt sich, woher der Reporter das eigentlich weiß. Der Mehrheit des Publikums ist das Schauspiel gottlob noch immer ein Ganzes; das einzig Wirkliche, die eigentliche Kunstleistung sieht diese gesunde Mehrheit in der Vorstellung, der Aufführung, und sie ist weit entfernt, ›das Stück‹ davon abzuziehen und, während sie es nirgend sonst tut, ausgemacht im Theater Literatur zu treiben. Freilich, die Literatur ist eine Macht; sie hat sich des Theaters nicht allein durch die Produktion, sondern auch auf kritischem Wege bemeistert. Die literarische Theaterkritik hat das Publikum ›erzogen‹, sie hat es mit allen Mitteln des Geistes eingeschüchtert und ihm ein tiefes Mißtrauen gegen alle theatralische Wirkung ins Blut geimpft. Das moderne Bühnenstück darf ja nicht eigentlich bühnenfähig sein; eine sublime Untauglichkeit muß es als Dichterwerk kennzeichnen. Nichts steht mehr in Mißkredit, nichts kompromittiert heute mehr als die Fähigkeit, ein tüchtiges Theaterstück zu schreiben, und ich glaube, daß es Schriftsteller gibt, die diese Fähigkeit sorgfältig verhehlen. Wir haben das literarische Theater, wir haben ein literarisches Publikum, – das Premierenpublikum unserer Großstädte, welches dem Rest der Theaterbesucher das Urteil diktiert ... Armes Zeitalter! Jede Unbefangenheit, jeder Wille zum Glück, jeder gute Mut, sich gefallen zu lassen, was einem wirklich gefällt, ist abhanden gekommen. Mehr als einmal hat mich das Erbarmen mit dieser verschüchterten Menge ergriffen, die demütig allerlei Dichterschmerzen, Milieustudien und psychologischen Finessen applaudiert und nicht einmal mehr *weiß*, daß sie sich im stillen nach Schlagflüssen und Totenschluchzern sehnt. Mein Trost ist, daß dieser Zustand nicht lange währen, dieser Terrorismus der Literatur über das Theater nicht von Dauer sein kann. Er hat viel äußere Verwirrung gestiftet, – er hat im Grunde nicht sehr zu schaden vermocht. Die größten Bühnen, mit ehrwürdiger theatralischer Tradition, sind auch heute noch unliterarisch und werden es immer bleiben. In Wien klagen die Zeitungsschreiber, »daß das Burgtheater die wertvollen modernen Dichter fast nie zu Worte kommen lasse«. »Dahin«, klagen sie, »mußte es mit dieser vornehmsten deutschen Bühne kommen, daß ihr Repertoire aus platten Lustspielen und rohen Kolportagestücken besteht!« Man antwortet ihnen in trockenem Tone, daß das Burgtheater (welches, wie ich anmerken möchte, sich fünfzig Jahre lang besonnen hat, ehe es Hebbels ›Gyges‹ zur Aufführung brachte) »zwar Jahrzehnte hindurch die erste deutsche Bühne war, – aber niemals in bezug auf die Stücke, sondern immer nur in bezug auf die Schauspieler«, und daß es »zu allen Zeiten mehr schlechte als gute Stücke gespielt hat«. So ist es in der Ordnung. Der Rang eines Theaters bestimmt sich danach, wie gut oder schlecht dort Komödie gespielt wird, – nicht danach, in welchem Maße es die Literatur begünstigt; und für unsere Bühnenschriftsteller sollte es sich darum handeln, gute Theaterstücke mit möglichst hohem, dichterischem Wert, nicht darum, Dichtungen unter möglichster Berücksichtigung des Theaters herzustellen. Das Schauspiel ist nicht eigentlich ein Literaturzweig, und derjenige, welcher von der Bühne herab zu wirken wünscht, sollte sich nicht so sehr als Dichter, denn als Theatermann und Angehöriger eines theatralischen Bundes fühlen. Viel mehr, als es jetzt der Fall ist, sollten die Schauspiel-Verfasser wieder in und mit dem Theater leben, ja, eine Versöhnung, ein Ineinander-Aufgehen der Interessen ist vielleicht erst möglich, wenn

der Bühnendichter wieder unmittelbar zur Schauspieler-
schaft gehört, als Dichter aus ihr hervorgeht.

Wünsche ich, dem Theater gerecht zu werden – ja oder
nein?

Ich möchte über all dem Wohlwollen das Drama nicht allzu
kurz kommen lassen. Ich mißbillige aufrichtig jede Schrek-
kensherrschaft der Literatur über das Theater, man hat es
gesehen. Aber ich würde ungern den Anschein erwecken,
als wollte ich einer Diktatur des Theaters – unseres Theaters
– auf dichterischem Gebiete das Wort reden. Es wurde
anerkannt, ja betont, daß das Schauspiel eigentlich kein
Literaturzweig sei, und sicherlich wäre es das Natürliche,
das Gesunde, das Ideal, wenn man eine Unterscheidung
zwischen Drama und Theater überhaupt nicht zu machen
brauchte. Aber die Trennung besteht, sie ist anerkannt von
den Größten, und so muß es erlaubt sein, dem Drama als
Dichtungsart auch in diesem Zusammenhang zwei Worte
zu widmen.

Ich glaube, daß heute über den Begriff des Dramas, nicht
nur unter Laien, sondern gerade bei den Hütern und Grenzwächtern der Formen, bei den Theoretikern und Kritikern,
viel Mißverständnis herrscht. Man liest da etwa, das oder
jenes Drama sei keines, sei völlig undramatisch, denn es sei
zu lyrisch, biete nicht genug ›Handlung‹, sei vor allem viel
zu redselig, um für die Aufführung in Betracht zu kommen ... Zu fragen, ob diese Einwände denn eigentlich stich-
haltige Einwände gegen ein Drama als Drama seien, kommt
niemandem in den Sinn. Es scheint, daß vollkommene
Einhelligkeit herrscht in betreff dessen, was eigentlich ›dramatisch‹ sei. Dennoch ist mindestens sicher, daß eine Wandlung mit der Bedeutung dieses Wortes vor sich gegangen
ist, daß man heute etwas damit meint, was ursprünglich
nicht damit gemeint worden ist, und daß man als undramatisch bezeichnet, was einem früheren Geschmack schlechterdings nicht dafür galt.

Alle Welt übersetzt ›Drama‹ mit ›Handlung‹: unsere ganze
Ästhetik des Dramas beruht auf dieser Übersetzung. Trotz-

dem ist sie vielleicht ein Irrtum. Ein Philologieprofessor hat mich darüber belehrt, daß das Wort ›Drama‹ dorischer Herkunft ist und nach dorischem Sprachgebrauch ›Ereignis‹, ›Geschichte‹ bedeutet, und zwar im Sinne der ›heiligen Geschichte‹, der Ortslegende, auf der die Gründung des Kultus ruhte. ›Drama‹ bedeutet also kein ›Tun‹, sondern ein Geschehen, eine Begebenheit, und diesen Sinn nimmt das Wort auch in dem antikisierenden deutschen Drama wieder an. Unter Schillers Werken ist ja nicht allein ›Die Braut von Messina‹ sophokleisch empfunden. »Nicht einmal im ›Wilhelm Tell‹«, sagt Georg Brandes in den ›Hauptströmungen‹, »ist der Gesichtspunkt modern, im Gegenteil, in jeder Beziehung hellenisch. Der Stoff«, sagt er, »ist nicht dramatisch, sondern episch aufgefaßt.« Und er nennt die Handlung »vielmehr eine Begebenheit«. Man sieht, wie hier eine Behandlungsweise, die dem antiken Dichter als dramatisch gegolten hätte und dem antikisierenden Dichter als dramatisch gilt, von einem modernen Standpunkt aus geradezu als ›episch‹ bezeichnet wird: ein Wink zur Vorsicht, jedenfalls im Gebrauche des Vorwurfes ›undramatisch‹. Wollte man ›Drama‹ im Sinne eines Tuns, einer actio, übersetzen, so müßte man zuvor den Begriff der ›Handlung‹ in den der ›heiligen Handlung‹, des Weiheaktes umbiegen, und wie die erste dramatische Handlung eine rituelle Handlung war, so scheint es in der Tat, daß immer das Drama auf dem Gipfel seines Ehrgeizes diesen Sinn wieder anzunehmen strebt. Die Rütliszene ist eine ›Handlung‹ ja nur im Sinne von Zeremonie; und im ›Parsifal‹ ist der Kultus in Form von Taufe, Fußwaschung, Abendmahl und Monstranzenthüllung auf die Bühne zurückgekehrt. Das aber, was man heute unter ›Handlung‹ versteht, schloß das antike Drama bekanntlich gerade aus, verlegte es vor den Anfang des Dramas oder hinter die Bühne, und was es eigentlich vorführte, war die pathetische Szene, der lyrische Erguß, ein Handeln *von* etwas, mit einem Worte die Rede. Es war bei dem klassischen Drama der Franzosen nicht anders. Bei Racine, bei Corneille ist die unmittelbare Darstellung der Handlung fast ganz von der Szene verbannt; sie ist nach außen verlegt, und auf der Bühne herrscht die Motivierung, die Analyse, die hochstilisierte Rede, herrscht mit einem Worte der Vortrag. Henrik Ibsens Wirkung ist gewiß nicht oratorischer Art, aber was war es, technisch genommen, was schon seinen ersten Verehrern bei den ›Gespenstern‹ etwa, bei ›Rosmersholm‹ die Erinnerung an die antike Tragödie weckte? Seine analytische Technik offenbar, und daß er gewissermaßen begann, wo die Handlung zu Ende war, daß er sehr die ›Vorgeschichten‹ liebte, – im Gegensatz hierin zu Richard Wagner, diesem fanatischen Szeniker, dem Vorgeschichten ersichtlich etwas schwer Erträgliches waren. Wagner, mit der Gestaltung seines dramatischen Entwurfes ›Siegfrieds Tod‹ beschäftigt, ertrug es nicht (er erzählt es selbst), daß eine große Vorgeschichte vorm Anfang lag. Er schrieb den ›Jungen Siegfried‹, die ›Walküre‹, das ›Rheingold‹, er ruhte nicht, bis er alles zur direkten ›sinnlichen‹ Vorstellung gebracht hatte, in vier Abenden alles, von der Urzelle, dem Erzbeginn, dem ersten tiefen Es des Rheingoldvorspiels an. Er glaubte, nur so sei es dramatisch. Dennoch sieht jeder Künstler, daß nur seine motivische Technik, eine epische Technik, wie gesagt, ihm diese Ausführlichkeit wünschenswert machte. Was er schuf, war ein szenisches Epos, – etwas Wundervolles, aber kein Drama, im modernen nicht und gewiß nicht im Sinn der Tragödie.

Der heutige Begriff des Dramatischen kann aus dem klassischen Drama nicht abgeleitet werden, sondern ist lediglich unter dem Gesichtspunkt des Theaters zu verstehen, – unseres modernen Schauspiels, wie es sich seit dem Ausgang des Mittelalters aus der leiblichen Darstellung des Abenteuerromans entwickelt hat. Was heute als dramatisch gilt, ist das Abenteuer, ist die ›packende Handlung‹, ist, mit einem Worte, der romaneske Einschlag im Drama, und die beliebtesten Schauspiele sind in Wahrheit nur szenisch komprimierte Romane. Aber man soll nicht glauben, daß Lyrismus, daß ein Mangel an zur Schau gestellter Handlung, daß vor allen Dingen die Herrschaft des Wortes auf der Bühne gegen ein Drama als solches bereits etwas beweise, und daß das Wesen des Dramas in einer wortkargen und atemlosen Aktivität bestehe. Die Griechen, die Franzosen Racine's gingen nicht ins Theater, um sich ein Abenteuer vorstellen zu lassen, sondern um sich an schön gemeißelten Reden zu ergötzen, und gesetzt nur, daß die Rede wirklich für den Vortrag gedacht, auf edle Art mundgerecht und lebendig ist, so ist sie dramatisch.

Vor sechsunddreißig Jahren sagte Theodor Fontane in der ›Vossischen Zeitung‹: »Die Seele sehnt sich nach Klarem, Schönem, Reinem. Und wenn es auch nur Dialoge wären! Ihr modernen Dramatiker aber, gehet hin und seid dieses wiedererwachenden Zuges Zeugen! Es ist nicht nötig, daß Gift und Dolch, mit einer Art von Ausschließlichkeit, für ›Handlung‹ sorgen; das Wort ist eine Macht nach wie vor, und die Schönheit übt ihren Zauber heute wie zu allen Zeiten. ›Die Piccolomini‹ sind ein sogenanntes langweiliges Stück – ach, wieviel interessante gäb' ich dafür hin!«

V

Uns Deutschen ist eine Ehrfurcht vor dem Theater eingeboren, wie keine andere Nation sie kennt. Was dem übrigen Europa eine gesellige Zerstreuung ist, ist uns zum mindesten ein Bildungsfaktor. Noch neulich hat der deutsche Kaiser gegen eine französische Schauspielerin geäußert: Wie die Universität die Fortsetzung des Gymnasiums sei, so sei uns die Fortsetzung der Universität das Theater. Das ist, wie gesagt, das Mindestmaß von Respekt. Nur bei uns konnte eine Schrift wie ›Die Schaubühne als eine moralische Anstalt betrachtet‹ ans Licht treten. Nur bei uns konnte ›Bayreuth‹ konzipiert und verwirklicht werden. Daß das Theater als Tempel möglich sei, ist ein nicht zu entkräftender deutscher Glaube, und dieses tiefernste theatralische Ideal ist vielleicht schuld daran, daß die deutsche Bühne so arm an heiteren Kunstwerken geblieben ist. Selbst für den aber, der die künstlerische Hegemonie des Theaters aus guten Gründen bekämpft, wird jene Möglichkeit immer ein Problem von großem Reiz bedeuten.

Als der tragische Chor im Tanz um den Altar der Thymele schritt, da war das Theater ein Tempel. Und in Bayreuth hat es nach Jahrtausenden zum zweiten Male – wenigstens die Miene eines Nationalaktes und künstlichen Gottesdientes angenommen: wobei der Verdacht, daß dieses Bayreuth doch schließlich nur der Ausdruck höchsten Künstlerehrgeizes und nicht ein Nationalausdruck sei, freilich nicht ganz zu unterdrücken ist. Auf jeden Fall ist es dem hieratischen Genie Richard Wagners gelungen, ein Theater, ein bestimmtes, *sein* Theater zu einer Weihestätte, einem über alles gemeine Theaterwesen erhöhten Haus der Mysterien zu machen, – ein Beginnen, an dem noch Goethe so gründlich scheiterte. Goethe nahm seine Entlassung von der Oberdirektion der Weimarer Bühne, weil der Herzog darauf bestand, daß eine ›Spezialität‹, wie wir heute sagen würden, ein dressierter Pudel nämlich, auf dieser Bühne als Held eines Melodramas vorgeführt werde: er sah eine »Herabwürdigung« des Theaters darin. Vielleicht war hier der Weise einmal nicht weise. Vielleicht ist es unweise, so streng auf die Würde einer einzelnen Bühne zu halten, da doch, vernünftig überlegt, die Bühne an sich nichts, sondern in jedem Falle nur etwas vorstellt. Was ist das Theater? Ein Brettergerüst. Du kannst darauf auf den Händen gehen oder ein unsterbliches Gedicht rezitieren. Wo gestern Ballettbeine schwirrten, schreitet heute Medea. Das Theater verlangt so viel Vergessen, daß man auch noch vergessen mag, was ›gestern‹ war. Das Theater ist eine Gegenwart und hat kein Gestern. Es ist recht häufig nur ein ›Lokal‹; aber sein Ehrgeiz, ein Tempel zu sein, wird immer wieder erwachen, und er ist gut in seinem Wesen gegründet.

Das Wesen des Theaters ist die Sinnlichkeit. Aber von der Sinnlichkeit, der Sinnfälligkeit bis zur Sinnbildlichkeit ist nur ein Schritt. Das Theater als symbolische Anstalt hat mich oft beschäftigt. Die Anzeichen dafür, daß das Sinnbild der eigentliche Sinn des Theaters sei, sind schon in den tiefsten Gegenden der theatralischen Kunst zu finden. Man betrachte in diesem Lichte einmal eine beliebte Bühnenpersönlichkeit niederen Ranges, irgendeine populäre Figur hinter der Rampe eines Vorstadt- oder Operettentheaters. Die Münchener zum Beispiel beklatschen ›ihre‹ ✶ ✶ ✶, diese gedrungene und kreischende Soubrette, die nichts wäre als das, wenn sie nicht den Reiz der Echtheit hätte. Sie ist ein Typus, ein populäres Ideal; sie hat etwas Fürstliches, denn sie ist repräsentativ. Das Volk beklatscht sich selbst, indem es sie beklatscht. Solange sie, der Menge gegenüber, herausgehoben und erhöht, auf den Brettern steht, ist sie in der Tat ein Sinnbild.

Aber der Symbolismus des Theaters reicht ja viel weiter und höher. Jede rechte Bühnen- und Schaugestalt großen Stils ist ein Sinnbild. Man denke sich den folgenden dichterischen Charakter. Ein Mann, edel und leidenschaftlich, aber auf irgendeine Weise gezeichnet und in seinem Gemüt eine dunkle Ausnahme unter den Regelrechten, unter »des Volkes reichen, lockigen Lieblingen«; vornehm als Ausnahme, aber unvornehm als Leidender, einsam, ausgeschlossen vom Glücke, von der Bummelei des Glücks und ganz und gar auf die Leistung gestellt. Gute Bedingungen, das alles, um die »Lieblinge« zu überflügeln, welche die Leistung nicht nötig haben; gute Bedingungen zur Größe. Und in einem harten, strengen und schweren Leben wird er groß, verrichtet öffentlich ruhmvolle Dinge, wird mit Ehren geschmückt für seine Verdienste, – bleibt aber in seinem Gemüt eine dunkle Ausnahme, sehr stolz als ein Mann der Leistung, aber voller Mißtrauen in sein menschliches Teil und ohne Glauben daran, daß man ihn lieben könne. Da tritt ein junges Weib in sein Leben, ein lichtes, süßes, vornehmes Geschöpf. Sie liebt ihn um deswillen, was er tat und litt, sie verschmäht alle lockigen Lieblinge und erwählt ihn. Sein unglaubliches Entzücken lernt den Glauben. Sie wird seine Frau, und er ist in der Ehe fern von Eifersucht. »Sie hatte Augen ja und wählte mich.« Sie ist seine Versöhnung mit der Welt, seine Rechtfertigung, seine Vollendung, sie ist sein menschlicher Adel in Person. Und nun wird durch eine teuflische Ohrenbläserei dieser Mann langsam mit dem Verdacht vergiftet, daß sein Weib ihn mit irgendeinem glatten und gewöhnlichen Burschen hintergehe. Langsam, unter Qualen zerfrißt der Zweifel seinen Stolz, seinen jungen Glauben an das Glück. Er ist dem Zweifel nicht gewachsen, er ist nicht sicher, die bittere Erkenntnis stellt sich ein, daß seinesgleichen nie sicher sein kann, daß er sein Leben niemals auf Glück und Liebe hätte gründen dürfen und daß mit dem Glauben an dieses Liebesglück nun auch sein Leben vernichtet ist. »Warum vermählt' ich mich?« Er bricht zusammen; und der Rest ist das Chaos, ist Mord und Selbstmord. – Man denke sich diesen Mann und Gatten als Helden einer erzählenden Dichtung. Der Romandichter wird sich nicht unbedingt genötigt fühlen, der Figur die Abzeichen ihrer Wesensart mit pittoresken Strichen ins Gesicht zu malen. Im Gegenteil wird er vielleicht einen besonderen Reiz darin finden, das Äußere des Mannes in einen betonten, ironischen Gegensatz zu seiner seelischen Verfassung zu bringen, – so wird es ihn aber lebenswahrscheinlicher dünken. Auf der Bühne aber, als Schaugestalt, ist dieser psychologische Typus ein – Mohr: er ist schwarz, seine besondere Art ist auf der höchsten Galerie als Schwärze sichtbar, er ist kein Typus mehr, er ist ein Sinnbild, ein Symbol, – der erhöhte Statthalter all derer, welche in irgendeinem Sinne ›schwarz‹ sind und darum nicht klug tun, sich zu vermählen ...

Die populäre Schauspielerpersönlichkeit ist symbolisch, die große Schauspielgestalt ist symbolisch, – mehr noch: auch das theatralische ›Handeln‹, alles echt theatralische Tun ist symbolisch. Stets hat mich die Flagge, jene berühmte Flagge im dritten Akt von Ibsens ›Klein Eyolf‹ interessiert, die Borgheim im ersten Auftritt auf Halbmast hißt und die am Ende dann Allmers zur vollen Höhe hinaufzieht ... das ist alles, was in diesem Akte getan wird, – es ist der eigentliche ›Akt‹. Inmitten einer vollkommenen und äußersten Vergeistigung des Schauspiels bleibt als einziges naives, sinnliches und augenscheinliches Tun diese kleine bedeutsame Zeremonie übrig, und sie ist mir *als* Zeremonie stets als theatralische ›Handlung‹ par excellence erschienen.

Repräsentativität hat noch immer zur Zeremonie und zum Formalismus geführt, und die Symbolik des Theaters, in seiner Sinnlichkeit, seiner Augenscheinlichkeit gegründet, ist es in der Tat, worauf alle szenische Feierlichkeit beruht und wodurch sie innerlich gerechtfertigt wird. Von Feierlichkeit gemessener Umständlichkeit ist der Szene immer etwas geblieben: und gerade der niedrigsten. Wieviel Grotesk-Zeremonielles findet sich noch im Operettenstil, – welcher sich darin mit dem höchsten und ehrgeizigsten Schauspiel berührt, mit der Rütliszene, der ›Braut von Messina‹: nicht zu reden von dem konservativen Theater Europas, dem französischen, auf welchem noch heute ein abgezirkelter und reigenartiger Formalismus herrscht wie vor zweihundert Jahren. Wir kennen das nicht mehr, wir lachen wohl gar darüber, – wir haben das naturalistische Theater. Und dennoch: daß Stil, Form, Gemessenheit und Reigen zum Wesen der Szene gehören, daß das ›naturalistische Theater‹ eine gröbliche contradictio in adjecto ist, – ich glaube, diese Erkenntnis beginnt auch bei uns nachgerade wieder zu dämmern.

Symbolik und Zeremoniell, – einen Schritt weiter noch, oder kaum noch einen Schritt, und wir haben die szenische Handlung an dem Punkte, wo sie rituell und Weiheakt wird, wir haben das Theater auf seinem Gipfel – nämlich auf dem Hügel von Bayreuth, wir haben das Schauspiel dort, wo es ›Parsifal‹ heißt. Das letzte Werk Wagners ist auch sein theatralischstes, und nicht leicht war eine Künstlerlaufbahn logischer als seine. Eine Kunst der Sinnlichkeit und des symbolischen Formelwesens (denn das ›Leitmotiv‹ ist eine Formel, – mehr noch: es ist eine Monstranz, es nimmt eine fast schon religiöse Autorität in Anspruch) führt mit Notwendigkeit ins Zelebrierend-Kirchliche zurück, – ja ich glaube, daß die heimliche Sehnsucht, der letzte Ehrgeiz alles Theaters der Ritus ist, aus welchem es bei Heiden und

Christen hervorgegangen. Kirche und Theater, so weit auch ihre Wege auseinandergegangen sind, so sind sie doch stets durch ein geheimes Band verbunden geblieben; und ein Künstler, der, wie Richard Wagner, gewohnt war, mit Symbolen zu hantieren und Monstranzen emporzuheben, mußte sich schließlich als Bruder des Priesters, ja selbst als Priester fühlen. Die ›Wirklichkeit‹ des Theaters, seine direkte Wirkung auf eine konkrete Versammlung, zusammen mit seiner unter allen Künsten außerordentlichen Wirkungssucht, war der Grund, warum es sich von jeher nur zu gern, nur zu skrupellos *außer*künstlerischer Wirkungen bedient, die Sache auf fremde Gebiete hinüberspielt und an alle erreichbaren Glocken geschlagen hat. Es hat sich soziale, politische, nationale, moralistische Wirkungen zunutze gemacht, – es hat sich die ehrwürdige Wirkung, die religiöse, nicht entgehen lassen und wird sie sich in Zukunft vielleicht noch weniger entgehen lassen. Schiller hat in seiner Abhandlung über die Schaubühne die Verwandtschaft der Wirkungen von Religion und Theater in Meistersätzen ans Licht gestellt. Denkt man seine Gedanken zu Ende, so scheint es einem nicht mehr unmöglich, daß in irgendeiner Zukunft, wenn es einmal keine Kirche mehr geben sollte, das Theater allein das symbolische Bedürfnis der Menschheit zu befriedigen haben –, daß es die Erbschaft der Kirche antreten und dann allen Ernstes ein Tempel sein könnte.

VI

Dazu müßte es freilich vor allen Dingen seines natürlichen und ursprünglichen Berufes als Volkskunst, als Anstalt zur Unterhaltung und Erhebung des Volkes sich wieder bewußt werden, und ob es nun wirklich die Möglichkeiten zu einer so ehrwürdigen Zukunft, wie wir sie andeuteten, in sich trägt oder nicht: fast gewiß ist, daß dem Volkstheater die Zukunft gehört. Ein Wort denn zum Schluß über dieses.

Daß der Romantiker und Königsfreund Richard Wagner es war, der die Demokratisierung des Zuschauerraumes, seine Nivellierung (wenn das Bild erlaubt ist) zum Amphitheater zuerst in Deutschland – zuerst in der ganzen Welt! – wieder vollzog: das gehört zu den lebensvollen, die Kategorien verwirrenden, die Antithesen aufhebenden Tatsachen, an denen der freie Geist seine Freude hat. Wie sollte denn aber auch der Dramatiker und Theatraliker großen Stils je etwas anderes sein können als romantischer Demokrat in dem Sinne, wie Wagner es in den ›Meistersingern‹ ist, – da ja das ideale Theaterpublikum gar nicht anders denn volkhaft, volkstümlich-einheitlich, volkstümlich-empfänglich in seiner Seele auch für das Höchste und unverbildet-amüsabel zu denken ist – kurz, als das Volks-Publikum, das Hebbel meinte, als er aussprach, daß unser modernes Theater zwar von jeher nur Unterhaltungsmittel, nur Zeitvertreib gewesen, daß aber, solange es Zeitvertreib des Volkes, »des wirklichen, wahren« Volkes bleibe, es nicht verloren sei.

Verloren, in der Tat, scheint das Theater erst, seitdem es zum Zeitvertreib der Bourgeoisie geworden, welche die antiromantische, die unvolkstümliche Demokratie recht eigentlich repräsentiert, und zu welcher Bürgertum sich verhält wie das »wirkliche, wahre« Volk zur modernen Masse. Daß Wagners Theater, daß Bayreuth vom bourgeoisen Pöbel, id est vom internationalen Reisepublikum usurpiert wurde, wäre reine Ironie, wenn nicht Wagners Kunst außer jener hohen Volksgerechtheit, die ihr den mythisch großen Stil verleiht, Elemente bärge, die das Schicksal Bayreuths nur zu wohl erklären: hochartistische und morbide Elemente eines weltgerechten Europäismus, ohne die sie – wir wollen ehrlich sein – auch für unseresgleichen nie geworden wäre, was sie uns war, die sie aber, der mondänen Bourgeoisie als Stimulans und Opiat zu dienen, ebenfalls erst tauglich machte. Trotzdem ist Bayreuth seinem Ideale, seiner Idee nach ein Volkstheater: daß ein Platz zwanzig Mark kostet, gehört, wie das Publikum und wie manches andere, nur zur ›Erscheinung‹. Während aber Wagner den Zuschauerraum im volkstümlichen Geist reformierte, enthielt er sich (ach, es handelte sich dabei um das Gegenteil von ›Enthaltsamkeit‹) einer ebensolchen Reform der Bühne, – wenn man es ihm auch freilich nicht so ganz und gar vergessen sollte, daß er, theoretisch wenigstens und in Hinsicht auf die Schauspielbühne (im Gegensatz zu seiner Bühne, zur Bühne der großen Oper), sich auch diesem Problem mit Leidenschaft hingegeben und fast alles darüber gesagt hat, was unsere neuesten Neuerer bisher darüber zu sagen gewußt haben.

Das Wort ›Andeutung‹ zum Beispiel, das in den gegenwärtigen Beratungen über die Reform der Szene eine so große Rolle spielt, hat er zuerst gebraucht: Es sei zu erwarten, sagt er, daß es sich auf einer zukünftigen, gesundeten deutschen Schauspielbühne nicht um »Ausführungen«, sondern nur um »sinnreiche Andeutungen« handeln werde; wie ja auch Schinkel daran erinnerte, daß das Theater der Alten absichtlich jede gemeine Täuschung vermied und aus der »symbolischen Andeutung« des Ortes jene »wahre und ideale Illusion« habe erwachsen lassen, die »ein ganzes modernes Theater mit allen Kulissen und Soffitten« nicht zu vermitteln vermöge. Wenn nun aber all unsere moderne Reform auf Andeutung, auf Vereinfachung, Läuterung, Vergeistigung der Szene ausgeht, so sind diese Bemühungen freilich schon durch Argumente rein theoretischer und ästhetischer Natur zum Überfluß gerechtfertigt. Der szenische Naturalismus mit seiner Pappdeckelregie, dem Raffinement seiner Kindereien ist logisch auf keine Weise zu verteidigen. Seine Fürsprecher bestehen darauf, daß das Theater auf der direkten Darstellung an die Sinne beruhe, daß das szenische Kunstwerk sich nur durch den Fortschritt aus der Einbildung in die Wirklichkeit erzeuge. Aber das Theater als ›Wirklichkeit‹ ist, wie wir schon einmal sagten, nicht konsequent: sonst dürften nicht nur Gehör und Gesicht, sondern müßte auch der – so feine, so wichtige, so suggestible – Geruchssinn auf seine Kosten kommen –, wie man es dann horriblerweise ›wirklich‹ erlebt hat, daß der Manzanillobaum in der ›Afrikanerin‹ parfümiert war, oder wie der jugendliche Schiller für seinen Hofmarschall von Kalb vorschreibt, daß er »einen Bisamgeruch über das ganze Parterre« verbreite. Gorki's ›Nachtasyl‹ müßte stinken. Der Einwand, daß der Rahmen des Bühnenbildes eine Grenze sei, über die nichts hinausdringen dürfe, wäre nur für die Pantomime stichhaltig, denn im übrigen hört man die Personen ja sprechen. Beschränkt aber das Theater seine Sinnlichkeit; bleibt es Kunst, sofern es den Schritt in die Wirklichkeit nicht ganz tut; wird der Geruchssinn zur Teilnahme nicht zugelassen, das Gehör festlich bewirtet, nämlich mit Gesang, Versen, einer gehobenen, gereinigten Rede: nun, so liegt der Widersinn einer Bearbeitung des Gesichtssinnes mit naturalistischen Mitteln auf der Hand.

Man sollte auch nicht glauben, die Primitivisierung und Vergeistigung der Szene sei gleichbedeutend mit Dürftigkeit. Ich sah um die letzten Weihnachten im Münchener Alten Rathaus ein nach alten Mustern verfaßtes und inszeniertes ›Krippenspiel‹. Nie hat irgendwelches Theater eine reinere, feinere und lieblichere Wirkung auf mich ausgeübt. Die szenische Einfalt konnte nicht weiter getrieben sein. Ein dreiteiliger Schauplatz – Proszenium, Mittel- und Hinterbühne, durch Vorhänge voneinander getrennt – bot Raum und Rahmen für die ganze fromme Historie mit ihrer Fülle himmlischer, irdischer und höllischer Gesichte. Die Wirtsleute zu Bethlehem, die das heilige Paar in den Stall verwiesen, trugen schwäbische Bauerntracht, Herodes' Häscher und Reisige schritten in mittelalterlicher Eisenrüstung, und die Hirten auf dem Felde knieten, vom Glanz der Engel betroffen, in Wadenstrümpfen bei ihrem Feuer. Die Phantasie schwebte frei über Raum und Zeit. Manche der handelnden Personen, himmlische Heerscharen und rote Teufel, kamen durch die Saaltüren herein und beschritten die Bühne von vorn. Maria und Joseph wandelten im Proszenium auf und nieder und legten so vor unseren Augen die Wegstrecke von Nazareth nach Bethlehem zurück. Aber die Könige aus dem Morgenlande kamen in prächtigen Gewändern mit einem glänzenden Sklavengefolge, das mit altem Golde beladen war, und ihr Aufzug mochte darüber beruhigen, daß Schaulust auch vor der neuen, gereinigten Szene auf ihre Kosten wird kommen können.

Aber die moderne Theaterreform-Bewegung ist nicht rein ästhetischen Sinnes; sie ist nicht ganz allein Ausdruck neuer, das heißt jenseits der bourgeoisen Epoche liegender Geschmacksbedürfnisse. Nein, alle diese auf Naivisierung und Simplifizierung, auf eine edle Verkindlichung des Theaters gerichteten Bestrebungen; diese wachsende Neigung zu seinen ganz primitiven Formen, wie sie etwa aus der Herzlichkeit spricht, mit der das Andenken des Marionetten-Pocci zu seinem hundertsten Geburtstag gefeiert wurde; dies liebevolle Werben von heute um das Puppen-, das Krippen-, das Schattenspiel, – sie bedeuten offenbar Tieferes und Wichtigeres. Was sich darin ausspricht, ist vor allem die wiedergewonnene Einsicht in die volkstümliche Grundnatur des Theaters, ein durch den Geist der Zeiten gebotenes Zurückgehen auf sein Wesentliches, sein populäres Element, ein Sichwiederbesinnen des Theaters selbst – denn aus ihm kommt die Bewegung, nicht etwa aus der Literatur – auf seinen wahren und ursprünglichen Beruf als Volkskunst.

Die höfische Epoche des Theaters ist vorüber, die bourgeoise auch, – das Theater will wieder Volksanstalt, Volksveranstaltung werden, niemand zweifelt daran. In allen ihren Sprachen, vor allem auch in der wirtschaftlichen, redet die Zeit diesem Willen zugunsten. Das theatralische Institut wird wirtschaftlich gar nicht mehr haltbar sein, außer es weite sich zum Schautempel für Tausende. Die konkrete Erscheinung des Volkstheaters ist selbstverständlich das Massentheater, dessen Zuschauerraum den Typus des Zirkus-Amphitheaters wieder wird annehmen müssen und dessen Bühne nicht die unseres Halbtheaters bleiben kann.

Stellen wir fest, daß es wiederum Wagner war, der zuerst für das Zukunftsschauspiel das moderne Halbtheater mit seiner nur im Bilde, en face uns vorgeführten Szene überhaupt von der Hand gewiesen und auf den alten, nach allen Seiten offenen Schauplatz zurückgedeutet hat. Neuestens hört man, zur Überwindung einer unkünstlerischen und praktisch verwalteten Raum-Naturalistik, das reliefartige Bühnenbild empfehlen, das bei den Japanern erhalten ist und dessen in Deutschland schon Goethe sich gelegentlich bedient hat. In jedem Fall wird auf der neuen Szene das Symbol, die künstlerische Andeutung herrschen, dergestalt, daß etwa der ›Prolog im Himmel‹ erwachsenen Menschen mit leidlicher Würde und ohne den Aufwand an Gazewolken und Perspektivenschwindel, den wir uns heute gefallen lassen müssen, wird vorgeführt werden können. Man muß zugeben, daß ein Theater, das dem höchsten und echtesten dramatischen Gedicht der Deutschen, dem ›Faust‹, so gut wie ratlos gegenübersteht, – gerichtet ist.

Für mein Teil möchte ich die Diskussion einen Augenblick auf einen Punkt lenken, der bislang, soviel ich weiß, noch niemals berührt worden ist. Es handelt sich um die ›Maske‹, die Gesichtscharakterisierung der Schauspieler. Muß man glauben, daß die Fettschminke immerdar an der Herrschaft bleiben wird? – In einem Büchlein über das ›Französische Theater der Vergangenheit‹ fand ich ein Bruchstück des ›Essai sur l'art dramatique‹ von Sébastien Mercier, einem Schriftsteller des achtzehnten Jahrhunderts. Der Verfasser bricht hier eine Lanze für die antike Larve, – und ich bekenne, daß ich ihm mit aufrichtigem Vergnügen dabei zugesehen habe. »Man muß sich«, sagt er, »die Larve, deren sich die griechischen Schauspieler mit so viel Vorteil bedienten, nicht wie die groben Larven unserer Tänzer vorstellen ... Die Maske der Alten war eine sehr delikate, künstlich zubereitete Haut, fast so fein als die Epidermis, und ließ Augen, Mund und Ohren ganz frei. Auf dieser Haut zeichnete man mit geschickter Hand die Züge nach, welche eine Rolle charakterisieren sollen ... Die Bewegungen der Seele wurden unter dieser dünnen, fast durchsichtigen Hülle nicht erstickt ... Zudem malen sich Lebhaftigkeit und das Gewirre der Leidenschaften meistens am Mund und in den

Augen; sie wurden von der Stimme und der Gebärde unterstützt, und vielleicht vermehrte sogar ein kleines Hindernis die Bemühung des Schauspielers. Weil er auf der einen Seite verlor, so war er darauf aus, auf der anderen so viel beredter zu sein. Einige feine Schattierungen konnten schon aufgeopfert werden: dafür muß man aber auch das genaue Verhältnis, das zwischen der Gesichtsbildung und dem Charakter war, ein kostbares Verhältnis, das die Täuschung hervorbrachte und unterhielt, nicht für etwas Geringes halten.« – Selbst in Frage gestellt, ob das alles heute noch wissenschaftlich zutrifft, – ist es nicht sehr bemerkenswert? – Zweifellos hat dieser gepuderte alte Herr vollkommen recht, wenn er sagt, daß die Griechen »zu eifersüchtig auf ihr Vergnügen, zu verliebt in eine Kunst waren, die mit ihrer Politik und Religion zusammenhing, als daß sie nur so obenhin den Gebrauch der Masken eingeführt hätten, wenn die Erfahrung sie nicht gelehrt hätte, daß die Kunst dabei gewinnt«. Und er hat ebenfalls recht, wenn er hinzufügt, daß man »eine Gewohnheit, deren (wie die Geschichte sagt) erstaunliche Wirkung man nicht gesehen hat, nicht als abgeschmackt und lächerlich verdammen« dürfe. Ich halte es keineswegs für ausgeschlossen, daß die Schaubühne der Zukunft gelegentlich auf die antike Maske zurückgreifen wird, ja, ich wundere mich, daß bei den neuesten Beratungen noch niemand darauf verfallen ist, sich ihrer anzunehmen. Sie gehört durchaus ins Bereich dessen, was man heute will. Sie würde die bürgerliche Persönlichkeit der Schauspieler zurückdrängen, wie würde zur Veredelung, Entrückung, Vergeistigung, Stilisierung, Reinigung der Szene – mit einem Worte dazu beitragen, das ästhetische Niveau des Theaters zu erhöhen. Ein Drama, ein Theater, das nach dem Dekorativen, Typischen, Symbolischen trachtet (und dieses Trachten ist vorhanden), muß irgendwie und -wann einmal auf die Maske zurückkommen ...

Ich breche ab ... nicht ohne Hoffnung, durch die Wendung, die ich meinem Vortrag am Ende gegeben, oder die er vielmehr genommen hat, den Leser mit mancher Anzüglichkeit und Paradoxie versöhnt zu haben, die ich mir vordem in bezug auf das Theater habe zuschulden kommen lassen. Ich habe eine Lanze gebrochen für den europäischen Roman, als dessen Sohn und Diener ich mich fühle, eine Lanze gegen das Theater, beinahe auch gegen das Drama, indem ich einer Ästhetik, die dem dramatischen Kunstgeist vor dem epischen den Vorrang zu sichern noch immer sich versteift, für meine Person den Glauben kündigte. Daß nicht puritanische Sinnenfeindschaft mir die Feder führte, daß ich bei alledem nichts weniger als ein Feind des Theaters bin, möge man glauben: Wirklich wüßte ich, persönlich gesprochen, keine bessere Art, den Abend zu verbringen, als mit dem Genuß eines geistreichen Schauspiels. Ich schmähe und verschmähe das Theater nicht, im Gegenteil, ich meine es zu erheben, wenn ich sage, daß ihm für mein Gefühl etwas Glücklich-Anachronistisches anhaftet, wodurch es, als ein Kultur-Überrest, fast außerhalb unserer modernen Zivilisation stehend erscheint: dieser demokratisch-unvolkstümlichen Zivilisation, als deren repräsentativer und herrschender künstlerischer Ausdruck der psychologische Roman weit eher anzusprechen wäre.

Die Rang-Skala des Romans scheint mir folgende zu sein. Er ist entweder vom demokratisch-mondänen Typ, sozialkritisch-psychologisch, international, Produkt eines europäischen Künstlertums, Instrument der Zivilisation, Angelegenheit einer abendländisch nivellierten Öffentlichkeit – und hat in dieser bourgeoisen Gestalt mit ›Volk‹, mit dem Volke, von dem Hebbel, der Theatraliker, sprach, überhaupt nichts zu tun. Er ist zweitens, in einem höheren, man kann sagen: deutscheren Fall, persönliches Ethos, Bekenntnis, Gewissen, Protestantismus, Autobiographie, individualistische Moral-Problematik, Erziehung, Entwicklung, Bildung ... Auf dieser Stufe, der deutsch-bürgerlichen, ist er seelisch volksnäher, ohne daß man das Volk sein Publikum nennen könnte. Übrigens kommen von diesen beiden Typen Vermischungen vor. – Drittens, in ganz seltenen und wunderbaren Fällen kann der Roman in der Tat einmal zum

Mythos und zur Volksbibel werden: ›Robinson‹ und ›Don Quijote‹, ›Krieg und Frieden‹ und de Costers ›Ulenspiegel‹ mögen als Beispiele gelten. Daß nicht leicht ein deutsches anzuführen wäre, beruht darauf, daß der deutsche Roman zu sehr Angelegenheit bürgerlicher Bildung ist, um in diesem Sinn und Grade volkstümlich sein zu können. In jedem Falle aber und überhaupt bleibt der Roman eine geistige, außerhalb der sinnlichen Sphäre wirkende Veranstaltung, zum Unterschiede vom theatralisch-dramatischen Institut, das ja seiner Natur nach Sache sinnlicher Gemeinschaft, religiösen Festes, kultureller Volkstümlichkeit ist. Um sein primitiv-populäres Grundelement, das wir im Vorhergehenden so stark und oft mit scheinbarer Geringschätzung betonten, ist es, wir wollen zum Schlusse kein Hehl daraus machen, wahrhaftig ein großes und gutes Ding, und alle kultur-konservativen Hoffnungen der Welt mögen sich daran klammern. Denn das Theater erfüllt seine schönste Aufgabe, indem es, ein kindlich hoher Zeitvertreib, die Masse zum Volke weiht.

DER KÜNSTLER UND DER LITERAT

Eine große Abhandlung über Geist und Kunst, Kritik und Plastik, Erkenntnis und Schönheit, Wissen und Schöpfertum, Zivilisation und Kultur, Vernunft und Dämonie wurde vor Jahren erträumt und entworfen. Der Gegenstand führte ins Ungemessene, und die essayistische Disziplin des Verfassers reichte nicht aus, ihn zu komponieren. So blieb der Plan als amorphe Notizenmasse liegen. Was folgt, sind ein paar zusammenhängende Seiten aus dem Kapitel, in welchem versucht werden sollte, den Typus des literarischen Menschen in seiner abstrakten Reinheit kritisch darzustellen.

»Die, welche mit mehr Klugheit und größerer Liebe zur Tugend geboren sind als die anderen«, heißt es im Vedam, »sollen Brahmanen werden.« Darf man unter »Klugheit«

ein auf innere Anschauung und hingebende Erfahrung gegründetes Wissen um alles Menschliche begreifen, überwacht, befeuert, ja vielleicht nicht nur überwacht und befeuert durch eine leidenschaftliche Lust am bezeichnenden Ausdruck, eine verwöhnte, reizbedürftige, stets ungenügsame, stets nach neuen Eroberungen ausschauende Abenteuerlust und Meisterschaft auf dem Gebiete des Wortes; unter »Liebe zur Tugend« aber die Reinheit des Betrachtenden, den Willen zum Unbedingten, den Ekel vorm Zugeständnis und der Korruption, ein spottweise oder feierlich angeklagtes und richtendes Bestehen auf dem Idealen, auf Freiheit, Gerechtigkeit, Vernunft, Güte und Menschenwürde: so ist in dieser Definition der Brahmanenbegabung die literarische Anlage auf ihre kürzeste Formel gebracht.

Das achtzehnte, das eigentlich literarische Jahrhundert liebte es, von dem ›Gelehrten‹ – einem trockenen und zänkischen Wesen – den ›Philosophen‹ zu unterscheiden, und es scheint, daß mit diesem ungefähr das gemeint war, was wir heute unter einem Literaten verstehen. Die Zeitunterschiede sind gleichwohl bedeutend, und der heutige Begriff des Literaten deckt sich noch weniger als der damalige des Philosophen mit dem des lettre, des Gelehrten. Alles Schulgerechte ist auszuscheiden. Ein geistiger Freibeuter von sehr unterschiedlicher wissenschaftlicher Ausbildung, oft wenigstens ohne Ausweis darüber, ohne Akademie, ohne Examina, Libertiner zu sehr, Träumer, Erlebender, Künstler, um fürs Sachlich-Fachliche zu taugen, aber von der Kunst im naiven und treuherzigen Sinne geschieden durch Bewußtheit, durch Geist, durch Moralismus, durch Kritik, wird der Literat vielleicht am vollkommensten durch den Namen eines Künstlers der Erkenntnis bestimmt.

Wer aber die Frage aufwerfen wollte, welcher Trieb, der artistische oder der moralische, in diesem merkwürdigen Typ wenn nicht der vorherrschende, so doch der primäre und ursprüngliche sei – eine Frage, die hier bereits mit der gebotenen Vorsicht berührt wurde –, der täte es auf die Gefahr, das Problem der Kunst selbst aufs Tapet zu bringen,

welches, *als* Problem, nicht aufhören wird, die sachliche
Menschheit zu skandalisieren, solange sie dem Dualismus
von Form und Inhalt anhangen und beim Worte ›Form‹
unweigerlich den Begriff des Frivolen und Unernsten wird
mit- und anklingen hören. Form als Frivolität – auf diesem
Urteil oder Vorurteil, das ich nicht bekämpfen werde und
das viel subjektive Wahrheit enthalten mag, beruht in der
Tat das ganze Mißtrauen, der ganze Unglaube, womit der
Bürger, will sagen: der sachliche Mensch, dem Literaten auf
jedem praktischen Gebiet, zum Beispiel dem politischen,
begegnet, und man hat Fälle, daß ein Literat zu irgendeiner
menschlichen Verwicklung und Freundesnot sich mit Hingebung und Leidenschaft geäußert zu haben meinte und die
bittere Antwort erhielt, was er da beigesteuert, sei eine
schöngeistige Abhandlung, aber nicht Rat noch Trost. Es ist
durchaus nicht an dem, daß in der Welt das gut Gesagte
geglaubt wird. Umgekehrt glaubt der Bürger allein an einen
formlosen Ernst, an eine ungehobelte und glanzlose Moral;
Tugend mit Schönheitssinn dünkt ihm lästerliche Frechheit,
– und die Unerschütterlichkeit seiner Überzeugung gibt
ihm recht. Dennoch hat Schiller ihm seinen teuersten und
begeisterndsten Gedanken, den des Zusammenhanges von
Kunst und Moral, von Geschmack und Ethik, beredsam ans
Herz gelegt. Dennoch hat Goethe, in einem berühmten
Gedicht, die gute Tat, das schöne Wort einander innig
gesellt … Die gute Tat! Nichts bezeichnender für die literarische Anlage als die zwiefache und im Grunde doch einheit-
liche Wirksamkeit jener philantropischen Publizisten der
Aufklärungszeit, welche in kriminalpolitischen Schriften die
Gesellschaft vor das Forum der Menschlichkeit luden, ihre
Zeitgenossen zum Abscheu gegen die Wildheiten der Justiz,
gegen Tortur und Todesstrafe erzogen, milderen Gesetzen
den Weg bereiteten – und sich typischerweise zugleich –
durch Lehrschriften über Sprache und Stil, Abhandlungen
über die Kunst des Schreibens einen Namen machten. Phil-
anthropie und Schreibkunst als herrschende Passionen *einer*
Seele: das hat etwas zu bedeuten; und auch dies ist bedeut-

sam, daß der Begriff der Barbarei den ganzen Vorstellungskomplex von Unkultur, Unwissenheit, Gemeinheit, Grausamkeit und Geschmackswidrigkeit umfaßt. Schön schreiben heißt beinahe schön denken, und von da ist nicht mehr weit zum schönen Handeln. Alle Sittigung – das ist billig festzustellen – alle sittliche Veredelung und Steigerung des Menschengeschlechtes entstammt dem Geiste der Literatur, und schon den Volkspädagogen der Alten galt das schöne Wort als der Erzeuger der guten Tat.

Dies alles ist beschwichtigend anzuführen, bevor man sich zu der Vermutung bekennt, daß allerdings im *Worte* der Ausgang und Urtrieb des Literaten zu erblicken sein möchte, – daß jene Abenteuerlust und Meisterschaft im Reiche des Ausdrucks, die vielleicht nicht nur die Miterscheinung oder Folge seiner »Klugheit«, seines seelischen Wissens, sondern ihr Ursprung ist, möglicherweise auch der seiner »Liebe zur Tugend« sein könnte. Ja, das Wort, das da ist, das allen gehört und das doch er nur auf eine souveräne und glänzende Weise zu handhaben versteht, es ist sein erstes Staunen, seine früheste Lust, sein kindischer Stolz, der Gegenstand seiner geheimen und unbelobten Übungen, der Quell seiner vagen und fremdartigen Überlegenheit, es ist sein *Talent* … Aber jedem Talent ist das Streben nach den höchsten und günstigsten Entfaltungsbedingungen eingeboren und, von Natur etwas Niedriges, Spielerisches und äffisch Unterhaltsames, wird es, je stärker es sich fühlt, desto ehrgeiziger darauf bedacht sein, sich selber ernst, ja feierlich nehmen zu dürfen und seine Wirkungen ins Würdevolle und Gute zu erheben. Dies ist die Moralität des Talentes, welche in zahllosen Künstlerschicksalen und am bewunderungswürdigsten vielleicht in gewissen Einzelentwicklungen der literarischen Sphäre sich offenbart.

Der Literat ist also Moralist in doppeltem Sinne: Er ist Seelenkundiger und Sittenrichter, und er ist beides aus Künstlertum. Sein Kunsttrieb macht ihn zum Psychologen, denn wo fände sein Talent, seine sprachliche Verwöhnung und Neugier köstlicheres Genüge, wo sein expressives Vir-

tuosentum erlesenere, schwierigere, sublimere Aufgaben,
als in den Wirrnissen des Menschenherzens? Es ist nicht so,
daß er ausdrückte, nachdem er erlebt und erkannt hat. Dies
ist eher noch die Art des Dichters. Der Literat drückt aus,
indem er erlebt, er erlebt, indem er ausdrückt, und er erlebt,
um auszudrücken.

Aber wiederum ist es sein Talent, dem seine ethische Leidenschaft entspringt. Die Reinheit und edle Haltung seines
Stils spiegelt sich (es ist wahrscheinlich nicht umgekehrt) in
seiner Anschauung und Empfindung der menschlichen, gesellschaftlichen, staatlichen Dinge. Er ist radikal, weil Radikalismus ihm Reinheit, Edelmut und Tiefe bedeutet. Er
verabscheut die Halbheit, die logische Feigheit, das Kom-
promiß; er lebt im Protest gegen die Verderbnis der Idee
durch die Wirklichkeit. Sein Schönheitssinn, sein Künstler-
idealismus verleiht ihm die innere Gebärde der Generosität,
mit welcher er das *Ehrenhafte* gegen das *Nützliche* beschützt.
Es ist Montaigne, den ich hier anführe, und jene erstaunliche
Abhandlung, worin er diese beiden Werte gegeneinander
erwägt. In jeder Staatsverfassung, meint er, gebe es Dienste,
die nützlich, ja notwendig und doch nicht nur gemein,
sondern sogar lasterhaft seien, und wenn die gemeine Not-
durft ihr wahres Gesicht verwische, so habe man doch eine
solche Rolle zu spielen den Staatsbürgern zu überlassen, die
mehr Nerv und weniger Furchtsamkeit haben. Das Ge-
meinwohl fordere, daß Verrat geübt und gelogen, daß Blut
vergossen werde, aber »das Amt dazu«, sagt er, »wollen wir
Leuten abtreten, die gehorsamer und schmiegsamer sind«.
Als wer? Als er, der Literat, der zu nervös und furchtsam, zu
widersetzlich und streng ist, um dem Nützlichen das Ehrenhafte zu opfern.

Montaigne ist außer sich über den Richter, der durch Trug
und falsche Verheißungen von Milde oder Gnade den Ver-
brecher verlockt, seine Tat zu offenbaren. Er geht so weit,
zu behaupten, daß derjenige, der, von Räubern gefangen,
auf sein Versprechen hin, eine gewisse Summe zu zahlen,
wieder in Freiheit gesetzt wurde, durchaus verpflichtet sei,

sein Versprechen zu halten, – denn wenn auch nur die Furcht seine Zunge ohne den Willen gezwungen habe, so bleibe er doch, ohne die Furcht, gehalten, sein Wort streng einzulösen. Und woher diese Empfindlichkeit Montaigne's im Punkte des Ehrenhaften? Aus demselben Geschmack, der ihn den Epaminondas sich zum Helden wählen läßt: jenen menschlichen Kriegsmann, der so sehr auf milde und höfliche Sitten hielt, daß er, im rasendsten Handgemenge auf den Gastfreund stoßend, artig zur Seite auswich und von dem überliefert ist, daß er, bevor er zu Felde zog, den Musen opferte, um durch ihre Sanftheit und Heiterkeit der Rauhigkeit und Wut des Mars die Härte zu nehmen. Wohlan –, dies alles ist Literatur! Ist das Leben ein Kampf, so ist der Literat der Kämpfer, welcher, bevor er zu Felde zieht, den Musen opfert.

Sollte man vermuten, zu welchem Exempel der Renaissanceliterator greift, um das Nützliche moralisch in Frage zu stellen? »Die Ehe«, sagt er, »ist doch das notwendigste und nützlichste Band der menschlichen Gesellschaft. Da nun steht es so, daß der Ratschluß der Heiligen das Nichtheiraten für die rechtere Entscheidung hält und von der Ehe den ehrwürdigsten Menschenberuf ausschließt; wie auch wir zur Züchtung die minderwertigen Tiere bestimmen.« Ein starkes Beispiel! Wie es scheint, versteht sich der Literat mit dem *Heiligen* besser als mit dessen Gegenteile, dem Künstler, und wenn sein Moralismus artistischer Herkunft ist, so entfremden ihn doch gerade seine erkennenden und richtenden Triebe dem Künstler, ›wie er im Buche steht‹, – diesem aufgeräumten und harmlosen Wesen, das mit einem Gemisch aus Widerwillen und frommer Scheu dem strengen Bruder begegnet oder lieber noch nicht begegnet. Der Künstler, den Typus so unverfälscht genommen, wie der des Literaten hier genommen wird, ist sittlich indifferent, unverantwortlich und unschuldig wie die Natur, deren rechter Sohn er ist. Schöpferisch gerichtet seinem Wesen nach, nicht betrachtend, sondern tätig, ja der Tätige an sich und als Werkmensch des Zugeständnisses an die Materie gewöhnt, läßt er sich nicht einfallen, das

Ehrenhafte und das Nützliche als Gegensätze zu empfinden. Ein Bursche, der lebt und leben läßt, sinnlich, kindisch, auf Spiel, Glanz und Feste bedacht, überläßt er jedem, der dazu Lust hat, die Beurteilung der Gotteswelt, die er zu schmükken und nachzubilden sich begnügt. Man kennt ihn als Freudenmeister an den Höfen der Großen, als unbekümmerten Mitesser am Tische des reichen Halunken, – und kurz, wenn irgendein löblicher Charakterzug diesem sympathischen Gesellen mangeln sollte, so möchte es etwa die *Anständigkeit* sein, welche schlechterdings nicht die Sache der Natur und des ›Temperamentes‹, sondern diejenige des Wissens und der Kritik ist. Der Literat seinesteils ist der wesentlich anständige Mensch, und er kann unmöglich umhin, es zu sein. Sein Widerwille, sich, den frei Betrachtenden und Urteilenden, irgendwie zu verbinden, festzulegen und gemein zu machen – ein Erfordernis der Selbstbehauptung ganz einfach –, trägt ohne Mühe den Sieg über alle Versuchungen der Welt davon. Sein Freiheitspathos, seine Begriffe von Menschenwürde, seine tiefe Widersetzlichkeit machen ihn offenbar ungeeignet zum Fürstenknecht. Seine soziale Einsicht würde ihn zum Mitschuldigen des prassenden Ausbeuters machen, dessen Gast er wäre. Und während der Künstler ganz eigentlich der Mann der Wirkung und des Erfolges ist, sieht der Literat im Erfolge beinahe nichts als die Beschönigung des Unrechts: – ja, seine psychologische und sittliche Reizbarkeit macht ihn, den Betrachtenden, rankünös gegen die Aktivität überhaupt, gegen das praktisch sich anpassende Schöpfertum. Voltaire's Gehässigkeit gegen Karl den Großen ist ein vortreffliches Beispiel dieser Literatensensibilität gegenüber dem unreinen Heldentum der Tat. »Karls Name«, ruft er erbittert, »ist einer der größten Beweise dafür, daß der Erfolg das Unrecht gutmacht und zum Ruhme führt. « Und dann zeigt er, mit Grinsen und Speicheln, was eigentlich das ist: die aktive Größe. Karl hat die Rechte der Natur und die Bande des Bluts für nichts geachtet. Er hat seines Bruders Weib und ihre Kinder ins Elend gejagt, um sich ihres Gebietes zu bemächtigen. Er hat sie wahrscheinlich später ins Kloster gesteckt oder töten

lassen. Er hat, auf die Forderung des Papstes, seine lango-
bardische Gattin ganz ohne Grund und Form verstoßen und
ihren Vater, wie manchen anderen Fürsten, eingesperrt. Er
hat Wittekinds Freiheitskampf wie einen gemeinen Aufstand
behandelt und an den Ufern der Aller viertausendfünfhun-
dert Gefangene hinrichten lassen. Er hat die Sachsen zu Skla-
ven gemacht unter dem Vorwande, sie zu Christen zu machen, und er hat sich, den Christen, mit Sarazenen gegen
Sarazenen verbündet, ohne sich einfallen zu lassen, seine Ver-
bündeten zum Christentum bekehren zu wollen. »Andere Interessen«, kreischt Voltaire, »andere Taten!« Und man sieht
wohl, daß dies eben, diese schamlose Verleugnung des Ehrenhaften zugunsten des Nützlichen, ihm das Unerträgliche
ist. Ein schlauer Praktikus, der durchaus nicht darauf bestand, sich für Roncesvalles zu rächen, sondern stets nur
nahm, was er festhalten konnte und »seinen Ehrgeiz der
Gunst oder Ungunst der Verhältnisse anpaßte«. Ein Heuch-
ler, der, nachdem er den römischen Adel mit Gold bestochen
und sich öffentlich um die Kaiserwürde beworben, den
Überraschten mimte, als Leo ihn abgekarteterweise während
der Messe zum Kaiser erklärte. Ein frecher Räuber, kurz und
gut, dem nur der Erfolg und – wie Voltaire mit arger Billigkeit hinzufügt – »einige glänzende Eigenschaften« den Namen eines großen Mannes erworben haben: das ist der historische Heros vor dem Richterstuhl reiner Betrachtung, und
wem solch Urteil absurd erscheint, der möge bedenken,
daß das Absurde nichts anderes als das geistig Ehrenhafte
ist.

Der Literat ist anständig bis zur Absurdität, er ist ehrenhaft
bis zur Heiligkeit, ja, als Wissender und Richtender den
Propheten des Alten Bundes verwandt, stellt er in der Tat
auf seiner vornehmsten Entwicklungsstufe den Typus des
Heiligen vollkommener dar als irgendein Anachoret einfa-
cherer Zeiten. Sein Schönheitssinn, seine Sensibilität gegen
das Gemeine, Lächerliche und Unfragwürdige führt zur
Vernichtung aller niederen Leidenschaften, der Bosheit, des
Neides, der Herrschsucht, der Rachgier, der Eifersucht;

seine Kunst zu zergliedern und zu bezeichnen, die kühlende, erledigende Wirkung des literarischen Wortes führt zur Auflösung und Beilegung der Leidenschaft überhaupt, zur Sanftmut, zur Stille. Ja, wenn er von Geburt ein Richter ist, begabt und berufen, die Dinge mit scharfen Namen zu treffen, so ist es zuletzt seine »Klugheit«, welche sich stärker erweist als seine »Liebe zur Tugend«: Seine Kenntnis des Herzens, sein Wissen um die Vieldeutigkeit und tiefe Unrichtbarkeit der menschlichen Handlungen läßt ihn verstehen, läßt ihn vergeben, führt ihn zur *Güte* – – –

[FÜR FRITZ BEHN]

Als das neue Rathaus von Bremen gebaut werden sollte (sein Hauptsaal hat eine dekorative Decke von Behn, Fritz Behn, dem königlich bayerischen Professor, – hergestellt gerade von diesem Künstler auf besonderen Wunsch des Bürgermeisters Marcus): Als – sage ich – die Bremenser sich ein neues Rathaus leisten wollten, beschlossen sie allen düsteren Erfahrungen zum Trotz, die mit künstlerischen Konkurrenzen in der Welt schon gemacht worden sind, einen ›engeren Wettbewerb‹ auszuschreiben, und sie beschlossen ferner, zu diesem Wettbewerb fünfzehn Teilnehmer heranzuziehen, nämlich zehn Bremer und fünf auswärtige Architekten. Es scheint demnach, daß dieses Gemeinwesen eine Menge überflüssiges Geld hat; sonst wären Beschlüsse von so unwirtschaftlicher Sentimentalität nicht zu erklären. Denn so ein Preisausschreiben ist kostspielig, und daß von den zehn einheimischen Baukünstlern, denen man Gelegenheit gab, zu zeigen, was sie konnten, auch nur einer für die Aufgabe ernstlich in Betracht kommen werde, war recht unwahrscheinlich; vielmehr war man sich klar, daß (es sind die Worte eines Senators, die ich zitiere) »sehr wenig Leute von Importanz darunter seien«; und wenn man sie dennoch einlud, zehn Landsleute gegen nur fünf Auswärtige, so geschah es aus sträflicher Generosität, unter dem empfindsamen Gesichtspunkt, daß, wenn es um den bedeutenden, ehrenvollen und höchst förderlichen Auftrag gehe, ein Bremer Rathaus zu bauen, einheimische Kräfte vorzugsweise zum Wettbewerb heranzuziehen seien, – kurz aus einem Lokalpatriotismus, der als parteiisch und schwärmerisch streng zu verurteilen ist.

Es ist sicher, daß Lübeck sich einer solchen Schwäche niemals schuldig machen wird. Dieser charakterfesten Stadt ist die Entwicklung, die Auszeichnung und Förderung seiner kunstbeflissenen Söhne vollständig gleichgültig. Wenn ein Lübecker Künstler in der Welt groß wird, Ruhm und Ehren erlangt, die respektvolle Anerkennung des gesamten weiteren Vaterlandes gewinnt, so wird Lübeck ja nicht geradezu Gegenmaßregeln treffen, – das vermag es nicht und will es nicht. Aber es wird dergleichen eben nur geschehen lassen. Etwas dazuzutun, kann ihm nicht einfallen. Ja, aus der Ferne gesehen scheint es fast, als ob Lübeck die Laufbahn solcher Söhne nicht nur ohne Stolz, Genugtuung, Vergnügen, sondern sogar mit einem gewissen verschämten Ärger verfolge. Das ist ein Zug von Bescheidenheit und von nüchterner Unbestechlichkeit, den man im Gegensatz zu dem weichlichen Beispiel Bremens rühmend hervorheben muß.

Eine große, jedem plastischen Künstler begehrenswerte Aufgabe war in Lübeck zu vergeben: *Die Herstellung eines Reiterstandbildes Wilhelms I.* Man hat sie vergeben, unmittelbar, geradeswegs, ohne sich »nach den gemachten Erfahrungen« von kostspieligen Konkurrenzen den Sinn verwirren zu lassen, hat sie in gutem Autoritätsglauben vergeben an Louis Tuaillon, Professor und Bildhauer in Berlin. Diese Wahl, die sicher das Ergebnis gewissenhafter, ja ängstlicher Erwägung ist, an und für sich zu kritisieren, liegt gar kein Anlaß vor. Herr Tuaillon ist ein geschmackvoller und glücklicher Künstler, der im Sonnenschein kaiserlicher Gunst sehr angenehme Werke hervorbringt, und der Entschluß der Lübecker Denkmalskommission müßte ungeteilten Beifall finden, wenn nicht erstens der Gedanke ein wenig störte, daß Herr Tuaillon, wäre er zufällig ein Lübek-

ker Kind, den Auftrag wahrscheinlich nicht bekommen
haben würde, und wenn nicht zweitens in München ein
Lübecker Künstler lebte, den das Bewußtsein seines Könnens, seines Rufes zu der freudigen Hoffnung berechtigte,
die Vaterstadt werde ihm und keinem anderen die große,
seltene Aufgabe zuweisen, werde ihm mindestens Gelegenheit zu einem Versuch geben, sich daran zu bewähren, – und
der solche Hoffnung nun mit Schmerz, mit Enttäuschung,
mag sein mit Erbitterung zusammenbrechen sieht.

Ich mache kein Hehl aus meiner Bewunderung, meiner
Vorliebe für das Werk unseres kunstreichen Landsmannes
Fritz Behn. Ich finde, daß seine Porträt-Büsten (von Richard
Strauss, Reinhardt, Hofmannsthal, Caruso, der Roland unter anderem) schlechthin zum Glänzendsten gehören, was
auf diesem Gebiete heute geleistet wird; daß seine erzenen,
steinernen Tierbilder, diese sterbenden, kämpfenden oder
ruhenden Löwen, auf Raub schleichenden Panther und ner-
vösen Pferde von erregender Wahrheit und Schönheit sind
(wie mir denn angesichts der Büsten scheinen wollte, daß
eine solche Entschiedenheit und Intensität in der Erfassung
des Menschlichen vielleicht nur auf Grund eines langen
Studiums des Tierischen möglich sei); ich finde ferner, daß
seine Neger-Akte neue, merkwürdige Formen und Bewegungen des Menschenleibes offenbaren; daß seine Brunnen
und Grabmäler ebenso viele Zeugnisse einer zugleich kühnen und gebändigten Einbildungskraft darstellen; und ich
ehre, alles in allem, die Energie, den Willen zur eigenen
Vision, womit dieser Künstler, dessen frühe Werke den
mächtigen Einfluß Hildebrandts nicht verleugnen, zu einer
selbständigen, niemals exzentrischen, aber freien und originellen Formensprache sich durchzuringen vermochte.

Aber von meinem Geschmack, meiner Neigung ist hier
nicht die Rede. Für die allgemeine, die öffentliche Geltung
Behns sprechen die Tatsachen, die in der Heimat entweder
unbekannt geblieben sind oder, da dies kaum glaubhaft
erscheint, absichtlich ignoriert werden. War es ein toller
Gedanke, den Lübecker Bildhauer mit Tuaillon konkurrie-

ren zu lassen, da doch Frankfurt am Main ihn soeben mit
Klimsch und Lederer zu engerem Wettbewerb um den
Theaterplatz-Brunnen lud? Kein Wunder nach dem Erfolg,
den auf der Ausstellung im Hahn'schen Kunstsalon zu
Frankfurt seine Werke gefunden hatten. »Der stärkste Eindruck«, schrieb die ›Frankfurter Zeitung‹, »geht ohne Frage
von den Arbeiten Fritz Behns (München) aus ... Seine
Büsten sind bedeutsame Leistungen einer menschendeuten-
den Porträtkunst. Seine Tierstudien, der kraftvoll ziehende
Büffel, der bizarr bewegte äsende Strauß, bringen das eigentümliche Leben der Tiere in der Bewegung schlagend zum
Ausdruck.« Das ist der Ton. So spricht, so schreibt man –
außerhalb Lübecks – über diesen Künstler. Und so handelt
man, indem man ihn durch Ankäufe, durch Aufträge auszeichnet. Herr Marcus, Bürgermeister von Bremen, urteilte
für Lübecker Begriffe recht wunderlich, als er darauf bestand, daß der junge hanseatische Meister jene dekorative
Decke des Hauptsaales herstellte, die er, Dr. Marcus, ins
neue Rathaus stiftete. Der Norddeutsche Lloyd legte eine
ähnlich schrullenhafte Gesinnung an den Tag, als er unserem Landsmann die Bronzegruppe in Auftrag gab, die er
der Stadt für eben dies neue Rathaus schenkte. Und daß man
in Bremer und Hamburger Familien nicht anders denkt,
bezeugen eine stattliche Reihe schöner Monumente auf den
Friedhöfen dieser Städte. Was Bayern betrifft, so weiß man,
denke ich, in Lübeck, daß der Schöpfer des Ansbacher
Monumentalbrunnens Professor Fritz Behn heißt. Weiß
man auch, daß alljährlich das europäische Reisepublikum
seine Gruppe ›Kraft‹ vor dem Münchener Ausstellungspa-
last auf der Theresienhöhe bewundert? Auf Münchens fest-
lichstem Platz, vor dem Hause der Sezession, steht sein
mächtiger Porphyr-Löwe; seine Kollektiv-Ausstellung bei
Thannhauser, vor kurzem, hat starken Eindruck gemacht;
für die Tschudi-Stiftungen wurden zwei seiner Werke erworben, auf der Jubiläumsausstellung der Berliner Akademie ist er vertreten ... Aber man schämt sich, marktschreie-
risch die Erfolge eines Künstlers aufzuzählen, dem falsche

Fürsprache und Anpreisung heut nirgends mehr, nur einzig in seiner Vaterstadt vonnöten ist!

Fritz Behn zu entdecken, ihn ans Licht zu ziehen, dazu ist es nach alledem für Lübeck zu spät. Was Lübeck zu tun übrigbleibt ist weiter nichts, als anderer Leute und Städte Urteil freudig und vielleicht ein wenig reuig zu bestätigen und anzuerkennen. Es weigert sich. Es konnte durch einen Auftrag, mit dem ein moralischer nicht nur, auch ein ungeheurer materieller Gewinn verbunden ist, diesen Mann, der hart arbeiten, dessen Kunst heute nach Brot gehen muß, mit einem Schlage unabhängig machen, konnte ihn in den Stand setzen, ungeliebter Arbeit fortan zu entraten, ganz seinen Entwürfen, seinen Eingebungen zu leben. Es hat davon ›abgesehen‹. Und wovon hat es im Laufe der Jahre nicht schon abgesehen!

Daß man den Lübecker zur Konkurrenz um den Lübecker *Bismarckturm* aufforderte, daß man, als große plastisch-dekorative Aufgaben für das neue Stadttheater zu verteilen waren, ihn eine oder die andere davon zu übernehmen ersuchte, daß man in künstlerischen Angelegenheiten sich hie und da um seinen Rat, seine Unterstützung bemühte, – nun, das war selbstverständlich und ist nicht der Rede wert. Ja, weiß Gott, daß das selbstverständlich gewesen wäre! Nur, daß es nicht wahr ist. Daß nichts davon zutrifft. Das Bismarckdenkmal ward ohne Konkurrenz einem Berliner Bildhauer übertragen, der plastische Schmuck für das Stadttheater fiel auswärtigen Künstlern zu, niemals gelangte von Lübeck ein Auftrag in das Schwabinger Atelier, und gar niemand fragte in der Heimat nach den Ratschlägen dessen, der nicht nur zu seiner, auch zu seiner Vaterstadt Ehre so schöne Werke schafft. – Aber für ihr Museum haben die Lübecker sich doch ganz gewiß längst eine Arbeit ihres ausgezeichneten Landsmanns gesichert? – Nein. Das haben sie bis zum heutigen Tage nicht getan.

So viel Vernachlässigung, so viel kränkende Zurücksetzung zu begründen möchte schwer sein. Sie erklären, heißt keineswegs sie entschuldigen. Wenn überall das ›Nemo propheta‹ gilt, – in Lübeck hat es mit der Regel seine besondere, unangenehme Bewandtnis. Vielleicht habe ich mich mit der Psyche dieser Stadt-Individualität zuweilen beschäftigt; vielleicht weiß ich einiges darüber zu sagen. Es gibt unschöne Züge in Lübecks Charakterbild, das ist gar keine Frage, Züge von Bosheit, von kleinlicher Nachträgerei, ja von wirklicher Niedertracht. Ist es eine Art von Selbstunterschätzung, ist es eine unnoble und engherzige Skepsis, das, was ein Dichter die »Trägheit des Herzens« genannt hat: – Lübeck scheint außerstande zu glauben, daß aus seiner Mitte außerordentliche Geister hervorgehen können, Menschen, denen Natur und Schicksal verbieten, den korrekten Lübekker Weg zu machen, die aber darum keineswegs Elemente des Abgrunds und geborene Lumpe, sondern berufen und berechtigt sind, draußen im Freien nach Kränzen zu greifen, deren der Normalbürger nie nur ansichtig wird. Da ihre Jugend fast notwendig problematisch ist, da sie durch eine schwer bestimmbare Unregelmäßigkeit ihres Wesens befremden und anstoßen, auch eine träumerische Renitenz oder kritische Aufsässigkeit an den Tag legen und diejenigen nicht als ihre Erzieher anerkennen, die so offenbar »nichts aus ihnen zu machen wissen«, so verwirrt sich das Urteil über sie von Anfang an. Da sie ihre Ungeduld fortzukommen, der gehässigen Heimat den Rücken zu kehren nicht verbergen und in der Tat zeitig oder vorzeitig ausbrechen, auf und davon gehen, so ist man beleidigt, sieht Abtrünnige, Entgleiste, Verkommende in ihnen und findet sie widerwärtig. Was weiter? Sie, an denen man sich ärgerte, denen man den Untergang prophezeite, sie bringen es draußen zu etwas, bringen es zu sehr vielem. Das darf nicht sein. Man wäre Lügen gestraft, beschämt, an seiner Weltanschauung irregemacht. Man leugnet es. Und da man es nicht ganz und gar leugnen kann, so sucht man sich für eine so ungehörige Laune des Schicksals durch skandalöse Gerüchte zu entschädigen, Gerüchte, für die kein einzelner verantwortlich ist und an denen die Gesamtheit darum sich desto unbedenklicher laben kann.

Das ist das zweite: Klatsch, Mißrede, Verleumdung. »Fritz Behn? Ja, wie der's treibt dort unten, Frau Konsulin, das ist nicht auszumalen. Ein Künstler! Ich weiß schon. Wird man ein Künstler denn überhaupt ohne angeborenen Hang zur Immoralität?« – Wie sonderbar! Man weiß also nicht, welches Fleißes, welcher Selbstzucht, welcher zähen, strengen, nüchternen Organisation seiner Fähigkeiten ein heutiger Künstler bedarf, um im Getriebe der Zeit auch nur aufzutauchen, bemerkt zu werden, innerlich und äußerlich irgend etwas aus sich zu machen? Wunderliche Vorstellungen! Ich erinnere mich, wie eines Nachts, ich war längst schlafen gegangen, ein ehemaliger Schulkamerad, der auf Reisen München berührte, mich telephonisch anrief. Er sprach aus einer Künstlerkneipe des nördlichen Viertels, in der er mich anzutreffen gehofft hatte. Denn er dachte gewiß, daß ich dort, einen wollenen Schal um meinen Hals, Gitarre spielend und die Kellnerin kneifend, meine Nächte verbrächte. Er besuchte mich folgenden Tages und war wohl erstaunt und ein bißchen enttäuscht, einen ganz leidlich anständigen Menschen in mir zu finden, mit dem er sich ungescheut am hellen Vormittag sogar auf der Breiten Straße sehen lassen könnte. Das sind kindliche Illusionen über die Existenz eines modernen Künstlers. Wir haben wirklich nicht allzu viel Zeit, sittenlos zu sein; wir müssen arbeiten wie ihr; und das Geschwätz über Fritz Behns Privatleben ist widerlegt durch die Tatsachen. Er stünde nicht da, wo er steht, wenn er ein Liederjan wäre.

»Ganz gut; aber es ist viel verlangt, daß wir liebreich von Leuten reden sollen, die uns verachten.« Das ist das dritte. Lübeck glaubt, – es glaubt mißtrauisch und hartnäckig, daß seine scheinbar aus der Art geschlagenen Söhne von der Art Fritz Behns es verachten. Lübeck irrt. Der Knabe mag die Heimat verachten, der ungeduldig und unbewegt ins Weite stürmt, ohne sich nach ihren Türmen auch nur noch einmal umzusehen. Und doch, wie sehr er sich ihr entwachsen dünken, wie sehr er ihr entwachsen möge: doch bleibt ihr übervertrautes Bild in den Hintergründen seines Bewußtseins stehen oder taucht nach Jahren tiefer Vergessenheit wunderlich wieder daraus hervor; was abgeschmackt schien, wird ehrwürdig, der Mensch nimmt unter den Taten, Wirkungen, Erfolgen seines Lebens dort draußen geheime Rücksicht auf jene Kleinwelt, an jedem Wendepunkt, bei jeder Erhöhung seines Daseins fragt er im stillen, was sie wohl dazu sagen werde oder würde, und zwar gerade dann ist dies der Fall, wenn die Heimat sich gegen seine Besonderheit mißwollend, ungerecht, unverständig verhielt. Da er von ihr abhing, bot er ihr Trotz; da sie ihn entlassen mußte und vielleicht längst vergessen hat, räumt er ihr freiwillig Urteil und Stimme über sein Leben ein. Und in dem Maße, wie eigene Leistungen ihn sich selber achten lehren, lernt er die Heimat achten. Selbsterkenntnis ist ja nur durch eine Tätigkeit zu gewinnen; und so lehrt Tätigkeit uns erst das Verständnis der Heimat, – lehrt uns, uns selbst in ihr wiedererkennen. Ist man ein Lübecker denn nur, indem man mit Butter, mit Wein, mit Petroleum handelt? Kann man es nicht auch sein, indem man Kunstwerke hervorbringt, – ja, kann man es nicht so gerade in einem höheren und gültigeren Sinne sein? Es ist ja eine Täuschung, das mit dem ›Aus-der-Art-geschlagen-Sein‹! Wenn Fritz Behn mit seiner Arbeit Ehre einlegt in der Welt, so hat hanseatischer Geist, haben hanseatische Würde und Haltung, Nüchternheit, Klugheit und Solidarität ihren entscheidenden Anteil daran. Er weiß das. Und sein Verhältnis zur Heimat ist so weit von Verachtung entfernt, daß es vielmehr einer unglücklichen Liebe ähnelt. Er hat geworben um die Neigung seiner Vaterstadt, – aufzuzählen, wie, wodurch er es getan hat, ginge gegen allen Geschmack. Aber sie lehnt ihn ab, sie will nichts von ihm wissen. Das ist bitter für ihn. Das ist schmerzlich für jeden, der es sieht.

Meine Anklagen sind meine Wünsche. Lübeck lerne glauben an die, welche auf unalltägliche Art seine Söhne sind. Es ärgere sich nicht, sondern halte zu ihnen, wenn sie, die zu Hause Taugenichtse schienen, in der Welt Ruhm und Ansehen gewinnen. Es höre auf, sie mit unsauberer Nachrede zu verfolgen. Es zweifle nicht, daß man ein echter Lübecker sein könne, auch wenn man es anders treibt, als es zwischen Burg- und Mühlentor üblich ist, und die Luft der Heimat zu atmen sich versagen muß. Und es suche bei erster Gelegenheit wettzumachen, was es an dem Lübecker Künstler Fritz Behn so lange gesündigt hat.

[ÜBER KARL KRAUS]

Erst jetzt kommt mir Ihr Schreiben zu Händen. Ich muß damit rechnen, daß meine Antwort zu spät kommt, aber ich will es keinesfalls unterlassen, Ihnen meine Meinung zu sagen. Sie geht dahin, daß der Vorleseabend von Karl Kraus, der unter Ihren Auspizien kürzlich in München stattfand, eine dankenswerte, anregende, durchaus merkwürdige Veranstaltung war. Ich habe ihr (gleich Frank Wedekind und meinem Bruder Heinrich) von Anfang bis zu Ende beigewohnt, denn von dem Herausgeber der ›Fackel‹ persönliche Eindrücke zu erhalten war mir interessant und wichtig. Seine geistliche Art, Jean Paul zu lesen, fesselte mich sogleich sehr innerlich. Und die geistreiche Leidenschaft, mit der er, in seinen eigenen so scharf und rein stilisierten Schriften, die großen Grundtatsachen des Lebens, Krieg, Geschlecht, Sprache, Kunst, gegen Schändung und Verschmockung, gegen die Welt der Zeitung, gegen die Zivilisation verteidigt, – auch sie hat etwas Geistliches, etwas Religiöses, und wer den Gegensatz von Geist und Kunst, von Zivilisation und Kultur irgendwann einmal begriffen hat, der wird sich von dem satirischen Pathos dieses Antijournalisten nicht selten sympathisch mitgerissen fühlen. Freilich hat es mit dem Haß und dem Hohn eines solchen Kritikers gegen ihm mißliebige Geister objektiv nicht viel auf sich. Zola und Carlyle sind groß geblieben, obgleich Nietzsche sie auf die Liste seiner »Unmöglichkeiten« setzte; und ähnlich steht es hier. Allein nicht Tendenzen und Überzeugungen sind es ja letzten Endes, die einen Polemiker einem Künstler anziehend machen. Der Künstler will sich immer in einem höheren Sinne belustigen und dabei lernen. Auch die Kunst ist ein Kampf – wenn auch ein tendenzloser – mit der Welt, dem Leben, dem Stoff; sie handhabt immer zugleich Leier und Bogen, sie besingt nicht nur, sie *trifft*, wie der Pfeil trifft, und so wird einen Polemiker, ja einen Pamphletisten von Genie auch der Lyriker, der Erzähler, der Dramatiker immer mit Nutzen lesen und hören.

[MALER UND DICHTER]

Ich muß mir das Armutszeugnis ausstellen, daß ich zur modernen Malerei, ja, zur Malerei überhaupt wenig Verhältnis habe. Ich bin ein ›Ohrenmensch‹, bin durch Musik und Sprache gebildet, und meine Vorstellung von künstlerischer *Komposition* besonders ist musikalischer Herkunft. Genauer: es war – ich muß wohl sagen: leider – das Werk Richard Wagners, das mir, zusammen mit Nietzsche's leidenschaftlich-skeptischer Kritik dieses Werkes, alle meine Grundbegriffe von Kunst und Künstlertum in entscheidenden Jahren einprägte. In der bildenden Kunst galt mein Interesse von jeher vorwiegend der Bildhauerei, wohl, weil sie sich fast ausschließlich mit dem Menschen beschäftigt, – denn vom Menschen und Tiere abgesehen, besitze ich zu meinem Kummer nur wenig Natursinn. Der plastischen Kunst gegenüber bin ich modern: ich glaube manches von dem zu verstehen, was Rodin und Maillol, Minne und Barlach gesagt haben. Und mein größtes malerisches Erlebnis ist noch immer die Sixtinische Madonna in Dresden, während ich vor unserer neuesten Malerei stehe wie der Ochs vorm neuen Tor, – was aber, wie ich höre, nicht gegen meine Sinnlichkeit zeugt, sondern nur meine theoretische Unbelehrtheit beweist. Übrigens ist es das Porträt – viel weniger die Landschaft –, was mich anzieht, wozu ich Beziehungen habe, wovon ich lernen kann. Und neben meinem Schreibtisch hängt eine schöne große Reproduktion von Böcklins Heiligem Hain, und oft, auch wenn ich um niedrige bürgerliche Gegenstände bemüht zu sein hatte, hat ein Blick in seinen Opferfrieden mich zum Dienste gestärkt.

AUFRUF ZUR GRÜNDUNG EINER ›DEUTSCHEN AKADEMIE‹

Unter dem Namen ›Deutsche Akademie‹ soll eine Vereinigung hervorragender Künstler deutscher Zunge geschaffen werden, die den Zweck hat, vor dem deutschen Volke, seinen Regierungen und dem Ausland die deutsche Kunst (Dichtung, Musik, Bildende Kunst und künstlerisches Leben) sichtbar und maßgebend zu vertreten.

Der Gedanke solcher Vereinigung ist altüberliefert. Man darf sagen, daß er durch Jahrhunderte das Gemüt einzelner beschäftigt hat und im Kreise ernster Kunstfreunde immer wieder erwogen worden ist. Auch stand er wiederholt zur öffentlichen Erörterung. Was seiner Verwirklichung in deutscher Sphäre widerstrebt, ist allzeit deutlich empfunden worden. Es ist die Idee der persönlichen Freiheit, über die Goethe sagte, daß sie so Großes wie die Reformation, aber auch so viel Absurdes gezeitigt habe; daß der buntscheckige Reichtum unserer Literatur wie auch viel Absonderung, Verisolierung und unfruchtbare Eigenköpfigkeit ihr zu danken und zur Last zu legen sei.

Die Unterzeichner vorliegenden Aufrufs fassen die Nachteile dieser nationalen Eigenart nicht weniger fest ins Auge als seine Vorteile. Sie glauben nicht, daß aus dem deutschen Geistesleben je ein Salon oder eine Kirche werden könne, und sind weit entfernt, dergleichen auch nur für wünschbar zu halten. Aber sie erachten die Stunde für gekommen, eine Probe auf das Mögliche zu machen, einen Versuch zu unternehmen, ob wirklich nur Interessen derber und handgreiflicher Art, oder bis zu einem gewissen Grade auch die reinsten und geistigsten sich hierzulande als organisierbar erweisen werden; ob es gelingen mag, ihnen anschauliche Würde und eine Geschlossenheit und Stoßkraft zu verleihen, die man mit dem heute geläufigsten, hier aber beileibe nicht mißzuverstehenden Wort ›politisch‹ nennen möge.

Der geschichtliche Augenblick scheint einem solchen Versuch in mehr als einer Hinsicht günstig zu sein und dazu aufzufordern. Das neuerwachte nationale Selbstbewußtsein, eine Frucht ungeheurer Not und ungeheurer Taten; das Erstarken des Geistes in aller deutschen Kunst; eine wachsende Teilnahme der Nation an ihrem Leben; ein Verständnis für Wert und Wichtigkeit der Kunst, das immer tiefer in die bildungswilligen, bildungsbegierigen Massen dringt; eine weitgehende Grenzöffnung zwischen ihr und anderen Geistesgebieten, so daß ein musisch gestimmtes Gelehrtentum, eine Durchseelung weiter Reiche der Wissenschaft mit künstlerischem Geiste heute Wirklichkeit ist – das sind Gründe positiver Art. Es gibt andere. Das Umsichgreifen von Materialismus und Geschäftsgeist; ein zudringlicher Dilettantismus; die Herrschaft eitler Schlagworte; der Reklamelärm der Betriebsamen; die ganze quälende Maßstablosigkeit und Anarchie der Zeit, deren die Unlauterkeit sich bedient, um Verschüchterung und Verwirrung ins Publikum zu tragen: dies alles bedeutet die Gefahr einer Verflachung des künstlerischen Schaffens selbst; es drängt die Künstler, denen es um das Echte, Kühne und Reine zu tun ist, zu einem ideellen und sichtbaren Zusammenschluß.

Die Aufrufenden können nicht genug betonen, daß sie mit ihrer Gründung nichts weniger bezwecken, als dem deutschen Geistesleben ein gesellschaftliches Gepräge zu geben, es in einem unnationalen Sinn zentralistisch und einförmig zu gestalten, die Einsamkeit des einzelnen zu stören, die Dämonie des Talents durch Amtlichkeit zu binden. Die ›Deutsche Akademie‹ sei ein Treubund, der, über allen Gegensätzen der Generationen, Individuen und Schulen, im Zeichen dessen stehe, was allen gemeinsam ist, der Liebe zur Kunst.

Der Aufbau der Akademie ist folgendermaßen gedacht. Sie gliedert sich in die vier Gruppen der Dichtung, der Musik, der Bildenden Kunst und des künstlerischen Lebens, und zwar zu je vierundzwanzig Köpfen. (Als Förderer des künstlerischen Lebens gelten Männer, die sich um seine Pflege und Vertiefung in edler Weise verdient gemacht haben.) Diese Gruppen bilden aus sich Kapitel zu je acht Köpfen, die den Charakter von Arbeitsausschüssen haben sollen. Ihnen angegliedert ist ein verwaltendes Kapitel von fünf Mitgliedern, denen ein Archivar und ein Syndikus beigegeben sind. An der Spitze der Akademie stehen vier den einzelnen Kapiteln entnommene Ehrenkapitulare.

So soll die Akademie die unveränderliche Zahl von 101 Mitgliedern umfassen. Doch soll eine nicht zu bestimmende Anzahl aufstrebender Künstler ihr verbunden sein, ein Vorhof der Jugend gleichsam, aus dem sie ihre Mitgliederzahl durch Zuwahl ergänzt.

Finanzielle Verpflichtungen werden den Mitgliedern nicht erwachsen; nur auf freiwillige Stiftungen wird gerechnet.

Sobald ein hinreichendes Vermögen vorhanden ist, beginnt das öffentliche Wirken der Akademie, das wesentlich in der Pflege des unterscheidenden Gefühls in der öffentlichen Wertung schöpferischen Verdienstes besteht. Sie trete geschlossen hervor bei feierlichen und für das Gedeihen der Kunst wichtigen Gelegenheiten. Alljährlich finde in München, dem Sitz der Akademie, eine Gesamttagung statt, an der alle Mitglieder, wenn irgend möglich, teilnehmen sollen. Die öffentliche Festsitzung werde etwa mit einer Symphonie, einer Rede eröffnet, und im Laufe von vier Tagen mögen Vorträge, musikalische und poetische Aufführungen, Ausstellungen von Werken bildender Kunst einander ablösen. Ein Jahrbuch der Akademie biete als Denkschrift den literarischen Niederschlag dieser Festtage. Auch ist die Herausgabe einer Bibliothek lebender Dichter geplant. Außerordentliche Feiersitzungen mögen etwa den Charakter von Gedächtnisfeiern zur Ehrung Abgeschiedener tragen. Am Grabe solcher sei die Akademie korporativ vertreten. Von Zeit zu Zeit finden sich die Kapitel der vier Gruppen zur Beratung der ihnen eigenen Interessen in Kapitelsitzungen zusammen.

Ein Gebäude erstehe der Akademie, dessen Mitte der Festsaal oder Tempel bilde, mit Nischen, bestimmt, die Büsten solcher Männer aufzunehmen, die durch öffentliche Gedenkfeiern geehrt wurden. Er sei von Gesellschafts-, Lese- und Bibliotheksräumen umgeben. Alle Mitglieder spenden ein Werk ihrer jeweils erscheinenden Werke für die Bibliothek der Akademie.

Da die Wahl der Mitglieder auf Lebenszeit erfolgt, so kann ein Ausschluß nur auf Grund schwerer Verfehlungen gegen den Geist der Akademie erfolgen. Nach dem Ableben oder Ausscheiden eines Mitglieds folgt durch das Kapitel derjenigen Gruppe, der es angehörte, die Zuwahl eines neuen Mitglieds aus dieser Gruppe.

Im Sinne des Gesetzes ist die ›Deutsche Akademie‹ kein Verein, sondern zunächst nur eine zwanglose Vereinigung ohne Vorstand und ohne Satzungen. Sie strebt jedoch behördliche Rechte an.

> Der Ausschuß zur Gründung einer
> ›Deutschen Akademie‹.

DIE DEUTSCHE STUNDE

Ich komme heute auf Ihren Brief, Ihren Aufruf zurück, den ich mit so viel Zustimmung des Gefühls gelesen habe, – und muß mich nun doch viel kürzer fassen, als ursprünglich meine Absicht war.

In dieser deutschen Stunde macht Ihnen, dem Schulmann, die ›deutsche Stunde‹ Beschwer, – die der Mittelschule nämlich, die Stunde, während der man unsere Jugend planmäßig in deutscher Sprache unterweist. Sie finden, daß es schlecht steht um diese Stunde, daß man pedantisch, kümmerlich,

unkünstlerisch zu Werke geht, und die Liebe zur Schule läßt
Sie auf Besserung, Verbesserung sinnen, begeistert Sie zu
hochherzigen Vorschlägen. Sie wollen, daß die »Schule der
Sprache« nicht länger den Philologen überlassen bleibe; Sie
wollen, daß sie sich Dichternaturen, sprachschöpferische
Naturen gewinne. Denn nicht die wissenschaftliche Erkenntnis und Ordnung der Sprachwerte sei Quelle der
Sprache, sondern das Wort lebe durch die Dichter; man
müsse der Kunst ihre selbständige Wirkung im Leben lassen,
und wenn schon nicht die Dichter selbst es sein könnten, die
unsere Jugend Deutsch lehren, so sei mindestens zu fordern,
»daß in Zukunft Dichter statt Philologen darüber entschei-
den, wer als staatlicher Lehrer des Deutschen zugelassen
werden soll«. – Lassen Sie mich nachdenken darüber.
»Meister der Sprache«, sagen Sie mit Kummer, »haben
unsere Schule bitter angeklagt. Nicht einzelne Fälle haben
sie verurteilt, sondern den Geist.« So ist es: den Geist. Und
nicht »einzelne Fälle«, nicht dies oder jenes Symptom; nicht
etwa nur die ›deutsche Stunde‹. Die Meister der Sprache
wissen wohl, daß Sprachmeisterschaft kein nobler Selbstzweck, noch je eine isolierte Erscheinung ist, sondern selbst
nur Symptom, – das glänzende Merkmal einer besonderen
Konstitution und Daseinsform. Was denn für einer? Einer
Daseinsform, edler, zarter, zum Leiden fähiger, zum Leiden
williger, dem Behagen und der Nützlichkeit fremder als die
gemeine; einer irgendwie hochsinnigen, um nicht zu sagen
›idealistischen‹ Daseinsform. So ist es, und so ist es auch mit
der Schule. Auch die Art, in der die Schule die Sprache
behandelt, lehrt, pflegt, ist nur ein Symptom, ein Merkmal
für die Konstitution, den Geist des Ganzen.
Gestatten Sie mir der Bequemlichkeit halber ein Zitat. Lassen
Sie mich ein paar Zeilen aus einem alten, alten, bald schon
zwanzig Jahre alten Buch anführen, einem Roman, der gegen
sein Ende in eine, wenn auch recht indirekte und ironische
Kritik des neudeutschen Gymnasiums verfällt. Die direkteste
Stelle lautet: »Dieser Direktor Wulicke war ein furchtbarer
Mann. Er war der Nachfolger des jovialen und men-

schenfreundlichen alten Herrn …, der bald nach dem Jahre 1871 gestorben war. Damals war Doktor Wulicke, bislang Professor an einem preußischen Gymnasium, berufen worden, und mit ihm war ein anderer, ein neuer Geist in die Alte Schule eingezogen. Wo ehemals die klassische Bildung als ein heiterer Selbstzweck gegolten hatte, den man mit Ruhe, Muße und fröhlichem Idealismus verfolgte, da waren nun die Begriffe Autorität, Pflicht, Macht, Dienst, Karriere zu höchster Würde gelangt, und der ›kategorische Imperativ unseres Philosophen Kant‹ war das Banner, das Direktor Wulicke in jeder Festrede bedrohlich entfaltete. Die Schule war ein Staat im Staate geworden, in dem preußische Dienststrammheit so gewaltig herrschte, daß nicht allein die Lehrer, sondern auch die Schüler sich als Beamte empfanden, die um nichts als ihr Avancement und darum besorgt waren, bei den Machthabern gut angeschrieben zu stehen … Bald nach dem Einzug des neuen Direktors war auch unter den vortrefflichsten hygienischen und ästhetischen Gesichtspunkten mit dem Umbau und der Neueinrichtung der Anstalt begonnen und alles aufs glücklichste fertiggestellt worden. Allein es blieb die Frage, ob nicht früher, als weniger Komfort der Neuzeit und ein bißchen mehr Gutmütigkeit, Gemüt, Heiterkeit, Wohlwollen und Behagen in diesen Räumen geherrscht hatte, die Schule ein sympathischeres und segenvolleres Institut gewesen war …«

Bester Herr, wir verstehen uns. Wenn die ›deutsche Stunde‹ im argen liegt, so ist das nichts als ein Symptom, ein sehr kennzeichnendes, wie ich zugebe. Wenn es armselig und widerkünstlerisch darin zugeht, so liegt das nicht sowohl daran, daß sie von Philologen, als daß sie von Beamten, mittleren Beamten, erteilt wird – wie alle anderen des Stundenplans. »Ein ahnungsloser Hohn auf die Sprache«, rufen Sie, »gilt als Lehrplan der Sprache!« Sie wollen sagen: »Der Lehrplan des Deutschen ist im Beamtendeutsch abgefaßt.« Da haben Sie es.

Ein Lehrer muß freilich ein Lehrer, ein Fachmann von geschulter pädagogischer Begabung sein; es genügt nicht, daß er ein Dichter sei oder ein Freund der Dichter. So muß es bleiben. Was sich aber ändern sollte, wenn es nach mir ginge, das wäre die bürgerliche Stellung, das soziale Ansehen der Lehrer: es sollte sich mit dem Namen des Lehrers ein viel glänzenderer, gesellschaftlich höherer und noblerer Begriff verbinden als bisher. Dann würde gleichzeitig vieles andere sich ändern. Als eines Tages ein Münchner Hochschul-Geheimrat erklärte, die Mittelschullehrer müßten einhalbmal soviel zu tun haben und dreimal so hoch bezahlt werden wie bisher, da nahm man ihm das in Lehrerkreisen wohl gar noch übel – während man ihm Hurra und Hoch hätte schreien sollen. Als ob nicht alle Schulreform genau hier zu beginnen hätte! Als ob es nicht um die Schule selbst, um ihren Geist, ihre Grundstimmung ganz anders bestellt wäre, wenn die Lehrer sozial bevorzugte, saturierte, überlegene, wohlwollende, mit Muße und den Mitteln zur Kultivierung dieser Muße reichlich ausgestattete Herren wären, – statt zu sein, was sie heut manchmal sind, nämlich mesquine Machthaber von rankünöser Schrulligkeit! Auch in der ›deutschen Stunde‹, dessen bin ich sicher, würde es dann hochsinniger, heiterer, lebensvoll-künstlerischer zugehen als jetzt; denn nochmals, diese ist nur ein Symptom.

Ich darf nicht schließen, ohne das Folgende anzufügen. Daß die Mittelschule und ich einander zur Last fielen, wobei ich die Eindrücke empfing, die aus der oben zitierten Romanstelle sprechen, das ist nun schon recht lange her. Heute empfange ich neue Eindrücke, wenn auch mittelbar, dadurch, daß ich Kinder habe, die zur Schule gehen, und ich kann nicht zweifeln, daß dies Institut seit ›damals‹ an Humanität – um in ein Wort zusammenzufassen, was zu analysieren ich hier nicht unternehmen darf – sehr wesentlich gewonnen hat. Ein ganz armes, ganz unscheinbares Beispiel! Sie verkünden in Ihrer Utopie: »Bloße Schreibarbeit wie das Anstreichen von Fehlern gegen die Rechtschreibung wird unwichtig ...« Nun, meine zwölfjährige Tochter versichert mir, daß orthographische Fehler auf die Bewertung ihrer deutschen Aufsätze keinerlei Einfluß haben; orthographische Sicherheit oder Unsicherheit bestimme zwar mit die Gesamtnote im Deutschen, für die Beurteilung des Aufsatzes aber sei nur der Stil entscheidend. So ist es auf der Töchterschule; auf dem Knabengymnasium noch nicht. Aber ist es nicht ein bemerkenswerter kleiner Zug – ein Zug von literarischer Hochherzigkeit, möchte ich sagen?

Und da ich schon so viel von »Symptomen« sprach – Sie selbst, Herr Lehrer, mit Ihrem Aufruf sind ja ein Symptom! Glauben Sie denn, daß vor zwanzig Jahren in Deutschland ein Schulmann zugunsten künstlerischen Sprachunterrichts hätte manifestieren können, ohne für schwer erholungsbedürftig erklärt zu werden?

Sie haben mich auf ein »weites Feld« gelockt. Ich fühle völlig die Unzulänglichkeit der vorstehenden Fragmente. Betrachten Sie es einfach als Zeichen meiner herzlichen Anteilnahme an Ihrem Sehnen und Trachten, das so bezeichnend ist für die Aufgewühltheit der Zeit und die Zukunftsfülle des deutschen Geistes.

[VON DER LITERARISCHEN ZUKUNFT]

Es sieht aus, als stehe der Literatur im allgemeinen eine große Zeit bevor, als werde sie nach dem Kriege eine bedeutende Rolle im Leben der Völker spielen. In Deutschland wenigstens (der Horizont ist heute sehr beengt, und ich kann nur von Deutschland sprechen) bestand eine der kulturell-wirtschaftlichen Begleiterscheinungen des Krieges in einem gewaltigen Aufschwung des Buchhandels, einem wahren Hunger nach dem Buche, der als Ausdruck der geistigen An- und Aufgeregtheit breiter Massen durch die Weltereignisse zu verstehen ist; eines allgemeinen Denkzwanges und des Bedürfnisses, eine mächtige, überall hinreichende Erschütterung geistig aufzuarbeiten. Wirklich ist in meinem Vaterlande nie leidenschaftlicher und ausgebreiteter gedacht und gelesen worden als während dieser Jahre; und diese Bewegung wird auch nach dem Zur-Ruhe-Kom-

men der äußeren Dinge noch lange nachschwingen, so
meine ich. Die Lebensform des Schriftstellers wird im Bewußtsein der Nation an Würde gewinnen, alles Schrifttum
im öffentlichen Interesse einen erhöhten Rang einnehmen,
ja, es wäre denkbar, daß die Literatur sogar die Musik aus
ihrer bisher herrschenden Stellung zurückdrängte.
Bei all dem fragt sich nur, ob es der Literatur als gestaltender
Kunst, der Dichtung also zu wesentlichem Vorteil gereichen
wird. Vor neunzig Jahren wunderte Eckermann sich im
Gespräch, wie doch die großen kriegerischen Ereignisse der
jüngsten Zeit eigentlich viel Geist hätten aufregen müssen.
Goethe antwortete: »Mehr Wollen haben sie aufgeregt als
Geist, und mehr politischen Geist als künstlerischen, und
alle Naivität und Sinnlichkeit ist dagegen gänzlich verloren-
gegangen.« (13. XII. 1826) Es fehlt nicht an Merkmalen, daß
die von uns erlebte historische Umwälzung ähnliche Wirkungen zeitigen wird. Nie war die Schopenhauersche Antithese von Wille und Intellekt weniger zeitgemäß als heute.
Der Intellekt ist Wille – und durchaus nicht »Vorstellung«.
Der Intellekt als Wille ist stimuliert. Was möglicherweise zu
kurz kommen wird, möchte die Phantasie, die naive und
schöpferische Traumkraft – es möchte die Kunst sein.
Nun, sie wird ihre eigenen Wege gehen, die nachkriegeri-
sche Kunst, und wahrscheinlich werden die Wirkungen der
weltgeschichtlichen Konvulsion nur sehr mittelbar in ihr
zum Ausdruck kommen. Es wäre denkbar, daß sie mit
einem tiefen Verlangen nach Stille, Sanftmut und Innerlichkeit auf die Schrecken und Leiden des Krieges reagierte. Mit
dem lebhaftesten Geschmack an allem Zarten, Gütigen,
Leisen, Intimen; schmucklos geistig, von höchster humaner
Noblesse möchte ich sie mir denken, formvoll, maßvoll und
kraftvoll durch die Intensität ihrer Menschlichkeit.
Selbst etwas wie die Rehabilitierung des Idylls ließe sich
prophezeien, wenn vom poetischen Geschmack des nach-
kriegerischen Europa die Rede ist. Und bei dem Worte
»Idyll« kommt mir das Schlußdistichon von Goethe's Einleitung zu ›Hermann und Dorothea‹ in den Sinn, das für

mich persönlich nachgerade das geistig-seelische Ergebnis dieser schweren Jahre vollkommen ausspricht:
»Menschen lernten wir kennen und Nationen, so laßt uns,
Unser eigenes Herz kennend, uns dessen erfreun.«

GLÜCKWUNSCH AN DEN ›SIMPLICISSIMUS‹

Muß ich glauben, daß fünfundzwanzig Jahre vergangen sind, seit ich die erste Ausgabe des Simplicissimus in Händen hielt? Ich habe nachgerechnet, ja, es stimmt; und es rührt mich sehr. Der erste Simplicissimus! Gewiß, ich weiß es noch. Ich hatte mich ungeduldig auf ihn gefreut, mein Herz schlug höher, als ich ihn endlich aushängen sah. Ich kaufte ihn in einem kleinen Papierladen; er kostete zehn Pfennige, er war politikfrei und lyrisch. Seitdem hat ihn zum Manne geschmiedet die allmächtige Zeit ... Mich auch, ich will es hoffen.
Ich erwartete jede Nummer mit dem Appetit meiner neunzehn Jahre, – zumal ich sofort einen Beitrag geschickt hatte. Er erschien, er erschien! Er ging durch zwei Nummern, wider alles Prinzip, so ausgezeichnet hatte man ihn gefunden. Noch sehe ich die schönen Doppeldukaten, die Wassermann mir dafür in die Hand drückte. (Ich werde niemals ihresgleichen sehn!)
Etwas später erhob Holm mich auf offener Straße zum Lektor. Ja, ich trat in den Redaktionsstab ein, ich half eine Zeitlang den novellistischen Teil redigieren, ich bin nicht der erstbeste Gratulant, ich bin vom Hause! Wenn ich »Ja« auf den Umschlag eines Manuskriptes geschrieben hatte, strich Geheeb es gewöhnlich aus und schrieb »Nein« dafür. Er hatte wohl recht; wir konnten so viel nicht drucken, wie ich annehmen wollte.
Dann schied ich aus. Selbst für diesen Posten taugte ich auf die Dauer nicht. Aber ich bin Ihrem bunten, frohgemuten, in jeder Nummer von Talent strotzenden Blatt, das volkstümlich zu sein verstand, indem es geistig, – national, indem

es menschlich war, immer anhänglich geblieben. Wir stimmten meistens überein, in der Liebe wie im Gelächter. Im Kriege taten wir, jeder mit seinen Mitteln, das Unsere, um dem überhandnehmenden Glauben des deutschen Volkes an die Fourteen points und die überlegene Tugend der ›Demokratie‹ zu steuern, der, wie amerikanische Pazifisten heute erklären, Deutschland zugrunde gerichtet hat. Wir waren erfolglos. Aber haben wird darum etwas zu bereuen?

Auf viele Jahre, Simplicissimus! Bis man mir ein besseres zeigt, halte ich Dich für das beste Witzblatt der Welt.

EDITIONES INSULAE

Das kosmopolitische Unternehmen des Insel-Verlages macht mir großes Vergnügen, und ich denke wohl, daß auch die Leipziger Firma Freude daran erleben wird, denn die Spekulation ist gut, soweit ich urteilen kann.

Es handelt sich um vorläufig zwei Reihen von Büchern, die Sammlung ›Pandora‹ und die ›Bibliotheca Mundi‹, die in gleichmäßiger Ausstattung die Meisterwerke der Weltliteratur in den Ursprachen – auf deutsch, russisch, französisch, italienisch, spanisch, englisch und so weiter – vereinigen oder in Zukunft vereinigen sollen. Der Pandora-Typ ist wohlfeil. Er ist den Bändchen der bekannten Insel-Bücherei nachgebildet, die vor dem Kriege 50 Pfennig das Stück kosteten: bunt kartoniert, mit weißem Etikett, sehr angenehm gedruckt, und zwar auch die deutschen Werke, wie der ›Tell‹, die ›Scuderie‹, ›Der Waldsteig‹, ›Hermann und Dorothea‹, Angelus Silesius, ›Der Taugenichts‹, in weltläufiger Antiqua, damit die Herren Fremden sich nicht zu plagen brauchen. Der Preis ist 4,50 Mk. oder 1 Schweizer Franken, 3 französische Franken oder zum Beispiel 1,30 schwedische Kronen oder 1 Schilling oder 25 Cent. Wie er sich für Rußland, für Österreich stellen mag, bleibt ungeklärt.

Die ›Bibliotheca Mundi‹, die sich vorderhand aus sieben Bänden zusammensetzt, während von der ›Pandora‹ schon vierzig vorliegen, hat solennes Format und gediegene Ausstattung: Baudelaire's ›Fleurs du Mal‹, eine russische Anthologie, Kleists Erzählungen, die ›Trois drames‹ von Musset stellen sich in noblen hellbraunen Pappbänden mit pergamentgesäumtem Rücken und goldenem Signet auf dem Deckel dar und kosten pro Band 25 Mk., was sich in den Werten der nördlichen und westlichen Länder sehr milde ausnimmt. Für das Auslandsgeschäft kommt diese kostspieligere Sammlung vielleicht sogar mehr in Betracht als die billige. Die Pandora-Bändchen, so schmuck sie sind, werden im Wettstreit mit den wohlfeilen Editionen des Auslandes möglicherweise keinen leichten Stand haben. Daß aber zum Beispiel eine so noble Ausgabe der ›Fleurs du Mal‹ heute in Frankreich für 12 Franken zu haben sein sollte, ist unwahrscheinlich.

Desto willkommener wird die Pandora-Bücherei dem Inlandmarkte sein, denn das Bedürfnis nach erschwinglichen Originalausgaben der Weltliteratur ist ohne Zweifel groß in Deutschland, und was im besonderen die russischen Bände betrifft – ich entziffere die Namen Turgenjew und Dostojewski –, so werden sie schon aus dem Grunde ihr Publikum haben, weil, wenn ich nicht falsch unterrichtet bin, heute gut und gern eine halbe Million Russen bei uns leben. Zuletzt wäre es nicht schlecht, wenn eine deutsche Firma den acht oder zehn russischen Verlagsanstalten, die sich nachgerade im Reiche aufgetan, ein wenig den Wind aus den Segeln nähme.

Einige deutsche Nummern der Pandora-Reihe wurden genannt. Um ein Bild von dem bunten Reichtum zu geben, den die Sammlung schon heute aufweist, sei einiges Weitere angeführt. Es sind da die französischen Klassiker und Romantiker, eingeschlossen Balzac, von dem eine weniger bekannte Erzählung ›Jésus-Christ en Flandre‹ gewählt wurde; dazu ein Bändchen Stendhal und solche Dinge wie ›Les Aventures du Calife Haroun-al-Raschid‹ von Galland.

Aus dem englischen Sprachbereich sind schon fast alle gro
ßen Namen da: Es fehlen weder Shakespeare, der mit den
Sonetten vertreten ist, noch Milton, Pope, Byron, Shelley,
Longfellow oder Browning. Essays von Emerson und Macaulay liegen vor. Und Nummer 13 fängt an: »Marley was
dead, to begin with.« Sechs Boccaccio-Novellen, Petrarca's
›Trionfi‹, die ›Pensieri‹ von Leopardi sind vorhanden, Cervantes und Calderón findet man eingereiht, und dazwischen
zeigt sich die ›Germania‹ von Tacitus.

Das alles ist offenbar nur ein Anfang. Nicht nur, daß sowohl
von der ›Pandora‹ wie von der ›Bibliotheca Mundi‹ Zweite
Reihen vorgesehen sind, deren Programm sehr großartig
anmutet, sondern auch eine dritte Sammlung ist noch geplant, ›Libri librorum‹ geheißen, die Dante's Opera Omnia,
den ganzen Homer, das Nibelungenlied, den ›Raskolnikow‹
und die ›Contes drôlatiques‹ umfassen soll. – Auch der
Generaltitel des ganzen Entwurfes ist dankenswerterweise
nicht in Esperanto, sondern in dem Weltidiom jener Zeit
abgefaßt, in der alles gute Europäertum seine historischen
Wurzeln hat, falls es welche hat … er lautet wie die Überschrift dieser Zeilen.

Ich schreibe für ein national gerichtetes Blatt und muß
damit rechnen, daß einer oder der andere meiner Leser das
Haupt zu der Frage erhebt, ob knappe zwei Jahre nach dem
Triumph der ›Gerechtigkeit‹ ein Internationalismus, wie er
aus dem hier angezeigten Unternehmen spricht, der deutschen Würde eigentlich anständig sei. Die Frage ist ehrenwert, aber Witz, scheint mir, hat sie weniger als die Tatsache, daß ausgemacht wir heute den andern ihr Bestes
vermitteln, weil wir es selber nicht missen können. Wir lassen
das eigene Gut mit unterlaufen, wonach, wie es scheint, in
der Welt keine kleine Nachfrage besteht. Nie wurden wir
mehr übersetzt, und zwar nicht nur in den slawischen und
skandinavischen Ländern, wie schon ehedem, sondern auch
von Frankreich, Italien, Spanien, Amerika. Valuta-Angelegenheit und Form der Exploitierung ist das nicht ganz
allein. Daß man nach diesem Krieg draußen nach deutschen

Dingen neugierig sein werde, war vorauszusehen. Unsere Sündhaftigkeit ist eben recht, politisch dies und jenes zu stützen. In höherer Sphäre kümmert man sich nicht mehr um sie, und sind wir verworfen, so scheinen wir doch nicht nur in finanzieller Hinsicht ›interessant‹ zu sein.

Charakteristisch wenigstens wird man das Insel-Werk nennen müssen. Den Wert eines sehr sprechenden Dokuments deutscher Weltbedürftigkeit, eines Kosmopolitismus, der national ist, wird man ihm zubilligen. Lust am Charakteristischen aber, die Neigung, es um seiner selbst willen gut und erhaltenswert zu finden und es gegen demokratische Einebnung zu verteidigen, ist der Ursprung aller Bejahung des Nationalen. Nur daß man freilich auf diese Weise zum Nationalisten nicht nur pro domo, sondern auch für die andern wird, was wiederum kaum noch als Nationalismus, sondern beinahe schon als das Gegenteil anzusprechen sein dürfte. Es hat eben mit Nationalismus und Europäertum eine heikle Bewandtnis, und schwer wird es immer sein, sich da zu halten und zu stellen.

Man hat wohl gesagt, oder könnte sagen, der deutsche Geist dürfe nicht gar zu deutsch sein, wenn er recht deutsch sein wolle, und das ist das deutsche Paradoxon. Aber ist dieses Paradoxon wirklich so ganz besonders deutsch und nicht viel mehr – europäisch? Ich meine: Handelt es sich bei dem Universalismus, dessen die Insel-Bibliothek ein Zeugnis ist, nicht vielleicht um schöne Reste und Trümmer eines großen seelischen Einheitsbaues, edle Trümmer, wie sie in allen Ländern der Christenheit vorhanden sind und nach jahrzehnte-, jahrhundertelanger Verschüttung immer wieder zutage gefördert werden? Ein Franzose des neuen Geistes, ein Mitschöpfer und Initiator dieses neuen, stark germanisch infiltrierten, stark antilateinischen Geistes, André Suarès, Melancholiker, Musiker, Aristokrat, Nordmensch und Liebhaber des Meeres, hat geschrieben: »Es ist die Bestimmung des französischen Geistes, daß er nicht französisch genug ist, wenn er nicht auch europäisch ist ... Ich weiß nur eine Art, ein guter Europäer zu sein: *mit Macht die Seele seiner*

Nation haben und sie mit Macht nähren von allem, was es Einzigartiges gibt in der Seele der anderen Nationen, der befreundeten oder der feindlichen. Die feindlichen sind uns befreundet in dem, was sie Großes haben; und wenn wir der Schönheit gehören, gehören uns ihre schönsten Werke … Europäisch sein: deutsch sein mit Goethe und Wagner; italienisch mit Dante und Michelangelo; englisch mit Shakespeare; skandinavisch mit Ibsen; russisch mit Dostojewski: alle diese Gewalten an sich reißen und sich nicht verlieren dadurch, daß man sich in sie ausströmt.« – Kann man sich ›deutscher‹ ausdrücken? Er sagt freilich an anderer Stelle: »Ein Europa wird es nur geben, wenn der Genius Frankreichs am Ruder bleibt.« Ha, nun, dann war es am Ende für einen Deutschen, will sagen für den Sohn eines Volkes, dem der von Suarès gefeierte Universalismus keine Errungenschaft von gestern ist – dann war es am Ende für einen solchen gar kein so untilgbarer Schimpf, wenn er Anno 14 dafür hielt, daß nur, wenn der Genius Deutschlands am Ruder bleibe, es »ein Europa geben könne«?

Nicht leicht, wie gesagt, sich richtig zu halten und zu stellen. Der Insel-Verlag jedenfalls, mit seinen Editionibus, hat es getroffen. Wir machen ihm unser Kompliment und unsern Glückwunsch.

›KNABEN UND MÖRDER‹

Keine Würdigung, keine Anzeige dieses Jünglingswerkes ist mir bisher vor Augen gekommen, und doch sind mir die ›Zwei Erzählungen‹ von Hermann Ungar (Verlag E. P. Tal & Co., Leipzig, Wien, Zürich 1920) stark aufgefallen unter vielem, was mir an neuester Prosaistik durch die Hände ging. Bedenkt man, wie schwer das Talent es heute hat – viel schwerer offenbar als vor zwanzig Jahren –, so fühlt man sich angehalten, zu helfen, wie man kann, wo Entmutigung gute und beste Dinge zu verhindern droht. Und ist nicht das schönste Recht, das wir uns durch eigene Bemühung um das Gute erwerben können, das Recht zu loben?

Die Erstlinge des jungen Böhmen verleugnen in ihrer Lebensstimmung, ihrer zugleich weichen und grausamen Art, das Menschliche zu sehen und zu geben, russischen Einfluß nicht: Die Herrschaft Dostojewski's über die europäische Jugend von 1920 bewährt sich auch hier. Daneben ist hochbegabte Abhängigkeit von deutschen Bildungen nicht zu verkennen – freie Schülerschaft voller Eigenleben, die der Referent ohne Nervosität zu Akte gibt. Das Wort von den Früchten, an denen man »erkannt werden soll«, hat viel Beängstigendes. Es waren meistens Früchterln. Hier sind Folgen, die ihre Ursache ehren – soweit sie Folgen sind. Und die, eben soweit sie es sind, die ursprünglich ungeahnte Großartigkeit, Schönheit und Macht schriftstellerischer Wirkung, einer *lebenprägenden* Wirkung, nicht ohne Erschütterung empfinden lassen.

Die beiden Erzählungen also, ›Ein Mann und eine Magd‹ und ›Geschichte eines Mordes‹, sind im Ich-Tone vorgetragen – wenn man von Vortrag reden darf dort, wo die Illusion biographischer Wirklichkeit durch ein verworrenes, unliterarisches und unkomponiertes Vorbringen der inneren und äußeren Dinge angestrebt und erzeugt wird. Über dies Wesen, so vertraut es ist, kann man nicht genug nachdenken. Die Wahrheit bedarf des Scheins der Wirklichkeit, um künstlerisch haltbar zu sein. Zur Wahrheit den Schein zu fügen, bedarf es des Könnens. Die Kunst aber verkleidet sich in gewissen Fällen als Nicht-Können, um ihn hervorzubringen.

Die erste Geschichte ist die unreifere der beiden. Das sich eröffnende Ich ist in diesem Falle ein reicher Mann in Amerika, der seine Kindheit als armer Waisenknabe in dem ›Siechenhaus‹ seines österreichischen Heimatstädtchens verbringt, einer von irgendeinem ›Wohltäter‹ gestifteten Versorgungsanstalt für Greise und Knaben, worin der Junge heranwächst als dienender Lebensgenosse dreier Alten und einer Magd, Stasinka, an deren schwerer Fleischlichkeit seine Sinne sich entzünden, – zu Lust und Entsetzen geweckt werden durch das Blicken und Gieren eines der Alten, Rebingers, von dem es heißt: »Ich fühle in unbestimmtem Ahnen, daß Rebinger, dieser lallende, in Nacht versunkene Greis, mein Leben aus seiner Bahn gerissen und es Schuld wie Zerstörung ausgeliefert habe. Haß und Böses in mir wurden stark an Rebingers Leiden.« Haß und Böses bestimmen fortan das Leben des Siechenhaus-Zöglings, Haß des Enterbten, ein Haß, der viel Selbstekel, Ekel vor der eigenen Armut enthält, und böser Machtwille, Entschlossenheit zur kalten Macht um anderer Demütigung willen, und ganz zuletzt, ein Leben lang, um des ersten Weibes Herr zu werden, der dumpfen Magd, die den Halbwüchsigen fortwarf, als er unter Schauern der Wandlung die Hände nach ihr streckte. Als er es drüben durch Geschäfte, zu denen Diebstahl und Zuhälterei das erste Betriebskapital schaffen mußten, zu einigem Vermögen gebracht hat, besucht er Europa, um Stasinka zu holen, sie mit sich hinüberzunehmen und das stumme Tier mit den Brüsten in Neuyork in ein Freudenhaus zu verkaufen. »Ich hatte geglaubt«, schreibt er, »ich würde frohlocken, wenn ich Stasinka so tief gedemütigt haben würde. Aber von Frohlocken habe ich nichts in mir gefühlt, als ich Stasinka in ihrem Zimmer in der ›Neuen Welt‹ verschwinden sah ... Das Stummsein ihrer lichtlosen, schweren Seele, das allem, das ich grausam über sie brachte, stumpf, gehorsam war, ließ mich fürchten, daß ich in all meinem Haß wehrlos sei gegen Stasinka die *Magd*.« Er wird reich, Fabrikherr, »vor dem die Schar der Arbeiter zitterte, die ich haßte, weil sie arm waren, und die ich verachtete, weil sie ohne Macht waren«. Man bringt ihm das Kind der verstorbenen Magd, einen Knaben mit den Demutsaugen der Mutter-Kreatur, und sein Haß beschließt, das Kind *ihm gleich* werden zu lassen, indem er es, ›Wohltäter‹ nun er selbst, in demselben ›Siechenhause‹ aufwachsen läßt, aus dem er hervorgegangen. Aber was geschieht? Nach Jahren schreibt ihm der Herangewachsene, im Begriff, das Haus zu verlassen, »worin er seine gesicherte Jugend verbracht hat«, die Greise zu verlassen, »denen hilfreich sein zu dürfen sein Herz mit tiefem Dank erfüllt hat« – einen Brief, worin er ihm Dank sagt, Dank dem Wohltäter, der ihm »die Möglichkeit geboten, die Fähigkeit seiner Seele zu entwikkeln und das Gute, das das Schicksal in seine Brust gesenkt, zu erwecken und zu vermehren«. Stasinka's Sohn strebt diesem Briefe zufolge nicht danach, Reichtum zu erwerben, sondern danach, »sich in Ruhe und Einfachheit dem Guten zu ergeben«. Mit Hilfe guter Menschen wird er ein Lehrerseminar in der Stadt besuchen. Demütigen Herzens, zufrieden mit seinem bescheidenen Los, versichert er dem ›Wohltäter‹, daß dieser die »geduldig-unselige Mutter noch im Tode beglückt habe, durch das, was er an ihm getan«. – So schlug die Bosheit fehl. Tränen fließen. »Ahnte ich, ohne es zu erkennen, daß mein Leben, so reich an Macht, glücklos und arm sei, weil der Haß es einsam machte, weil Feinde es umstellten, Kälte, Fremdsein? Und jetzt wußte ich, daß auch mein Leben nach Wärme und Güte gerufen hatte, weil ich nicht ärger und härter hassen und töten zu können glaubte, als indem ich Stasinkas Kind mein eigenes Leben leben ließ. Doch das Kind ist demütig geworden und gut. Und seine Güte ruft zu mir.«

Hier redet der geistige Pazifismus der Jugend von 1918 eine etwas modische Sprache. Die Geschichte, die reich ist an intensiven Einzelheiten, wäre stärker ohne die ein wenig blasse und klischeemäßige Liebeslehre am Schluß. Anziehend ist sie vor allem durch die vom Osten empfangene Kunst, das seelisch Extreme, Exzentrische, ja Groteske als das eigentlich Menschliche empfinden zu lassen, und durch eine genaue, abwägende, verantwortliche Art, dies Menschliche zu behandeln, eine Art, in der es als die ernsteste und wichtigste Angelegenheit von der Welt sittlich vorgestellt ist. Wendungen wie: »Wenn ich es recht überlege, finde ich, daß ich vielleicht, vielleicht sage ich ...« sind charakteristisch für diesen Geist der Gewissenhaftigkeit. ›Ein Mann und eine Magd‹ wird jedoch durch das nachfolgende Stück, die ›Geschichte eines Mordes‹, künstlerisch in den Schatten gestellt.

Denn die Geschichte von dem buckligen Friseur Haschek, seinem Opfer, dem ›General‹, der in Wirklichkeit nur ein entgleister Stabsarzt ist, und dem ›kleinen Soldaten‹, seinem Sohn, dem Helden und Erzähler des Ganzen und dem Mörder – diese Geschichte, aus härterem Holze geschnitzt als die vorige, lustiger, tiefer, freier, ist ein kleines, frühes Meisterwerk, so reich an seelischen Beziehungen, an Symbol, an Leidenserfahrung, Komik und Jammer, an sittlicher Kühnheit der Aussage und an Kunst der Geheimnisbildung, daß man spürt: Dies kommt aus der Fülle, hier sammelt sich präludierend ein Talent zu Taten, die von sich reden machen werden.

Ich lasse mich auf keine Wiedererzählung der innerlich verwickelten, angeblich im Gefängnis aufgezeichneten Geschichte ein. Man möge lesen, – um zu finden, daß dieser in Lüge verstrickte, seine Scham in Alkohol ersäufende, vom Haß und Hohn eines hündisch blickenden, ›gehorsamst‹ redenden Schiefgewachsenen mehr und mehr entwürdigte und erniedrigte ›General‹ wohl freilich Dostojewski'sche Züge deutlich zur Schau trägt (wobei es wahr bleibt, daß das Talent der Nachahmung in der Jugend beinahe das Talent selber ist und daß es etwas wie originelle Nachahmung gibt) –, daß aber der moralisierende Held und Täter der Erzählung selbst, dieser Schwächling mit der Leidenschaft zum ›Gehorsam‹, der unglücklichen Liebe zum Soldatenstande, trotz starker psychologischer Pointierung ein sehr unmittelbares, durchseeltes und lebendig rührendes Stück Menschengestaltung ist. Das geistige Motiv des Soldatentums, das die Novelle irgendwie beherrscht, ging mir nahe und hat mir zu denken gegeben. Der Militarismus, jetzt in Europa an seinen Ausgangspunkt, sein eigentliches Heimatland, ich meine Frankreich, zurückgekehrt – womit wir einverstanden sein wollen –, wird dort, als Realität, sich wohl unrühmlich totlaufen. Aber nicht nur, daß auch in einer Welt des reinen Zivilismus das Soldatentum als Lebensform in beschränktem Maße ja bestehen bleiben wird: als seelisch-sittliches Symbol namentlich ist der Militarismus unsterblich, und die Kunst, deren eigentümlich positiver Indifferentismus nach Symbolwerten weit interessierter als nach politischen Prinzipien fragt, wird ihn eben als seelisches Gleichnis niemals verleugnen. Die ungeheure sittliche Würde, die das militärische Wesen in Mérimée's ›Carmen‹ (und in Bizets Oper) in dem Augenblick gewinnt, wo die Hörner den jungen José zum Appell rufen und das Weib, die Zigeunerin, das Instrument der Verführung, die Ur-Widersacherin des männlichen Prinzips, ihn mit Hohn und Umstrickung hindert, dem Rufe zu folgen: ich habe mich oft gefragt, ob diese Würde nicht einem grundsatzstarken Anti-Militaristen und Pazifisten höchst anstößig sein müßte. Politiker jedoch besitzen wenig ideelle Konsequenz. Man hat revolutionären Arbeitern den ›Parsifal‹ aufgeführt: man wäre imstande, ihnen die ›Natürliche Tochter‹ aufzuführen, und ›Carmen‹ als Festoper aus Anlaß eines Pazifisten-Kongresses wäre trotz jener gehaltvollen Szene durchaus nicht undenkbar. Am Ende ist es gut so. Und doch fühlt man sich angereizt, auf den geistigen Widersinn aufmerksam zu machen.

Nach dieser Abschweifung noch zwei Worte zum Lobe unserer Erzählung. Es ist wirkliche Dämonie in ihrem Schluß. Die Szene, die dem Mord an dem ›Fremden‹ unmittelbar vorhergeht und ihn seelisch vorbereitet, dies Trinkgelage, wo vor dem ›General‹ und seinem Henker, dem buckligen Friseur, das schwangere Weib das Geschlecht des gefesselten Knaben mit Wein begießt, um sich dann in Kindesnöten am Boden zu wälzen, – ist etwas künstlerisch außerordentlich Mutiges und Inspiriertes, eine Vision, die mir Eindruck auf immer gemacht hat. In der Nähe dieser Szene findet sich ein moralisierender Satz, den ich ebenfalls anmerkte, weil er mir für das, um was es dem jungen Autor eigentlich zu tun ist, charakteristisch zu sein schien. »Mir ist«, bemerkt der Erzähler, »als seien in dieser kleinen Spanne Zeit alle Kräfte meines Lebens, die guten wie die bösen, lebendig gewesen.« Sagten wir nicht, daß es die Tendenz dieses Dichters sei, das Extreme als das eigentlich Menschliche empfinden zu lassen? Es ist die Tendenz einer ganzen Generation. Und doch waren zeitweilig in dieser Generation vor dem Begriff des ›Menschlichen‹, des Humanen, die irrtümlichsten Vorstellungen eingerissen. Es gibt keine Kunst, keine Kultur, gibt nicht eine einzige wirkliche Tat (Aktion), zu deren Hervorbringung nicht *alle* Kräfte des Lebens, die guten wie die bösen, sich vereinigt hätten. Jene pazifistische Humanität, die das natürliche, das heißt böse Teil des Menschen radikalistisch verneint und nur auf ›Geist‹ besteht, geht völlig in die Irre. Der Geist ist groß; aber mit dem Menschlichen und seiner Bildung fällt er durchaus nicht zusammen. Nichts Lebendiges entsteht aus ›Güte‹. »Wenn man von *Humanität* redet«, beginnt Nietzsche schon einen sehr frühen Aufsatz über die Griechen, »so liegt die Vorstellung zugrunde, es möge das sein, was den Menschen von der Natur *abscheidet* und auszeichnet. Aber eine solche Abscheidung gibt es in Wirklichkeit nicht: die ›natürlichen‹ Eigenschaften und die eigentlich ›menschlich‹ genannten sind untrennbar verwachsen. Der Mensch, in seinen höchsten und edelsten Kräften, ist ganz Natur und trägt ihren unheimlichen Doppelcharakter an sich. Seine furchtbaren und als unmenschlich geltenden Befähigungen sind vielleicht sogar der fruchtbare Boden, auf dem allein alle Humanität, in Regungen, Taten und Werken hervorwachsen kann.«

EIN GUTACHTEN

Ihrer Aufforderung, in dem Rechtsstreit, der den dritten Band von Bismarcks ›Gedanken und Erinnerungen‹ zum Gegenstande hat, meine Meinung zu äußern oder, wenn Sie wollen, mein Gutachten abzugeben, komme ich nach, weil ich Ihnen zustimmen muß, wenn Sie dafürhalten, daß es sich um eine Streitfrage literarischen Wesens handelt, bei deren Erledigung also das Urteil eines Schriftstellers wohl ins Gewicht fallen mag, und dies um so mehr, als die reichsgerichtliche Auslegung des Urheberschutzgesetzes, auf welche die drei bisher zu Worte gekommenen Instanzen ihr Urteil gründeten, eine ganz ausgesprochen literarische, man möchte fast sagen: schöngeistige Orientierung an den Tag legt und unter Zurückweisung aller möglichen anderen Interessen ausschließlich den künstlerischen Gesichtspunkt als maßgebend kennzeichnet.

In diesem Sinne also darf ich mich als Urteilender für zuständig halten, wobei ich übrigens die Gefahr einer affekthaften Trübung meines Urteils keineswegs außer acht lasse. Je weniger ich zweifeln darf, daß die drei Gerichte, die in der Sache bisher gesprochen, ihren Spruch von keiner außerrechtlichen und leidenschaftlichen Meinung oder Rücksicht haben beeinflussen lassen, desto gründlicher habe ich mich zu besinnen, ob nicht eigene entgegengesetzte Tendenz und Leidenschaft, der Wunsch nämlich, die Aufzeichnungen des zornig sorgenden Riesen – Aufzeichnungen, die die ergreifende Widmung tragen: »Den Söhnen und Enkeln zum Verständnis der Vergangenheit und zur Lehre für die Zukunft« – möchten seinem Volke, auch seinem, denn andere kennen sie schon – endlich zu Händen kommen: ob also nicht etwa diese Ungeduld mein Denken bestimmt. Dem ist nicht so, ich kann es versichern. Mein Wunsch, den ich nicht verleugne, mag sich meines Urteils freuen, aber dieses, in seiner intellektuellen Selbstgewißheit, ist unbestochen von ihm und würde sich zweifellos auch gegen eine widersprechende Willenstendenz durchgesetzt haben. Ich kann es kurz fassen. Nach dem Studium des dritten Bandes von Bismarcks Buch; nach genauer Rezeption der reichsgerichtlichen Rechtserläuterung, an die auch ich mich halten muß; nach wiederholter Prüfung der umstrittenen kaiserlichen Briefe im Sinne der Kriterien, die jene Rechtserläuterung an die Hand gibt, habe ich auszusprechen: Wenn das Reichsgericht seine Gesetzesdeutung zu dem ausdrücklichen Zweck formuliert hätte, das freie Erscheinen der ›Gedanken und Erinnerungen‹ zu rechtfertigen, es gegen klagende Widersacher zu verteidigen, so hätte sie nicht anders lauten können.

In jedem Wort und mit fast erstaunlicher Sympathie für das

Ästhetisch-Individuelle bekundet diese Deutung die Absicht, keinen Zweifel darüber zu lassen, daß der Paragraph, dem sie gilt, nur gemeint ist, literarische, das heißt: geistig-künstlerische, das heißt: Persönlichkeits-Werte zu decken und nichts darüber hinaus. Ihre Tendenz zur Einschränkung, zur namentlichen Ausschaltung alles dessen, was, obgleich »allgemein interessant«, obgleich »literarisch verwertbar«, dennoch außerhalb der Reichweite des urheberrechtlichen Schutzes fällt, ist sehr lebhaft und in der Tat so weitgehend, daß nicht viel vorzustellen bleibt, was allerdings Anspruch auf diesen Schutz nach dem Wortlaut des Kommentars zu erheben hätte: natürlich nicht viel, denn die faktische Seltenheit solcher Werte stimmt mit dieser theoretischen Exklusivität überein. Der Diener am Recht wird zu hochgradiger Übersachlichkeit, zu einem rein ästhetischen Wertempfinden angehalten. Er wird aufgefordert, nicht auf den Tatsachenstoff zu achten, den ein Schriftstück etwa umschließt und der es zur historischen oder psychologisch-biographischen Urkunde stempelt. Ihm wird anempfohlen, sich einzig zu fragen, ob das Schriftstück, über das zu befinden ihm obliegt, auch abgesehen von den bekundeten Tatsachen und als »Erzeugnis eines beliebigen Verfassers literarisch bedeutsam sein würde«. Eines beliebigen Verfassers! Literarisch bedeutsam sein würde! Ist ein Schwanken möglich? Damit gewiß keines möglich sei, gibt der Kommentar die doppelte Bestimmung des Begriffs der »literarischen Bedeutung«.

Diese literarische Bedeutung, sagt er, die eine schriftliche Äußerung, einen Brief des urheberrechtlichen Schutzes teilhaftig macht, kann auf zwei Qualitäten beruhen: sie kann geistiger und formaler Natur sein. Sie kann erstens bestehen in einem »originalen Gedankeninhalt«, zweitens aber in einer Art der Formgebung, die auch einem Dokument, das eines solchen Gedankeninhalts entbehrt, »vermöge der besonderen Anmut und Kraft des Stiles einen ästhetischen Reiz und literarischen Wert verleiht«. Diese Definition ist klug und liebevoll, aber sie zeigt Schwierigkeit, ja Aussichtslosigkeit jeder Analyse des Organischen. In musischer Sphäre – und in dieser bewegen wir uns zweifellos nach dem Willen des Kommentars – ist der Gedanke von der Form nicht zu unterscheiden; sie sind nicht zweierlei, sie sind eins. Die Form ist der Gedanke, und dieser entspringt mit ihr. »Die Form«, hat ein Dichter gesagt, »ist nichts als der Kontur, der den lebendigen Leib umschließt.« Auch weiß der Ausleger von diesem Einheitszauber wohl, sonst würde er nicht von einem »originalen« Gedankeninhalt, statt etwa von »neuen« Gedanken sprechen. Er weiß, daß es keine neuen Gedanken gibt, daß aber ein Gedanke Originalität, das heißt Ursprünglichkeit, geistige Einmaligkeit, geistige Eigentümlichkeit gewinnt kraft des persönlichen Erlebnisses, das die Sprache schöpferisch beseelt und das Gedicht zeitigt, das urheberrechtlich geschützte Geistesprodukt, stelle dieses auch nur als »bloßer Vertrauensbrief« sich dar.

Nichts ist gewisser, als daß die in Bismarcks Erinnerungen verflochtenen Fürstenbriefe zu den Produkten gehören, auf welche der reichsgerichtliche Kommentar die Wirkung des Schutzparagraphen nicht erstreckt wissen will. Diese Briefe sind Schulbeispiele solcher Produkte, die zwar von historischem und psychologisch-biographischem Interesse und darum literarisch verwertbar, aber ohne eigentliche literarische Bedeutung und darum nicht schutzberechtigt sind. Die Gegner der Veröffentlichung mögen welches Gesetz immer zu ihren Gunsten anrufen – auf dieses können sie sich unmöglich stützen; und die bisher in dieser Sache gefällten Erkenntnisse sind meiner Überzeugung nach rechtsirrtümlich und nicht zu halten. Das öffentliche Interesse daran, daß das Wort Bismarcks, der letzten Verkörperung großen Deutschtums, nicht länger verheimlicht bleibe, wird auch für den Nichtjuristen an humaner Würde noch übertroffen durch das andere, daß ein klargesinntes und obendrein mit Geist und Gefühl erläutertes Gesetz keine falsche, objektiv mißbräuchliche Anwendung erfahre.

EIN SCHÖNES BUCH

Ich blätterte soeben in einem schönen Buch, das die Verlagsanstalt V. & R. Bischoff in München herausgegeben hat, einem modernen Prachtwerk, in gelbes Leinen gebunden und mit einer orientalisierenden Inschrift versehen, deren Zeichen, zweireihig von oben nach unten gelesen, den Titel ›Der Mantel der Träume‹ ergeben. Es ist ein Geschichten- und Bilderbuch, enthaltend sechzehn ›Chinesische Novellen‹ von Béla Balázs, mit zwanzig Aquarellen von Mariette Lydis, ein Name, fremd meinem Ohr bis dato, während der des ungarischen Verfassers mir schon durch seine im Wiener Rikola-Verlag erschienenen ›Sieben Märchen‹, auf die kein Geringerer als Georg Lukács, Autor jener erstaunlichen ›Theorie des Romans‹, mich aufmerksam machte, sehr ernstlich bekannt war.

Ein illustriertes Buch also, dieser ›Mantel der Träume‹? Jawohl. Nur daß, außerordentlichen Informationen zufolge, die Sache nicht wie gewöhnlich liegt. Sie liegt verkehrt herum: nicht die Geschichten sind illustriert worden, es geschah mit den Bildern: diese waren das künstlerisch Gegebene, und die Novellen sind Stegreiferfindungen angesichts ihrer, reine Gelegenheitsdichtung also, fabelnde Deutungen höchst launenhafter Vorlagen, und in dieser Eigenschaft wirklich bewunderungswürdig.

Denn man muß festhalten, daß die Künstlerin ihrem literarischen Illustrator keine leichte Aufgabe gestellt hat. Welche barocken Träume, grotesken Szenen, gespenstisch-lächerlichen, sonderbaren und schaurigen Einfälle! Es angelt ein Zopfträger von skurriler Haltung bei Mondschein in einem Weiher; ein Weib hockt plusterig und gestreift auf grünem Grunde und säugt ein Kind an ihrer ungeheuren Brust, die von blauen Milchadern durchzogen ist; hinter der Silhouette eines Kastanienzweiges geschieht ein Mord; Gelehrte mit langen Fingernägeln reiten auf einem Zweihufer durch die Bläue; ein hingestreckter Mann empfängt die Bastonade, sein Gesäß ist blutig, sein Peiniger sieht behaglich drein; ein

Mann rennt, und an seinem Hals sind an einer Art von Rohrgeflecht vier Totenschädel befestigt, die ihn jagen; nackte Vetteln sitzen wie Vögel auf einem Gestänge; eine wilde Jagd von Idolen und Kriegern braust vorüber; ein Kauernder betrachtet eine Kauernde auf die sonderbarste Weise von hinten; ein sehr ungesundes Blatt zeigt Opiumraucher; ein anderes siamesische Zwillinge; und so weiter. Das alles ist merkwürdig, originell und unheimlich. Aber es war viel verlangt, sich einen Vers darauf machen zu sollen.

Balázs hat sich eine höchst passende Prosa darauf gemacht, die zivilisiert und einfältig ist zugleich und recht gut Laotse selbst, das ›alte Kind‹, zum Verfasser haben könnte, von dem eine der Geschichten handelt und der die Götter lehrt:

> Der Leib des Kindes ist jung,
> Aber der Geist des Geschlechts ist alt in ihm.

»Der Geist des Geschlechts ist alt in ihm« – das ist China; und die Märchen des Ungarn sind mit dem Geist dieser greisen, klugen und infantilen Menschlichkeit tief und liebevoll vertraut. Was ich aber namentlich bewundern wollte, ist, wenn man mir diese Wortverbindung erlaubt, die dichterische Geschicklichkeit, die glückreiche Erfindung, der metaphysische Tiefsinn, womit sie die Phantasien der Malerin auslegen und umspinnen. Jede der Exzentrizitäten, die ich vorhin aufzählte, ist, man überzeuge sich, auf die geistreichste, überraschendste und erfreulichste Weise novellistisch gedeutet, und mit dem Manne zum Beispiel, den die Totenschädel jagen, steht es so, daß es seine Ahnen sind, die sich an ihn heften, die »durch ihn ihr Ziel erreichen wollen« und ihn dahin und dorthin zerren, bis er unter dem Widerstreit ihrer unerbittlichen Befehle zusammenbricht und sie ihn auffressen, so daß »gar nichts von ihm übrigbleibt«. Ich wähle des Beispiel seiner Simplizität halber. Es gäbe bessere, und ich empfehle dem Leser, sich mit dem schönen Buch in guter Stunde zu beschäftigen.

RUSSISCHE DICHTERGALERIE

Das war aufs neue ein guter Einfall, lieber Herr Eliasberg! Diese Porträtgalerie bildet zu Ihrer so knapp und lauter vorgetragenen Geschichte der russischen Literatur eine anschauliche Ergänzung, die man Ihnen danken wird. Aber ich fürchte, nicht hinlänglich danken würde man Ihnen, ohne ausdrücklich dazu aufgefordert zu sein, die mühevolle Geduld, die ohne Zweifel zur Herbeischaffung all dieser teilweise seltenen und wenig bekannten Bildnisse, Schriftproben, Zeichnungen hat aufgewandt werden müssen.

Da ziehen sie denn vorüber, die Genien dieses gewaltig lebenswichtigen Schrifttums, die Träger des russischen Gedankens, Kämpfer und Helden der Seele allesamt, Märtyrer der großen Verantwortlichkeit vor dem Angesichte der Menschheitsidee. Ist es möglich, anders als mit Ehrfurcht und Erschütterung diese Bogen zu durchblättern? Mit einer sehr persönlichen und intimen Erschütterung, will ich hinzufügen. Denn ist unser Verhältnis zu dieser leidvollen (und dabei fast immer humoristischen) Sphäre, zu all diesen Betern und Mahnern, Richtern, Büßern, Gottsuchern und Satirikern nicht sehr viel intimer und brüderlicher geworden seit kurzem, durch unser eigenes Erleben und Schicksal, durch das, was ich unsere »Republikanisierung« genannt habe und was mit Staatsform wenig zu tun hat, – dadurch, meine ich, daß auch wir nun vor Aufgaben gestellt, daß auch auf unsere Schultern Lasten gelegt sind, denen die Stärksten unter ihnen kaum gewachsen waren? Schöpfen wir Mut und brüderlichen Trost aus dem Anblick ihrer Menschengesichter! Stärken wir uns in Betrachtung der mächtigen Miene des arbeitenden Tolstoi.

Wahrhaftig, welche Charaktermasken! Es ist schrecklich, das Bild Gogols vom Jahre 1844 in seiner dämonischen Affektiertheit anzuschauen, – man denkt dabei an die einzige Stelle, wo er bei Nietzsche vorkommt: »Diese großen Dichter, diese Byron, Musset, Poe, Leopardi, Kleist, Gogol – ich wage es nicht, viel größere Namen zu nennen, aber ich meine sie –, so wie sie nun einmal sind, sein müssen: Menschen ... mit Seelen, an denen gewöhnlich ein Bruch verhehlt werden soll, oft mit ihren Werken Rache nehmend für eine innere Besudelung, oft mit ihren Aufflügen Vergessenheit suchend vor einem allzu treuen Gedächtnis, Idealisten aus der Nähe des *Sumpfes* ...« Es ist auch schrecklich (und rührend bis in den Grund der Seele!), wieder Dostojewski's bleiches Heiligen- und Verbrecherantlitz zu betrachten und die höchst unheimliche Zierlichkeit seiner Notizen zu dem unvollendeten Roman vom ›Großen Sünder‹ mit den mechanisch hingestrichelten gotischen Zeichnungen und kalligraphischen Übungen am Rande ... Aber wissen möchte ich bei alledem, wie dem Nachwuchs, unseren Altersgenossen und Kollegen, den Bunin, Alexei Tolstoi (der aussieht wie Pierre Besuchow), Belyj, Remisow und wie sie heißen – zumute sein, welch ein banger Stolz ihnen die Brust beklemmen mag, sich diesen Ahnen angereiht zu sehen.

»Zwei Erlebnisse sind es«, schrieb ich Ihnen für eine russische Anthologie, »welche den Sohn des neunzehnten Jahrhunderts zur neuen Zeit in Beziehung setzen, ihm Brücken in die Zukunft bauen: das Erlebnis Nietzsche's und das des russischen Wesens.« Jetzt sind bei den ›Entretiens d'été‹ in Pontigny Franzosen und Deutsche übereingekommen, daß als Wecker und Bildner heutigen Lebensgefühles drei Geister für beide Länder zu nennen seien: Whitman, Nietzsche und Dostojewski. Aber ein Franzose, Gide, war es, der, nur halbzufrieden, hinzugefügt hat: »J'ai besoin dans tout cela de *Goethe*.«

Es sind jetzt viele Russen, unser verworrenes Leben teilend, bei uns in Deutschland, und der Name, den der freie Franzose nannte, um ein für die Gestaltung des Neuen unentbehrliches Element des Maßes, der Harmonie, Klarheit, Gesittung und menschlichen Glanzheit zu bezeichnen, dieser Name, Europas edelster, ist uns Gewähr, daß wir von Rußland nicht nur zu nehmen, daß auch wir, wenn es empfangen kann – und wie sollte sein weicher, hochherziger Sinn es nicht können –, ihm zu geben haben.

Ihr zweisprachiges Bilderwerk aber, zu dem gewiß auch unsere russischen Gäste dankbar greifen werden, sei ein neues Zeichen der Kameradschaft zweier großer, leidender und zukunftsvoller Völker.

[BEKENNTNIS UND ERZIEHUNG]

Meine Damen und Herren,
lassen Sie mich mit der Versicherung beginnen, daß ich in dem klaren Bewußtsein vor Sie trete, Sie nicht lange aufhalten zu dürfen. Sie alle sind ungeduldig, die goldenen Töne Mozarts aus dem Orchester aufsteigen zu hören, ungeduldig, daß dieser Vorhang sich öffne und die bunten, kindlichen und tiefsinnigen Gesichte des Werkes enthülle, dessen Aufführung uns für diesen festlichen Abend versprochen ist, – und ich bin ungeduldig mit Ihnen. Die ideelle Ouvertüre, die der musikalischen vorauszuschicken mein Auftrag ist, soll kurz sein, und sie kann es sein; denn ihr Zweck: Beziehungen herzustellen, oder vielmehr Beziehungen aufzuzeigen zwischen der Welt der ›Zauberflöte‹ und dem Genius, dem zu Ehren wir auch heute, ohne daß er selbst zu Wort käme, versammelt sind, – dieser Zweck also ist leicht und bald erfüllt.
Man hat an diese Stelle, hat zu Vorrednern dieser Festabende nicht Gelehrte, Professoren, historische Menschen berufen, sondern Autoren im engeren Sinn des Wortes, Dichter, Schriftsteller; und so müssen Sie sich's gefallen lassen, wenn die Vorreden nicht so sehr einen sachlich belehrenden als einen persönlichen und bekenntnishaften Charakter tragen. Zuletzt folgen wir in dieser Neigung nur dem Meister Goethe selbst, der ja ein großer Bekenner war vom Anfang bis zum gesegneten Ende, ein Bekenner und Erzieher, – ja, dies beides! ein leidenschaftlicher Autobiograph und ein leidenschaftlicher Pädagoge, und nicht zufällig beides zugleich, – und indem ich dies ausspreche: daß er beides war und daß er nicht zufällig beides auf einmal war, habe ich

mein Thema angeschlagen, ein geliebtes, ein mir seit Jahr und Tag am Herzen liegendes Thema: die Idee der organischen Zusammengehörigkeit von *Bekenntnis* und *Erziehung*. Öffnet sich nicht bei diesen beiden Worten die Welt, in die zu blicken wir heute abend versammelt sind – die Welt der *Humanität*? – Es war J. J. Rousseau, unzweifelhaft einer der Lehrer und Befruchter seiner Jugend, von dem Goethe diese beiden Elemente, das autobiographische und das erzieherische, übernahm. Aber erst bei ihm, bei Goethe, werden wir dessen, was ich ihre organische Zusammengehörigkeit nannte, recht gewahr, während sie bei Rousseau ziemlich unvermittelt, menschlich unverbunden und willkürlich nebeneinanderstehen. Mit welcher Notwendigkeit ist der Verfasser der ›Confessions‹ auch derjenige des ›Emile‹? Eine solche Notwendigkeit muß vorhanden sein, aber sie wird nicht deutlich, ihre verschiedenen Elemente leben getrennt von einander, während die beiden großen Denkmale von Goethe's Leben, das poetische und das prosaische, der ›Faust‹ und der ›Wilhelm Meister‹, beides auf einmal sind: Bekenntnis- und Erziehungsgedichte, dergestalt, daß die beiden von Rousseau übernommenen Tendenzen sich in ihrer Verschränktheit und menschlichen Verbundenheit zu einer Idee vergeistigen, einem Hochgedanken unsterblich nationalen Charakters, einem kulturellen Heilsbegriff zugleich plastischen und spirituellen Sinnes, welcher seitdem in deutscher Sphäre zur obersten Herrschaft gelangt ist und durch keine Revolution, keine soziale, wirtschaftliche, geistige Umschichtung je um seine Majestät wird gebracht werden können: ich meine den Begriff der ›Bildung‹.

Autobiographie und Erziehung, – wo es das eine gibt, da ist das andere nicht weit. Beide Triebe hängen menschlich aufs engste zusammen, ja sie sind eins, das pädagogische Element lebt, bewußt oder unbewußt (und besser, wenn unbewußt!) bereits in dem autobiographischen, es ergibt sich daraus, es wächst daraus hervor. Goethe nennt Wilhelm Meister irgendwo sein »geliebtes Ebenbild« ... Wieso doch? Liebt man sein Ebenbild? Sollte nicht ein Mensch, der nicht

an unheilbarer Selbstgefälligkeit krankt, in der Anschauung
seines Ebenbildes der eigenen Verbesserungsbedürftigkeit
sich recht bewußt werden? – Doch, eben dies sollte er. Und
eben dies Gefühl der Verbesserungs- und Vervollkomm-
nungsbedürftigkeit, diese Empfindung des eigenen Ich als
einer *Aufgabe*, einer sittlichen, ästhetischen, kulturellen *Verpflichtung*, objektiviert sich im Helden des autobiographischen Bildungs- und Entwicklungsromans, vergegenständ-
licht sich zu einem Du, an welchem das dichterische Ich zum
Führer, Bildner, Erzieher wird, – identisch mit ihm und
zugleich ihm überlegen in dem Grade, daß Goethe seinen
Wilhelm, den guten Kerl in seinem dunklen Drange, den er
aus sich herausgestellt, einmal mit väterlicher Zärtlichkeit
einen »armen Hund« nennt, – ein Wort voller Empfindung
für sich und ihn. Im Inneren des autobiographischen Pathos
selbst also vollzieht sich bereits die Wendung ins Erzieherische. Und dieser Objektivierungsprozeß schreitet im ›Wilhelm Meister‹ fort durch die Einführung der Gesellschaft
des »Turmes«, die Wilhelms Schicksal und menschliche
Ausbildung in die Hände nimmt, sein Leben an geheimen
Fäden leitet; immer deutlicher wandelt sich in den ›Lehrjah-
ren‹ die Idee der persönlich-abenteuerlichen Selbstausbil-
dung in die der Erziehung, um in den ›Wanderjahren‹
vollends in die Welt des Sozialen, ja Staatsmännischen zu
münden; und Goethe hat nicht versäumt, auch am Ende des
Faust-Gedichtes noch diese *unfehlbare* Zusammengehörigkeit von Selbst- und Menschenbildung einen Augenblick
poetisch aufleuchten zu lassen: denn den Verklärten, der
drunten »immer strebend sich bemüht«, empfangen selige
Knaben dort oben mit dem Gesange:

> »Wir wurden früh entfernt
> Von Lebechören,
> Doch dieser hat gelernt,
> Er wird uns lehren.«

Niemand hat je das eigene Ich in dem Sinne geliebt, niemand war je »egozentrisch« in dem Sinne, daß er sein Ich als kulturelle Aufgabe verstand und es sich in der Betreuung dieser Aufgabe sauer werden ließ, ohne auch zu erzieherischer Wirkung in der äußeren Menschenwelt, zum Glück und der Würde eines Jugendführers und Menschenbildners wie von ungefähr zu gelangen; und der Augenblick dieser Einsicht ist, wie er erst auf der Höhe des Lebens sich einstellt, der höchste im Leben des produktiven Menschen. Er war nicht vorhergesehen, vorhersehbar auch nur, dieser Augenblick, – ich glaube niemals. Der autobiographische Hund, auf nichts als die hinlänglich schwierige Kultur des eigenen Ackers oder, religiös gesprochen, auf die Rettung und Rechtfertigung des eigenen Lebens von Hause aus bedacht, wird sich nicht eingebildet haben, er »könne was lehren, die Menschen zu bessern und zu bekehren«. Dennoch kommt der Tag, wo er mit ungläubigem Staunen gewahr wird, daß er gelehrt hat, indem er lernte, daß er gebildet, erzogen, geführt, durch das hohe, eroserfüllte und menschenverbindende Kulturmittel der Sprache junges Leben mit dem Stempel seines Geistes geprägt hat, und diese Erkenntnis, diese seine Existenz fortan beherrschende Gewißheit läßt an plastischer Lust alles gemein menschliche Liebes- und Naturglück so weit zurück, als überhaupt geistiges Leben das Sinnlich-Individuelle an Würde, Schönheit und Großartigkeit übertrifft.

Die Erfahrung, die ich da andeutete, ist zunächst eine Lebenserfahrung rein praktischer und persönlicher Art, und erst Kritik lehrt uns, daß es sich da um das Erlebnis eines seelischen Gesetzes handelt, ein Erlebnis im Geiste idealistischer Humanität, die eine eigentümlich nationale Abschattung des europäischen Humanismus ist, und in deren Zeichen das Selbst- und Welterlebnis des auf deutsch existierenden Menschen steht. Der Bildungsbegriff, wie wir sagten, waltet darüber, dieser merkwürdig vieldeutige, vielbedeutende Begriff, in welchem Plastik und Geist sich vermählen; und er umfaßt mehr, es geht mehr in ihn ein, als nur die

Verbindung von selbstbildnerischer Autobiographie und Erziehung. Das Menschliche erschöpft sich daran nicht, und die Sphäre der Humanität umfaßt alles Menschliche. Rousseau ist nicht nur der Verfasser der ›Confessions‹ und des ›Emile‹, er ist auch derjenige des ›Contrat social‹. Er ist also nicht nur Bekenner und Erzieher, sondern er ist auch Staatsphilosoph; und wiederum müssen wir an die Notwendigkeit glauben, mit der er nicht nur das eine und andere, sondern auch das dritte war, obgleich diese Notwendigkeit menschlich nicht sonderlich einleuchtet und das Element der Politik abermals recht unverbunden neben dem bekennerischen und dem erzieherischen steht. Der organischen Einheit dieser Elemente und Tendenzen und wie das eine aus dem anderen menschlich erwächst; wie mit der Idee der Erziehung, die derjenigen autobiographischen Selbstbildnertums entsproß, die Sphäre des Sozialen erreicht ist und der Mensch, vom Sozialen angerührt, der unzweifelhaft höchsten Stufe des Menschlichen, des *Staates* nämlich, ansichtig wird, was sich in ›Wilhelm Meisters Wanderjahren‹ auf so schöne Art begibt; wie also das Problem des Staates, das politische Problem, als ein Problem der Erziehung, eine Angelegenheit des inneren Menschen, seiner Vervollkommnung, seines Besser- und Weiserwerdens zu erleben und zu begreifen ist und, den Kreis des Menschlichen schließend, ins Persönlich-Lebensbildnerische zurückmündet: all dessen werden wir wiederum erst bei Rousseau's deutschem Schüler und Erben, bei Goethe recht gewahr, der nicht umsonst die Idee des Organischen über jede andere geliebt und in allen Beziehungen kultiviert hat.

Denn diese Idee ist mit der Bildung verwandt bis zur Identität, und daß sie fehlen in Rousseau's geistiger Sphäre, das unterscheidet diese Sphäre so gründlich von derjenigen Goethe's, in welcher nicht nur das Autobiographisch-Bekennerische und das Erzieherische, sondern auch das Politische von der Bildungsidee aufgenommen wird und eben hierin und hierdurch als die Sphäre der Humanität sich bewährt. Die Sphäre Rousseau's, so darf man unterscheiden, ist nicht eigentlich human; sie ist humanitär, – was ja nicht mehr und nicht weniger als ein Synonym für radikalistisch ist. Und mit dem Prinzip des Radikalismus halten wir das Gegenteil der Idee des Organischen. Ein Geist, dem die Idee des Organischen und der Bildung fehlt, ist notwendig radikal, – statt human, statt menschlich zu sein. Es gibt kein Drittes. Dies sind die beiden Lager der Welt: das radikale und, meinetwegen nun, das konservative. Wir sind weit entfernt, der radikalistischen Geisteshaltung Ehre, Schönheit und Hochherzigkeit abzusprechen, – aber es hieße jede Erfahrung der Zeit in die Winde schlagen, wollte man an dem Glauben oder Aberglauben festhalten, daß der Geistige radikal sein müsse oder aufhöre, ein Geistiger zu sein.

Die Welt Rousseau's freilich ist die Welt des Radikalismus. Nehmen Sie ihre Offenbarungsarten und -formen durch, die autobiographische, die erzieherische und die politische: Sie finden Konfessionen, die vorsätzlich radikal sind bis zur vollständigen Unappetitlichkeit, Sie finden eine Pädagogik radikal bis zur Anarchie und eine Staatsphilosophie, von der ich nicht zu sagen brauche, daß aller humanitärer Radikalismus in der Politik sich von ihr herleitet. Was Goethe betrifft, so ist sein im engeren Sinn des Wortes autobiographisches Werk ›Dichtung und Wahrheit‹, literarhistorisch gesprochen, ohne Rousseau's ›Bekenntnisse‹ nicht denkbar. Aber diese beiden unsterblichen Werke miteinander vergleichen, heißt das nicht des Unterschiedes, des Gegensatzes inne werden von Radikalismus und Humanität? – Goethe hat sich gegen den pädagogischen Rousseauismus, wie Pestalozzi ihn propagierte und praktizierte, gegen den anarchistischen Individualismus der revolutionären Erziehung mit wirklicher Wut, ja geradezu mit Verzweiflung empört, hat ihren Mangel an Sinn für Überlieferung, den Dünkel, die Respektlosigkeit, die sie züchte, mit stärksten und zornigsten Worten gegeißelt. »Und diese Menschen«, rief er, »in ihrer Verrücktheit und Wut, alles auf das einzelne Individuum zu reduzieren und lauter Götter der Selbständigkeit zu sein! diese wollen ein Volk bilden und den wilden Scharen

widerstehen, wenn diese einmal der elementarischen Handhabe des Verstandes sich bemächtigt haben, welches nun gerade durch Pestalozzi unendlich erleichtert ist.«
Überlieferung, Ehrfurcht, welche »die Menschen unter einander zu Menschen machte«, Unterordnung des Ich unter eine edle, schützenswerte Gemeinschaft, – spüren wir nicht die Höhe der Pädagogischen Provinz? Erinnern wir uns einen Augenblick an diesen herrlichen und weisen, zugleich strengen und heiteren Traum von Erziehung und Jugendbildung, in dem von der Humanität des achtzehnten Jahrhunderts, vom Geist der ›Zauberflöte‹, vom Geist des Sarastro, von diesem »An Freundes Hand zum Guten wandeln« noch viel zu spüren ist, der aber zugleich an Neuem, Kühnem, menschlich Zukünftigem so viel umschließt, daß er gewiß nicht weniger revolutionär als die anarchischen Erziehungsideen der Rousseauiten, etwa Leo Tolstois, zu nennen ist. Nur freilich eben fehlt das anarchische Ideal vollkommen darin; vielmehr fällt sein Begriff der Menschlichkeit, der Menschenwürde und Gesittung so sehr mit dem der feierlichsten Ordnung und Stufung, mit einem so ausgeprägten Sinn für Ehrfurcht, Überlieferung, Symbol, Geheimnis, für Disziplin, Rhythmus, eine eigenartige, fast choreographische Gebundenheit in der Freiheit zusammen, daß man diesen Begriff wohl als staatsmännisch im höchsten und schönsten Sinn ansprechen kann. Dieses dreifach abgestufte Grüßen, dessen Sinn, die dreifache Ehrfurcht, dem Knaben selbst ein Geheimnis bleibt, weil das Geheimnis, die Achtung vor dem Verhüllten, große sittigende Vorteile habe; dieses Dringen auf Scham und Scheu; dieses starke Frontmachen des jungen Menschen gegen die Welt in ehrenhaft kameradschaftlicher Verbindung mit seinesgleichen; dieses Erhöhen der eigenen Ehre, indem man Ehre gibt; dieser ganze hoch vergeistigte und musisch durchheiterte Militarismus ... wie fernab ist er von dem rationalen Radikalismus, der alles politische Rousseauitentum kennzeichnet!
›Wilhelm Meisters Wanderjahre‹, in deren Zentrum die strenge und schöne Utopie der Pädagogischen Provinz

steht, zeigt das Emporwachsen, das schaffende Sich-Aus-
weiten und Ausbreiten des autobiographischen Abenteurer-
und Bildungsepos zum sozialen Roman. Das Werk ist reich
an kühn-humanen Experimenten mit der gesellschaftlichen
Frage, dem Problem der Menschenordnung, der inneren
Politik. Von Goethe aber auch, und nicht von Rousseau und
seinen Vorfahren, haben wir den Begriff der äußeren Politik, den Begriff einer höheren Ordnung und Einheit, Europas, des Abendlandes. Auch dieser Begriff ist nicht humanitär und radikal; auch er ist human, denn auch er steht unter
der Herrschaft der organischen, der Bildungsidee. Der *europäische Gedanke*, wie man ihn von Goethe empfängt, ist
nicht gleichbedeutend mit einem rationalen Internationalismus, der lehrt: »Alle Völker sind im Grunde gleich; man
führe nur gute Institutionen ein, und die Sache ist fertig«;
nicht mit einem Aufklärungs-Pazifismus, der die Nation zur
höheren Ehre irgendeines ausgeblasenen, jedes menschlichen Inhaltes baren Menschheitsglaubens verneint und
bespeit. Das geistige Europäertum vielmehr ist ein Kosmopolitismus verarbeitender Sympathie und humaner Ab-
sichtslosigkeit, den man mit einigem Fug als national
deutsch ansprechen mag, der aber in allen Ländern anzutreffen ist, und unserer Überzeugung, ja unserer Erfahrung
nach mehr Möglichkeiten internationaler Kameradschaft
birgt als irgendein aktivistisches Pazifismus-Programm. Die
Welt der Humanität ist nicht eine Welt der Absicht und
Zielstrebigkeit, sondern eine Welt des Segens.
Ich bin zu Ende, meine Damen und Herren. Die Kunst habe
nun das Wort, – sie, von der zuerst und zuletzt gilt, was ich
von Absicht und Segen sagte. Auch die Sphäre der Kunst ist
nicht die des Humanitären, sondern die der Humanität. Man
hat sie sozial verpflichten wollen, hat Unterscheidungen
getroffen, wie die vom »Privatdichter« und dem »verant-
wortlichen Dichter«; aber diese Verwechslung des Nutzlo-
sen mit dem Nichtsnutzigen war ein Angriff auf die Humanität, den es zurückzuweisen galt. Lassen Sie mich mit ein
paar Versen schließen, die, während noch der Krieg wütete,

im Zusammenhang einer häuslichen Idylle niedergeschrieben wurden und nicht ganz ungeschickt sein mögen, zu Mozarts Melodien hinüberzuleiten:

»Denn gesellig ist die Kunst und menschenverbindend
Unbedingt, sie gebe sich auch noch so gesondert.
Sittigend ist ihr Wesen, befreiend und reinigend.
                         Niemals
Kann sie entgegen sein dem Streben des Menschen
                         zum Bessern;
Und wer um das Vollkommene wirbt, der fördert das
                         Gute. «

[ÜBER MERESCHKOWSKI]

Anläßlich der bevorstehenden Berliner Aufführung des ›Zarewitsch Alexej‹ fordern Sie mich zu einer Äußerung über Dimitri Sergewitsch Mereschkowski auf. Gern erneuere ich das Bekenntnis meiner Bewunderung und Verehrung für den großen russischen Schriftsteller, dessen tiefes Werk über Tolstoi und Dostojewski auf meine Jugend einen unauslöschlichen Eindruck machte, und in dem ich seither den ersten Kritiker und Weltpsychologen der Gegenwart erblicke. Ihn als solchen zu feiern, mag sonderbar scheinen in einem Augenblick, wo es sich um den *Dichter* Mereschkowski handelt. Aber auf einer bestimmten Stufe europäisch-geistesgeschichtlicher Entwicklung wird es gewagt, den Grenzstrich zwischen Kritik und Dichtung allzu scharf zu ziehen, und was besonders Rußland betrifft, so war es Dimitri Sergewitsch selbst, der gezeigt hat, wie schon nach Puschkin, schon mit Gogol das zur Herrschaft gelangte, was er die »Kritik« oder den »Übergang vom unbewußten Schaffen zum schöpferischen Bewußtsein« nennt und was ihm zwar das Ende der Poesie im Puschkinschen Sinne, aber zugleich den Anfang von etwas Neuem, sehr Zukünftigem bedeutet. Mit einem Wort: seit Gogol ist die russische

Literatur *modern*, – sofern eben dies Wort dichterischen Kritizismus, kritizistisches Dichtertum bedeutet (eine Bedeutung, die ihm beizulegen dem Deutschen nicht schwerfällt, da schon Schiller in seinem Essay über naive und sentimentalische Dichtung sie damit verband) –; und Mereschkowski nun ist ein besonders persönlicher Ausdruck dieser allgemeinen europäischen und besonders russischen Modernität, in der die Grenze zwischen Kritik und Dichtung, zwischen Geist und Kunst sich bis zur Unauffindbarkeit verliert. Niemand wird in seiner Essayistik den dichterisch-phantastischen, genial-spielerischen Einschlag verkennen, und in seiner Dichtung, sehr deutlich auch in diesem Drama vom Zarewitsch Alexej, erkennt man die Mittel seiner Kritik in geheimnisvoller Umwandlung wieder.

Es ist ein bewunderungswürdiges Stück, erschütternd durch die prophetische Inbrunst seines nationalen Schicksalsgefühls. Wer erschauerte nicht bei den Sätzen, die der Dichter seiner alten Zarin Marja, lange bevor der Zusammenbruch des petrinischen Rußlands Ereignis wurde, in den Mund legte: »Merk dir meine Worte, Zarewitsch: Petersburg wird uns nicht lange bleiben. Es wird leer sein! Zum Teufel in den Sumpf wird es versinken. Der verdammte Pilz wird ebenso schnell umkommen, wie er gewachsen ist. Man wird nicht mal den Ort wiederfinden können, wo er gestanden hat. Es wird leer sein, es wird leer sein!« Und es kann nicht fehlen, daß ein mächtiges Gefühl die Herzen der Zuhörer, der deutschen fast so wie der russischen, aufheben wird, wenn am Schlusse Peter, auf dem das Blut seines Sohnes ist und dessen Geschlecht im Blute untergehen soll, in das Gebet ausbricht: »Strafe mich, Herr, begnadige, begnadige, begnadige Rußland!«

[BRIEFE AUS DEUTSCHLAND]

[Erster Brief]

Es ist also ausgemacht, – ich werde den Lesern des ›Dial‹
dann und wann von dem kulturellen Leben meines Heimat-
landes erzählen, jener europäischen Provinz, die den Bür-
gern der Union unter dem Namen Germany bekannt ist,
und mit der, wenn ich mich recht erinnere, Amerika vor
einiger Zeit im Kriege lag: Amerika, das, nach unserem
eigenen Goethe, »es besser hat«, als dieser Kontinent, der
alte, mit seinen »verfallenen Schlössern« und seinen »Ba-
salten«, welche für Goethe, der sie seufzend erwähnt, nur
Symbole sind für viel tiefere Erschwernisse und malerisch-
melancholische Differenziertheiten der europäischen Gemüter, – Erschwernisse, Differenziertheiten, die zu Amerikas
athletischem Erstaunen die Einigung Europas bisher verhindert haben und vielleicht bis zum bitteren Ende verhindern
werden. Wir sind, zum mindesten äußerlich, von der Bildung des cis-atlantischen Gegenstücks zu den United States
nach dem Weltkriege weiter entfernt als je, und das große,
helläugige, historisch unbeschwerte Amerika muß etwas
enttäuscht sein, da es bemerkt, daß es durch seine ausschlag-
gebende Teilnahme am Kriege die »europäische Kleinstaate-
rei«, über die Nietzsche sich lustig machte, nicht etwa zu
vermindern, sondern zu vermehren geholfen hat: Der kleine
Erdteil umfaßte vordem 27 Staaten, er zählt heute deren 35,
– und zwar sind das, wie gewiegte Staatsleute, z. B. der
kluge Herr Nitti in Rom, versichern, zumeist künstliche
Gebilde ohne Dauerhaftigkeit.

Kurzum, es steht schlimm, und man könnte am Heil des
alten, leiderfahrenen, aber dadurch niemals klug gewordenen Europa verzweifeln, wenn nicht trotz allem Jammer,
trotz einem Kriege, den man als für alle Teile verloren
bezeichnen muß, und trotz tiefen Erstarkens der nationali-
stischen Leidenschaft, das es überall gezeitigt hat, ein Gefühl
sich regte, als ob dessen ungeachtet eine Annäherung der
europäischen Nationen sich vollzogen habe und weiter sich

[zu] vollziehen im Begriffe sei: teils auf wirtschaftlichem Wege, da dem hitzigsten Chauvinisten einleuchtet, daß die materielle Rettung des Kontinents nur durch Gesamtmaßregeln möglich ist; teils aber auch im Sinne eines neuen geistigen Antriebes zu geistigem Austausch und wechselseitiger kultureller Neugier, – einer Erscheinung, an der so wenig zu zweifeln ist, daß man sich an das Wort des Novalis erinnern findet, eine nähere Konnexion der Völker sei immer historische Funktion des Krieges gewesen.

Längst ist Goethe's Gedanke einer »Weltliteratur«, ein deutscher Gedanke, wie ich bescheidentlich bitte hinzufügen zu dürfen, weitgehend verwirklicht. Der Ausgleich ist allgemein, die demokratische Einebnung beinahe erreicht. Es gibt Franzosen, die den breiten Humor Britanniens an den Tag legen (Proust), ins Pariserische entartete Russen (Kusmin) und Skandinavier, die die Synthese von Dostojewski und Amerika vollziehen (Jensen). Das darf man Internationalisierung der Kunst nennen, – ein Prozeß, der freilich nicht hindert, daß, ins Große gerechnet, die verschiedenen Volkscharaktere einander auch heute noch echt und unversehrt bis zum Mythischen gegenüberstehen. Doch ist das jener Neugier, von der ich sprach, nur zuträglich, und nie stand das kulturelle Leben Europas deutlicher »im Zeichen des Verkehrs« als seit dem großen Kriege. Das Übersetzungswesen blüht. Auch Deutschland, der Welt Sündenbock, hat seinen Vorteil von diesem Flow, denn mehr als früher gelangen seine Geistesprodukte in die Welt hinaus: nicht nur die slawischen und skandinavischen Länder, wie schon ehedem, sondern auch Frankreich, Italien, Spanien, Amerika nehmen sie in ihre Sprache auf, und das ist gewiß nicht nur Valuta-Angelegenheit und Form der Exploitierung. Es ist Neugier, wie gesagt; und wir haben allen Grund, uns zu bemühen, daß diese Neugier nicht allzu sehr enttäuscht werde.

Amerika, dessen verpflichtende Zugehörigkeit zum abendländischen Kulturkreise ihm durch den Zwang, in den Krieg einzugreifen, drastisch mag zu Gemüte geführt worden sein, hat offenbar an der Bewegung, von der ich spreche, starken

Anteil. Jedes Titelblatt der Revue, für die ich heute schreibe, ist dafür ein Zeugnis und Beispiel, denn ein jedes weist neben angelsächsischen Verfassernamen in bunter Reihe solche aus aller Herren Ländern auf, – und verdanke ich nicht dieser kosmopolitischen Umsicht das Vergnügen, zu den Lesern des ›Dial‹ sprechen zu dürfen?

Wahrhaftig, ich freue mich dieser Möglichkeit! Sie tut dem Welt-Bedürfnis Genüge, das jedem deutschen Künstler im Blute liegt, und das in den Jahren der Isolierung und des wüsten Zerwürfnisses hat darben müssen; sie reizt meine Einbildungskraft, ich »mache mir etwas daraus«, wie die gute, höchst dichterische Redensart lautet, und bin nicht weit entfernt, meine Beschäftigung großartig zu finden. Siehe da, ich sitze in meinem Zimmer zu München und rede zu den Bewohnern der anderen Hemisphäre von deutschen Dingen. Ich schreibe diesen Brief, er wird über die rollende Wildnis des Ozeans getragen werden, man wird ihn dort drüben in die Sprache Poe's, Emersons und Whitmans übersetzen, und eine kühne und wohlwollende, in vielen typischen Eigenschaften des Körpers und des Geistes bewunderungswürdige Spezies der Menschheit wird meinen Worten mit freundwilliger Teilnahme folgen. Das ist schön. Ein beglückender Hauch von Humanität weht mich an aus diesem verbindenden und kameradschaftsvollen Gedanken. Und Empfindungen, Stimmungen, Neigungen dieser Art mögen es sein, die mich widerspenstig machen gegen eine Geschichtslehre und »Kulturbiologie« voll steinerner Skepsis und falscher Unerbittlichkeit, mit der ein starker Kopf uns neulich erschütterte, und nach welcher »Menschlichkeit« wieder einmal nur ein leeres Wort und ein Ungedanke, die Geschichte aber nichts als der restlos-außermenschlich vorbestimmte, nach ehernen Gesetzen sich vollziehende Lebensablauf biologischer Einheiten sein sollte, die man Kulturen nenne …

Ich habe das große Werk des Herrn Oswald Spengler im Sinn, diesen zweibändigen Koloß, dessen kraß katastrophaler Titel (›Der Untergang des Abendlandes‹) gewiß auch dem amerikanischen Publikum schon zu Ohren gekommen ist, da der Lärm, den sein Erscheinen bei uns hervorgebracht, stark genug war, um selbst über den Ozean zu dringen. Dies Buch ist ein Riesenerfolg; und da man in Amerika von Riesenerfolgen gern hört, will ich's zufrieden sein, daß von ungefähr zuerst und sogleich dieser Gegenstand mir unter die Feder kommt. Der erste Band war bald nach seinem Erscheinen vergriffen, und der Verfasser hält ihn aus dem Handel zurück, um ihn zu verbessern. Der zweite aber, der vor wenigen Wochen herauskam, ist schon in 70 000 Exemplaren verbreitet, – eine für deutsche Verhältnisse sehr hohe Ziffer und wohl absolut sehr hoch, wenn man in Rechnung zieht, daß es sich nicht um eine sogenannte unterhaltende Produktion, einen Roman handelt, sondern um ein profundes philosophisches Werk mit dem erschreckend gelehrten Untertitel: ›Versuch einer Morphologie der Weltgeschichte‹. Und so mag man, alles geistigen Widerstandes ungeachtet, sogar mit nationaler Genugtuung auf einen Erfolg blicken, dessen Voraussetzungen vielleicht heute nirgends sonst in einem Grade gegeben sind wie bei uns.

Wir sind ein aufgewühltes Volk; die Katastrophen, die über uns hingegangen, der Krieg, der nie für möglich gehaltene Umsturz eines Staatensystems, das aere perennius schien, ferner wirtschaftlich-gesellschaftliche Umschichtungen radikalster Art, kurzum das stürmischste Erleben haben den nationalen Geist in einen Zustand der Anstrengung versetzt, wie er ihm lange nicht mehr bekannt gewesen. Die allgemeine geistige Weltsituation erhöht diese Spannung. Alles ist in Fluß gekommen. Die Naturwissenschaften, denen um die Jahrhundertwende scheinbar nichts zu tun übrig blieb, als das Errungene zu sichern und auszubauen, stehen in allen Punkten in den Anfängen eines Neuen, dessen revolutionäre Phantastik es dem Forscher mag schwerfallen lassen, kaltes Blut zu bewahren, und eine populäre Erschütterung weit in die Laienwelt hinausträgt. Die Künste liegen in voller Krise, die zuweilen zum Tode zu führen droht, zuweilen die Möglichkeit neuer Formgeburten ahnen läßt. Die Probleme fließen ineinander; man kann sich nicht gesondert halten, kann nicht etwa als Politiker existieren, ohne von geistigen Dingen etwas zu wissen, oder als Ästhet, als »reiner Künstler«, indem man sich um soziale Gewissenssorgen den Teufel etwas kümmert. Die Frage des Menschen selbst, von der alle anderen nur Abwandlungen und Facettierungen sind, stand niemals drohender, fordernder vor den Augen des ernstlich Lebenden; und was Wunder, wenn sie bei den heimgesuchten, den niedergeworfenen Völkern, denen das Bewußtsein einer Zeit- und Weltwende unmittelbarer sich aufdrängt, die Gewissen am schwersten belastete, zur Denktätigkeit am schärfsten anhielte? Es wird seit Ausbruch des Krieges viel gedacht, viel diskutiert, auf eine fast russisch uferlose Art diskutiert in Deutschland; und wenn jener Staatsmann recht hatte, der erklärte: Demokratie, das sei Diskussion, so sind wir heute in der Tat eine Demokratie. Selbst Republikaner, in einem Sinn, der tiefer und wichtiger ist als der staatsrechtliche, dürfen wir uns heute nennen, gesetzt, daß Republikanertum Verantwortung, Verantwortlichkeitsgefühl bedeutet; denn auch dieses hat sich unzweifelhaft vertieft und verbreitet hierzulande, worüber Oberflächenmerkmale eines lumpigen Leichtsinns nicht täuschen dürfen.

Man liest gierig. Und nicht zu seiner Zerstreuung und Betäubung tut man es, sondern um der Wahrheit willen und um sich geistig zu wappnen. Deutlich tritt die im engeren Sinne »schöne« Literatur im öffentlichen Interesse zurück hinter die kritisch-philosophische, den geistigen Versuch. Richtiger gesagt: eine Verschmelzung der kritischen und der dichterischen Sphäre, inauguriert schon durch unsere Romantiker, mächtig gefördert durch das Phänomen von Nietzsche's Erkenntnislyrik, hat sich weitgehend vollzogen: ein Prozeß, der die Grenzen von Wissenschaft und Kunst verwischt, den Gedanken erlebnishaft durchblutet, die Gestalt vergeistigt und einen Buchtypus zeitigt, der heute bei uns, wenn ich nicht irre, der herrschende ist, und den man den »intellektualen Roman« nennen könnte. Zu ihm gehören Werke wie das ›Reisetagebuch eines Philosophen‹ vom Grafen Hermann Keyserling, das schöne Nietzsche-Buch von Ernst Bertram und der monumentale ›Goethe‹ des George-Propheten Gundolf. Unbedingt, schon wegen seines literarischen Glanzes und der intuitiv-rhapsodischen Art seiner Kulturschilderungen, gehört auch Spenglers ›Untergang‹ dazu, dessen Wirkung bei weitem die sensationellste war, und dem freilich noch jene »Welle von historischem Pessimismus« zu Hilfe kam, die, wie Benedetto Croce sagte, begreiflicher Weise heute über Deutschland dahingeht.

Spengler leugnet, Pessimist zu sein. Einen Optimisten wird er sich noch weniger nennen wollen. Er ist Fatalist. Aber sein Fatalismus, resümiert in dem Satze: »Wir müssen das Notwendige wollen oder nichts«, ist weit entfernt, tragisch-heroischen Charakter zu tragen, den dionysischen, in welchem Nietzsche den Gegensatz von Pessimismus und Optimismus aufhob. Er trägt vielmehr den einer boshaften Apodiktizität und einer Zukunftsfeindlichkeit, die sich in wissenschaftliche Unerbittlichkeit vermummt. Er ist nicht amor fati. Mit »amor« gerade hat er am allerwenigsten zu tun, – und das ist das Abstoßende daran. Nicht Pessimismus oder Optimismus ist die Frage: Man kann sehr dunkel denken vom Schicksal des Menschen, der vielleicht zum Leide auf ewig verurteilt oder berufen ist; man kann, wenn vom »Glück«, vom angeblich irgendwann einmal bevorstehenden »Glücke« die Rede ist, sich in tiefste Skepsis hüllen, – ohne darum der oberlehrerhaften Sympathielosigkeit des Spengler'schen Fatalismus den mindesten Geschmack abzugewinnen. Pessimismus ist nicht Lieblosigkeit. Er bedeutet nicht notwendig ein froschkalt-»wissenschaftliches« Verfügen über die Entwicklung und eine feindselige Nichtachtung solcher Imponderabilien, wie des Menschen Geist und Wille sie darstellen, indem sie der Entwicklung denn doch vielleicht ein der berechnenden Wissenschaft unzugängliches Element von Irrationalität beimischen. Solche Anmaßung aber und solche Nichtachtung des Menschlichen sind

Spenglers Teil. Wäre er zynisch wie ein Teufel! Aber er ist
nur – fatal. Und er tut nicht wohl daran, Goethe, Schopenhauer und Nietzsche zu Vorläufern seines hyänenhaften
Prophetentums zu ernennen. Das waren Menschen. Er jedoch ist nur ein Defaitist der Humanität.

Ich spreche wie zu Leuten, die den ›Untergang des Abendlandes‹ gelesen haben. Ich tue es im Vertrauen auf den
Weltruhm, den das Werk kraft großer Eigenschaften, die
niemand ihm abstreitet, sich erworben hat. Seine Lehre, für
alle Fälle kurz zusammengefaßt, ist diese. Die Geschichte
besteht in dem Lebensablauf vegetativer und strukturglei-
cher Organismen von individueller Physiognomie und be-
grenzter Lebensdauer, die man »Kulturen« nennt. Es sind
bisher acht an der Zahl: die ägyptische, indische, babylonische, chinesische, antike, arabische, die abendländische (unsere eigene) und die Kultur der Maya-Völker Zentral-Ame-
rikas. Obwohl aber gleich nach ihrer allgemeinen Struktur
und ihrem allgemeinen Schicksal, sind die Kulturen streng
in sich geschlossene Lebewesen, unverbrüchlich gebunden
eine jede an die ihr eigenen Stilgesetze des Denkens, Schauens, Empfindens, Erlebens, und eine versteht nicht ein Wort
von dem, was die andere sagt und meint. Nur Herr Spengler
versteht sie samt und sonders und weiß von einer jeden zu
sagen und zu singen, daß es eine Lust ist. Im übrigen, wie
gesagt, herrscht tiefe Verständnislosigkeit. Lächerlich, von
einem Zusammenhange des Lebens, von letzter geistiger
Einheit, von jenem Menschentum zu reden, das, nach
Novalis, der höhere Sinn unseres Planeten, der Stern ist, der
dieses Glied mit der oberen Welt verbindet, das Auge, das er
gen Himmel hebt. Umsonst, sich zu erinnern, daß ein
einziges Werk der Liebe, wie Mahlers ›Lied von der Erde‹,
welches altchinesische Lyrik mit der entwickeltsten Ton-
kunst des Abendlandes zu organischer menschlicher Einheit
verschmilzt, die ganze Theorie von der radikalen Fremdheit,
die zwischen den Kulturen herrscht, über den Haufen wirft.
Da es keine Menschheit gibt, gibt es nach Spengler auch
nicht etwa die Mathematik, die Malerei, die Physik, sondern

es gibt ebensoviele Mathematiken, Malereien und Physiken, wie es Kulturen gibt, und es sind völlig wesensverschiedene Dinge, eine babylonische Sprachverwirrung; und wiederum Herr Spengler ist mit der Intuition begnadet, sie alle zu verstehen. Jede Kultur, sagt er, durchläuft die Lebensalter des Einzelmenschen. Geboren aus einer mütterlichen Landschaft, erblüht sie, reift, welkt und stirbt. Sie stirbt, nachdem sie sich charaktervoll ausgelebt, alle pittoresken Ausdrucksmöglichkeiten ihres Wesens, als da sind: Nationen, Religionen, Literaturen, Künste, Wissenschaften und Staatsformen, erschöpft hat. Das Greisenalter jeder Kultur, das den Übergang zum Nichts, zum Erstarrungstode der Geschichtslosigkeit bildet, nennen wir »Zivilisation«. Da aber jedes Altersstadium einer Kultur bei allen übrigen nachzuweisen ist, so ergibt erstens sich ein neuer und amüsanter Begriff der »Gleichzeitigkeit«; zweitens aber für den Wissenden die astronomische Sicherheit der Voraussage dessen, was kommt. Was zum Beispiel für unsere eigene Kultur, die abendländische, die zu Anfang des neunzehnten Jahrhunderts ins Greisenstadium der Zivilisation getreten ist, und deren nächste Zukunft mit dem Jahrhundert der römischen Soldatenkaiser »gleichzeitig« sein wird, im Kommen begriffen ist, das *steht fest*. Es steht astronomisch-biologisch-morphologisch fest. Es steht schauderhaft fest. Und wenn es etwas noch Schauderhafteres gibt als das Schicksal, so ist's der Mensch, der's, ohne ein Glied dagegen zu rühren, trägt.

Dies zu tun, ermahnt uns der eiserne Gelehrte. Man muß das Notwendige wollen oder nichts, sagt er – und merkt nicht, daß das gar keine Alternative ist, und daß der Mensch, indem er nur das will, was die unerbittliche Wissenschaft für das Notwendige erklärt, einfach aufhört, zu wollen, – was nicht eben sehr menschlich ist. Das Notwendige also, was ist es? Es ist der Untergang des Abendlandes, dies Schreckensplakat, – der Untergang nicht gerade sans phrase, nicht im physischen Sinn, obgleich auch viel physischer Untergang damit verbunden sein wird, sondern des Abendlandes

Untergang als Kultur. Auch ein China existiert ja noch, und viele Millionen Chinesen leben, aber die chinesische Kultur ist tot. Nicht anders steht es mit derjenigen Ägyptens, das seit der Römerzeit nicht mehr von Ägyptern, einem National-, einem Kulturvolk bewohnt ist, sondern von Fellachen. Das Fellachentum ist nach Spengler Endzustand jedes Volkslebens. Ein Volk tritt, wenn seine Kultur sich ausgelebt hat, ins Fellachentum über und wird wieder geschichtslos, wie es als Urvolk war. Das geistig-politisch-wirtschaftliche Instrument aber, das diesen Zustand herbeigeführt, ist die Zivilisation, der Geist der Stadt: denn sie führt den Begriff des Vierten Standes, der Masse herauf, und die Masse, die nicht mehr Volk ist, das Nomadentum der Weltstädte, das ist die Formlosigkeit, das Ende, das Nichts. Für das Abendland, wie für jede Kultur, fällt das Heraufkommen formloser, traditionsloser Gewalten (Napoleon) mit dem Beginn der Zivilisation zusammen. Der Napoleonismus aber geht in Cäsarismus über, die parlamentarische Demokratie in die Diktatur einzelner Macht- und Rassenmenschen, skrupelloser Wirtschafts-Konquistadoren vom Typus eines Cecil Rhodes. Die Entwicklungsstufe des Cäsarismus ist in sämtlichen verfallenden Kulturen nachzuweisen und währt gut zwei Jahrhunderte. Bei den Chinesen heißt sie die »Zeit der kämpfenden Staaten«. Sie ist die unsrige. Mit dem Anfang des zwanzigsten Jahrhunderts hat private Machtpolitik die immerhin von abstrakten Idealen bestimmte parlamentarische Parteipolitik abgelöst. Die persönliche Gewalt, der große Einzelne herrscht über entnervte Fellachenmassen, die er als Schlachtvieh traktiert. Ein Cäsar kann und wird wiederkommen, ein Goethe niemals, und läppische Romantik wäre es, heute noch Dingen der Kultur, der Kunst, der Dichtung und Bildung eine irgendwie ernstliche Aufmerksamkeit zuzuwenden. Das kommt Fellachenvölkern nicht zu. Unser literarisches Leben zum Beispiel hat nichts zu bedeuten als den gänzlich gleichgültigen Kampf zwischen intellektualistisch-durchzivilisierter Großstadtkunst und idyllisch-rückständiger Heimatkunst ... Wer sich auf das Schicksal versucht, kümmert sich den Teufel um solche Quisquilien, sondern hält sich an das, was einzig Zukunft ist und hat, an den Mechanismus, die Technik, die Wirtschaft und allenfalls noch die Politik. Lächerlichkeit über die, die eines guten Willens sind und sich schmeicheln, Güte, Geist und Wille zu würdigerer Menschenordnung gehörten *auch* zum Schicksal und könnten auf den Gang der Welt einen korrigierenden Einfluß nehmen. Was kommt, steht fest: Kolossalkriege der Cäsaren um Macht und Beute, Ströme Blutes und, was die Fellachenvölker betrifft, Schweigen und Dulden. Der Mensch, ins Zoologische, Kosmisch-Geschichtslose zurückgesunken, lebt als Bauer mit der mütterlichen Scholle verbunden oder kümmert stumpf in den Ruinen der ehemaligen Weltstädte hin. Als Narkotikum erzeugt seine arme Seele die sogenannte »zweite Religiosität«, ein Surrogat der ersten kulturvoll-schöpferischen, ohnmächtig und eben vermögend, ihm seine Leiden in Ergebung tragen zu helfen.

Der Mann dieses erquicklichen Ausblicks ist eine eigentümlich vexatorische Erscheinung. Seine Lehre, kalt-wissenschaftlich, affektlos, erhaben über alle menschlichen Parteiungen, eisern deterministisch, reine Erkenntnis, wie es scheint, bekundet durch sich selbst dennoch einen Willen, eine Weltanschauung, Sympathie und Antipathie; sie ist im Grunde nicht affektlos, denn sie ist heimlich konservativ. Man stellt eine solche Lehre nicht auf, man ordnet die Dinge nicht so, identifiziert nicht in dieser Weise Geschichte und Kultur, stellt nicht mit dieser Schärfe Form gegen Geist, ohne ein Konservativer zu sein, ohne in seinem Herzen Form und Kultur zu bejahen und die zivilisatorische Zersetzung zu verabscheuen. Die Kompliziertheit und Perversität des Spengler'schen Falles besteht nun darin, oder scheint darin zu bestehen, daß er trotz dieses heimlichen Herzenskonservatismus nicht die Kultur bejaht, nicht für »Erhaltung« kämpft, nicht mit Tod und Verwesung nur pädagogisch droht, um sie hintanzuhalten, sondern die »Zivilisation« bejaht, sie mit fatalistischer Wut in seinen Willen

aufnimmt, ihr gegen die Kultur eisern-höhnisch recht gibt,
denn die Zukunft gehöre ihr, und alles Kulturhafte entbehre
jeder Lebensaussicht. Eine so grausame Selbstüberwindung
und Selbstverneinung scheint der kalt-heroische Denker
sich zuzumuten. Ein heimlicher Konservativer, scheint er,
der Kulturmensch, verdrehter Weise die »Zivilisation« zu
bejahen; allein das ist nur der Anschein eines Anscheins, eine
doppelte Vexation, denn er bejaht sie wirklich, – nicht nur
mit seinem Wort, dem etwa sein Wesen widerstrebte, sondern auch mit seinem Wesen!

Was er verneint, indem er es prophezeit, er stellt es dar, er ist
es selbst, – die Zivilisation. Alles, was zu ihr gehört, was ihr
Ingrediens ist: Intellektualismus, Rationalismus, Relativis-
mus, Kult der Kausalität, des »Naturgesetzes«, – seine Lehre
ist damit durchtränkt, sie besteht daraus, und gegen ihren
bleiernen Geschichtsmaterialismus ist derjenige eines Marx
nur idealistische Himmelsbläue. Sie ist nichts als neunzehn-
tes Jahrhundert, völlig vieux jeu, bourgeois durch und
durch; und indem sie die »Zivilisation« als das Kommende
apokalyptisch an die Wand malt, ist sie selber ihr Ausklang
und Grabgesang.

Ihr Autor entlehnt von Goethe den Begriff der Morphologie; aber in seinen Händen wird diese Idee etwa zu dem, was
in denen Darwins die ebenfalls Goethe'sche Idee der Entwicklung wurde. Er hat von Nietzsche schreiben gelernt,
ihm die verhängnishaften Akzente abgeguckt; aber vom
Wesen dieses wirklich strengen und liebenden Geistes, Inau-
gurators eines unsäglich Neuen, hat eine lieblose und falsche
Strenge nicht einen Hauch verspürt. Er ist geistfeindlich –
nicht im Sinne der Kultur, sondern in dem der materialistischen Zivilisation, deren Reich das Gestern und nicht das
Morgen ist. Er ist ihr echter Sohn, ihr letztes Talent und
prophezeit sie dabei mit »pessimistischer« Unerbittlichkeit,
indem er zu verstehen gibt, daß er heimlich ein konservativer Kulturmensch sei.

Mit einem Wort, er ist ein *Snob* – und erweist sich als solcher
auch in seinem Attachement an die Natur, das Naturgesetz,

seiner Verhöhnung des Geistes. »Sollten die unabänderlichen
Gesetze der Natur nicht Täuschung, nicht höchst unnatürlich
sein?« fragt Novalis. »Alles geht nach Gesetzen, und nichts
geht nach Gesetzen. Ein Gesetz ist einfaches, leicht zu über-
sehendes Verhältnis. Aus Bequemlichkeit suchen wir nach
Gesetzen.« Aus wissenschaftlicher Bequemlichkeit und
herrisch-apodiktischer Lieblosigkeit, jawohl! Und auch aus
jener Selbstgefälligkeit, welche, lüstern nach Verrat, für die
Natur gegen den Geist und den Menschen überheblich Partei
nimmt, diesem im Namen jener süffisante Unerbittlichkei-
ten sagt und sich wunder wie ehern und vornehm dabei
dünkt. Aber das Problem der Vornehmheit, allerdings beschlossen in dem Gegensatz von Natur und Geist, ist nicht
gelöst durch solche Überläuferei, und um die Natur gegen
den Geist vertreten zu dürfen, wie Spengler es tut, müßte
man vom echten Adel der Natur sein, gleich Goethe, der sie
gegen den geistesadeligen Schiller vertrat, – sonst ist man das,
als was ich den talentvollen Verfasser des ›Unterganges‹ soeben kennzeichnete, nämlich ein Snob, und man gehört zur
großen Zahl der modernen Figuren, die unangenehmer
Weise lehren, was ihnen nicht zukommt. –
Es spricht für die Kräfte eines Buches, an das ich nicht
glaube, daß es mich verführte, den mir freundlich gebotenen
Raum mit seiner Besprechung allein schon zu überschreiten.
Es muß genug sein für diesmal. Ich hoffe, daß mein nächster
Brief die Leser für die Monotonie des gegenwärtigen ent-
schädigen wird.   [November 1922]

[Zweiter Brief]

Während einiger Wochen vor und nach dem Christfest war
die meinem Schreibtisch benachbarte Chaiselongue ihrem
natürlichen Zweck entzogen, da sie hochauf mit frischen
Druckwerken bedeckt war, Erscheinungen unseres Weih-
nachtsbüchermarktes, die der zuständige Postbote Tag für
Tag in Paketform heranschleppte, so daß ich den geplagten
Mann durch eine größere Auswahl unserer nichtsnutzigen

Assignaten zu versöhnen suchte, und die, da sie an gehörigem Orte einfach nicht unterzubringen waren, mich hinderten, die oft zuträgliche horizontale Lage einzunehmen. Hieß ich mir das doch eine Messe! (Ich bitte den Herrn Übersetzer, diesen Ausruf auf Deutsch stehen zu lassen, da er dem ›Faust‹ von Goethe entlehnt ist.) Wahrhaftig, ich verzichtete gern auf meine Bequemlichkeit aus Freude an einem Überfluß, der manches – Überflüssige mit sich führen mag, der aber zum Mindesten beweist, daß, widrigster Umstände ungeachtet, von eigentlicher Kopfhängerei hierzulande nicht die Rede sein kann.

Romane, Gedichtbände, Tagebücher, Anthologien, Monographien, kritische Essayistik, philosophische Zeit- und Weltergründungen, historische Briefsammlungen, illustrierte Ausgaben klassischer Autoren, – es fehlte an nichts. Die Meister waren da und die Jugend, die sie nachahmt, oder sich untereinander nachahmt, oder sich völlig absolut und absurd gebärdet, – auch das ist amüsant. Die Ausstattung war vorzüglich zum Teil. Ich rede nicht von den Luxusausgaben, künstlerisch geschmückten Kostbarkeiten, die in beschränkter Auflage, numeriert und signiert, erscheinen und erfahrungsgemäß ein sicheres Geschäft abgeben: sie sind sofort in festen Händen. Aber auch das einer weiteren Öffentlichkeit zugedachte Buch zeigt in der Regel ein schmuckes Gewand, – daran hat sich durch unsere Verarmung nichts geändert, wenn es auch freilich heute gilt, die Wirkung mit bescheideneren Mitteln zu erreichen als zur Zeit unserer Wirtschaftspracht. Seit ich jung war (und die stärksten literarischen Eindrücke meines Lebens durch Zwanzig-Pfennig-Heftchen gewann) haben die Geschmacksansprüche des deutschen Publikums in Dingen der Buchausstattung sich außerordentlich gehoben, und solche kulturellen Gewöhnungen eines Volkes sind nicht rückgängig zu machen, sie setzen sich selbst unter sehr heruntergekommenen ökonomischen Verhältnissen irgendwie durch.

[The prices – now they are raised to take in the investment of the publisher and the middleman's need of a profit – the prices are colossal; during the last weeks, in fact, they have reached such a height that the consumers' strike has finally set in, and the sale of books, still in full swing around Christmas, is now at a standstill. It will be right itself, in some way or another; after all, in a country like Germany the book is as much a necessity as anything else. It is not a luxury; a people with such an extensive educated class cannot dispense with it. But perhaps we still have to say good-bye to the »fine« book, return to the primitive forms of this industry, and bring to market our poets and thinkers, the old an the new, printed on wood-paper, like cheap pamphlets whose pages one never hesitates to dog-ear and to cut with a match. But books will always be turned out, and will always be bought. *Legere necesse est; vivere non est necesse.*

To be sure, certain vast and ambitious projects in the field of books are endangered for the present.]*

Die Monumental-Ausgabe von Nietzsche's Gesammelten Werken, die ein rühriges Münchener Institut, der Musarion-Verlag im Zusammenwirken mit dem Weimarer Nietzsche-Archiv besorgt, und als deren Herausgeber eine während des Krieges in München gegründete Gesellschaft zeichnet, die den Namen des großen Erkenntnislyrikers in ihrem Schilde führt, droht tatsächlich in wirtschaftlichen Schwierigkeiten steckenzubleiben. Auf 22 Bände berechnet, hält das restlos vollständig geplante, philologisch überaus genaue und prachtvoll ausgestattete Werk gegenwärtig beim sechsten, der bereits mit einer gewissen mühseligen Langsamkeit ans Licht trat. Man muß fürchten, daß die nun eingetretene Stockung endgültig ist: Die entsetzliche Geldentwertung, die abenteuerlich angeschwollenen Herstellungskosten haben jede Vorausberechnung über den Haufen geworfen; die gigantischen Kapitalien, die zur Fortführung des Unternehmens nötig wären, sind offenbar nicht aufzu-

---

* Die gültige Fassung dieses Absatzes ist im deutschen Original nicht erhalten. Eine von Thomas Mann verworfene Formulierung findet sich im Bibliographischen Nachweis, die Rückübersetzung der in ›The Dial‹ gedruckten Passage auf Seite 126/127.

bringen. Das wäre sehr zu beklagen; und da Schreiber dieser Zeilen die Ehre hat, mit Ernst Bertram, Hugo von Hofmannsthal, Heinrich Wölfflin und anderen dem Vorstande der genannten Gesellschaft anzugehören, wird man es ihm nachsehen, wenn er es sich nicht verwehrt, diese persönlich-überpersönliche Sorge vor ein Weltpublikum zu tragen. Nietzsche's seherische und zielweisende Bedeutung für die Zukunft der Menschheit kann nicht überschätzt werden. Und doch gaben sich, leider namentlich in angelsächsischer Sphäre, während des Krieges die erstaunlichsten Mißverständnisse seines Wesens auf Seiten der öffentlichen Weltmeinung zu erkennen. Geläufig war die Zusammenstellung »Nietzsche, Treitschke und Bernhardi«, – eine groteske Kakophonie für das Ohr jedes geistigen Deutschen – und doch wohl nicht nur des Deutschen. Treitschke und den General von Bernhardi in einem Atem zu nennen, mochte allenfalls hingehen, obgleich viel Unrecht gegen Treitschke darin lag. Daß aber Nietzsche, um das Symbol deutscher Bösartigkeit zu vervollständigen, ihnen zugesellt wurde, war und bleibt zum Lachen, – selbst nachdem man sich klar gemacht, wie es möglich war. Sein Macht-Philosophem, seine Anti-Christlichkeit (die er mit Goethe teilte, die aber persönlich schlechter begründet war in seinem Falle), seine berauschte Verherrlichung der ästhetischen Größe, des starken und schönen Lebens sind schuld daran. Aber diese Lyrismen als eine Prophetie des militaristischen Industrialismus verstehen, heißt sie, heißt ihn nicht wohl verstehen. Weiß man denn nicht, daß er das »Reich«, um seiner Philosophie- und Ideenlosigkeit willen, gehaßt und verflucht hat wie kein Zweiter? Daß er es war, der den Begriff des »Guten Europäertums« geprägt und gegen ein national verhärtetes Nichts-als-Deutschtum im Geiste höchster nationaler Überlieferung verfochten hat? Nietzsche steht dort, wo der Geist des Griechentums eingeht in den hymnisch gewordenen Geist amerikanischer Demokratie, den Geist Walt Whitmans, der ausruft: »Zweifelt jemand, daß der Leib vollauf so viel gilt wie die Seele? Und wäre der Leib nicht die Seele, was ist die Seele?« Das ist das dritte Reich der religiösen Humanität, eine neue Idee des Menschen, die mehr ist als Idee, die Pathos und Liebe ist: eine wahrhaft *erzieherische* Liebe, welche ihren Trägern – und auch Nietzsche war ihr Träger! – die Gefolgschaft einer ganzen Weltjugend sichert. Eben jetzt sind bei den ›Entretiens d'Ete‹ in Pontigny Franzosen und Deutsche übereingekommen, daß als Wecker und Bildner heutigen Lebensgefühls drei Geister für beide Länder zu nennen seien: Whitman, Nietzsche und Dostojewski. Das war ohne Zweifel eine gescheitere Zusammenstellung als jene andere, die nichts war als ein Merkmal allgemeiner Kriegsverdummung; und die Beziehungen der ›Nietzsche-Gesellschaft‹ zum General von Bernhardi (ich bin nicht sicher, ob er noch lebt, der tapfere alte Herr) werden denn auch äußerst schwer nachzuweisen sein. Sie erblickt, ihrem Prospekt zufolge, »ihre Hauptaufgabe in der Pflege eines durchaus unpolitischen, aber wahrhaft europäischen Geistes«. Es gilt ihr, »unter dem Zeichen Friedrich Nietzsche's die Guten Europäer der Gegenwart zu sammeln, – diesen Typus, der, im eigenen Lande gern verdächtigt, dennoch die Idee seines Volkes am reinsten verkörpert«. Er lebt in aller Welt. Und in aller Welt werben wir Mitglieder, – auch für unseren Vorstand, in welchem, wenn es nach uns geht, mit der Zeit alle außerdeutschen Länder durch je ein Mitglied repräsentiert werden. Auch die Errichtung von Geschäftsstellen in den Hauptstädten des Auslandes ist geplant.

Ich nannte Hugo von Hofmannsthal, einen Namen, den Lesern des ›Dial‹ so wohl bekannt. Dieser sublime Kopf hat in jüngster Zeit der geistigen Welt mehrere außerordentlich schöne und wertvolle Geschenke gemacht. Unglücklicher Weise war ich verhindert, der festlichen Aufführung seiner Erneuerung von Calderóns ›Großem Welttheater‹ in Salzburg, vergangenen Sommer, beizuwohnen; aber ich habe die Dichtung mit aufrichtiger Bewunderung gelesen in Hofmannsthals Zeitschrift ›Neue deutsche Beiträge‹, deren erstes Stück seit kurzem vorliegt, und deren Geist und Meinung sich programmatisch kundgibt in einigen wahrhaft an die Nation gerichteten Sätzen des Vorwortes, mit dem der Herausgeber dieses Heft versehen hat. »Es kommt aber«, sagt er, »einzig und allein darauf an, daß in einer schwierigen und dunklen Lage die Geistigen, in denen die Gesamtheit sich darstellt, die gleiche Haltung einnehmen, die auch dem Einzelnen in einer solchen Lage geziemen würde: die einer bescheidenen Ehrerbietigkeit gegen die europäische geistige Welt, Gegenwart und Vergangenheit in eins, und einer aufrichtigen Selbstachtung, ohne jeden Eigendünkel, mag uns im übrigen das Schicksal gestellt haben, wohin es will.« – Sehr gut! Sehr gut! – Was aber das ›Große Welttheater‹, diese innige Lebensallegorie, dies fromme Spiel von heiterer Unerbittlichkeit, betrifft, so ist, was ich vor allem daran bewundere, die Mischung erhaben dichterischer und derb-lustig-volkstümlicher Elemente, die es auf so ungekünstelte und legitime Weise darstellt, – eine Mischung, die eben doch nur in der katholisch-österreichisch-süddeutschen Sphäre beheimatet ist, in der dieser Dichter wurzelt. Sie versagt sich uns Protestanten, – unzugänglich nicht unserer Liebe, aber unserer Produktivität. Mythisch gesprochen bleibt der »Bildungsroman« unsere Domäne, auch sofern dieser als literarische Gattung aus Zeit und Mode gekommen ist. Die Verbindung des Hohen mit dem Volkstümlichen ist Sache eines südlichen Himmels und einer Kultur der Öffentlichkeit. Sie wird dem Individualismus pietistischer Innerlichkeit kaum gelingen. Das ist ein Grund zum Neide. Denn was man *nicht* kann, nicht wahr?, das ist die Kunst.

Eine weitere Gabe des österreichischen Dichters, auf die ich unbedingt noch hinweisen muß, war sein ›Deutsches Lesebuch‹, welches, verlegt von der ›Bremer Presse‹ in München und auf zwei Bände berechnet, in seinem ersten eine Auswahl deutscher Meister- und Muster-Prosa-Stücke aus dem Jahrhundert von 1750 bis 1850 bringt. Ausländern, die gutes Deutsch lesen wollen und zugleich, sich über die Wirren und wüsten Mißverständnisse der Zeit erhebend, Berührung mit dem höheren, dem ewigen Deutschland suchen, kann man dies Buch nicht warm genug empfehlen. Auch wir hatten unser »Großes Jahrhundert«: es war eben das, woraus diese Prosa stammt, vom Auftreten Lessings bis gegen die bürgerliche Revolution. Und wenn wir, sagt Hofmannsthal, noch heute nicht ohne Freunde sind in der Welt, so ist es, weil wir noch heute von dem hohen Begriffe zehren, der sich damals von deutschem geistigen Wesen bildete. Er sagt es in einer Einleitung, die durch Anmut und Würde ihrer Diktion dem ferneren Inhalt des Bandes ebenbürtig ist. Das aber sind Dinge, wie z. B. die Beschreibung des Schauspielers Garrick von Lichtenberg und diejenige des Torso im Belvedere zu Rom von Winckelmann; ferner Goethe's Aufsatz von deutscher Baukunst, ein Stück aus Jung-Stillings Jugendgeschichte, ›Der Rheinfall bei Schaffhausen‹ von Heinse, die unvergleichliche Studie von Kleist über das Marionettentheater, Fragmente von Novalis und vieles andere mehr. Keine politische Propaganda vermöchte draußen so zugunsten eines denn doch wohl über Gebühr mißhandelten Volkes zu wirken wie dieses Buch, und ich wäre froh, wenn diese Zeilen ein wenig hülfen, ihm den Weg in die Welt zu ebnen.

Soll es mir noch vergönnt sein, jenseits des Meeres um Sympathie zu werben für die kosmopolitische Umsicht einer Nation, die ungeachtet eines so starken Druckes von außen, ja, den Feind im Lande, dennoch im Geistigen keine Verhärtung und Verengung erleidet, sondern deren Weltbedürfnis sich in einem vielfältigen Angebot von Übersetzungsliteratur aus allen Sprachen äußert? Ach, die Beispiele dafür beschwerten um Weihnachten meine Ottomane in einer Fülle, die mich um die Elastizität ihrer Federn besorgt machte! Da war die elegante fünfbändige Diderot-Ausgabe des Georg Müller'schen Verlages in München; da waren ferner die sehr anständigen Verdeutschungen einer ganzen Reihe von Werken des Anatole France, die der schon erwähnte Musarion-Verlag vorlegt, und kein Ende war mit

den Übersetzungen älterer und moderner russischer Autoren, denen, wie man von Buchhändlern hören kann, unser
Publikum charakteristischer Weise sogar besonders angele-
gentlich nachfragt ...

Ein Freund erzählte mir, er habe, als er neulich in Paris
André Gide besuchte, den französischen Dichter vergraben
gefunden in die große deutsche Ausgabe von Dostojewski's
sämtlichen Werken, – denn es gibt keine französische. Aber
während Frankreich Dostojewski auf deutsch entdeckt, haben wir Nikolai Leskow hervorgezogen, einen Zeitgenossen des Schöpfers der Brüder Karamasow, von ihm in den
Schatten gestellt für lange Zeit, aber heute erkannt als ein
Erzähler von Gottes Gnaden, ausgestattet mit einer künstlerischen Kraft, die ihresgleichen sucht, und als Künder der
russischen Volksseele durchaus ebenbürtig demjenigen, der
seine Erzählung ›Der versiegelte Engel‹ im ›Tagebuch eines
Schriftstellers‹ einer eingehenden Besprechung gewürdigt
hat. Wir verschlingen Leskow. Es gibt heute nichts Ähnliches in Europa an unbändigem Fabuliertalent. Aber die
Überlieferung ist lebendig in der jungen russischen Erzäh-
lergeneration, von der ja heute mehr als ein Mitglied in
Deutschland lebt. Zu meiner Freude hatte ich kürzlich in
Berlin Gelegenheit, von diesem dichterischen Nachwuchs
einen und den anderen Vertreter kennenzulernen: Remisow
zum Beispiel und den Grafen Alexej Tolstoi. Sie leben dort,
flüchtig vor roter Tyrannei, aber die Seele voll Heimweh
nach dem Mütterchen Rußland. Unterdessen könnten sie
sich zu Hause fühlen, denn unsere Öffentlichkeit empfängt
ihre Werke, die Alexander Eliasberg zu verdeutschen pflegt,
mit der bereitwilligsten Sympathie.

Der junge Tolstoi ist, wie man hört, zu seinem großen Fami-
liennamen nur durch Adoption gelangt, macht ihm aber als
Künstler alle Ehre. Sein Roman ›Höllenfahrt‹, gedacht als erster Teil einer Trilogie, die durch Krieg und Revolution in
eine hellere Zukunft episch geleiten soll, ist ein ungewöhnlich gesundes, menschlich liebenswertes Werk, dessen plastische Kraft tatsächlich zuweilen an den Alten von Jasnaja Pol-

jana erinnert. Was Alexej Remisow betrifft, so ist er ein Künstler der Folklore, verliebt in das Altväterliche und Urtümliche bis zur Wunderlichkeit, so daß selbst seine Handschrift, sein Namenszug einen kraus alt-slawischen Duktus aufweisen. Ein neues Buch von ihm liegt vor, erschienen in der ›Russischen Bibliothek‹ des Münchener Drei-Masken-Verlages. Es heißt ›Russische Frauen‹ und enthält wohl ein halbes Hundert kurzer Geschichten, Märchen, sagenhafter Anekdoten meist unheimlich-gespenstischen Charakters, die das Volk sich am Abend beim Ofen erzählen mag, und die der Dichter ihm abgelauscht und mit Liebe und Freiheit zu eindrucksvollster Poesie erhöht hat. Das war eine der schönsten Gaben unseres deutschen Weihnachts-Büchertisches.

Ich breche ab für diesmal. Was ich noch über junge deutsche Erzählung und über den Zustand unseres Theaters vorbringen zu können hoffe, muß für einen folgenden Brief aufgespart bleiben.   München, Februar 1923

[Rückübersetzung von Peter de Mendelssohn des englischen Absatzes auf Seite 119/120:]

Die Preise – sie sind jetzt erhöht worden, um den Investitionen der Verleger und dem Profitbedürfnis der Zwischenhändler zu entsprechen – die Preise sind kolossal; während der letzten Wochen haben sie eine solche Höhe erreicht, daß schließlich ein Streik der Käufer und Verbraucher eingesetzt hat, und der Bücherabsatz, der noch um Weihnachten in vollem Schwung war, steht jetzt still. Das wird auf die eine oder andere Art wieder in Ordnung kommen; schließlich ist in einem Land wie Deutschland das Buch ebenso sehr eine Lebensnotwendigkeit wie alles andere. Es ist kein Luxus; ein Volk mit einer so breiten gebildeten Schicht kann ohne das Buch nicht auskommen. Aber vielleicht werden wir dennoch dem »schönen« Buch Lebewohl sagen müssen und zu den primitiven Formen dieser Industrie zurückkehren, unsere Dichter und Denker, die alten und neuen, auf Holzpapier gedruckt auf den Markt bringen, wie billige Broschüren, deren Seiten man ohne Bedenken mit Eselsohren versieht und mit einem Zündholz aufschneidet. Aber Bücher werden immer weiter produziert und immer gekauft werden. *Legere necesse est; vivere non est necesse.* Aber ganz gewiß sind große und ehrgeizige Vorhaben auf dem Gebiet der Buchproduktion gegenwärtig gefährdet.

[Dritter Brief]

Unser Theater ... ach, lassen Sie mich über unser Theater nicht viele Worte machen! Es ist in Verfall, wie unsere Landstraßen und wie dies ganze gemarterte Land, dessen wirtschaftlichen und sozialen Zusammenbruch die Welt mit bewunderungswürdigem Gleichmut abwartet. Christenheit! Hast du noch nicht begriffen, daß das Geschrei über »Hunnen und Barbaren« nicht ernst gemeint war, daß es ein Kriegsmittel war, eine fromme Propagandalüge? Soll ein edles Glied der weißen Völkerfamilie durch Schuld eines wirksamen, aber blödsinnigen Werbeplakates vor den Augen seiner phlegmatischen Geschwister verderben und verkommen? ... Ich bitte um Entschuldigung. Ich bin schon ruhig. Ich spreche von unserem Theater und teile mit, daß sein Zustand zu wünschen übrigläßt. Die großen Stimmen unserer Oper kennen Sie jenseits des Wassers nachgerade besser als wir. Unsere Sängerschaft gleicht ein wenig Demeters Tochter, der lieblichen Persephone, die von Pluto (dem Gotte des Reichtums, wenn ich nicht irre) geraubt und beredet wurde, von den Früchten seines Reiches zu kosten, welchem sie dadurch wenigstens für die Hälfte des Jahres verfiel. Unterdessen irrt die göttliche Mutter (das deutsche Publikum) wehklagend durch die verödeten Fluren ... Kein schlechtes Bild, diese »verödeten Fluren«, für die Verfassung der deutschen Oper im Großen, Ganzen. Es geht bergab mit ihr, die nationale Verarmung macht sich an ihrem Luxuskörper natürlich zuerst bemerkbar, sie wird von Schäbigkeit bedroht, und das ist die letzte Eigenschaft, die sich mit dem Begriff der Oper überhaupt, diesem Begriff von Glanz und sinnlicher Üppigkeit, verbinden läßt. Die Leiter dieser Institute kämpfen mit dem Mangel, und so sind gerade die Stärksten und Glänzendsten von ihnen, die es nicht nötig haben, und denen die Welt offen steht, weder an ihrem Platze zu halten, noch ist ebenbürtiger Ersatz für sie zu beschaffen.

So war es im Falle Bruno Walters, der schon vor Jahr und Tag das Münchener Opernhaus unter unendlichen Abschiedsfeierlichkeiten verließ, nachdem er ein Jahrzehnt lang als Generalmusikdirektor höchst segensreich darin geherrscht. Ich nenne ihn, weil er vor kurzem Amerika besuchte, wo er, wenn unsere Zeitungen nicht patriotisch übertrieben, außerordentliche Erfolge errungen hat. Wirklich ist er ein Dirigent ersten Ranges, ein musikalisches Ingenium von großer Gewalt und Innigkeit. Aufgewachsen unter Mahler in Wien, dessen Büste von Rodin sein Arbeitszimmer schmückt, und dem er einen glühenden Erinnerungs- und Freundschaftskultus weiht, ist er wohl eine weichere, weniger steile und cäsarische Natur als sein Meister, aber sein Verhältnis zur Kunst ist von derselben frommen und leidenschaftlichen Unbedingtheit, die das Leben Mahlers kennzeichnete, und dem symphonischen Ringen dieses tragischen Religiosen mit dem Genius ist er ein unvergleichlicher Interpret. Walters Verdienste um die Oper der bayerischen Hauptstadt waren all der Ehren wert, die ihm beim Scheiden bereitet wurden. Er hat das Orchester verjüngt, das Repertoire veredelt, das Ensemble um ausgezeichnete Talente wie Frau Ivogün, Frau Reinhardt, den Bariton Schipper bereichert. Seine Neueinstudierungen namentlich von Werken aus der deutsch-romantischen Sphäre, der ›Undine‹ etwa, des ›Hans Heiling‹, des ›Oberon‹, waren Ereignisse. Er war es, der Pfitzners ›Palestrina‹ aus der Taufe hob, ein Werk, welches, man möge sich zu seiner spröden Melancholie, seiner wenig lebensfreundlichen Haltung nun stellen wie man will, als geistige Erscheinung die gesamte zeitgenössische Opernproduktion jedenfalls um Haupteslänge überragt. Walter brach ihm

Bahn. Er übte übrigens im Konzertsaal nicht geringere Wirkung als vom Dirigentensessel der Oper. Manche Kritiker glaubten betonen zu sollen, daß es straffere Rhythmiker gibt; aber keiner bestreitet ihm einen Sinn für Klangwirkungen, der seinesgleichen sucht. Er ist der subtilste, der schlechthin musikalischste pianistische Begleiter, der mir vorgekommen. Wer etwa Schuberts ›Winterreise‹ von van Rooy und ihm gehört hat, vergißt es nicht. In Wien sah ich ein zweitausendköpfiges Publikum von seinem Zusammenspiel mit dem Geiger Arnold Rosé in tiefster Begeisterung.

Um sich dieser reichen und feurigen Künstlernatur recht zu erfreuen, müßte man den Mann, wozu ich ein und das andere Mal Gelegenheit hatte, im Freundeskreise am Flügel sehen und hören, wie er, mit einer Stimme, die keine ist und dennoch wohlklingt, sämtliche Gesangspartien markierend, einen Akt des ›Tristan‹ oder der ›Meistersinger‹ heraufführt. Ich versichere, das ist ein großes Vergnügen; und als er einmal die Öffentlichkeit daran beteiligte, gab es einen tollen Erfolg. Er hielt in offenem Saale einen Vortrag über Beethovens ›Missa Solemnis‹, den er, zwischen Rednertisch und Flügel hin und her wechselnd, mit musikalischen und gesanglichen Illustrationen versah, – und zwar mit einem Temperament, einer geistvollen Naivität und Hingabe an seinen hohen Gegenstand, die Alles mit sich fortrissen. Er sollte sich solcher Art auch in Amerika einmal produzieren, wenn er wieder dorthin kommt. Ich verbürge mich für eine zündende Wirkung.

Walters letzte Tat als Direktor der Münchener Staatsoper war ein Einakter-Abend, der sowohl durch seine unmittelbare Anmut wie durch seinen historischen Beziehungsreichtum fesselte. Er spielte ›Acis und Galathea‹ von Händel, dies tragische Schäferspiel, in dem mehr als ein Akzent Wagner vorahnen läßt, danach die reizende ›Serva padrona‹ von Pergolesi, die der Opera buffa und Mozart den Weg bereitete, und schließlich ein deutsches Singspiel des achtzehnten Jahrhunderts, Schencks ›Dorfbarbier‹, von dem die Linie zum ›Waffenschmied‹ und Nicolai's ›Lustigen Weibern‹

führt. Ich brauche mich kaum zu entschuldigen, daß ich von einer Opernaufführung spreche, die Jahr und Tag zurückliegt; denn die Tatsache eben, daß ich nach so langer Zeit noch darauf zu sprechen komme, beweist die ungewöhnliche Nachhaltigkeit des Eindrucks, den sie hervorrief. Man hatte für die Herstellung der Figurinen und Dekorationsentwürfe einen Künstler gewonnen, der, als origineller Graphiker längst bekannt, erst seit einiger Zeit seine Phantasie und seinen Geschmack gelegentlich auch in den Dienst des Theaters stellt: Emil Preetorius, einen in München lebenden Darmstädter. Was er zu schauen gab, war, in seiner Abstufung vom Idyllisch-Heroischen über das Bürgerlich-Elegante zum Humoristisch-Volkstümlichen, außerordentlich fein und geglückt; und da Walter in die Einstudierung des musikalischen Teils den ganzen Fleiß seiner Liebe gesetzt hatte, da überdies für die Vorstellung alles Gute und Beste aufgeboten war, worüber unsere Bühne verfügt, so kam ein wahrhaft festlicher Abend zustande. Besonders hätte ich Lust, mich über ›Acis und Galathea‹, dies herrliche Werk, dem man kaum je auf dem Theater begegnet, und das wohl erst Walter durch seine Einrichtung diesem wirklich gewonnen hat, etwas vernehmen zu lassen; denn alle Zärtlichkeit und Trauer, von der es erfüllt ist, wird wieder lebendig in mir, da ich daran denke, und die tragische Humanität, in deren Zeichen es steht, hat, wie mich dünkt, unserem heutigen Gefühle viel zu sagen. Aber wenn ich für diesmal wenigstens noch von unserem Schauspiel Einiges berichten soll, so muß ich mit meinem Raume haushalten.

Die populäre Macht, die das Theater des gesprochenen Wortes überschattet und zu ersticken droht, ist das Kino. Zahlungsfähig wie ein Protz, zieht es die mimischen Talente an sich. Es sprengt die Ensembles. In der Tat gibt es Kunstgemeinschaften von der Art derer, die vor zwanzig Jahren im Berliner Lessing-Theater unter Otto Brahm Ibsen und Hauptmann spielte, oder selbst wie die, welche ich als Jüngling in München vorfand, als Possart im Hoftheater sein drastisches Virtuosentum, seine hochamüsante Sprechkunst entfaltete, – in der Tat also gibt es ein solches stilistisch geschlossenes und diszipliniertes Zusammenspiel heute in Deutschland nicht mehr. Berlin, vor einem Vierteljahrhundert die erste Theaterstadt Europas, hat stark verloren; es geht zurück mit seinen theatralischen Reizen, nicht erst seitdem Max Reinhardt sich auf sein Schloß bei Salzburg zurückzog ... (Ich höre, daß Sie ihn nächstens in Amerika zu Besuch haben werden. O, er wird Ihnen zweifellos sehr merkwürdige Dinge zeigen!) Das Reinhardt-Theater! Ich vergesse nicht, wie ich zuerst seine Bekanntschaft machte. Gorki's ›Nachtasyl‹, die Shakespeare-Lustspiele, ›Die Räuber‹ von Schiller! Das waren erregende Abende, voll eines Zaubers, der durch ein gewisses geistiges oder sagen wir: kunstmoralisches Mißtrauen, das man ihm entgegenbrachte, keineswegs an Intensität einbüßte: Aufführungen, die gegen die protestantische Nüchternheit, die strenge und gebärdenarme Innerlichkeit des Brahm'schen Naturalismus einen elementaren Rückschlag darstellten, einen Rückschlag des Theaters, einen Durchbruch wilden Ur-Komödiantentums und zugleich eine neue Stufe der Modernität, eine Reizmischung von Intellektualismus und Übertriebenheit, Sinnlichkeit und Witz, die unwiderstehlich war. Kurzum, das *interessanteste* Theater, das je dagewesen, ein Theater, exekutiert sozusagen von lauter Spezialitäten, und ein Theater, dem noch seine psychologische Kritisierbarkeit zustatten kam, da man unwillkürlich das geistige Vergnügen, das man aus dieser Kritisierbarkeit zog, ihm aufs Verdienstkonto setzte ... Das war vor fünfzehn oder sechzehn Jahren, als Reinhardt zwei- oder dreimal eine Sommer-Saison hindurch im Künstler-Theater des Münchener Ausstellungsparks gastierte. Korruption und Verfall, die Entartung ins Sensationelle vollzogen sich rasch unter der Peitsche des pöbelhaften Reizhungers von Wilhelms turbulenter Hauptstadt. Wenn Reinhardt schon vor Jahren die Bühnen, die er unter seiner Herrschaft vereinigt hatte, seinen Regisseuren und Dramaturgen überließ, um sich in ein von Gastspielen im Auslande unterbrochenes Privatleben zurückzuziehen, so geschah es gewiß nicht aus persönlicher Müdigkeit, sondern in der Einsicht, daß seine deutsche Kultursendung längst erfüllt war.

Was man heute im Berliner ›Deutschen Theater‹ und ›Großen Schauspielhause‹ sieht, zeigt zuweilen Reste des alten Zaubers, ist aber ohne eigentlichen geistigen Belang. Denn hinzu kommt, daß das Theater überhaupt, seiner nachgiebig-entgegenkommenden Natur gemäß, die Niveau-Senkung, die unser öffentlicher Geschmack durch den Krieg, die Revolution, das Heraufkommen neuer Schichten erfahren, am deutlichsten aufweist. Im ›Großen Schauspielhaus‹, dessen Zuschauerraum einer ungeheueren Tropfsteinhöhle gleicht, in der fünftausend Menschen Platz haben, sah ich kürzlich eine Aufführung von Shakespeare's ›Zähmung der Widerspenstigen‹, die in dieser Hinsicht zu denken gab. Ich versichere, ich war wenig erfreut. Das Talent und die persönliche Liebenswürdigkeit einiger der Schauspieler in Ehren, aber der Geist der Veranstaltung war schlechthin brutal. Ihr Hauptspaß bestand darin, daß Petrucchio sein wildes Weibchen jeden Augenblick an der Rampe übers Knie nahm, ihr die Röcke hochzog und sie verbläute. Das amüsierte ein Publikum, das die Bänke füllt, seitdem unser gebildeter Mittelstand verhungert oder proletarisiert ist. Wahrhaftig, man fühlt sich mit gegen fünfzig Jahren in Deutschland nicht länger so recht zu Hause. Es ist ein Neugier erregendes, doch ziemlich fremdartiges Land geworden. Die Güter, die irgendwelchen Kultur-Patriotismus zu rechtfertigen vermöchten, schlummern tief ...

Jedenfalls braucht man, um über den Zustand unseres Theaters mitreden zu können, nicht länger just in der Reichshauptstadt ansässig zu sein. Die »Provinz« – ich setze das Wort in Anführungsstriche, weil es eine »Provinz« im Sinne etwa der französischen in unserem kulturell unzentralisierten Lande bekanntlich nie gegeben hat – ist heute in dieser Hinsicht nicht selten ernster zu nehmen als jener gigantische Rummelplatz im Norden. Das wissen auch unsere dramatischen Autoren, die bei weitem nicht mehr so erpicht, wie

ehemals, darauf sind, ihre Ur-Aufführungen in Berlin her-
auszubringen, sondern häufig einem der kleineren Landes-
oder selbst Stadttheater den Vorzug geben. Was insbesondere das süddeutsche Zentrum, was München betrifft, so war
es freilich, in gewissem Sinne gesprochen, niemals eine Theaterstadt, – so wenig wie es jemals eine literarische
Stadt –, ich meine eigentlich: so wenig es jemals eine Stadt
war, in welcher der *Geist* auf Heimatrechte Anspruch erhoben hätte. Es ist jedoch eine Kunststadt? Gewiß, – oder eigentlich nicht sowohl eine Stadt der Kunst, als vielmehr eine
solche des höheren und hohen Kunstgewerbes, der festlich
angewandten und urwüchsig dekorativen Kunst, und der
Typ des Münchener Künstlers ist weniger ein geistiger Typ,
als vielmehr derjenige eines lustigen Burschen von sinnlicher
Kultur und mit den Instinkten eines geborenen Festordners
und Karnevalisten. Dieser Zug, wird man mir einwerfen,
müßte aber der Münchener Theaterkunst zustatten kommen? Er kommt ihr zustatten. Das ›Münchener Künstler-
theater‹ bedeutete die vollkommenste Offenbarung dessen,
was man hier unter dramatischer Kunst versteht. Der ausstat-
tende Kunstmaler war unbeschränkter Herr im Hause, das
Stück – eine Gelegenheit, kunstgewerbliche Kultur an den
Tag zu legen, der Schauspieler – ein Farbfleck. Dem rotge-
kleideten König im ›Hamlet‹ verbot der inszenierende
Kunstmaler, bei seinem nicht zum Himmel dringenden Ge-
bete niederzuknien. Er mußte aufrecht bleiben, und zwar,
weil der Kunstmaler, wie er erklärte, »die rote Senkrechte
brauchte«. Das ist München. In ›Was ihr wollt‹ trug Olivia,
auf deren Antipathie gegen die gelbe Farbe geradezu die lu-
stigste Szene des Stückes gegründet ist, den ganzen Abend
ein kanariengelbes Kleid. Es hatte dem Kunstmaler kolori-
stisch so gepaßt, und das Stück hatte der gute Mann offenbar
überhaupt nicht gelesen. Das ist München.
Es ist nicht immer so schlimm, aber was den Münchener im
Theater eigentlich interessiert, ist weder das Wort noch das
Spiel, nichts Geistiges also, sondern der Einschlag von
bildender Kunst. Das zeigt sich noch an unserer literarisch-

sten Bühne, den ›Kammerspielen‹, die unter ihrem artistischen Direktor Otto Falckenberg den Theaterfreund zuweilen stark zu fesseln vermögen. Ich sah dort neulich ein Lustspiel des Lyrikers Joseph von Eichendorff: ›Die Freier‹. Der Abend war reizend und höchst münchnerisch. Das Stück ist ein liebenswürdiges Nichts aus Liebe, Vagabondage und romantischer Verkleidungskomik, die Ausstattung, die wieder einmal Preetorius besorgt hatte, war reich an drolligen und anmutigen Einfällen. Am letzten Abend freilich, den ich in diesem Theater verbrachte, lag alles Gewicht auf dem Literarischen, ja Literaturhistorischen. Man gab einen Teil von Swinburne's Maria Stuart-Suite, den ›Chastelard‹, und plagte sich redlich mit dem präraffaelitisch-ästhetizistischen Kunststil der Dichtung, deren verwirrte Leidenschaft und Ritter-Psychologie eine ziemlich distanzierte Teilnahme erregte und die den Spielplan wohl nicht lange zieren wird.

… Ich liebe München zu sehr, um wünschen zu können, daß mein Urteil über diese einst so heitere, heute freilich vom allgemeinen deutschen Schicksal verdüsterte und von politischen Gehässigkeiten zerrissene Stadt im geringsten mißverstanden werde. Der »Geist«, von dem ich sagte, daß er dort nicht beheimatet sei, ist eigentlich der literarisch-kritizistische Geist europäischer Demokratie, der in Deutschland vornehmlich durch das Judentum vertreten wird, welches in München kaum vorhanden oder, soweit vorhanden, einer populären Abneigung ausgesetzt ist, die gelegentlich derbste Formen annimmt. München ist die Stadt Hitlers, des deutschen Faschistenführers, die Stadt des Hakenkreuzes, dieses Symbols völkischen Trotzes und eines ethnischen Aristokratismus, dessen Gebaren freilich nichts weniger als aristokratisch ist, und der mit dem Feudalismus des vorkriegerischen Preußen überhaupt keine Verwandtschaft hat. Bayern und München im besonderen war demokratisch, lange bevor in Deutschland von »Demokratie« in irgendeinem revolutionären Sinne die Rede war. Es war und ist demokratisch in volkhaft-volkstümlichem, das heißt also: in konservati-

vem Geiste, und hierauf beruht sein Gegensatz zum sozialistischen Norden, sein Antisemitismus, seine dynastische
Treue, seine Widerspenstigkeit in Sachen der Republik. Das
sind sachliche Feststellungen zur Orientierung des Auslandes über die Gegensätze und Parteiungen, die unser Land
bewegen. Was ferner damit zusammenhängt, ist Münchens
Stellung zum Geiste der modernsten Literatur, der dramatischen zum Beispiel.

Allgemein gesprochen hat unser modernes Repertoire in
den letzten Jahren wenig Auffrischung erfahren. Kein neues
dramatisches Talent großen Formats, das die Nation zu
ergreifen vermocht hätte, ist seit Gerhart Hauptmann her-
vorgetreten. Ibsen war auf der deutschen Bühne zeitweilig
völlig von Strindberg verdrängt; doch scheint neuestens
etwas wie eine Ibsen-Renaissance sich anzukündigen, was
als Merkzeichen restaurativer Tendenzen, des Verlangens
nach geschlosseneren Formen zu deuten ist. Wedekind tritt
im öffentlichen Interesse zurück. Shaw wird immer noch
gern gesehen. Daß Schnitzlers liebenswert-melancholische
und technisch so vollkommene Meisterwerke (›Das weite
Land‹, ›Der einsame Weg‹) nicht häufiger verlangt werden,
ist zu beklagen. Die Lustspiele von Hermann Bahr (›Das
Konzert‹, ›Die Kinder‹) gefallen nachhaltig.

Der Nachwuchs, die junge Schule, das, was man den dramatischen Expressionismus nennt, hat als Theorie viel von
sich reden gemacht oder doch von sich geredet; in produktiver Hinsicht hat es weitgehend versagt. Immerhin haben ein
paar Namen aus dieser Sphäre internationalen Ruf gewonnen, ohne übrigens dem eigenen Volke recht ans Herz
gewachsen zu sein. Man kennt im Auslande die soziale
Theatralik Georg *Kaisers*, die penetrante Bourgeois-Satire
des Carl *Sternheim*, dessen Talent für die zeitkritische Komödie unbestreitbar, aber von absoluter Kälte ist. Weit
mehr Herz und Gesinnung besitzt der junge Ernst *Toller*,
der, da er ein Führer des Münchener Kommunismus von
1918 war, seit Jahren in einem bayerischen Festungsgefäng-
nis schmachtet. Doch kommt seine Künstlerschaft seinem

Menschentum leider bei weitem nicht gleich, und sein Drama ›Die Maschinenstürmer‹, das in Berlin demonstrativen Beifall gewann, ist eine recht schwache Nachahmung von Hauptmanns ›Webern‹.

Durch eine Kühnheit, die man vorderhand verschieden deuten mag, erregte von den Jüngsten Arnolt *Bronnen* heftiges Aufsehen mit seinem Schauspiel ›Vatermord‹, einem so krassen wie düsteren Werk, das stilistisch eine Art von Neo-Naturalismus repräsentiert, und worin alle Strafbarkeiten von der Inzucht über die Homosexualität bis zu dem im Titel ausgesprochenen Delikt sich ein leidvolles Stelldichein geben. Auf verwandte Art stürmt und drängt es in den Dramen des jungen Bert *Brecht*, von denen das erste, ›Trommeln in der Nacht‹, die bittere Geschichte eines aus dem Kriege heimkehrenden Soldaten, zwei gute Akte besitzt, dann aber zerflattert. Des zweiten, mit Namen ›Dickicht‹, glaubte die Staats-Schauspielbühne Münchens, das Residenztheater, sich annehmen zu sollen, obgleich es, bei aller Begabung, im Punkte künstlerischer Disziplin und geistiger Gesittung gegen das erste eher einen Rück- als Fortschritt bedeutete. Aber Münchens volkstümlicher Konservatismus war auf seinem Posten gewesen. Er duldet keine bolschewistische Kunst. Bei der zweiten oder dritten Aufführung legte er Verwahrung ein, und zwar in Gestalt von Gasbomben. Furchtbare Dünste erfüllten plötzlich das Theater. Das Publikum weinte bitterlich, doch nicht von Gemütes wegen, sondern weil die ausströmenden Gase die Tränendrüsen scharf in Mitleidenschaft zogen. Man floh. Die Aufführung ward unterbrochen. Das Theater mußte gelüftet werden, und Logendiener erschienen mit Ozonspritzen zur Reinigung der Atmosphäre. Erst nach Verlauf einer halben Stunde hielt das Publikum wieder seinen Einzug in Parkett und Logen, um, immer noch aus rein körperlichen Gründen weinend, das Stück zu Ende zu hören.

Auch das ist München. Und mit dieser Erschütterung will ich meinen heutigen Brief beschließen.

München, Juni 1923

[Vierter Brief]

Jakob *Wassermann*, dem amerikanischen Publikum bekannt, zum mindesten durch seinen ›Christian Wahnschaffe‹, der ein Film war, bevor man einen daraus machte, und der dabei ein ganz außerordentliches Buch geblieben ist, Produkt einer tief ernsthaften Virtuosität, wie sie auf der ganzen Welt nicht häufig, vielleicht heute einzig dastehend ist, – Wassermann also hat einen neuen Roman veröffentlicht: ›Ulrike Woytich‹, ein Glied des ›Wendekreis‹-Zyklus, dessen Name und Ausmaße für den planenden Ehrgeiz dieses fruchtbaren Schriftstellers charakteristisch sind, ein Werk, hergestellt wiederum mit den imposanten Mitteln einer sozialkritisch, moralistisch und religiös geweihten Fertigkeit, von der man sagen kann, daß sie nicht immer sehr lebensvoll, aber immer im höchsten Grade unterhaltend und künstlerisch fesselnd ist.

»Vielleicht zu keiner Zeit«, sagt der Dichter in einem Vorwort, »sind Menschen so wissend und zugleich so ahnungslos, so zweckbeladen und so entherzt, so von Täuschungen umgittert und ohne Stern den Lebensweg entlang gerast wie die zwei oder drei Generationen dieses halben Jahrhunderts (von 1870 bis 1920). Es ist, als stürmten sie mit Anspannung aller Nerven- und Geisteskraft, in erbittertem Wettlauf steil gegen einen Gipfel hinauf, und oben, von der wütenden Bewegung weitergetrieben, obgleich sie den tödlichen Abgrund vor den Füßen erblicken, gibt es kein Halten mehr: die Vordersten schaudern noch, die entfesselte Menge hinter ihnen hört nicht einmal den Angst- und Warnungsschrei, und alles stürzt in die Tiefe.« – Diese Worte, so kennzeichnend für den gravitätisch-eindrucksvollen Stil des Verfassers, umschreiben Inhalt und Gegenstand des Romans, dessen Handlung sehr wirkungsvoll mit dem Brande des Wiener Ringtheaters im Jahre 1881 einsetzt und vierzig Jahre füllt, – oder vielmehr nicht füllt, sondern nach einer Auslassung von Jahrzehnten, nach dem Kriege, dem mitteleuropäischen Umsturz, wieder einsetzt, so daß sie, um des Verfassers eigenes Gleichnis zu gebrauchen, einen zweigeteilten Spiegel bildet, worin die Heldin mit ihrem Schicksal, ihrer Zeit und Welt sich dem Beschauer zeigt: »im einen Spiegelteil die Jugend, im anderen unvermittelt und ohne Zwischenbilder das Alter«.

Diese Heldin, Ulrike Woytich, ist ein Symbolum, sie stellt die Verkörperung jener unseligen Epoche vor, deren epische Bewältigung der Balzac'sche Traum unseres Autors ist, – ein von Lebensenergien strotzendes Frauenzimmer, »zweckbeladen und entherzt«, »von Täuschungen umgittert und ohne Stern«, das achtunggebietende Mengen von Klugheit, Tüchtigkeit, Zielbewußtsein verbraucht, um es zu sehr Vielem und endlich doch zu gar nichts zu bringen. Ihr Arrivieren, beginnend mit dem sich Einnisten in die Familie eines heimlich schwerreichen Wiener Kunsthändlers, dessen Millionen sie ans Licht zieht, ist reich an bunter Erfindung oder kluger Kolportage; der Altersbankrott der gnadenlosen »Wollerin«, ein Bankrott des Herzens, sich ausdrückend in der ohnmächtigen Liebe zu einem reinen Kinde, dessen Gefühl sie vergebens an sich zu reißen trachtet, von wirklicher moralischer Wucht. Und keinem, der von Wassermanns Talent eine Vorstellung hat, brauche ich zu sagen, daß ein üppiges und blumiges Rankenwerk von Gesellschaftsschilderung die Zentralgestalt umspinnt, eine Fülle von Schicksal und Menschenfigur das Zeitgemälde belebt.

Unbedingt, es handelt sich um ein großartig entworfenes und mit höchster Erzählerwürde durchgeführtes Werk, um ein Werk dabei – geben wir der Wahrheit die Ehre! –, dessen Großartigkeit zuweilen ein wenig auf Kosten seiner menschlichen Intimität und Intensität sich durchsetzt, und dessen Würdengeste zuweilen in uns einen Nerv trifft, den es selber nicht im mindesten, aber auch gar nicht besitzt: den humoristischen. Ich bitte, mich recht zu verstehen! Das Lächeln, das dieser Autor uns momentweise entlockt, ist fast kein anderes, als das, welches die Kunst selbst, als Form, als ein selbst bei tiefstem und tragischstem Ernste ihres Gegenstandes innerlich heiteres Spiel, in uns hervorruft, – aber es ist eben nur *fast* nichts anderes, ein wenig geht es doch darüber hinaus, ein kleines bißchen ist es außer-ästhetischer Art, Erzeugnis einer akzidentellen Komik, für die allein der Leser, keineswegs aber der Autor Sinn hat, und die um so stärker und beschämender reizt, je weniger man erwarten dürfte, bei diesem das geringste Verständnis dafür zu finden. Unendlich schwer und gefährlich, zu sagen, worin sie besteht. Unechtheit kann unmöglich der Grund sein, denn Wassermann ist echt, – echt vielleicht nicht immer und überall in dem, *was* er erzählt, aber echt in seiner Eigenschaft als *Erzähler*, und das ist denn doch wohl die Hauptsache, gesetzt selbst, daß es die Quelle jener leisen Komik wäre. Nicht immer wahr also, indem er erzählt, ist er ein wahrer Erzähler, ein Fabulierer von Geblüt, mit dem Urinstinkt der Aufschneiderei, die ein gutes Gewissen hat und sich moralisch sublimiert. Er könnte mit untergeschlagenen Beinen an einer orientalischen Straßenecke sitzen, umgeben von Volk, das bei seinen unerhörten Geschichten Augen und Münder aufsperrt vor Erstaunen. So tun auch wir, indem wir ihn lesen; und wenn es uns einmal anficht, bei uns selber zu sagen: »Er flunkert!«, so korrigieren wir uns sofort, indem wir hinzufügen: »Aber seit wann dürften Erzähler nicht flunkern?« Es ist da eine gesetzte und würdesam plappernde Geläufigkeit des Wortes, ein Pathos der nicht immer geistig, aber sprachlich-rhythmisch gefüllten Antithese, eine romantische Übertriebenheit der Lebensaussage, die unwiderstehlich in Atem hält. Ein mißratener Sohn und seine Mutter zum Beispiel – wie ist es mit ihnen? »Er verausgabte das Zehnfache dessen, was ihre Generosität ihm zugebilligt. Er trat in den Heeresdienst; eine Weile schien es besser zu werden; sie atmete auf. Dann kam das Verhältnis mit Anna Heinroth, einem Mädchen von beflecktem Ruf und dunkler Vergangenheit ... Sie erlangte eine geradezu unheimliche Macht über ihn; jedermann stand vor einem Rätsel ... Seine Verschwendung stieg ins Wahnsinnige. Binnen wenigen Monaten hatte er sein ganzes Erbteil vergeudet. Der Einfluß jenes Weibes trat in jeder Äußerung hervor; sein Benehmen gegen die Mutter war das eines betrunkenen Reitknechts.

Verdächtigungen, Vorwürfe, Wutausbrüche, Drohungen, Überfälle… plötzlich, wie ein Donnerschlag, die Nachricht, daß er die Person geheiratet. Josephe weigerte sich, sie zu empfangen. In diesem Punkt blieb sie unerbittlich. Alles spitzte sich zur Katastrophe zu … Kurz darauf beging er die Urkundenfälschung. Eine Stunde vor der Verhaftung gelang es Josephe und ihrem Advokaten, nachdem sie eine ungeheure Kaution erlegt und beim Justizminister gewesen waren, der Exekutivbehörde in den Arm zu fallen …« Das ist, wie gesagt, nicht sehr intim und nicht sehr intensiv. Aber es ist aufregend, und offenen Mundes hört man zu, weil die Kaution ungeheuer ist, und weil es jemandem gelingt, »der Exekutivbehörde in den Arm zu fallen«.

Nichtwahr, ich werde nicht mißverstanden! ›Ulrike Woytich‹ ist ein groß gewolltes und mit bewunderungswürdigem Können bewältigtes Buch. Es hat größten Erfolg hierzulande und wird ihn auch draußen haben. Wassermann hat kürzlich seinen fünfzigsten Geburtstag gefeiert. In dem Geschlechte, das nach ihm kommt, hat noch kein Erzählertalent seines Formats sich angekündigt.

Das soll mich nicht hindern, Ihnen einige Namen aus diesem epischen Nachwuchs zu nennen, die heute schon Namen *sind*, und von denen Kenntnis zu nehmen auch dem Ausländer nicht schaden kann: den Namen Ernst *Weiß* zum Beispiel, den Hermann *Ungar's* und den eines schon wohl fortgeschrittenen, bei Verlegern, Publikum und Presse sehr angesehenen jüngeren Erzählers: Josef *Ponten's*. Naturwissenschaftler, Geograph, Geolog von Hause aus, hat Ponten ein Buch über Griechenland geschrieben, das ich unbedingt in meinen Koffer legen würde, wenn ich dies Land besuchte, und eine Korallenart, die er im Archipelagus entdeckte, ist nach ihm benannt. Er hat sein dichterisches Talent verhältnismäßig spät entdeckt, aber sein Roman ›Der babylonische Turm‹, der während des Krieges erschien, erregte sehr herzliches Interesse. Ich gebe eine Vorstellung von der eigentümlichen Freiheit des Buches, seiner Mischung aus Realistik und Phantastik, wenn ich sage, daß es in modernen

Tagen unter Kölner Bauunternehmern spielt, daß aber der
sagenhafte Schelm Till Eulenspiegel persönlich darin auftritt. Ponten ist nicht nur ein passionierter Kenner und
Liebhaber des Bauwesens, das er dichterisch verklärt, namentlich in seiner Novelle ›Der Meister‹, sondern steht auch
der Musik sehr nahe, und der ›Babylonische Turm‹ enthält
ein außerordentlich schönes Kapitel, ›Trio‹ betitelt, das die
Konzeption eines Kammermusikwerkes schildert und in der
Weltliteratur ein berühmtes Gegenstück hat, dem es nicht
nachsteht: ich meine die musikalische Inspiration des
Komponisten Lemm in Turgenjews ›Adligem Nest‹. Seit
dem ›Turm‹ hat Ponten keinen großen Roman mehr geschrieben, aber eine lange Reihe von originellen Novellen,
um die unsere Zeitschriften sich reißen. Er ist an der
belgischen Grenze geboren, irgendwo hinter Aachen, und
seine Kunst spielt deutlich ins Flämische hinüber, erinnert in
ihrer volkstümlichen Saftigkeit zuweilen an de Coster,
ohne daß von eigentlicher Abhängigkeit die Rede sein
könnte.

Es steht ganz anders mit Ungar, der vor ein paar Jahren mit
einem Novellenband ›Knaben und Mörder‹ debütierte, der
starkes Aufsehen machte. Diese Erstlinge des jungen Böhmen verleugnen in ihrer Lebensstimmung, ihrer zugleich
weichen und grausamen Art, das Menschliche zu sehen und
zu geben, russischen Einfluß nicht: Hier bewährt sich die
Herrschaft Dostojewski's über die europäische Jugend von
1920. Das großstädtische Talent Ungars hat nichts von dem
volkstümlichen Märchenstil des Rheinländers; es ist Lei-
denskult, ein schlimmes und wissendes Zuhausesein in La-
ster und Schmach, slawisch-christliche Devotion vor dem
Elend und anziehend durch die vom Osten empfangene
Kunst, das seelisch Extreme, Exzentrische, ja Groteske als
das eigentlich Menschliche empfinden zu lassen. Namentlich die ›Geschichte eines Mordes‹, diese Geschichte von
dem buckligen Friseur Haschek, seinem Opfer, dem »Gene-
al«, der in Wirklichkeit nur ein entgleister Stabsarzt ist, und
dem »kleinen Soldaten«, seinem Sohn, dem Helden und

Erzähler des Ganzen, war ein kleines, frühes Meisterwerk, so reich an seelischen Beziehungen, an Symbol, an Leidenserfahrung, Komik und Jammer, an sittlicher Kühnheit der Aussage und an Kunst der Geheimnisbildung, daß die Erwartungen begreiflich waren, die die Öffentlichkeit seitdem an den Namen des jungen Pragers knüpfte. Es gehörte einiger guter Wille, und es gehören vor allem gute Nerven dazu, diese Erwartungen in dem Roman erfüllt zu sehen, den Ungar kürzlich folgen ließ. Er heißt ›Die Verstümmelten‹ und ist ein fürchterliches Buch, eine Sexualhölle, voll von Schmutz, Verbrechen und tiefster Melancholie, – eine monomanische Verirrung, wenn man will, jedenfalls aber die Verirrung eines innerlich reinen Künstlertums, von dem man hoffen darf, daß es zu einer minder einseitig-unfreien Anschauung und Gestaltung von Leben und Menschlichkeit heranreifen wird.

Näher zu Ungar als zu Ponten gehört Ernst Weiß. Ein Doppel-Roman hat ihn bekannt gemacht, dessen erster Teil ›Tiere in Ketten‹ und dessen zweiter ›Nahar‹ heißt, die Geschichte einer Dirne, die im zweiten Bande als Tigerin auf tropischer Insel wiedergeboren wird, – ein heftiges, funkelndes und in seiner Grellheit anmutiges Werk, das man auf die künstlerische Formel bringen könnte: Expressionismus, gemildert durch Österreichertum. Denn Weiß ist Wiener, und mit den Kraßheiten, Steilheiten, Zivilisationsfeindlichkeiten der Kunstschule, die man auf jenen vieldeutigen Namen getauft hat, verbindet er, wahrscheinlich wider Willen, die mürbe Geschmackskultur seines Heimatbodens, und das ergibt eine irisierende Schönheit, einen Opal- und Perlmutterglanz seiner Produkte, der für mich persönlich den größten Zauber besitzt. Hinzu kommt der metaphysische Reiz des Werkes, das auf geistreich-innige Weise mit dem Gedanken der Metempsychose spielt, jedoch ohne alle philosophische Verblasenheit, sondern aus einer – man möchte sagen: animalischen Sympathie, die dem Gedanken Puls und Wärme gibt. In dem Roman des Freudenmädchens Olga ist wirklich etwas von der Liebe Mahadöh's, der

verlorene Kinder mit feurigen Armen zum Himmel empor-
hebt; und das Leben der Tigerkreatur im dampfenden
Dschungel ist hinreißend erfüllt. Kurzum, wir haben in
Weiß einen bedeutenden Künstler, – wohl das stärkste Talent unserer neuesten Prosadichtung.

... Hat denn Amerika schon von der herrlichen deutschen
Ausgabe der Werke seines größten Sohns, Walt *Whitman's*,
gehört, die kürzlich erschienen ist? Auf jeden Fall muß ich
auch an dieser Stelle zu ihrem Preise die Stimme erheben
und sie ein Ereignis, eine Mittlertat ersten Ranges nennen.
Hans *Reisiger*, der Übersetzer, besaß als Novellist und Lyriker längst einen Namen reinsten Klanges. Hier hat er sein
Höchstes gegeben, und seine Leistung wird immer den
größten und rühmlichsten dieser Art beigezählt werden, die
für Deutschland geschahen. In zwei starken Bänden, deren
ersten er mit einer biographischen Einleitung versah, die ein
kleines Meisterwerk der Liebe ist, hat er das Lebenswerk –
und zwar auch das prosaische – Ihres großen, wilden und
milden Sängers vor uns aufgestellt in einer Übertragung, die
es uns zum nationalen Besitz macht, und nicht genug werden wir Deutschen ihm die jahrelange Hingabe und begeisterte Arbeit danken können, in der er diesen gewaltigen
Geist, dies strotzende und dabei tiefe neue Menschentum
uns nahegebracht hat, – uns, die wir alt und unreif sind
zugleich, und denen die Berührung mit dieser zukunfts-
mächtigen Humanität zum Segen gereichen kann, wenn wir
sie aufzunehmen wissen. Für denjenigen wenigstens, der
überzeugt ist, daß es für Deutschland keine brennendere
geistige Aufgabe gibt als den Begriff der Humanität, der zur
leeren Hülse, zur bloßen Schulphrase geworden war, neu zu
erfüllen, – für ihn ist dies Werk ein wahres Gottesgeschenk;
denn er sieht wohl, daß, was Whitman »Demokratie« nennt,
nichts anderes ist, als was klassizistisch-altmodischer »Humanität« heißt, – wie er auch sieht, daß es mit Goethe allein
denn doch nicht getan sein wird, sondern daß ein Schuß
Whitman dazugehört, um das Gefühl der neuen Humanität
zu gewinnen: zumal sie viel gemeinsam haben, die beiden

Väter, vor allem das Sinnliche, den »Calamus«, die Sympathie mit dem Organischen ...

Die Wahrheit zu sagen: es tut mir wohl, es beruhigt mein Gewissen, von Whitman zu reden, nachdem ich Sie von Produktionen unterhalten, die sich, all ihrer Qualitäten ungeachtet, über die Sphäre der Schönen Literatur am Ende nicht erheben, – während doch wir alle wohl nachgiebig gestimmt sind gegen ein die Zeit durchwaltendes Gefühl, daß nicht Kunst, nicht Kultur in einem irgend geschmäcklerischen oder selbst auch »innerweltlich asketischen« Sinn es sein mag, um was es heute geht, sondern Probleme der Koexistenz, Probleme also der politischen Sittlichkeit und der Menschenordnung. So will ich denn an den Schluß, den ich als Ehrenplatz betrachte, die begeisterte Anzeige einer Schrift setzen, die von den Dingen, welche dem Werk des großen amerikanischen Dichters seine überästhetische Bedeutung gaben, zwar nicht zu singen, aber aufs allerklügste und förderlichste zu reden weiß.

Spricht man in Deutschland von »Demokratie«, so pflegen die Unterredner nichts weiter als eine Staatsform, die Republik also, darunter zu verstehen und einem mit den Argumenten zu begegnen, die gegen diese Verfassung jederzeit bequem zur Hand sind, und die man selbst bis zum Überdrusse am Schnürchen hat. Aber damit ist nicht viel getan, die Widerlegung ist schwach, sie ist nur parteipolitisch, – während man doch nicht Parteipolitik treibt, wenn man den Fürsprech der Demokratie macht, sondern in bewußter Selbstkorrektur für gewisse geistige Notwendigkeiten sich einsetzt, denen Rechnung zu tragen der Deutsche um seiner inneren Gesundheit willen sich nicht wird sperren können. Worin sie bestehen, diese Notwendigkeiten; was also in Wahrheit Demokratie ist und welcher bedeutenden und keineswegs einfach verächtlichen Art die Widerstände sind, die das deutsche Wesen ihr historisch entgegensetzt, das ist mit vollendeter Klarheit ausgesprochen in der unscheinbaren Broschüre, deren Studium ich aller Welt empfehle.

Sie heißt: ›Naturrecht und Humanität in der Weltpolitik und

hat zum Verfasser Ernst *Troeltsch*, einen leider kürzlich verstorbenen Gelehrten, der, ausgegangen von der Theologie, in späteren Jahren auf kultur- und geschichtsphilosophischem Gebiet sich Verdienste erworben hat, und der an der Universität von Berlin dozierte. Diese Schrift ist eine posthume Veröffentlichung, – nichts als ein Vortrag, den Troeltsch kurz vor seinem Ende bei der Jahresfeier der Deutschen Hochschule für Politik gehalten. Sie begnügt sich nicht, den Unterschied des deutschen politisch-geschichtlich-moralischen Denkens gegenüber dem westeuropäisch-amerikanischen, – kurz gefaßt also den Gegensatz zwischen der Ideenwelt der deutsch-romantischen Gegenrevolution und der älteren, bürgerlich-konservativ-revolutionären des Naturrechts, der Humanität und des »Fortschritts« mit bewunderungswürdiger Präzision aufzuzeigen. Sie hält sich nicht im analytischen Kontemplativen, sie wird von einem gewissen Punkte an zur pädagogischen Forderung. Mit überzeugender Wärme beweist und propagiert sie das historische Erfordernis einer Wiederannäherung des deutschen Gedankens an den mit bestimmten religiösen und ideologischen Elementen unseres Kulturkreises unlöslich verbundenen westeuropäischen, unter Vorbehalt aller an der Verrottung und dem heuchlerischen Mißbrauch der antik-christlichen Humanitätsidee zu übenden Kritik, – beweist, sage ich, und propagiert die vollkommene Möglichkeit, diese zeit- und weltnotwendige Wiederannäherung ohne jede grundsätzliche Verleugnung unserer geistigen Eigenart zu vollziehen ... Ich kann den großen Gedankengang der Schrift nicht auf zwei Worte bringen. Was aber hier von einem gelehrten Denker mit stärkender Bestimmtheit ausgesprochen wurde, das war gefühlsweise, als dunkle Gewissensregung, seit Jahr und Tag in manchem Deutschen lebendig gewesen – in solchen vielleicht sogar, die im Zauberberge des romantischen Ästhetizismus recht lange und gründlich geweilt – und hatte zu Bekenntnissen geführt, die von einer Zukunftslosigkeit, die sich treu dünkt, als Zeugnisse des

Überläufertums und der Gesinnungslumperei übel begrüßt worden waren ...

Wir werden uns durch eine düstere Sentimentalität, die Selbstzucht mit Selbstaufgabe verwechselt, in unserem besseren Wissen um Forderungen des Lebens nicht irre machen lassen. Die Weltbürgerlichkeits- und Vereinigungsgedanken der naturrechtlich bestimmten europäischen Humanität, Gedanken, geboren ganz aus jener schon stoisch-mittelalterlichen Verbindung von Recht, Moral und Wohlfahrt, die wir als utilitaristische Aufklärung so tief – und mit ursprünglich unzweifelhaft großem revolutionären Recht so tief zu verachten gelernt haben, – diese Menschheitsgedanken, kompromittiert und mißbraucht in aller Erfahrung, verhöhnt und vorgeschützt von den Machthabern der Wirklichkeit, – sie bergen dennoch einen unverlierbaren Kern regulativer Wahrheit, praktischer Vernunftsforderung, dessen grundsätzlicher Verleugnung kein Volk – und sei es aus den anfänglich geistigsten Gründen – sich schuldig machen kann, ohne an seinem Menschentum nicht nur gesellschaftlich, sondern tief innerlich Schaden zu nehmen. Das ist erwiesen. Wir sollen das arge Zuckerbrot, das jeder Erfahrungstag unserem historischen Pessimismus anbietet, nicht gierig schlingen, weil unser romantischer Instinkt heimlich an diesem Pessimismus hängt und ihn nicht lassen will. Wir sollen angesichts der Korruption des Gedankens den reinen Gedanken hüten, – denn sogar deutscher werden wir uns damit erweisen als durch den verbissen rückwärts gewandten Kult von Ideen, deren schließlich nicht minder totale Entartung uns in ein Unglück gestürzt hat, das würdelos wäre, wenn es uns nicht zu bilden vermöchte.

München, September 1923

[Fünfter Brief]

Wenn ich der Kundgebung meines Vorsatzes, von zwei bizarren Theaterabenden, die hinter mir liegen, zu berichten, den Namen Ernst *Barlach* folgen lasse, so muß ich wohl auf ein höflich verwundertes Steigen der Augenbrauen gefaßt sein. Gewiß nicht, weil dieser Name in der Welt draußen ganz unbekannt wäre, – man kennt ihn sicher, und man verbindet damit die Vorstellung gewisser plastischer Kunstwerke – plastisch in der Tat in einem sehr reinen und echten Sinn dieses Wortes –, maserig-breitflächiger Holzskulpturen von großer Ausdruckskraft, russisch-christlich beeinflußt in ihrer Menschlichkeit, ihrer Leidens- und Bettlergebärde und unverwechselbar in ihrer Formensprache. Ein genialischer Bildhauer also, wir wissen. Es sollte jedoch von theatralischen Dingen die Rede sein? – Er hat sich also auf dem Gebiete der Ausstattung versucht? – Nein, weitergehend, auf dem des Dramas – und mit dem größten Glück, so möchte man hinzufügen, wenn man zu sagen wüßte, *bei wem* er mit dieser Eskapade Glück gemacht hat: beim Publikum jedenfalls nicht. Soweit es noch vorhanden war bei der Aufführung seines Stückes, die ich sah – es war die zweite –, legte es durch seine Mienen, sein vielsagendes Schweigen Gefühle an den Tag, die sich bei Wagner einmal in den Stabreim gekleidet finden: »Staunend versteh' ich dich nicht!« Oder bei den Fachleuten, den Literaten, den Berufsdramatikern? Ich zweifele. Gar zu unkollegialisch sondert sich dieser Outsider mit seinem Stück von ihnen ab, – es steht tatsächlich außer aller Literatur, etwas Wildbürtiges, schwerfällig Urwüchsiges und Unzünftiges, etwas Unmodisches, ja Unzivilisiertes haftet ihm an, es ist ein Werk sui generis, ausgefallen und unmöglich, grundkühn und grundsonderbar – das Stärkste und Eigentümlichste, meiner unmaßgeblichen Meinung nach, was das jüngste Drama in Deutschland hervorgebracht hat.

Ich bereite mir Ungelegenheiten. Die Verpflichtung, durch eine Analyse dieses unnormalen Produktes die Neugier zu befriedigen, die ich mit vorstehender Charakteristik erregt haben mag, bedrückt mich sehr. Dieser Verpflichtung nachzukommen, ist so gut wie unmöglich. Man kann den Gefühlen symbolischer Ergriffenheit Ausdruck geben, die dies merkwürdige Sprach- und Phantasiegebilde in seiner golemhaften, erdenschwer tappenden und blinden Undeutlichkeit erregt, aber man kann es nicht analysieren. Man kann seinen Titel nennen. Es heißt ›Der tote Tag‹, – heißt so, weil darin ein Tag dämmert, der »tot zwischen Himmel und Erde hängt« und an dem »die Sonne finster zur Seite schaut«, weil eine Freveltat geschah, ein ungeheures Unrecht, das Leibesverbrechen der Mutter, die ihrem Jungen, welcher halb Göttersohn, halb Muttersöhnchen ist, das vom Geist-Vater gesandte Roß tötet, damit es ihn nicht in die Zukunft trage und sie nicht zur Vergangenheit werde und zu einer leeren Wiege, die man zum Gerümpel wirft … Fange ich an, mich mit meinem allzu verständigen Wort an dem schweren Geraun der Dichtung zu versuchen? Ich fahre nicht fort. Auch das wäre Frevel und Tötung. Ich deutete an, daß die Figuren des Stückes mythisch sind. Es sind die Mutter und der Sohn. Es sind ferner Gnomen und dienstbare Geister, ein unsichtbarer Knecht mit dem unflätigen Namen Steißbart, von dem man nur die Stimme hört und der wahrscheinlich ein in der Enge verkümmerter Bruder des Göttersohnes ist, – und ein Hausgeist namens Besenbein, der Besen statt der Füße hat und nachts durchs Haus schlurft, um es zu reinigen; der auch die Hufe des ermordeten Rosses stiehlt, um statt des Sohnes darauf davonzusprengen … Es sind ferner ein Alb, der zu seiner eigenen Qual die Menschen im Schlafe würgt, und ein noch bedeutungsvoller alter Mann, der Kule heißt, ein Blinder am Stabe, dessen Augen blind wurden von den Bildern der Welt, in dessen Nacht aber zuweilen »die schönen Gestalten der besseren Zukunft stehen, noch starr, aber von herrlicher Schönheit, noch schlafend, – aber wer sie erweckte, der schüfe der Welt ein besseres Gesicht. Das wäre ein Held, der das könnte.« Er trägt einen seufzenden Steinbrocken im Sacke mit sich, und er ist es, der in einem bestimmten Augenblick das fromme und tapfere Wort spricht: »Wer sich noch mit anderer Leid dazu belädt, der ist erst der wahre Mann.«

Der Schauplatz der Handlung? Ein bäuerlicher, schwerbalkiger Küchenflur mit dunklen Bodenräumen und einem Keller darunter, in den das gemordete Roß versenkt wird, die mütterliche Liebesschuld, die macht, daß der Tag trüb und faul ist, nicht rückt und trägt, wie ein Roß vom Morgen zum Abend, sondern einem toten Rosse gleicht, das mit uns stürzte, und wir liegen unter ihm und wollen ersticken ... Die Beängstigungen der frühern Spiele Maeterlincks sind spielerisch im Vergleich mit der unraffinierten und volksliedhaften Macht, mit der dies dunkle Stück unseren Sinn in Traumfesseln schlägt. Bei einigen seiner demütigen und spirituellen Spruchsätze wäre man versucht, an Claudel zu denken, schämte man sich nicht angesichts seiner Einsamkeit jeder literarischen Reminiszenz. Wenn eine sprachliche Beeinflussung zu erspüren ist, so möchte sie vom ›Zarathustra‹ herrühren, – obgleich Barlachs Diktion weit deutscher, volksmärchenhaft knorriger und einfältiger ist als die orientalisierende Pathetik, Antithetik und witzelnde Gedankenreimerei jenes Vorbildes. Man erhält eine Vorstellung von seinem Sprachstil – und zugleich von seiner heroischen Verachtung alles geistigen Idylls –, wenn man die Aufforderung liest, die der beraubte »Sohn« an seinen Gnomenbruder Steißbart richtet: »Sei munter dagegen, laß uns deiner Rede Böcklein tanzen. Rupf dir das grüne Blättlein Schnurrigkeit und laß dabei deines Geschmäckleins Lustmeckern klingen. «

Die Münchner Kammerspiele hatten den schönen Mut, dies Trauerspiel vom Menschen, dem heldischen Geist-Sohn, der ewig ein Muttersöhnchen der eifersüchtig klammernden Erde bleiben wird, auf die Bühne zu bringen. Die Aufführung war vorzüglich. Sie konnte ein- oder zweimal wiederholt werden; dann blieb das Publikum aus. Das ist begreiflich, denn die stundenlange Konzentration auf das Raunend-Halbdeutliche ist keine jedermann genehme Abendunterhaltung. Aber es gibt zu grübeln über das Verhältnis von hoher Dichtung und Popularität. Falsch zu sagen, daß Barlachs Stück nicht bühnenfähig wäre. Es hat kraftvoll typisierte Gestalten, packende Situationen, eine kernige, durchaus dramatische Sprache. Falsch zu sagen, daß es bei aller Sonderbarkeit eigentlich befremdete. Es ist im

Innersten deutsch und heimlich, wie ein Lied aus ›Des Knaben Wunderhorn‹, märchenvertraut in seinen Motiven dem nationalen Sinn, – es ist tief volkstümlich. Aber es ist nicht populär, – denn diese Eigenschaft ist offenbar von jener ganz unabhängig und trifft in unserer Sphäre kaum je mit ihr zusammen. Volkstümlich im höchsten Sinn, – und zwar ohne jede romantisch-bourgeoise Velleität, wie sie etwa der Volkstümlichkeit von Wagners ›Ring‹ anhaftet – ist der erste Teil des ›Faust‹, aber dies Stück populär zu nennen wäre gewagt, und jedenfalls ist es das bei weitem nicht in dem Grade wie etwa der ›Wilhelm Tell‹ jenes Schiller, auf den der Begriff der Volkstümlichkeit durchaus nicht paßt, den Fontane einmal einen »Halbfremden« nannte, und dessen Theater wirklich mit dem französischen Grand siècle mehr als mit deutschen Dingen zu schaffen hat. Ist Kultur möglich in Ländern oder in Zeiten, wo das Volkstümliche keine Popularitätsmöglichkeit besitzt? Und warum besitzt es keine? Weil es kein Volk mehr gibt, sondern nur noch Pöbel und Publikum? Aber wie sollte das Volk aufgehört haben zu sein, da es ja dichtet! Denn ich müßte ganz und gar irren, wenn Barlachs Drama nicht wahre Volksdichtung wäre, tief wurzelnd im Heimlichen und hoch rauschend mit seinen Wipfeln im Geistigen – ein Mutterkind, welches, wie es schließlich im Texte heißt, »sein bestes Blut von einem unsichtbaren Vater hat«.

Ich komme zum zweiten meiner theatralischen Abenteuer. Es verdiente immerhin diesen Namen, obgleich seine Sonderbarkeit mir stark intellektuelles Gepräge zu tragen schien, den Stempel des Literatur-Experimentes, der es gar sehr von der unschuldigen Abseitigkeit des vorigen Produktes unterscheidet. Es handelt sich um eine Arbeit des jungen Bert *Brecht*, von dem in meinen Briefen schon die Rede war, eines glückhaft früh arrivierten Bühnendichters der expressionistischen oder eigentlich wohl nach-expressionistisch neonaturalistischen Schule, welcher, ein starkes, aber einigermaßen nachlässiges Talent, in Deutschland sehr verwöhnt wird, und mit dem auch das

Ausland sich zu beschäftigen beginnt: Björn Björnson spielt gegenwärtig sein Drama ›Trommeln in der Nacht‹ in Christiania.

Sein neues Werk heißt ›Leben Eduards des Zweiten von England‹ und ist eine Bearbeitung des gleichnamigen Stükkes von Marlowe, welche die kompositionelle Zwanglosigkeit des Originales, die Form oder Un-Form der szenischen Historie, wahrt und seine Sprache in ein heftig akzentuiertes und grell gefärbtes Deutsch von freiem Verstakt überträgt. Diese Sprache, Literarhistorie mit dem Rouge letzter Modernität auf den Backen, von einer skurrilen Unwirklichkeit und Übersetztheit, die Stil wird, klingt zuweilen wie eine Travestie des Tieck-Schlegel'schen Shakespeare, ohne daß ihr dichterische und dramatische Verdienste, eine jähe Ausdruckskraft bei Gelegenheit, abzustreiten wären. Die Königin Anna läßt sich auf dem Schlachtfelde von Killingworth monologisch folgendermaßen verlauten:

Weil Eduard von England, Bitt und dringlichen Anspruch
Nicht hörend, mich verstoßen zu Mortimer Kaltherz,
Will ich anlegen mein Wittfrauenkleid.
Denn viermal ließ ich mir mein Haar bespein durch ihn,
So daß ich lieber als so, kahlköpfig stünd
Unter dem Himmel …

Das ist eine Probe, und so reden diese Leute sämtlich und alle Tage. Daß aber der König der Königin das Haar bespeit, geschieht, weil er mit jener Art Liebe, die er seiner Gemahlin schuldete, den Danyell Gaveston liebt, seinen Günstling, »diesen Gaveston«, »die Hure Gaveston«, wie ihn beständig die Gegner einer Verirrung nennen, deren für das Land verhängnisvolle Folgen den Inhalt der Historie bilden. Ich brauche mich über diesen Inhalt nicht zu verbreiten, er ist allgemein und peinlich bekannt. Ich begnüge mich, festzustellen, daß dieses Stück, dessen wiederum die ›Kammerspiele‹ sich annahmen, weit stärkeren Zulauf hatte als Barlachs Poem, – und das, obgleich die Aufführung zu den unangenehmsten Visionen gehörte, die mir zeit meines Lebens untergekommen sind. Brecht selbst hatte sein Werk in Szene gesetzt: Er ist ein passionierter Spielleiter, und das ›Deutsche Theater‹ in Berlin hat ihn in dieser Eigenschaft in Pflicht genommen. Bei der Verkörperung der Eduard-Geschichte war er vor allem darauf bedacht gewesen, allen fürstlichen Prunk zu verpönen und jede historische Augenweide mit asketischer Bosheit hintanzuhalten. Geflissentliche Bettelhaftigkeit, demonstrativ proletarische Lumpigkeit mit einem Einschlag expressionistischer Zeichengebung beherrschten die Szene. Ein Kerl in einer Art von schmierigem Malerkittel trat jeweils vor den Vorhang, um den Ansager zu machen und mit Leichenbittermiene zu verkünden: »14. Dezember 1307, Rückkehr des Günstlings Danyell Gaveston anläßlich der Thronbesteigung Eduards des Zweiten. London.« – »Mißwirtschaft unter der Regierung König Eduards in den Jahren 1307 bis 1312. London.« Das Stadtbild der britischen Kapitale war armseligstes Vorstadttheater, ein verworfenes Whitechapel, das Throngestühl, auf dem Eduard mit seinen »beiden Frauen« Platz nahm, das Letzte an schmierenhaftem Notbehelf. Die Rolle des Favoriten, den man sich doch wohl als einen gewinnenden, wenn auch frechen und sittenlosen Burschen vorzustellen hat, war, offenbar wiederum aus reiner Bosheit, mit einem Schauspieler besetzt, dessen persönliche Langweiligkeit die ungesunde Passion des Königs jedem menschlichen Verständnis, auch dem gutwilligsten, sperrte. Und als der liebe »Gav« bereits mit Ehren und Würden überschüttet, Lord Erzkämmerer, Staatskanzler, Earl von Cornwall, Peer von Man war, trug er immer noch den ebenso abscheulichen wie unhistorischen Sakko-Anzug, in dem er aus Irland zurückgekehrt war. Er brauchte sich vor seinen Todfeinden, den »üppigen Peers«, nicht zu schämen, denn sie waren erfolgreich bemüht, durch ihre Erscheinung die Ausdrucksweise ihres Gegenparteigängers zu rechtfertigen, der sie »Rowdies« und »Strolche« nennt. Alle waren gelb und grün im Gesicht, und das waren auch die tapferen Truppen, welche die Schlacht bei Killingworth ausfochten, und die aussahen wie entseelte Feuerwehrleute.

Kurzum, die Aufführung vermittelte eigentümliche Eindrücke, sie kennzeichnete sich als eine Art von dramatischem »Proletkult«, – sehr lehrreich für Fremde, die sich über deutsche Experimente in der Richtung eines antibürgerlichen Theaters zu unterrichten wünschen. Ich sage nicht, daß sie der schauspielerischen Verdienste entbehrte. Herr Erwin Faber, der eigentlich dem Verbande des Bayerischen Nationaltheaters angehört, und der als Gast den König gab, ist ein starkes, modernes Ausdruckstalent. Neben ihm fiel ein junger Darsteller, Schweikart mit Namen, in der kleinen Rolle des Baldock auf, eines einfältigen Knechtes Eduards, der, um das eigene Leben zu retten, den geliebten Herrn seinen Feinden verrät, indem er ihm ein Handtuch reicht. Die Judasqual dieses armen Jungen, mit schlichter und eindringlicher Künstlerschaft vermittelt, war der menschliche Gewinn des Abends.   München, April 24.

[Sechster Brief]

Ich bedaure, dem ›Dial‹ Grund gegeben zu haben, sich über die Saumseligkeit seines deutschen Mitarbeiters zu beklagen. Seit ich zuletzt die Ehre hatte, von unseren höheren Angelegenheiten zu berichten, sind mehr Monate verflossen, als im Interesse der Diskretion und einer würdevollen Zurückhaltung unbedingt erforderlich gewesen wäre. Ich bitte um Entschuldigung: Es gab zuviel Arbeit zu Hause, und auch auf Reisen befand Ihr Korrespondent sich mehr, als der Entstehung wohlgesetzter Artikel dienlich ist, – teils zu seinem Vergnügen und zu seiner Belehrung, teils aber im Dienste der Repräsentation und der guten, wichtigen Sache allgemeinen europäischen Kontaktes und Austausches, zum Beispiel in Florenz, in Wien …

Von Florenz nur soviel, daß es dort eine »Internationale Kulturwoche« gab, die wesentlich als eine von Italien, England, Frankreich und Deutschland beschickte, in verschiede-

nen nationalen Pavillons angeordnete Ausstellung schöner
Bücher in Erscheinung trat. Ein edler Wettstreit, der der
kunstgewerblichen Verherrlichung des hohen geistigen
Werkes fiktiven oder betrachtenden Charakters gilt! Ich darf
melden, daß mein Land auf ehrenvolle Weise dabei seinen
Mann gestanden hat. Alle bedeutenden Verlagsanstalten des
Reiches hatten sich beeifert, ihr Bestes und Kostbarstes
vorzuweisen, mit Luxusdrucken und gepflegten Gesamtausgaben zu glänzen, und wirklich boten sich in unserer
Abteilung so viele Beispiele gediegenen Geschmackes, der,
weniger konservativ als der französische und englische,
doch weit entfernt bleibt, das Exzentrische zu streifen, daß
sich bei den anderen Nationen die Neigung zeigte, dem
deutschen Buchgewerbe die Palme zu reichen. Auch mit
Vorträgen war die Ausstellung verbunden, und sie fanden
nicht nur die Aufmerksamkeit der verschiedenen nationalen
Kolonien, sondern erfreulicher Weise auch diejenige des
italienischen Publikums. Ihr Korrespondent hatte dabei mit
einer wissenschaftlichen Koryphäe ersten Ranges und einem
Redner hoher Gnade, dem berühmten Altphilologen und
Übersetzer antiker Tragiken, Exzellenz von Wilamowitz-
Moellendorff, in ehrenvolle Konkurrenz zu treten.
Um auf Wien zu kommen, so war ich dort Gast des PEN-
Clubs, wie vor einem Jahr in London. Sie haben von diesem
Club gehört? Er ist eine englische Gründung und den
vernünftigsten Absichten entsprungen, denn er vereinigt
Männer und Frauen, die es mit unserem armen, alten,
romantisch-unvernünftigen Erdteil redlich meinen und dar-
auf bedacht sind, wenigstens in geistiger Sphäre gute inter-
nationale Kameradschaft zu halten. Seine Mitglieder sind
»Publishers, Editors and Novellists«, drei Wörter, deren
Anfangsbuchstaben amüsanter Weise das Wort »pen« ergeben. Der Club hat heute außer in London Organisationen in
Paris, Brüssel, Wien und Berlin, und ich meine, er sollte
nach Amerika übergreifen. Er könnte ein Mittel werden,
wohl gar auf persönlichem Wege mehr von einander zu
erfahren, einander besser kennenzulernen, denn in der Tat

wissen wir in Deutschland nicht allzuviel vom zeitgenössischen amerikanischen Geistesleben, und wenn nicht der ›Dial‹ wäre, so wüßten wir noch weniger. In London steht an der Spitze der Vereinigung John Galsworthy; in Wien präsidiert Arthur Schnitzler, ein Name, so wohl bekannt jenseits des Ozeans. Ich hatte die Freude, an der Seite dieses liebenswürdigen Mannes und außerordentlichen Künstlers zu Tische zu sitzen, während gleichzeitig mein Bruder Heinrich das deutsche Element auf dem internationalen Kongreß des Clubs in Paris vertrat ...

Hiervon ist mehr zu erzählen. Tatsächlich hatten im Schoße der Berliner Organisation Zweifel bestanden, ob die nationale Rücksicht es erlaube, Delegierte nach Paris zu entsenden. Eine Opposition war am Werk gewesen, zu deren Überwindung nach Kräften beigetragen zu haben, Ihr Korrespondent sich rühmen darf. Die Wirkung war die glücklichste. Nicht nur, daß die Ansprache Heinrich Manns, die der Schüler Stendhals und Zola's auf Französisch zu halten Courtoisie genug besaß, mit demonstrativem Beifall aufgenommen wurde, sondern es wurde auch als nächste Kongreßstadt *Berlin* mit großer Stimmenmehrheit erwählt, obgleich die Belgier für Brüssel plädiert hatten. Das ist eine freundliche Quittung, und es ist zu erwarten, daß der französische Redner in unserer Hauptstadt deutsch zu reden sich bemühen wird.

Arthur Schnitzler und Heinrich Mann stehen augenblicklich kraft bedeutender neuer Werke wieder im Vordergrund des literarischen Interesses. Ich möchte annehmen, daß die englisch-amerikanische Übersetzung von ›Fräulein Else‹ schon in Arbeit ist. Wenn nicht, so sollte schleunig damit begonnen werden; es ist kein Zweifel, daß die Geschichte drüben so stark unterhalten und ergreifen wird, wie sie es hier getan. Dieser Sechziger beschämt durch packende Konzentriertheit eine ganze Generation, deren affichierter Ehrgeiz sich in dieser Richtung bewegt. Sein neues Werk umfaßt wenig mehr als hundert Seiten und ist eine Art Monodram, das unter virtuoser Verzichtleistung auf alle eigentlich erzählerischen Mittel nichts als die inneren Erlebnisse eines jungen Mädchens gibt, welches, durch den Konflikt ihrer Reinheit mit einer sittenlos begehrlichen Umwelt in höchste Seelennot gerissen, einen schweren psychischen Schock erleidet und sich mit Veronal tötet. Der äußere Schauplatz ist ein mondäner Höhenkurort, und alles Objektive, ein ganzes Gesellschaftsgemälde, spiegelt sich nur in dem fortlaufenden inneren Monolog der Heldin, bei dessen Führung Schnitzler beweist, daß er dramatischer ist, wenn er Novellen schreibt, als andere, wenn sie es mit dem Drama aufnehmen. ›Fräulein Else‹ ist einer der größten Bucherfolge der letzten Jahre.

Der neue Roman von Heinrich Mann, betitelt ›Der Kopf‹, eröffnet, im Gegensatz zu der moralischen Intimität der Schnitzler'schen Gabe, einen weiten historisch-politischen Horizont. Er ist die Arbeit vieler Jahre, ein figuren- und schicksalreiches Werk, dabei der dritte Teil nur, wenn auch ein durchaus geschlossener und selbständiger Teil, einer epischen Trilogie, die den Generaltitel ›Das Kaiserreich. Die Romane der deutschen Gesellschaft im Zeitalter Wilhelms II.‹ führt, und deren andere beiden Stücke der weltberühmte ›Untertan‹ (Roman des Bürgertums) und ›Die Armen‹ (Roman des Proletariats) bilden. Dies nun ist der Roman der *Führer*, und ich urteile vollkommen objektiv, wenn ich sage, daß er nicht nur der überragende Höhepunkt dieser gesellschaftskritischen Serie, in Wahrheit eine mächtige künstlerische Steigerung innerhalb ihrer bedeutet, sondern zu den absolut schönsten und stärksten Leistungen dieses glänzenden, im höchsten Sinne sensationellsten Schriftstellers gehört: er rangiert für mich mit seinen Meisterstücken, der ›Kleinen Stadt‹ und dem ›Professor Unrat‹.

Von allen deutschen Dichtern ist Heinrich Mann der sozialste, der Mann eines gesellschaftlich-politischen Impulses, wie er in westeuropäischer und zumal lateinischer Sphäre nichts Ungewöhnliches, bei uns aber etwas Unerhörtes ist, – wenn auch dank schwerer Schicksalszüchtigungen, die über uns gekommen, etwas sehr Zeitgemäßes. Es sind metaphysische, moralische, pädagogische, kurz innermenschliche Motive und Interessen, die uns anderen am Herzen liegen: der Erziehungs-, der Entwicklungs- und Bekenntnisroman war immer die spezifisch deutsche Spielart dieser literarischen Kunstgattung. Bei diesem Autor fast allein, und verbunden mit soviel künstlerischem Glanz nur bei ihm, trug das moralische Element von Anbeginn nicht das Gepräge »innerweltlicher Askese«, um mich eines religionsphilosophischen Terminus zu bedienen, sondern dasjenige der politisch-sozialkritischen Ausdehnung. Er ist es, der, als wir noch im Glanze lebten, an der ideellen Stagnation unseres Staatslebens am tiefsten gelitten und unsere Führer in literarischen Manifesten, deren fulminante Ungerechtigkeit dennoch einem höheren Rechte entsprang, vor das Forum des Geistes gezogen hat. Er hat den Zusammenbruch des kaiserlichen Deutschland am Ende seines wütend karikaturistischen Romanes vom deutschen ›Untertan‹ symbolisch prophezeit. Und er erzählt nun, in freier künstlerischer Gestaltung, die Geschichte dieses Unterganges, erzählt sie in einer Prosadichtung, die nicht mehr und nicht weniger vorstellt als ein deutsches Gegenstück zu ›La débâcle‹.

Es ist das Buch eines Vierundfünfzigjährigen, Gereiften, Gemilderten, das, weit entfernt von der rasenden Satire seiner Vorgänger, gerechter nach allen Seiten und menschlich durchwärmt ist, – wie denn die besondere dichterische Gabe dieses Schriftstellers darin besteht, das Poetisch-Menschliche aus dem Gesellschaftlichen so erwachsen zu lassen, daß jenes von diesem erhoben und bedeutend gemacht, dieses aber von jenem beseelt und poetisiert wird. Es ist großartig, wie hier das individuelle Schicksal in die Tragödie der Zeit hineinwächst, und wie, zugleich mit der Entfaltung des Romans aus provinzieller Intimität ins Europäische seine künstlerische Instrumentierung, sein Pathos sich steigert. Ich bedaure, daß der Raum mir nicht gestattet, eine wirkliche Analyse und Beschreibung des außerordentlichen Buches zu geben, aber es wäre wahrhaft zu wünschen, daß die Teilnahme daran sich nicht auf das Land seiner Entstehung beschränkte. Das dichterisch Schönste darin ist die Geschichte der Freundschaft zweier Männer, deren sich überkreuzende Schicksale getränkt sind mit der Melancholie des Widerstreits von Idee und menschlicher Unzulänglichkeit. Wilhelm dem Zweiten selbst sind ein paar glänzende Szenen gegeben, in denen die Hysterie und gefährliche Halbgenialität des pompösen und beklagenswerten Repräsentanten vollkommen gekennzeichnet sind. Sie spielen sich ab in dem Hause des Fürsten Lanas, einer Figur, die, gestaltet in freier Anlehnung an die Erscheinung des Fürsten von Bülow, kraft ihrer Klugheit und Geistnähe, kraft einer zugeständnisvollen Schmiegsamkeit aber auch, die letzten Endes unfähig bleibt, dem Bösen wahrhaft zu begegnen, zur bedeutendsten des Buches erwachsen ist.

Der Roman – wie man nun prinzipiell über ästhetische Rangordnungen denken möge – ist diejenige literarische Kunstform, in der das plastische und das kritische, das dichterische und das schriftstellerische, das »naive« und das »sentimentalische« Element einander am leichtesten und glücklichsten durchdringen. Kein Wunder, daß in dieser aufgewühlten und geistig bedürftigen Zeit die Prosaepopöe zur eigentlich modernen, zur herrschenden Dichtungsform geworden ist, – selbst in Deutschland, wo aus theoretischen Gründen und dank der praktischen Propaganda, die ein paar feierlich-sieghafte theatralische Genien, Schiller und Wagner, für das Drama gemacht haben, bis vor kurzem dieses als die Krone der Dichtkunst galt. Die gesellschaftlichen, moralischen, allgemein geistigen Erschütterungen, denen wir ausgesetzt waren, haben bewirkt, daß heute bei uns ein Romandichter im öffentlichen Interesse eine Stellung einnehmen kann, wie sie bis vor kurzem nur dem Dramatiker vorbehalten war. Als ich vor dem Kriege, im ›Tod in Venedig‹, solche nationale Größe eines Prosaisten antizipierend beschrieb, bedeutete man mir, das sei unglaubwürdig; nie könne der Romanschreiber, »der Halbbruder des Dichters«, wie Schiller sagt, in Deutschland eines solchen Ehrenstandes teilhaftig werden wie dieser Gustav von Aschenbach. Heute

ist diese Möglichkeit vollkommen vorhanden, als Begleiter-
scheinung faktischer, wenn auch nicht gewünschter und
nicht anerkannter Demokratie. Der Roman dominiert, – zumal denn auch die Produktion auf diesem Gebiet die dramatische an Bedeutung ganz einfach übertrifft. Einem Roman
wie dem ›Kopf‹ – und ich wage es sachlich, sein brüderliches
Gegenstück, den ›Zauberberg‹ mitzunennen –, den großen
Büchern Alfred Döblins ferner, von denen hier noch nicht
geredet zu haben ich mir zum Vorwurf machen muß, ist kein
gleichzeitiges theatralisches Produkt seiner Konzeption und
Wirkung nach an die Seite zu stellen.
Die Verleger sind weit entfernt, die Konjunktur zu verkennen. Sie greifen in die Vergangenheit zurück, um dem
Zeitbedürfnis vollauf gerecht zu werden, den Triumph des
Epos zu vervollständigen. Die gesammelten Werke Balzacs,
in mehreren Übersetzungen, erleben eine Auflage nach der
anderen. Jetzt ist eine Bücherreihe im Erscheinen begriffen,
auf die ich namentlich zu sprechen kommen wollte: betitelt
›Epikon, eine Sammlung klassischer Romane‹, bestehend aus
dreißig Werken der Weltliteratur, ein wahres episches Pantheon also, worin der Verleger, Paul List in Leipzig, »alles
zusammenfassen will, was die Romanliteratur des letzten
Jahrhunderts an Großem und Bleibendem aus dem Erleben
der Menschheit geschaffen hat«. Die Auswahl, getroffen
von einem jungen österreichischen Dichter namens
E. A. Rheinhardt, ist vortrefflich. Von deutschen Autoren
sind Immermann, Jean Paul, Goethe, Keller und Stifter vertreten, von Engländern Meredith, Dickens, Thackeray, Fiel-
ding, Defoe, von Franzosen Stendhal, Balzac, Flaubert und
Hugo, von Russen Turgenjew, Tolstoi, Gogol, Gontscha-
row, von Italienern Manzoni und Fogazzaro, und es fehlen
weder der ›Don Quijote‹ noch ›Nils Lyhne‹ noch etwa der
unsterbliche ›Ulenspiegel‹ des de Coster. Die Übersetzer
sind sorgfältig gewählt, ihre Leistungen außerordentlich.
Schriftsteller vom Range eines Gerhart Hauptmann, Hermann Hesse, Hugo von Hofmannsthal, Rudolf Kaßner,
eines Grafen Hermann Keyserling, Heinrich Mann, Rudolf

Borchardt und Jakob Wassermann haben sich in den Dienst der Sache gestellt, indem sie die einzelnen Werke mit Vor- oder Nachworten versehen. Ihrem Korrespondenten selbst wurde der beklemmende, aber herrliche Auftrag zuteil, die ›Wahlverwandtschaften‹ Goethe's einzuleiten, und er berichtet davon aus persönlichem Vergnügen, das aber des überpersönlichen Rechtes nicht entbehrt. Man darf diese Sammlung auch dem Auslande rühmen. Sie ist ein schönes Denkmal weltliterarischer Umsicht nach Goethe's Herzen. Ihre Ausstattung ist einfach und nobel; sie besteht in flexiblen Leinen-Einbänden, die das Ergebnis eines besonderen Preisausschreibens sind, in einer schönen Antiqua-Schrift und einem undurchschlägigen Dünndruckpapier, das es möglich macht, Werke von tausend und noch mehr Seiten in einen handlichen Band zusammenzudrängen.

In aller Kürze will ich zum Schlusse noch Nachricht geben von einer so kuriosen wie eindrucksvollen Publikation, die etwas für Amerikaner sein dürfte. Seit einigen Tagen hüte ich einen Hort: Es ist die wirkliche und wahre Handschrift der Orchester-Partitur von Wagners ›Tristan und Isolde‹. Man hat sie mir zum Geburtstag geschenkt; alltäglich halte ich meine Andacht davor. Ich will nicht sagen, daß es die eigentliche und einzige Original-Partitur dieser hochentwickelten Oper ist, – die liegt in Bayreuth. Aber es ist, im allerprächtigsten Einband und hergestellt mit den Mitteln der raffiniertesten Technik, ein so vollkommenes Faksimile von Wagners minutiös-kolossalischem Manuskript, daß es keiner Phantasie bedarf, um die Einmaligkeit und Originalität zwanglos auf sich beruhen zu lassen und sich im verwirrenden Besitz von etwas Heiligem zu fühlen. Diese weitläufigen Massen reinlicher Runen bedeuten und bezeichnen ein Letztes, Höchstes und Geliebtestes, wovon Nietzsche für uns alle Abschied ohne Ende genommen hat, einen Abschied bis in den Tod: eine Welt, die allzusehr zu lieben, uns heutigen Deutschen von Gewissens wegen verboten ist. Es ist der Gipfel und die Erfüllung der Romantik, ihre äußerste künstlerische Expansion, der Imperialismus welterobernder

Todestrunkenheit, – nicht zuträglich der europäischen Seele, welche dem Leben und der Vernunft zu retten ein hartes Stück Arbeit und eine Sache jener Selbstüberwindung ist, die Nietzsche heroisch-beispielhaft bewährte. Nie klaffte, für denjenigen wenigstens, der noch geboren ist, jene Welt zu lieben (denn die Jugend weiß kaum noch etwas davon), der Gegensatz ästhetischen Zaubers und ethischer Verantwortung tiefer als heute. Erkennen wir ihn als Ursprung der Ironie! Unsere Lebensfreundschaft ist es, die sich ironisch gegen die Faszination des Todes wehrt; aber unentschieden bleibt uns künstlerischer Weise, ob nicht jene Ironie, die sich gegen das Leben, die Tugend wendet und die Reize verbotener Liebe zu schätzen weiß, die tiefere, ja die religiösere ist. In diesem Sinne geschieht es, daß wir die Simili-Original-Partitur des ›Tristan‹ feierlich zu schwermutsvoll-ironischem Kult in unserem Arbeitszimmer aufbauen.

Der Drei-Masken-Verlag in München ist der Spezialist dieser erstaunlichen Ausgaben. Die Nachbildung des ›Meistersinger‹-Manuskripts ist der des ›Tristan‹ vorangegangen, diejenige des ›Parsifal‹ ist im Begriffe, ihr zu folgen.

[September 1925]

[NATIONALE UND INTERNATIONALE KUNST]

Sie fordern mich auf, Ihnen meine Gedanken über nationale und internationale Kunst mitzuteilen. Ich gestehe, daß ich mich widerstrebend anschicke, Ihrem Wunsche nachzukommen, denn was Sie von mir erwarten, ist zweifellos eine charaktervolle und programmatische Stellungnahme für das eine oder das andere, das Hochhalten einer Fahne, eine redlich patriotische oder hochherzig humanitäre Kundgebung, und damit kann ich nicht dienen. Nicht, daß ich zu ›kompliziert‹ dazu wäre, – ich hüte mich vor einer so eitlen Entschuldigung. Aber ich habe einfach immer gefunden, daß im Punkte des Nationalen am Meinen, Reden und

Fordern gar nichts, am Sein, am Tun dagegen alles gelegen sei. Daß Goethe sich während der Freiheitskriege im nationalen Sinne mangelhaft benahm, indem er zum Beispiel erklärte, er verdanke den Franzosen einen zu großen Teil seiner Bildung, um sie hassen zu können, fällt gegen seine gewaltige Deutschheit, seine ethnische Göttlichkeit federleicht ins Gewicht. Hat man den ›Götz‹, den ›Faust‹, den ›Meister‹, die ›Sprüche in Reimen‹ und ›Hermann und Dorothea‹ geschrieben, ein Gedicht, auf das A. W. Schlegel die heute unliterarische Lobeserhebung »vaterländisch« anwandte, – so kann man sich einige kosmopolitische Unzuverlässigkeit am Ende leisten: womit zugleich gesagt sein soll, daß ich es nicht für ratsam halte, Goethe's nationale Lauigkeit von 1813 mit dem Betragen gewisser deutscher Literaten zu verwechseln, die ums Jahr 1916 in Zürich saßen und Schmähartikel gegen Deutschland dichteten. Denn ihre ganze Deutschheit bestand eben in ihrem freilich sehr deutschen Anti-Deutschtum, – und das war zu wenig. Aber auf Tolstoi möchte ich in diesem Zusammenhange noch hinweisen, den Homer des national-russischen Kampfes gegen den Westen, gegen Cäsar-Napoleon, den epischen Urrussen und russischen Urepiker, einen Volksgott ebenfalls, den Genie gewordenen Mushik, – und auf seinen Greisenpazifismus, seinen rousseauischen Radikalismus, seine evangelische Menschlichkeit. Zur Entschuldigung solcher Unstimmigkeiten pflegt man vorzubringen, Männer dieser Art seien zu groß, um sich ins Nationale einschränken zu lassen, ihr Vaterland sei die Menschheit. Sehr gut, nur sollte man dabei nicht vergessen, daß Größe und paradigmatische Volkhaftigkeit auch wieder in kausalem, in organischem Zusammenhang stehen und daß ein großer Deutscher, ein großer Franzose, ein großer Russe allerdings ›der Menschheit gehören‹, daß sie aber nicht so groß wären und also auch nicht ›der Menschheit gehörten‹, wenn sie nicht in solchem Grade deutsch, französisch und russisch wären. Man kann sagen, daß Goethe der größte Deutsche war, weil er der deutscheste war, und der deutscheste, weil der größte.

Allgemein gesprochen, gibt es den reinen, den absoluten
Kosmopolitismus nicht. Ein solcher wäre ohne Substanz,
Geist ohne Fleisch, und also kein Leben. Das humanitäre
Franzosentum stammt aus der Revolution und ist höchst national akzentuiert. Sinn und Geist des französischen Europäertums wurde noch kürzlich wieder durch einen der feinsten Geister dieses Landes, André Suarès, mit der Äußerung
gekennzeichnet, daß »es ein Europa nur geben könne, wenn
der Genius Frankreichs am Ruder bleibe«. Der kosmopolitische Zivilisationsgedanke Englands ist mit der Vorstellung
des ›British Empire‹, politisch-kultureller Weltkontrolle untrennbar verbunden, und aller Optimismus knüpft sich hier
an die frohe Botschaft, daß »the world is rapidly becoming
English«. Die russische Allmenschlichkeit geht ins Slawo-
philentum und damit ins National-Imperiale ohne Grenzen
über. Man wird sich nicht vorurteilsvoll nennen lassen müssen, wenn man ausspricht, daß der Kosmopolitismus des politisch unbegabtesten Volkes, des deutschen, der reinste, geistigste, unschuldigste, argloseste ist und es zu allen Zeiten
war: schon im Mittelalter wurde der hierarchische Kosmopolitismus bei uns weitaus am ernstesten genommen, was
eine ständige Gefährdung des staatlichen Lebens bedeutete.
Auf der Höhe des Deutschtums findet sich der Begriff des
Nationalen derart vergeistigt, abstrakt gemacht und vom
Geographisch-Politischen gelöst, daß Novalis sagen konnte,
Deutsche gäbe es überall; Germanität sei sowenig wie Gräzi-
tät, Romanität oder Britannität auf einen besonderen Staat
eingeschränkt; es seien allgemeine Menschencharaktere, die
nur hier und da vorzüglich allgemein geworden seien.
Deutschheit sei echte Popularität und darum ein Ideal. Eine
schönere und frommere Bestimmung ist keinem nationalen
Wesen je zuteil geworden.
Und doch war ursprünglich auch bei uns der Kulturgedanke
mit dem der Macht verbunden, und in der sublimen Sphäre
des Verfassers von ›Die Christenheit oder Europa‹ hing man
mit Liebe der deutschen Idee eines kosmopolitischen Frie-
densimperialismus, dem alten Traum vom Heiligen Römi-

schen Reiche an. Wenn Kosmopolitismus etwas spezifisch Deutsches ist und die Begriffe ›deutsch‹ und ›kosmopolitisch‹ sich auf besonders organische und natürliche Art verbinden; wenn man kaum ein rechter Deutscher sein kann, ohne Kosmopolit zu sein, und der deutsche Bildungsbegriff sich mit dem kosmopolitischer Beweglichkeit fast völlig deckt: ist nicht diese historische Erinnerung und Gefühlsüberlieferung dabei im Spiele, und ist nicht wahrscheinlich der Kulturgedanke einer ›Weltliteratur‹, den Goethe verkündete, geistig auf sie zurückzuführen? »Wer die deutsche Sprache versteht und studiert«, sagt er, »befindet sich auf dem Markte, wo alle Nationen ihre Waren anbieten; er spielt den Dolmetscher, indem er sich selbst bereichert.« Mit solchen Äußerungen ist Goethe's eignem Volke im weltliterarischen Kulturgetriebe bereits eine ausgezeichnet ehrenvolle Rolle zugeteilt. Aber schon im ›Meister‹ hatte er ja gemeint, daß »der intellektuelle Schwerpunkt unter der deutschen Nation liege«, – und so darf es nicht überraschen, daß Goethe, über den weitherzigen Gedanken seines Alters plaudernd, plötzlich von nationaler, um nicht zu sagen: nationalistischer Besorgnis befallen wird und in die Worte ausbricht: »Jetzt, da sich eine Weltliteratur einleitet, hat genau besehen der Deutsche am meisten zu verlieren; er wird wohl tun, dieser Warnung nachzudenken. «

Solche Äußerungen zeigen, wie leicht, wie unversehens, wie naturnotwendig sich der nationale Instinkt mit dem kosmopolitischen Gedanken vermischt. Es gibt, sage ich, den reinen Kosmopolitismus nicht, es gibt nur nationale Kosmopolitismen; und wenn es tendenziös wäre, zu sagen, daß nur das Nationale Wirklichkeit habe, während ›Menschlichkeit‹ leere Abstraktion sei, so ist doch sicher wahr, daß alles Ideelle im Nationalen wurzelt und charakteristisch daraus erblüht. Das Nationale ist Natur, und für das Natürliche braucht man nicht zu fürchten, es setzt sich schon durch. Goethe's Verkündigung der Weltliteratur ist heute in hohem Grade verwirklicht. Der Austausch ist allgemein, der Ausgleich – man könnte gehässigerweise sagen: die demokratische Einebnung – beinahe erreicht. Es gibt Franzosen, die den breiten Humor Britanniens an den Tag legen, ins Pariserische entartete Russen und Skandinavier, die die Synthese von Dostojewski und Amerika vollziehen. Dergleichen darf man Internationalisierung der Kunst nennen. Hindert das aber, daß, ins Große gerechnet, die verschiedenen Volkscharaktere einander auch heute noch echt und unversehrt bis zum Mythischen gegenüberstehen? Wir haben's im Kriege erfahren, dessen Ergebnisse den erschöpften Erdteil zwar zur Interessen-Solidarität anhalten und die humanitär-demokratischen Tendenzen praktisch fördern, der aber zugleich, indem er das Tiefste aufwühlte, das nationale Bewußtsein überall mächtig verstärkt hat. Und ist es inhuman, hinzuzufügen, daß nur das Mythisch-Charakteristische, das Urechte und Hochgroteske eigentlich menschlich großen Stil hat, den heiterkeitsgeladenen Stil des großen Charakterdramas? Die jetzt einander ablösenden, von der baren Notwendigkeit erzwungenen Konferenzen der internationalen Staats- und Wirtschaftslenker zeitigen Dialoge und Szenen dieses wahrhaft mythisch-großen und erheiternden Stiles: so, wenn beim Verhandeln über eine gemeinsam abzufassende Note der englische Premier dem französischen Beauftragten spöttisch bemerkte, sein Entwurf trage ein überaus *literarisches* Gepräge, und der Franzose ihm erwiderte, der seine mute dagegen vom Anfang bis zum Ende »geradezu *religiös*« an … Oder wenn in der Schlußrede des Herrn Lloyd George, bei den köstlichen, an Tschitscherin gerichteten Worten über die europäischen »Vorurteile« in Geldangelegenheiten, humoristische Westbürgerlichkeit auf den radikalen Fanatismus des Ostens traf. Ich gestehe, daß gegen solche Pointen der politisch-historischen Charakterkomödie der Zivilisationsaustausch unter den europäischen Novellisten und Lyrikern mir als eine schale Unterhaltung erscheint.

Aber sprechen wir wieder intimer und kultureller! Die letzte stark internationalistische Befruchtung der deutschen Literatur ereignete sich in den achtziger und neunziger Jahren

des vorigen Jahrhunderts, als Ibsen, Zola und die großen
Russen bei uns ihren Einzug hielten; sie fiel zusammen mit
dem Durchbruch des Naturalismus, der Lufterneuerung
durch das ›jüngste Deutschland‹. Und welches ist die Dich-
terpersönlichkeit, die diese künstlerisch kosmopolitische
Bewegung zeitigte? Nun, sie bildete das deutscheste Angesicht, das Gerhart Hauptmanns, sie führte diesen Meister
empor, der kraft seiner echten Popularität heute zu fürstlich-
repräsentativer Stellung aufgerückt ist und in dem In- und
Ausland das geistige Haupt des nachkaiserlichen Reiches
ehrt. Oder man denke an Stefan George, aus dessen Jugend
die Propheten Baudelaire und den französischen Parnaß
nicht wegstilisieren sollten, dessen Leben, Gestalt und Wirkung aber heute eine hoch und rein nationale Angelegenheit
ist. Goethe's Warnung vor deutschem Selbstverlust will
zuweilen überflüssig erscheinen. Wo irgend Größe ist, da
setzt das Physiognomisch-Nationale sich unfehlbar durch,
und unter uns Deutschen wenigstens scheint Grundgesetz,
daß, wer sich verliert, sich bewahren wird, wer sich aber zu
bewahren trachtet, sich verlieren, das heißt der Barbarei
oder biederer Unbeträchtlichkeit anheimfallen wird.
Lassen Sie mich, um die Intimität auf die Spitze zu treiben,
von mir selber sprechen! Ich gab meinen ersten Roman,
›Buddenbrooks‹, um die Jahrhundertwende heraus, – gelegentlich habe ich ihn, mit Recht, wie ich glaube, den
einzigen großen naturalistischen Roman deutscher Zunge
genannt. Die literarischen Einflüsse, die an dem Buche
mitwirkten, kamen überall her: aus dem Rußland Tolstois,
dem England der Dickens und Thackeray, dem Norwegen
Kiellands und Lie's: und ich vergesse auch nicht, daß eine
französische Erzählung, die bewunderungswürdige ›Renée
Mauperin‹ der Goncourts, es war, deren Lektüre mich
ermutigte, nach novellistischen Versuchen es mit einer
Romankomposition zu wagen. Was aber unter diesen Ein-
drücken, mit dieser Hilfe zustande kam, war ein bis zur eigentlichen Unübersetzbarkeit deutsches Werk, das, wie ich
dankbar sagen darf, tief ins deutsche Leben hineingewachsen

ist und – *darum* (nicht, weil es internationalen Habitus zeigte) meinem Schreiben und Treiben auch einige europäische Aufmerksamkeit erwirkt hat. Ich habe oft darüber nachgedacht, was Nietzsche meint, wenn er sagt, das Sprichwort, daß der Prophet im eignen Lande nichts gelte, sei falsch; »das Umgekehrte« sei die Wahrheit. Was ist »das Umgekehrte«? Offenbar dies, daß der »Prophet« in der Welt nichts gilt, solange er nicht »echte Popularität« gewann; daß man nicht international wird, bevor man national war; und daß diese beiden Begriffe also keinen Gegensatz bilden: der erstere ist nichts als die Steigerung des zweiten.

Dies drückte ich einmal im Kriege mit dem Satze aus: überdeutsch das heiße: *überaus* deutsch. Es geschah in den ›Betrachtungen eines Unpolitischen‹, einem Buche, worin ich die Position deutscher Humanität mit wirklicher Lebensgefahr nach rechts und links, ja unter schwerstem Druck, mehr noch nach links als nach rechts verteidigte. Man sollte denken, es müsse eine dankbare und angenehme Situation sein, zu den Völkischen sagen zu können: »Ich weiß mich in den Überlieferungen, den geistigen Lebensgesetzen meines Volkes sicher geborgen, – eben darum bleibt mir Freiheit und Wohlwollen, das Fremde zu bewundern und aufzunehmen.« Und zu den Internationalisten: »Ich bin der Eure. Ich spreche, auf deutsch, die Sprache Europas, ich verachte das Enge, Gehässige und Rohe. Eben daher nehme ich den Mut, mich als deutsch zu bekennen.« Das ist aber im Gegenteil eine höchst undankbare und schwierige, ja in Zeiten der Wirrsal und Schlägerei direkt halsbrecherische Situation, unter welcher in allen Ländern einzelne, deren Schicksal sie ist, schwer zu leiden hatten. André Gide in Paris wollte es nicht recht geschehen lassen, daß man ihn zur ›Clarté‹ rechne, – da warf man ihn zu den Nationalisten. Auch dagegen mußte er protestieren, aber die französischen Nationalisten sind klüger als die deutschen: sie wären froh gewesen, einen Gide den ihren nennen zu dürfen. Was mich betrifft, so schrieb Herr Adolf Bartels, der völkische Literaturprofessor in Weimar: »Zwar hat er im Kriege nationale

Haltung gewahrt, aber offen gestanden glaube ich ihm sein Deutschtum nicht recht.« Was soll ich machen? Er glaubt es mir nicht recht. Wenn ich nach links entgleise (wär's möglich? es wäre schrecklich!), so wird die Erfahrung schuld daran sein, daß man nationalistische Professoren auch durch ein deutsches Bekenntnis nicht versöhnt, falls dieses Bekenntnis etwas wie Form und Geist aufweist, – während man es mit der Gegenseite selbst durch die äußerste Renitenz in Sachen der radikalen Demokratie nicht völlig verdirbt, falls diese Renitenz eben nur etwas Geist hat. Und damit will ich dies heikle und weitläufige Thema für heute verlassen.

[DIE BIBLIOTHEK]

Ich bin kein Bücherwurm, aber der Anblick einer Bibliothek kann mich zuweilen erschüttern. Diese still gereihten Schätze des Geistes, welche Summen von Empfindung, Bekenntnis, Gedankenkühnheit, erlittenem, mit Leben bezahltem Wissen, dem Chaos abgerungener Form enthalten sie, – welch eine Welt der Menschlichkeit! Ja, eine Büchersammlung kann mir Gefühle erwecken, denjenigen verwandt, mit denen man den gestirnten Himmel betrachtet.

[DIE BUDDHO-VERDEUTSCHUNG
KARL EUGEN NEUMANNS]

Nehmen Sie meinen besten Dank für die Übersendung der ›Letzten Tage Gotamo Buddhos‹, dieser herrlichen Ergänzung zu den drei Bänden der ›Reden der Mittleren Sammlung‹, die ich längst besitze und deren milde, irrtumlösende Weisheit mich so oft erquickt. Es ist im Publikum noch nicht hinlänglich bekannt, daß die Verdeutschung der ›Reden Buddhos‹ durch Karl Eugen Neumann zu den größten Übersetzungstaten gehört, die für unser Volk geschahen, vergleichbar der Shakespeare-Übersetzung von Tieck und

Schlegel. Man sollte glauben, daß dieser neue Band seines anekdotischen Charakters wegen besonders geeignet sein dürfte, dem ganzen Werk den Weg zu ebnen, wenn nicht zu befürchten stünde, daß beim Zusammentreffen dieser »stillen, erlesenen, unbekrittelbaren, feinen, Weisen erfindlichen Satzungen« mit unserer Welt die Worte Buddho's sich bewahrheiten werden:

> »Mit heißer Mühe was ich fand,
> Nun offenbaren wär' umsonst:
> Das gier- und haßverzehrte Volk
> Ist solcher Satzung nicht geneigt.«

EIN UNGARISCHER ROMAN

Lieber Herr Kosztolányi! Bewegt scheide ich von Ihrem Manuskript, diesem Kaiser- und Künstlerroman, mit dem Sie die Hoffnungen erfüllen, ja übertreffen, die sich seit den Novellen der ›Magischen Laterne‹ an Ihr feines und starkes Talent knüpfen. Ihr Wachstum kann kaum etwas Überraschendes haben für den, der sich an Ihren Anfängen erfreute. Und doch möchte ich Ihren ›Nero‹ *überraschend* nennen, mit dem Hinzufügen, daß ich dies Wort, angewandt auf ein Kunstwerk, als eine sehr starke Lobeserhebung empfinde. Es will sagen, daß das Werk mehr ist als ein Produkt der Kultur und eines nationalen oder selbst europäischen Niveaus; daß es das Zeichen persönlicher Gewagtheit an der Stirne trägt, aus kühner Einsamkeit stammt und unseren Sinn mit einer Menschlichkeit, die wehe tut, so wahr ist sie, berührt. Das ist das Wesen des Dichterischen. Das andere ist Akademie, selbst wenn es sich sansculottisch gebärden sollte. Sie gaben in geruhig-herkömmlicher Form ein freies und wildbürtiges, ein irgendwie ungeahntes Buch. Sie gestalteten in einem zweifellos wohlstudierten Zeitgewande, das nicht einen Augenblick kostümlich-theatralisch, nicht einen Augenblick archäologisch wirkt, so leicht und selbstverständlich wird es getragen, Sie gestalteten, sage ich, unter historischen Namen Menschlichkeiten, deren Intimität aus letzten Gewissenstiefen stammt. Ihr schlimmes und schamhaft stolzes Wissen um Kunst und Künstlertum, Sie ließen es eingehen in diesen Roman des blutig und qualvollen Dilettantismus und verliehen ihm damit alle Tiefe und Melancholie, alles Grauen und alle Komik des Lebens. Ironie und Gewissen, sie sind eins, und sie bilden das Element der Dichtung. Nero ist wild und groß zuweilen in seiner verzweifelten Ohnmacht; aber als Figur stelle ich Seneca über ihn, diesen Dichter-Höfling und Sophisten von Meisterglätte, der dennoch ein wirklicher Weiser ist, ein wahrhaft großer Literat, und dessen letzte Stunden mich erschüttert haben wie weniges in Leben und Kunst. Die Szene gleich, wo er und der Kaiser einander ihre Gedichte vorlesen und sich gegenseitig belügen, ist köstlich. Doch läßt sie sich an durchdringender Traurigkeit freilich nicht vergleichen mit jener anderen, der mir liebsten wohl in dem ganzen Werk, wo Nero in steigender Wut und Pein, ein wahrhaft menschlich Beleidigter, vergebens um das kollegiale Vertrauen des Britannicus wirbt, des Britannicus, der die Gnade, das Geheimnis besitzt, der ein Dichter ist und der in dem stillen und fremden Egoismus seines Künstlertums den Hilflos-Gewaltigen gleichgültig von sich stößt, zu seinem Verderben. Ja, das ist gut, ist vortrefflich, ist meisterhaft. Und es gibt mehr dergleichen in dem Roman, dessen eigentümliche Intimität sich übrigens nicht nur im Seelisch-Innermenschlichen, sondern auch im Sozialen bewährt und der mit ganz leichter, anstrengungsloser Gebärde Bilder und Szenen aus dem Leben der antiken Weltstadt emporruft, die amüsanteste Gesellschaftskritik sind.

Ich freue mich, lieber Herr Kosztolányi, Sie vor anderen beglückwünschen zu können zu diesem schönen Werk. Es wird dem ungarischen Namen, dem von Petöfi und Arany bis auf Ady und Moritz Zsigmond so viele Verkünder erstanden sind, zu neuer Ehre gereichen, und es wird Ihren eigenen jungen Namen deutlicher hervortreten lassen unter

denen, die heute das geistig-kulturelle Leben Europas bezeichnen.

GROSSE UNTERHALTUNG

Ich habe das Vergnügen, die deutschen Gesamtausgaben der
Werke zweier europäischer Autoren anzuzeigen, zweier Erzähler von Geblüt, die mit echten und ewigen Mitteln, ohne
Künste, aber mit jener Kunst, die ebensowohl den Namen
der Natur verdiente, durch die strömende Beweglichkeit
ihres Mundes, die Kraft und Interessantheit ihrer Motive,
das Geheimnis eines Tonfalls, den auch die Übersetzung
nicht zu zerstören vermag, uns in epischen Bann zu schlagen
und uns aufs großartigste zu unterhalten wissen.
Es handelt sich um die Lebenswerke der Lagerlöf und des
Schotten Robert Louis Stevenson.
Das erstere hat der Verlag Albert Langen in den sehr
kundigen Übersetzungen der Frau Pauline Klaiber gesammelt und in zehn handlichen Leinenbänden aufgestellt,
deren erster mit dem Bildnis der großen Schwedin ausgestattet ist – dem Bildnis einer rauhaarigen Dame mit Pelz-
boa, bürgerlich reichem Hals- und Busenschmuck und
großem Federhut, unter welchem ein helles, energisches
Antlitz in gütig und fast listig verkniffener Asymmetrie
dem Beschauer entgegenblickt. Sie hat in Damenhand-
schrift ihren Namen daruntergezogen: »Selma Lagerlöf« –
und dies ist sie also, die die Gösta Berling-Mär kündete,
die blutige Ballade von Herrn Arne's Schatz sang, die
Herrenhof-Saga und den ›Fuhrmann des Todes‹ dichtete,
aus deren Herzen, Geist und Mund die ganze in diese
zehn Bände gesammelte kündende, singende, sagende Flut
von Ur-Erzählung strömte ... Verehrungswürdige Bür-
gerdame! Heilig atavistisches Skaldenherz unter der Pelz-
boa! Wahrhaftig, das Natur- und Volkhafte, versetzt mit
modern Sozialistischem, humanitär Gesellschaftlichem,
mit Heilsarmee-Sympathien und dergleichen Rationalitä-
ten des Herzens, es lebt also mitten im Zivilen und singt

sein zeitloses Lied. Der Geist der Epik, ein Ur-Element, schlägt durch und nimmt in Gestalt eines bürgerlichen Federhutes in leicht verkniffener Würde seinen Akademiesitz ein. Die konservative Genugtuung über dies große und humoristische Phänomen bildet die Haupt- und Grundwürze der mächtigen Unterhaltung, die die zehn Leinenbände dem Leser gewähren.

Dieser Geist ist bescheiden und abenteuerlich zugleich. Er ist nicht hochgestimmt; kaum je ist er lyrisch. Er verbindet prosaischen Sinn mit stiller Feierlichkeit, ist ein Sagen zur Harfe. »Sir Archie trat aus dem Kellersaal und ging durch den schmalen Gang. Jetzt war die Laterne, die an der Decke hing, wieder angezündet, und bei ihrem Schein sah er, daß eine junge Jungfrau dastand und sich an die Wand lehnte.« Hört man den Harfenschlag? Der Mund dieses wunderbaren Femininums quillt unerschöpflich über von Figur, von außerordentlichem Geschehen, das in gemeinerer Sphäre als romantische Kolportage erschiene. Er tut keineswegs zimperlich gegen das Starke und Krasse, ist durchaus nicht nur ›fein‹ und ›intim‹. Mord, Wahnsinn, Scheintod, Schwarzer-Blatternschrecken, Hellseherei und anderes transzendentes Geheimnis, sie erzählt davon zur Harfe, doch ohne Prahlen, ohne sich stimmlich zu übernehmen, vielmehr gemäßigten Tones, real und innig. Ja, wenn dieser Mund nicht lyrisch ist, wenn er mit sicherem Kunstsinn die epische Tonhöhe wahrt, so ist er doch überaus innig. Wie sehr hat Ingrids Kampf mit dem Wahnsinn des Geliebten (in der ›Herrenhofsage‹) mich wieder ergriffen und namentlich die Stelle, wo ihr »die Geduld reißt«, wo sie Gunnar schüttelt und mit den Tränen kämpfend ruft: »Ja, das ist recht, werde nur wieder verrückt! Es ist ja so echt männlich, wieder verrückt werden zu wollen, um von einem bißchen Angst befreit zu werden!« Welche Einsicht in das Wesen der Verrücktheit als einer Zuflucht und Drückebergerei! Welche schlichte, unwidersprechliche und beschämende Apotheose weiblicher Vernunftstärke und Tapferkeit! Auch ist Gunnars Wahnsinn in seiner dämonischen Kläglichkeit durchaus keine leerromantische Fabelei, sondern eine vollendet fundierte klinische Studie von überzeugender Echtheit. In dieser großen Frau geht das primitive Element des Epischen mit dem Zivilen, dem Wissenschaftlichen eine reine Verbindung ein und wird moderne Dichtung.

Es ist doch nicht nötig zu sagen, daß die zehn Bände ein Christgeschenk ersten Ranges vorstellen?

Das tun auch die Erzählungen Stevensons, welche ebenfalls in einem Münchner Verlage, bei Buchenau und Reichert, als überaus schmucke, ja zierliche, in scharfer Antiqua gedruckte Bände erscheinen, die des Verlages bibliophile Herkunft verraten. Es sind vier bis jetzt, aber eines Tages werden es zwölf sein. Marguerite und Curt Thesing haben das Englische der Originale in ein lauteres Deutsch übertragen, worin die Gesundheit sowohl wie die Verfeinerung der Sprache Stevensons sich glücklich ausprägt.

Daß dieser Schriftsteller, der 1850 geboren wurde und schon mit einigen vierzig Jahren an einem Lungenleiden zugrunde ging, in Deutschland bisher wenig bekannt war, schließe ich aus der Tatsache, daß auch ich ihn erst bei dieser Gelegenheit kennenlerne. Andere große Erzähler des englischen neunzehnten Jahrhunderts haben ihn bei uns in Schatten gestellt, und zu einem Teil mit Recht; denn er ist wohl spezieller, wohl nicht so menschlich umfassend wie Scott, Dickens und Thackeray. Seine Kunst ist weniger bürgerlich, europäisch gepfefferter als die ihre; er ging bei den Parisern in die Schule und wandte die französische Artistik der achtziger Jahre auf die phantastische Erzählung, den Abenteuerroman an, – Gattungen, die er in künstlerischer und geistiger Hinsicht erstaunlich zu heben wußte. Europäisch, so möchte man sagen, mutet seine Persönlichkeit auch durch die natürliche Verbindung plastisch-schöpferischer und kritisch-intellektueller Elemente an, die sie darstellt. Die epische Fiktion war ihm nur ein Mittel unter anderen, sich auszudrücken. Er war außerdem Essayist, Tagebuchkünstler, Epistolograph. Unsere Ausgabe aber hält sich, wie es scheint, durchaus auf dem üppigsten und reizendsten Gebiet seiner Produktion, dem er-

zählerischen. Sie verspricht eine ganze Welt von bunter und
großartiger Unterhaltung und hat, wie gesagt, ein gut Teil
dieser Versprechen bereits eingelöst.

Ich las mit größter Spannung den ›Junker von Ballantrae‹,
eine düstere und aufregende Geschichte aus dem adelig-
schottischen Familienleben des achtzehnten Jahrhunderts,
deren literarische Eigenschaften schlechthin glänzend sind.
Vor allem imponiert ein Dialog von begeisternder dramatischer Schlagkraft. Das Beste des Romans aber ist vielleicht
sein Indirektes, das heißt der Charakter des Mannes, dem
die Erzählung raffinierterweise in den Mund gelegt ist, eines
bürgerlichen Bibliothekars und sanften Hasenfußes voller
Treue und mit Anwandlungen schwindliger Energie, die
beinahe mehr menschliche Teilnahme auf sich zieht als
selbst die kühne, verbrecherische und hochinteressante Figur des Helden.

Ferner las ich die köstlichen Novellen, die ein Band unter
dem Namen der ›Tollen Männer‹ vereinigt. Die Titelerzäh-
lung selbst ist ein Meisterstück von Schilderung des Meeres,
die überhaupt dieses Dichters besondere und notorische
Stärke ist. Er war nie Seemann von Beruf wie jener angli-
sierte Pole Joseph Conrad, den die westliche Welt so liebt
und den man uns, wenn ich dies als dringliche Anregung
hier einschalten darf, ebenfalls recht bald übersetzen sollte.
Aber er ist ein Bruder in der Liebe zum Meer, in der intimen
Kenntnis des Elements und seiner erzählerischen Verherrlichung. »Auf Deck in den sternglänzenden Häfen«, wie er
es selber sagt, oder »auf hoher See beim Klang der schlagen-
den Leinwand« entstand manch eine seiner Dichtungen
»und wurde beiseite geschoben – wohl sehr plötzlich –,
wenn ein Sturmwind nahte.« Sein Seefahrertum aber hängt
mit seiner Krankheit zusammen, die den Achtundzwanzig-
jährigen zuerst in die Südsee, auf die Sandwichinseln führte
und ihn nach Erprobung vieler europäischen Kurorte
schließlich irgendwo auf Samoa ansässig werden ließ, wo er
denn auch begraben liegt. Er soll ein guter Kamerad der
liebenswürdigen Eingeborenen gewesen sein, deren zu-

gleich heiterer und mystischer Sinn ihn ansprach und unter denen eine Reihe seiner besten Geschichten spielt. Ich kenne von diesen Stücken den ›Strand von Falesa‹, ein Prachtexempel lustiger, starker und abenteuerlicher Erzählungskunst, worin die humorige Männlichkeit der englischen Rasse erquickliche Triumphe feiert.

Ich freue mich auf das Weitere, für mich und all diejenigen, die es mit mir genießen werden.

KATALOG

Die Flut steigt. »Da brachen auf alle Brunnen der Tiefe und taten sich auf die Fenster des Himmels, und kam ein Regen auf Erden vierzig Tage und vierzig Nächte.« Es sind die Bücher. »Und das Gewässer nahm überhand und wuchs sehr auf Erden.« Gemeint ist der Novitätenregen, zur lieben Ankunftszeit, vor Weihnachten. Der Elementarvorgang sei als Kalamität und Heimsuchung gekennzeichnet durch den Vergleich; er trägt diesen Charakter. Die Federn meiner Chaiselongue, die mir als Ablagestätte dient, sind ruiniert. Nie wird das Polster sich wieder schwellend erheben; unter Geisteslast ist es eben geworden wie ein Brett und wird, wenn geräumt, konkave Gestalt gewonnen haben. Mein Bücherbord hat einen Vorbau, dessen Plattform gleichfalls als vorläufiger Stapelplatz des täglichen Einlaufs herhalten muß. Das Schichtwerk lagernder Volumina steigt an der Wand der stehenden Bände empor; es verdeckt und verbaut sie; mit Wehmut habe ich festzustellen, daß meine »eigenen« Bücher – ich mache noch diesen Unterschied – meinem Blick und Zugriff durch Neuigkeiten entzogen sind. Wie sollten es nicht gemischte Gefühle sein, diejenigen, mit denen ich den Schwall und Segen betrachte? Es überwiegen dennoch die freudigen, stolzen und dankbaren. Es überwiegen die der Bewunderung!

Rührenderes und Achtbareres gibt es nicht als diese deutschen Verleger. Niemand kauft. Die Zeiten drücken, es ist so gut wie sicher, daß auch zum Feste der Aufschwung ausbleiben wird. »Weihnachtlichen Charakter«, hört man die Firmenhäupter in würdigem Kummer äußern, »hat das Geschäft bis dato leider nicht annehmen wollen.« Sie aber tun das Ihre. Sie bringen hervor. Sie drucken und binden, sie beschicken den Markt, sie halten, umsichtig, neugierig, unternehmend und tapfer, in empfindlich gutwilliger Fühlung mit Zeit und Zukunft, gehe es, wie es gehe, den stolzen Standard der deutschen Bücherproduktion aufrecht. Soll man nicht auch das Seine tun? Ihnen sekundieren, so gut man kann? Nicht hinweisen, auffordern, namhaft machen, nicht, auswahl- und andeutungsweise wenigstens, aufzeigen, was, immerhin, trotzdem, quand même, geleistet und angeboten wird?

Ich kann nicht alles Eingeströmte »erwerben, um es zu besitzen«, nicht alles lesen, noch weniger mich kritisch darauf einlassen – die Arme sinken im Anblick der Massen. Aber ich habe mich ernstlich darin umgesehen, nichts unbeachtet gelassen, in einiges mich auch vertieft. Ich weiß ganz gut, was nennenswert, merkwürdig ist, was man, beratungsweise, mit gutem Gewissen empfehlen könnte. Ich bin von Redaktionen ein paarmal befragt worden und habe ihnen fünf, sechs Titel genannt. Hier möchte ich das Ding einmal in größerem Stil betreiben, einen Überblick geben, der freilich den Charakter des Zufälligen nicht wird verleugnen können, etwas, wie eine Liste des Fördernswerten, weil Förderlichen, aufstellen, soweit es eben in meinen Horizont gefallen ...

Ich will mit Kollektionen beginnen, kleinen Handbibliotheken, uniformen Bücherreihen, deren Bestandteile preiswert einzeln käuflich sind und deren häufiges Auftreten von dem Glauben der Verleger an ihre demokratische Zeitgemäßheit und ihre Handelsaussichten zeugt.

Die ›Epikon‹-Sammlung des Verlages Paul List in Leipzig stehe voran – etwas durchaus Besonderes, ein monumentales Werk, ein episches Pantheon, bestimmt, alles Große, Entscheidende, Unsterbliche in sich aufzunehmen, was der europäische Roman durch die Jahrhunderte hervorgebracht. Schon sind ein Dutzend Bände da, soweit ich sehe, in wahrhaft anständiger Ausstattung, höchst angenehm zu handhaben, die riesigsten Werke, wie Fieldings ›Tom Jones‹, auf undurchschlägigem Dünnpapier klar gedruckt, umschließt ein goldgepreßter Leinendeckel. Herausgeber ist E. A. Rheinhardt. Man findet unter den Übersetzern, den Vorwort-Verfassern die besten Namen.

Verwandt den schon beliebten Langen'schen ›Büchern der Bildung‹ ist die ›Dreiturm-Bücherei‹, die der Verlag R. Oldenbourg angelegt hat. Hier ist Auswahl, Abkürzung, Information. Ein zweibändiger Herder ist da, ein Abriß alter Geschichte, eine kleine Anthologie von klassischen Äußerungen über die Kunst der Griechen, ein Bändchen von Jean Paul, ein Bändchen Kant und noch sechs andere gute Dinge mehr.

Es folge die reicher ausgestattete Sammlung ›Menschen, Völker, Zeiten‹, die Max Kemmerich im Verlage Karl König herausgibt. Er selbst hat Machiavelli dargestellt, Ricarda Huch über den Freiherrn vom Stein geschrieben, Thassilo von Scheffer über Homer und seine Zeit und so fort. Die grünen Leinenbände sind illustriert.

Die ›Kleinen Propyläenbücher‹ (Propyläenverlag, Berlin) und die Sammlung ›Merkwürdige Geschichten und Menschen‹, die Hermann Hesse bei S. Fischer herausgibt, gehören ebenfalls hierher. Jene bringen neue und ältere Prosa aus aller Welt; diese macht sich verdient, indem sie Dokumente zu Hölderlins und des Novalis' Lebensläufen zusammenstellt, die Geschichte von Romeo und Julia nach den italienischen Urfassungen bringt, als ›Blätter aus Prevorst‹ in den okkulten Kreis Justinus Kerners und der Seinen führt usw.

Auch ›Musarion‹ sammelt, auch seine »Bücher« sind einladend. Wir haben da, schicklich illustriert, Legenden von Tolstoi, Storm'sche Märchen, eine lustige Probe von Thackeray. Und sehr ist schließlich aufmerksam zu machen auf die sozial und psychologisch eingestellte Reihe ›Außenseiter der Gesellschaft‹, die der noch mehrmals zu nennende Verlag ›Die Schmiede‹, Berlin, herausgibt: einen neuesten Pitaval, worin gewiegte Schriftsteller moderne Kriminalfälle gestaltend und analytisch abhandeln.

Ich komme zur deutschen Belletristik und nehme beiseite, was schon großen Namen hat, Wassermanns Eheroman ›Laudin‹, den ›Kopf‹ von Heinrich Mann, die letzten Erzählungen von Hauptmann und Schnitzler. Aber da ist von Max Brod ein bedeutender historischer Roman: ›Reubeni, Fürst der Juden‹, der es vielleicht noch brauchen kann genannt zu werden (Kurt Wolff Verlag), und damit zugleich soll man das nachgelassene Werk eines liebenswerten Dichters anführen, um den Brod sich höchst verdient gemacht hat: des jungverstorbenen Franz Kafka ›Prozeß‹-Dichtung, ein Werk von stiller und tiefer Merkwürdigkeit.

Die Deutsche Verlagsanstalt in Stuttgart hat unseres unvergessenen Friedrich Huch gesammelte Werke in vier schönen Bänden herausgebracht; Wilhelm Schäfer spendet eine neue Novelle ›Hölderlins Einkehr‹ (Georg Müller, München), sehr klug und rein und deutsch erzählt, und Roda Roda gibt im Drei Masken-Verlag sein buntes Balkan-Jugendleben mit der erquicklichsten Natürlichkeit zum besten: ›Roda Rodas Roman‹. Auch Oskar A. H. Schmitz, gescheit, gewandt und umgetrieben, liefert Autobiographie: einen weiteren Band seiner Lebensgeschichte, betitelt ›Dämon Welt‹, verlegt bei Müller in München. Zwei Frauenbücher sind da: das eine heißt ›Spitzbögen‹ und bietet die gearbeitete und elegante Prosa der Annette Kolb (S. Fischer), das andere, ›Pflüger‹, Roman von Adele Gerhard (bei Grunow in Leipzig) gibt »Bruch und Brand« unserer Zeit und auch ihre Hoffnung, lyrisch getragen.

Das deutsch Gewichtige, Gelehrte und Profunde, zugleich zart und barsch, ist da: E. G. Kolbenheyer beschließt seine Paracelsus-Trilogie mit dem Bande ›Das Dritte Reich‹ und gibt ihn bei Müller in München heraus. Mehrbändig tritt auch ein anderer jüngster Erzähler noch auf: Leonhard Frank faßt drei wohlerzählte Bücher, ›An der Landstraße‹,

›Im letzten Wagen‹ und ›Die Schicksalsbrücke‹, in einen
Geschenkkarton zusammen (bei Ernst Rowohlt, Berlin).
Und noch eine weitere Gabe dieses Verlages sei hier angeführt: Albert Ehrensteins lustig-kunstvolle Lukian-Erneue-
rungen – sehr gut zu lesen.

Besonders hinweisen möchte ich auf des jungen Wolfgang
Goetz' ›Reich ohne Raum‹, eine »Chronik wunderlicher
Begebenheiten«, erschienen im See-Verlag, Konstanz, eine
Geschichte voll Hoffmann'scher Phantastik und schönen
Symbols, die ich mit wirklicher Liebe gelesen habe. Aus
dem Roman-Wettbewerb der Kölnischen Zeitung ist ›Go-
dekes Knecht‹ von Hans Leip preisgekrönt hervorgegangen
– ein kräftiges Werk. Ihm zur Seite kann man den ›Sonder-
ling‹ von Hans Frentz stellen, erschienen bei Oldenbourg in
Leipzig, »ein Buch aus der Zeit des Überganges«, reiches
Lebensbild unserer harten Tage mit Einschlag rheinischer
Romantik, begabt und von schöner Gesinnung. Corrinth,
ein Anstößiger, konfisziert, ist für anderen Geschmack,
sensationell und leidenschaftlich: sein Pariser Roman
›Grauen‹ (im Werk-Verlag, Berlin) ist lesenswert. Aber
mehr noch ist das die raffinierte Feuilleton-Sammlung ›An
den Rand geschrieben‹ von Alfred Polgar (Rowohlt, Berlin), Skizzen, Bilder und Glossen, höchst künstlerisch, voller
Kritik und Gefühl.

Schließlich seien genannt: die Faustbearbeitung Paul Mede-
rows, ein bemerkenswerter Versuch, der Tragödie beide
Teile für die Aufführung an einem Abend zusammenzuzie-
hen (Verlag Otto Elsner, Berlin); und eine schöne lyrische
Anthologie, schlicht und gewinnend, ›Deutsche Gedichte‹
genannt und erschienen in der Allgemeinen Verlagsanstalt,
München, eine mit Liebe und Takt getroffene Auswahl von
Brockes und Klopstock bis auf unsere Tage.

Und damit zur Gattung des geistigen Buches, der Kritik
und Philosophie, des Essays und der Reise! Da ist vor allem
die herrliche Nietzsche-Ausgabe des Musarion-Verlages,
die bis zum fünfzehnten Band gediehen ist – welch ein
Besitz! Welch ein Geschenk – und wäre es nur *einer* ihrer

monumentalen, prächtig gedruckten Halblederbände! Nicht
ohne jeden geistigen Zusammenhang mag man die gesammelten Schriften Sigmund Freuds neben ihr nennen, die der
Internationale Psychoanalytische Verlag in gediegener Gestalt herausgibt: neun Bände dieses erkennenden Lebenswerkes liegen vor, das in der intellektuellen Welt so weite
Kreise gezogen hat. Ebenfalls in der Nähe Nietzsche's führt
man nicht unschicklich das große Wagner-Buch Paul Bekkers an (Deutsche Verlagsanstalt, Stuttgart) – überlegen
allem, was vor und seit jenem kritischen Brudergeist über
das ewig faszinierende Phänomen des Tristanschöpfers bei
uns geschrieben worden, überlegen durch die Vereinigung
von Ehrfurcht und Erkenntnis, die uns Deutschen im ganzen so schwerfällt. Und auch an das schon berühmte Werk
von Fritz Strich über ›Klassik und Romantik‹ (München, bei
Meyer und Jessen) sei hier erinnert.
Ich räume rüstig mit Reisebüchern auf. Der Verlag Wolfgang Jeß in Dresden hat eine schöne einbändige Ausgabe der
›Wanderjahre in Italien‹ von Gregorovius auf Dünnpapier
herausgebracht – 1180 Seiten! Von Alfred Döblin, dem
bedeutenden Romancier, liegt eine für diesen voraussetzungslosen Geist äußerst charakteristische ›Polnische Reise‹
vor (S. Fischer). Martin Borrmann hat unter dem Haupttitel
›Sunda‹ eine ungewöhnlich fesselnde »Reise durch Sumatra«
geschrieben, die die Frankfurter Societäts-Druckerei mit
feinen Zeichnungen und Aquarellen von Siegfried Sebba
herausgibt – ein prächtiges Geschenkwerk. Ferner haben
wir ebenfalls lebendige Reiseschilderungen aus dem heutigen Mittelamerika: ›Zwischen zwei Kontinenten‹ vom Prinzen Wilhelm von Schweden. Und sehr liebenswürdig sind
die Beschreibungen deutscher Städte: ›Das alte Nürnberg‹
und ›Augsburg‹, reich mit Bildern versehene Bände, von
denen der eine, von Justus Bier, bei Frommann und Sohn in
Nürnberg, der andere von dem Münchner Stadtarchivar
Pius Dirr bei Klinkhardt & Biermann in Leipzig erschienen
ist.
Hier möge das von Quelle und Meyer in Leipzig schön

ausgestattete Werk ›Dreitausend Jahre Rom‹ von Dunbar
von Kalckreuth sich anschließen, bietend kulturhistorische
Wanderungen durch die ewige Stadt. Und beim Kulturge-
schichtlichen angelangt, muß man die prachtvollen fünf
Bände rühmen, in denen der Verlag Müller in München die
Schriften Machiavelli's (herausgegeben von Hanns Floerke)
aufgestellt hat. Wieviel Schenkenswertes und Dankenswer-
tes bietet diese Kategorie! Ein üppiger Band ist ›Der Graf
von Saint-Germain, das Leben eines Alchimisten‹ von
G. V. Volz, deutsch von Oppeln-Bronikowski, mit zahlreichen Bildtafeln (Paul Aretz, Dresden). Reizend die dreibän-
dige Boccaccio-Ausgabe der Münchner Allgemeinen Verlagsanstalt mit mehr als hundert Illustrationen von Tony
Johanot, Nanteuil und Grandville. Und derselbe Verlag hat
die sämtlichen poetischen Werke des Angelus Silesius, von
Franz Ludwig Held aufs schönste, liebevollste, gelehrteste
eingeleitet und herausgegeben, ebenfalls in drei prächtig
geschmückten Bänden aufgelegt.
Zwei ungleiche Geister, Gundolf und Georg Brandes, haben
Caesar-Monumente errichtet. Das Buch des Deutschen ist
bei G. Bondi, Berlin, das des dänischen Franzosenzöglings
bei Erich Reiß, ebendort, zweibändig erschienen. Nicht mit
einem Wimperzucken verrate ich Parteinahme, sondern
empfehle den Ankauf beider Werke, damit man vergleichen
kann. Julius Caesar und Fjodor Dostojewski: sind sie nicht
ewige Gegenmächte, das westliche und das östliche Prinzip
im Kampf um die zweifelnd sich selbst suchende deutsche
Seele? Ein bedeutendes neues Buch über den russischen Apo-
kalyptiker liegt vor: ›Die Weltanschauung Dostojewskis‹
von Dr. Hans Prager, mit einem Vorwort von Stefan Zweig,
erschienen bei Borgmeyer in Hildesheim, – das Einsichtigste
wohl, was seit Mereschkowski über den gewaltigen Gegenstand geschrieben wurde. Ich reihe daran das schöne, reiche
Essaybuch von Oskar Loerke ›Zeitgenossen aus vielen Zeiten‹, erschienen bei Fischer; den gefühlten Band von Rudolf
v. Delius, ›Genuß der Welt‹, der sich mit Lust und Liebe an
manchem hohen Gegenstand versucht und alles in allem eine

»Philosophie der Freude« gibt (Carl Reißner in Dresden).
Und gleich noch ein kluges ästhetisch kritisches Werk des
Wieners Ernst Roth: ›Die Grenzen der Künste‹ (J. Engelhorn
Nachf., Stuttgart) – besinnlich und anregend.

Unter dem Titel ›Frühgermanentum‹ hat der Frankfurter
Literarhistoriker Hans Naumann Heldenlieder und Sprüche
übersetzt und eingeleitet und mit zahlreichen schönen Abbildungen bei R. Piper & Co. in München herausgegeben –
eine völkische Gabe, die ich mir lobe, ein rechtes Geschenk
für deutsche Knaben. Wir bleiben im Hoch-Nationalen,
wenn wir ›Die deutschen Lyriker von Luther bis Nietzsche‹
des Freiburger Kollegen Philipp Witkop anschließen. Es ist
der erste Band, der, bis Hölderlin reichend, mit sechs Bild-
nissen in dritter, veränderter Auflage bei Teubner in Leipzig
erschienen ist. Ein kundiges, edel bemühtes Buch, das, mit
Nietzsche, die Wissenschaft unter der Optik des Künstlers,
die Kunst aber unter der des Lebens betrachtet und für
welches sich einzusetzen der Referent noch besonderen Anlaß hat, da es ihm und seinem Freunde Ernst Bertram
gewidmet ist. Um aber über dem Historischen das Zukünf-
tige nicht zu vernachlässigen, soll schließlich mit herzlicher
Achtung die ›Soziologische Pädagogik‹ von Siegfried Ka-
werau genannt sein (Quelle und Meyer, Leipzig), ein Werk,
das arbeitsam um das Bild des neuen Menschen ringt und
dessen Kernproblem die Antinomie von Individuum und
Gemeinschaft und ihre Auflösung in der personal-sozialen
Epoche bildet.

Zum Schlusse tue die weite Welt sich auf. Der deutsche
Übersetzungs-Eifer hat auch unter drückenden Umständen
nicht nachgelassen, er hat sich verstärkt. Er hat sich in allen
Ländern verstärkt, die wechselseitige Neugier ist lebhaft:
eine Folge des übertrieben rauhen, doch innigen Kontaktes,
in den der Krieg die europäischen Völker gezwungen. Zu
beginnen ist hier ohne jeden Zweifel mit der Verdeutschung
des großen Romanwerkes von Marcel Proust, die der Verlag ›Die Schmiede‹, Berlin, höchst dankenswerter Weise in
Angriff genommen hat. ›Auf den Spuren der verlorenen

Zeit‹ heißt deutsch der Zyklus, und zwei Bände sind fertig: der Roman ›Der Weg zu Swann‹ (›Du côté de chez Swann‹), übertragen von Rudolf Schottländer. Die Übersetzungsschwierigkeiten begannen beim Titel und sind im Verfolg der Arbeit gewiß nicht geringer geworden. Soweit ich schon sehen konnte, sind sie durchaus mit Anstand gelöst, und merkwürdig ist, daß die deutsche Gestalt des großen französischen Werkes eine Erinnerung weckt, auf die das Original wohl kaum verfallen läßt: es gibt sprachliche Augenblicke, die uns flüstern lassen: Jean Paul. Ein mutiges, ehrenvolles Unternehmen, diese Ausgabe. Sie fügt sich einer Serie, den ›Romanen des XX. Jahrhunderts‹, ein, die dieser Verlag zu Weihnachten um mehrere interessante Bände vermehrt hat und in der sich gerade an französischen Dingen auch sonst Bemerkenswertes findet, wie das ›Schwarze Land‹ eines neuen Chateaubriant (mit t) und die beiden Romane des armen kleinen Radiguet, ›Das Fest‹ und ›Den Teufel im Leib‹ – charakteristisch zu lesen.

Eine Mittlertat, an die Seite zu stellen derjenigen der Übersetzung Prousts, ist die Verdeutschung der Werke Miguel Unamuno's, mit der die Firma Meyer und Jessen in München begonnen hat. Drei Bände sind erschienen, als deren Herausgeber Dr. Otto Runck zeichnet: außer den erzählenden Dichtungen ›Geschichte einer Leidenschaft‹ und ›Der Spiegel des Todes‹ auch das Gedankenwerk vom ›Tragischen Lebensgefühl‹. Das berühmte ›Leben Don Quijotes‹ ist im Begriff zu folgen.

Rühmen wir hier sogleich noch zwei ähnliche verdienstvolle Unternehmungen, nämlich die schöne Mérimée-Ausgabe von Buchenau und Reichert in München, die soeben mit der Verdeutschung der ›Bartholomäusnacht‹ und der ›Tragischen Liebschaft‹ ihren dritten Band erreicht hat, und die große deutsche Ausgabe der Werke Victor Hugo's, mit der der Verlag Erich Reiß in Berlin beginnt und deren erster Band, ›Der lachende Mann‹ (›L'homme qui rit‹), in Orange und Gold vollkommen würdig sich präsentiert. – Aus dem lateinischen Text der Gesichte Swedenborgs gibt Walter

Hasenclever (im Verlag ›Die Schmiede‹) in deutscher Nachbildung eine willkommene Auswahl. Die Allgemeine Verlagsanstalt, München, läßt dem Christusbuch Giovanni Papini's den Bekenntnisroman ›Ein fertiger Mensch‹ folgen. Oder bevorzugt man Nördliches? Dann ist des dänischen Johannes V. Jensen ›Zug der Cimbern‹ (S. Fischer) eine starke, männliche Dichtung.

Männlich durchaus ist auch des Engländers Lawrence Kolonial-Roman ›Jack im Buschland‹ (Deutsche Verlagsanstalt, Stuttgart); ein prachtvolles Buch. Und um im Angelsächsischen zu bleiben, so muß Strachey's Lebens- und Charakterbild ›Queen Victoria‹ in der Übersetzung Hans Reisigers ehrenvoll genannt werden; von Thomas Hardy bringt Paul Lists Verlag in Leipzig in der Reihe ›Cosmopolis‹ den Frauenroman ›Teß von d'Urbervilles‹, und von Oscar Wilde liegen ›Letzte Briefe‹ vor (S. Fischer).

Russisches? Kein Mangel daran! Das Bedeutendste nur ›Die Sonne der Toten‹ von Iwan Schmeljow sei [genannt] (ebenfalls bei S. Fischer), auffallend sauber und feinfühlig übersetzt von Käthe Rosenberg. Aber auch die mit fast Tolstoi-'scher Eindringlichkeit geschriebene Novelle von Bunin ›Mitjas Liebe‹ (ebendort) ist nicht zu verachten.

An das Ende stelle ich, einzig der Sichtbarkeit halber, die Daumier-Alben des Verlags Paul List in Leipzig. ›Daumier und wir‹, Lithographiensammlung in neun Bänden, eingeleitet und herausgegeben von Hans Rothe. Vier Bände sind da: das Theater, die Politik, der Krieg und die Ehe. Große humoristische Kunst. Bewundernswert, eine herrliche, preiswerte Gabe!

Abgeschlossen am 6. Dezember. Es strömt jedoch weiter.

[VORWORT ZU ›DER DEUTSCHE GENIUS‹]

In den Korrekturbögen dieses so fleißig gesammelten Buches habe ich lange geblättert und mich mit Scheu und Liebe, mit Rührung und Ehrfurcht vertieft in ein Geisteswesen, das oft die Welt in Verwirrung gesetzt hat, das von ihr viel gehaßt worden ist und von dem sie sich mehrmals hat überwältigen lassen: in den frommen und widersetzlichen, den biederen und verschlagenen, den kindlichen und majestätischen deutschen Geist.

Nietzsche, der gefährliche Psycholog, hat, gelegentlich Wagners natürlich, den Kult des Nationalen als eine Form des romantischen Exotismus gekennzeichnet. Und wirklich, sofern dieser Kult das Charakteristische zum Gegenstande hat, kommt er bereits einer Objektivierung, einem Abstandnehmen des nationalen Ich von sich selbst, einem kritischen Bewußtwerden gleich, das mit naivem Sichdarleben nichts mehr zu schaffen hat und der Erkenntnis mehr als dem Leben zustatten kommt. Die Verherrlichung des ›Echten‹ beweist für die eigene Echtheit nicht viel, sie kann Velleität und Sentimentalität, zu deutsch: Streberei bedeuten. Es beweist auch umgekehrt die kritische Ablehnung gewisser Echtheiten durchaus nichts gegen die eigene vollkommene Echtheit eines Geistes, weshalb ich zu wiederholen liebe, daß in völkisch-nationalen Dingen am Meinen und Sagen überhaupt nichts, alles dagegen am Sein, am Tun gelegen sei. Hat man den ›Götz‹, den ›Faust‹, den ›Meister‹, die ›Sprüche in Reimen‹ und ›Hermann und Dorothea‹ verfaßt, ein Werk, dem August von Schlegel das Lobesbeiwort »vaterländisch« verlieh, so mag man zu Zeiten nationaler Erhebung noch so anstößige Reden führen: man ist dennoch und nolens oder volens ein ganz großer Deutscher, selbst im Sinne der Echtheit, obgleich man es außerdem noch im Sinne der Wider-Echtheit sein könnte.

Die großen Männer eines Volkes sind nämlich keineswegs unbedingt als seine ›echtesten‹ Söhne, durchaus nicht schlechthin als ›representative men‹ zu betrachten. Sie pflegen in einem hohen Grade Fremde in ihrem Volk zu sein und es zu etwas zu zwingen, wozu es von Hause aus gar keine Lust hat. Sie sind auf diese Art Veränderer ihres Volkes, und ihre ›Echtheit‹ stellt erst nachträglich sich her, – nachdem die Erziehungskur, der sie ihr widerstrebendes Volk unterworfen, ihre Wirkungen gezeitigt hat. Gerade in Deutschland ist dies so, dessen große Männer fast immer im Bewußtsein einer nationalpädagogischen Sendung erschienen, welche dem Wunsch nach nationaler Beschaulichkeit und Beharrung streng entgegen war, so daß das neuprägende Wirken solcher großer ›Fremder‹ lange genug als Vergewaltigung empfunden zu werden pflegt, bevor die seelische Möglichkeit gewonnen ist, ihre ›Echtheit‹ zu proklamieren. Es ist nicht der Ort, auf diesen Prozeß mit Beispielen einzugehen, etwa mit Beziehung auf Goethe oder auch Bismarck. Daß aber etwas national werden kann, was es früher nicht war, so daß man es hinfort nicht mehr unnational schelten darf; daß der Charakter eines Volkes nichts Starres, unwandelbar Feststehendes und Endgültiges ist, sondern bildsam, sondern erziehbar, das ist eine vielleicht sogar spezifisch deutsche Einsicht, zu der bei dieser Gelegenheit wieder aufgefordert werden möge und mit der man die weitere Einsicht verbinden möge, daß nationale Selbstbeschaulichkeit den Wert der Lebensfruchtbarkeit nur gewinnt, wenn sie sich mit dem Willen zur Selbstvollendung verbindet, statt sich in selbstgefälligem Beharrungswillen zu erschöpfen. Als Mittel zur Erkenntnis, als Selbstkritik ist sie gut und groß, denn als solche wirkt sie der Beschränktheit entgegen, führt das erkennende Ich über sich selbst hinaus. »Man unterschätzt«, so habe ich einmal zu sagen versucht, »die Selbsterkenntnis, indem man sie für müßig, für quietistisch-pietistisch hält. Niemand bleibt ganz, der er ist, indem er sich erkennt.« Und dem zur Ergänzung führe ich aus den hier folgenden Blättern ein Wort Friedrich Schlegels an, eines Angehörigen der Geistesschule, deren Niveau das höchste unter uns je erreichte war: »An dem Urbilde der Deutschheit, welches einige große vaterländische Erfinder aufgestellt haben, läßt sich nichts tadeln als die falsche Stellung. Die Deutschheit liegt nicht hinter uns, sondern *vor uns*.«

Dennoch ist es nicht dieser Gesichtspunkt allein, der mich der Aufforderung, diesem Buche inniger und umfassender Anschauung deutschen Wesens ein Wort der Einleitung mit auf den Weg zu geben, bereitwillig folgen ließ. Es geschah auch aus einem Bedürfnis nach Gleichgewicht, welches dem Vorwurf eines lauen Mittlertums die Stirn bietet, weil es eine andere Gefahr weit heftiger scheut: die, in falschen und vorläufigen Gegensätzen schmählich hängenzubleiben. Solch ein Gegensatz aber ist der einer nationalen und einer inter- oder übernationalen Gesinnung, welcher im Gemeinschaftsleben der Deutschen gegenwärtig eine so große und entzweiende Rolle spielt, – während doch zu ihrer Entgiftung das schlichte Faktum genügen sollte, daß die lebensnotwendigen europäischen Unionsbestrebungen von heute nicht unvereinbar sind mit dem Trachten der Völker nach ihrer Eigentümlichkeit, nach »dem romantischen Element der Persönlichkeit«, wie Novalis sagt, – daß im Gegenteil diese beiden Tendenzen einander zu ihrer menschlichen Ergänzung brauchen.

Der Instinkt vorbehaltvoller Selbstbewahrung des weltbürgerlich-mittleren Volkes der Deutschen ist echter Nationalismus. Denn so nennen wir die Freiheitsbegierde der Völker, ihr Mühen um sich, ihr Verlangen nach Selbsterkundung und Selbstvollendung, – ein Verlangen, das mehr und mehr als desto unschuldiger und edler gewertet werden wird, je deutlicher das Nationale, statt als Inbegriff alles Kriegsgeistes und Geräufes, vielmehr, seiner künstlerischen und fast schwärmerischen Natur durchaus entsprechend, als Gegenstand eines *Friedenskultus* wird verstanden werden. Dahin aber wirkt die Entwicklung der Dinge. Sie bewirkt – wie man trotz mancher Erscheinungen glauben möge, die dagegen sprechen wollen, aber nur als rückschlägig und als umwegige Abweichungen von der Hauptrichtung anzusehen sind – das Untauglichwerden des Nationalen als eines Elementes der Kriegsideologie. Denn mit der Einigung Europas, die sich, verkündet längst, heute fast automatisch, fast ohne menschliches Zutun, ›zwangsläufig‹, wie das schriftstellerisch beliebte Wort lautet, vollzieht, wird die nationale Idee entpolitisiert, hört in demselben Maße auf, politisch wirksam zu sein, wie einst die religiöse. Sie kann innerlich werden nunmehr, kann als aristokratisches Gegengewicht gegen einen europäischen Demokratismus gepflegt werden, der sich stark genug fühlt, sie kultur-föderalistisch freizugeben. Denn nichts anderes bedeutet europäische Demokratie als besiegelten Verzicht auf den nationalen Hegemoniegedanken, nachdem dieser sich auf die blutigste Weise endgültig ad absurdum geführt. Schon Napoleon erklärte, nach dem Zusammenbruch seines Systems bleibe als das Mögliche und Notwendige nur ein Bund der Völker. Die Prinzipien demokratischer Sozialität und aristokratischen Individualismus aber schließen einander gerade für den deutschen Sinn so wenig aus, daß man ein Europa, welches das Ergebnis ihrer wechselseitigen Durchdringung wäre, Einheit als Vielfalt verwirklichte, nicht ohne Recht ein deutsches Europa nennen könnte.

Schließlich noch eines. Es gibt einen Nationalismus der rodomontierenden Unwissenheit, welcher, das patriotische Panier mit übertrieben nervichten Armen schwingend, vom höheren Deutschtum im Grunde soviel versteht wie der Ochs vom Lautespiel. Eingeborener Haß gegen alles Freie, Kühne und Zarte, das dem niedrigen Lebensbegriff dieser Menschenart als Verfall erscheinen muß, läßt sie das vaterländisch Sittliche im Bilde einer plumpen Einfalt erblicken, zu deren Schutz sie das Land mit obskuren Femegerichten über das Geistige zu besetzen hofft. Diesen Leuten ist zu sagen, was auch unser Buch, das sie nicht lesen können, wieder lehrt: daß nichts Rohes, Gehässiges, Geist- und Kulturfeindliches je mit einem Schimmer von Recht den deutschen Namen beansprucht hat, – diesen Namen, der seinen wahren Anwärtern noch immer als Inbegriff aller Frömmigkeit zum Geiste und zur Kultur gegolten hat.

›ROMANE DER WELT‹
[Geleitwort]

Das ist ein weiträumiger Titel und ein Unternehmen, jenem
Geiste massenfreundlicher Großzügigkeit entsprungen, der
soviel Anrecht auf die Zeit und das Leben hat wie der Geist
der Verfeinerung und Vertiefung, – der vielleicht *mehr*
Anrecht auf sie hat, wenn wir gerecht und freimütig sein
wollen. Etwas wild und demokratisch atmet es her aus
dieser Welt abenteuerlicher Modernität ... Rümpfen wir
nicht esoterisch die Nase! Flüchten wir nicht auf ein Elfen-
beintürmchen vor ihrem pöbelhaft jugendlichen Andrang!
Seien wir tapfer, gutwillig und vertrauensvoll – in Erwiderung eines Vertrauens, das freilich kaum unserer Existenz-
form, sondern eben nur unserem guten Willen und unserer
guten Laune gilt! Gut denn, tun wir mit! Stellen wir uns an
die Spitze! Helfen wir und machen wir uns nützlich, indem
wir zugleich der Zeit dienen und das bestürmte Niveau
verteidigen ...
Wäre das hoffnungslos? Könnte das Massenhafte, das Massengerechte nicht einmal gut sein? Was ist massengerecht?
Das Äußerliche? Aber Goethe hat gesagt, daß große Kunst
immer die Tendenz habe, ganz äußerlich zu werden. Wer
insonderheit sich aufs Wesen der *Erzählung* versteht, der
weiß, daß es dabei auf Innerlichkeit oder Äußerlichkeit zum
mindesten nicht ankommt, sondern darauf, daß die Leute
Augen, Münder und Ohren aufsperren. Daß sie stillhalten.
Daß sie *zuhören*. Die Kunst der Erzählung ist die Kunst,
zum Zuhören zu zwingen – weiter nichts, aber das ist nicht
wenig, und heute zumal! Es ist ein Geheimnis, für dessen
Walten die Frage des Innerlichen oder Äußerlichen entschieden unwichtig ist und das sich in einem hinlockenden und
verzaubernden Tonfall, also in etwas Äußerlichem, beinahe
erschöpfen mag. Jedenfalls hat große Erzählung nicht nur
wiederholt, sondern geradezu fast immer die Neigung gezeigt, ins wild Unterhaltende, ins Kolportagehafte, ja ungescheut ins Sentimentale und Aufregende zu steigen, – wobei

zu bemerken ist, daß große Erzählung dieses äußerlich
epischen Sinnes bei uns in Deutschland nicht viel Boden und
Überlieferung hat. Wir haben keinen Dickens und Balzac,
auch keinen Dostojewski. Der deutsche Roman großen Stils
ist aristokratisch und innerlich, denn er ist der Entwick-
lungs- und Bildungsroman Goethe'schen Gepräges. Ob er
eben darum *Erzählung* großen Stiles ist, bleibt strittig. Solcher eignet etwas Mitreißendes, etwas groß Populäres im
modernen Sinn, nicht mehr in dem romantischer Volkstümlichkeit, wovor das deutsche Wesen sich lange ver-
schloß. Lassen wir uns doch durch politische Unumgäng-
lichkeiten nicht verdummen gegen die Wahrheit einer
wesentlich aristokratischen Anlage des deutschen Geistes!
Es ist bezeichnend genug, daß noch bis vor kurzem das
Drama hier für die unbedingt höchste Dichtungsform und
der Erzähler für den ›Stiefbruder des Dichters‹ galt. Daran
ist wahr, daß in der Tat der Roman, im Vergleich mit dem
Drama, die modern-populärere, eine demokratische Kunstform bedeutet: wie denn schließlich die Kino-Sensation von
ihm herkommt und keineswegs vom Drama, mit dem sie
gar nichts zu tun hat.

Hat sich aber – letzte Unveränderlichkeiten und Unveräu-
ßerlichkeiten des Charakters aus dem Spiel gelassen – nicht
manches verändert in Deutschland? Ist nicht seiner politischen Entromantisierung ein jahrzehntelanger rein kultureller – oder zivilisatorischer – Prozeß vorangegangen, den
man in gewissem Sinn als die ›Europäisierung‹ Deutschlands bezeichnen könnte: eine lange und scharfe Übung in
prosaistischer Form und kritischer Psychologie, als deren
Ergebnis die Tatsache dasteht, daß heute das Drama (es ist
nicht vom *Theater* die Rede) im öffentlichen Interesse weit
hinter den Roman zurücktritt, welcher, einfach weil seine
Leistungen die größeren sind, was aber niemals ein Zufall
ist, augenblicklich den ersten Platz darin behauptet?

So ist es, wir waren ›demokratisiert‹ – in dieser unpolitischen Bedeutung des Wortes –, lange bevor das Kaiserreich
abdankte. Das Problem kultureller Demokratie aber ist das

des Niveaus, der *Hebung* des Niveaus: davon lebt sie, darin besteht sie. Ja, man kann wirklich zu ihrem Lobe sagen, daß sie die Hebung des Niveaus, das auf anständige, ja vorzügliche Art Massengerechte, das Gutgemacht-Mittlere bedürfnisweise in sich trägt; denn sie ist eine intelligent-fortgeschrittene Gesellschaftsform von ausgesprochener Empfindlichkeit und hohnlachender Ungeduld gegen das Rückständig-Blöde (welches in älteren Stadien der Entwicklung neben dem hohen Werke viel freundlicher geduldet wurde), von ausgesprochenem Sinn für das intelligent und unblamabel Fortgeschrittene auf jedem Gebiet, auch dem der Kunst und der Unterhaltung, wo sie denn die ehemals offene Kluft zwischen hoher Dichtung und gemütvollerweise noch nicht als blamabel empfundener Blödheit durch das vorzüglich gemachte Mittlere zu schließen sucht. Dies, wie gesagt, ist ihr Lebensbedürfnis, und jedes wahre Bedürfnis zeitigt seine Befriedigung. Wir haben heute in Deutschland Bücher, von denen man sagen kann, daß sie viel schlechter würden gewesen sein, wären sie vor dreißig Jahren geschrieben worden. Einfacher gesagt: sie hätten damals überhaupt nicht geschrieben werden können. Ihre Autoren waren nicht erzogen, und im Publikum fehlte das Bedürfnis danach, denn dieses venerierte das ›Klassische‹ und las das Blöde. Das ist nun anders geworden. Die Bücher sind da, die vorzügliche Unterhaltung ist da, das Massengerechte von durchaus unlächerlicher Qualität; und namentlich ist das Bedürfnis nach dieser Qualitätsware entwickelt – in einem Grade, einem Umfange sogar, mit welchem die einschlägige Produktion bei uns zulande, anders als in anderen Ländern, nicht Schritt hält.

Dies ist ein Punkt, der eine Rolle spielte bei dem Entwurf des Unternehmens, das wir hier ankündigen. Man bezweifelte eine heimische Fruchtbarkeit dieser Art, man wollte ausscheiden, was ›nicht weit her‹ war, wollte international sein im Sinne des nur Ausländischen, und wenn man ›Romane der Welt‹ verhieß, so sollten es unbedingt Romane fremder Welt und fremden Schicksals sein. Man berichtigte sich schnell. Das ging nicht. Die grundsätzliche Einbeziehung der deutschen Produktion, die ohne Zweifel vorhanden ist und durch einen marktschaffenden Publikationsapparat, wie diesen, kräftig belebt werden kann, vervollständigte erst die Idee. Sie war geboten, um den Doppelcharakter des Unternehmens zu wahren, der im Seelischen expansiv, im Wirtschaftlichen sozial sein muß. Sozial: Dazu genügte nicht die Vereinigung von Wohlfeilheit und Gediegenheit, nicht das holzfreie Papier, der propere Leinenband – zu einem Preise, der mit der gegenwärtigen Wirtschaftslage des deutschen Volkes in zauberhaftem Einklang steht. Es genügte nicht, daß ein Stab von Lektoren und Korrektoren, ein Heer von Übersetzern durch den Apparat in Brot gesetzt werden würde. Mit Recht hätte jedenfalls das einheimische Schriftstellertum gegen eine ausstechende Überschwemmung des Marktes mit fremden Gütern gemurrt, wenn nicht zugleich dem deutschen Talent, wenigstens einer besonderen Art von Talent, dem auf unblamable Unterhaltung gerichteten, und gerade dem beginnenden Talent, das seinen öffentlichen Weg auch nur anzutreten durch die wirtschaftliche Niedergeschlagenheit der Verleger so oft gehindert ist, eine große Chance gewährt worden wäre.

Räumen wir aber ein, daß seelische Ausdehnung das Wesentliche der Idee ausmachte! Ein derzeit armes, ein derzeit eingeengtes und auf sich selbst zurückgeworfenes Volk und ein von Natur grenzenloses und weltliebendes Volk: Da gab es gestaute Wünsche zu befreien, Sehnsucht zu befriedigen, die Sehnsucht nach Welt und Weite, nach Entrückung aus der Alltäglichkeit, aus *sich selbst*, nach Abenteuern in fremden Ländern und Zeiten, nach Vertiefung in fremde Schicksale, nach Aufgehen in fremdem Glück und Unglück. Wie wäre es, ein solches Volk einmal buchhändlerischerweise mit Welt nur so zu überschütten? Eine Maschinerie von technisch höchst neuzeitlicher Fortgeschrittenheit zu konstruieren, welche, nach sorgfältiger Vorbereitung des Angriffs, ein Mitrailleusenfeuer von lebenstraumschwangeren Leinenbänden auf es eröffnete? Großbetrieb, Großbetrieb! Jede Woche ein Buch, geschleudert zwar, denn technische Kraft und Präzision geben den Nachdruck, doch durchaus nicht Schleuderware, sondern gut gemacht außen und innen, in demokratisierten Luxus gehüllt, wohlfeil durch Massenhaftigkeit. In einem Deutsch, auf das wir achthaben wollen, mögen die Seelen der Völker zu diesem verlangenden Volke sprechen, das immer die Stätte zum Stelldichein der Völkerseelen abgegeben hat: der virile Humor der Angelsachsen, die harte Leidenschaft des Südens, Frankreichs Form und Klarheit, die weiche und wilde Menschlichkeit des Ostens. Gleich geht es an mit dem überraschenden Roman ›Bildnis eines Rothaarigen‹ von Hugh Walpole. Aber was wird nicht folgen an Bildern und Geschichten aus allen Gebieten des Daseins, an bunter Außenwelt, an kräftig gestalteter Wirklichkeit! Unterhaltung? Sagt dafür: Steigerung des Lebensgefühls; das klingt schon ernster. Und vielleicht ist für den ›Wiederaufbau‹ auf diesem Wege manches zu leisten.

[*Antwort auf einen Offenen Brief*]

Sehr geehrter Herr Stefan Großmann! Verzeihen Sie, daß meine Antwort auf den an mich gerichteten Offenen Brief im ›Tagebuch‹ vom 7. Mai etwas hat auf sich warten lassen. Ich war nicht sogleich frei, Ihnen Rede zu stehen.
Vor allem hat der – ich möchte sagen dürfen: vernünftige Ton mir wohlgetan, in dem Sie von der Sache sprechen. Die wilde Lust, mit der ein Teil der Presse (ich brauche ihn nicht zu kennzeichnen) sich bei dieser Gelegenheit an meinem Verfalle weidete, hatte mich in den letzten Wochen etwas erschreckt und angewidert. »Nach dem unerträglich geschwätzigen ›Zauberberg‹ offenbar ausgeschrieben, leitet er nunmehr ein Ramschgeschäft.« Das war so eine Blüte. Wie in Deutschland heute gehaßt wird, das ist gräßlich.
Ich müßte mich wiederholen, das heißt mein Vorwort wiederholen, dessen Kenntnis ich voraussetze, wenn ich hier erörtern wollte, warum ich Knaurs Idee, diese ›Romane der

Welt«-Idee, gut und lustig finde. Ihre Verwirklichung ist in den Anfängen teilweise schon nicht übel gelungen; in anderen Punkten läßt sie zu wünschen übrig; und das gesunde Wohlwollen, das Sie, lieber Herr Großmann, im Gegensatz zu der Humorlosigkeit und Prüderie mancher öffentlichen und privaten Kritik, dem Unternehmen entgegenbringen, begegnet auf meiner Seite der größten Willfährigkeit, die Frage als berechtigt anzuerkennen, durch die Sie Ihren Beifall einschränken. Sie legen, wie man zu sagen pflegt, den Finger auf eine offene Wunde. Die böse Wunde, wie sie heilen? Das ist nicht so einfach, glauben Sie mir, – selbst abgesehen noch von den Schwierigkeiten, die Sie selber, gerechterweise, in Ihrem Briefe anführen.

Ich darf hier mitteilen, was ich in meinem, dem ersten Band der Serie mitgegebenen Vorwort nur umschrieb: daß ich, übrigens in vollkommenem Einvernehmen mit dem Berliner Herausgeber, Herrn Scheffauer, die Aufnahme deutscher Werke in die Sammlung zur ersten Bedingung meiner Beteiligung gemacht habe. Ich bin kein Anhänger kultureller Schutzzollpolitik und würde dergleichen nicht nur als äußerst unzeitgemäß, sondern auch als spezifisch undeutsch empfinden. Daß ich trotzdem die wirtschaftlichen und, sagen wir vor allem, die Ehrengründe zu würdigen weiß, die gegen eine Überfremdung des deutschen Literatur- (und Theater-) Lebens sprechen, mögen Sie daraus ersehen, daß ich die Mitwirkung an einem publizistischen Unternehmen, welches das deutsche Element ausschlösse, grundsätzlich abgelehnt habe. Freilich ist es logisch nicht durchaus schlagend, wenn Werner Mahrholz in der ›Vossischen Zeitung‹ fragt, ob Deutschland etwa nicht zur Welt gehöre. In dem Verhältnis von Ich und Welt ist Deutschland eben das Ich und das andere die Welt, und die ›Romane der Welt‹ könnten ihren Titel recht wohl in dem Sinne führen, wie etwa in meiner Jugend eine vielgelesene Zeitschrift ›Aus fremden Zungen‹ hieß. Einerlei, auf Ihre Frage, »ob eine solche Bücherreihe ohne Deutsche mir denn Freude machen könne«, muß ich antworten: Nein, es wäre mir nicht wohl dabei; und es kann nicht schaden, daß ich das öffentlich ausspreche, da ich es privatim oft genug ausgesprochen habe.

Im Vorwort habe ich betont, daß durch das Unternehmen nicht nur Übersetzern und anderen Arbeitskräften eine Chance geboten werden solle, sondern auch deutschen Talenten auf dem Gebiet einer entwickelten Unterhaltungskunst, bei welcher freilich eben nicht an das im höchsten deutschen Sinn Dichterische, sondern an Erzählung gedacht sei, die, ohne einem anständigen modernen Weltniveau etwas zu vergeben, eine breite Leserschaft von heute anzuziehen geeignet sei. Daß es nicht leicht sein werde, solche Bücher aus Deutschland selbst zu erhalten, hat man sich unter den Veranstaltern der Serie vorausgesagt. Wenn nun die bedrückende Tatsache hervortritt, daß bis zum achtzehnten Band noch kein deutscher sich findet, so beweist das nicht, daß die Herausgeber es an Bemühung haben fehlen lassen, sondern eben nur, daß man die Schwierigkeiten noch unterschätzt hat.

Ich lasse hier solche der Preispolitik und der Kalkulation außer acht. Bis auf weiteres muß ich glauben, daß man zu Opfern bereit ist. Aber in meiner Einleitung habe ich ja von dem deutschen Kultur-Aristokratismus gesprochen, in dem ich die eigentliche Quelle dieser Verlegenheit sehe. Es ist nicht anders: in Deutschland gedeiht das Hohe und dann viel Gemeines. Das brauchbar Mittlere ist in ›Europa‹ viel mehr zu Hause. Nichts Neues übrigens, was ich da sage. Bei Stefan George kommt etwas Ähnliches auch schon vor. Es ist aber der Grund, weshalb man zum Beispiel den Theaterdirektoren das Wirtschaften mit englischen und französischen Lustspielen und Gesellschaftsstücken nicht recht verübeln kann; denn wo ist die deutsche Produktion, die dafür eintreten könnte?

Ist es aber einmal da, das »Gutgemacht-Mittlere«, dies »Massengerechte von unlächerlicher Qualität«; ist er einmal vorhanden, der Autor, der mit schon bewährter Begabung das im besseren Sinn Abenteuerliche und Unterhaltende pflegt, so ist er gewöhnlich in festen Verlegerhänden, und für ein junges Unternehmen ist es sehr schwer, ihn zu gewinnen. Wollen Sie nicht auch das zu unserer Entlastung in Anschlag bringen?

Ein Glück, daß bei alldem diese Zeilen nicht auf bloße Entschuldigungen hinauszulaufen brauchen. Es ist nicht von Resignation die Rede; man sucht, man prüft und verhandelt, man tut sich um. Indiskreterweise, um der Beschwichtigung willen, werde ich Namen nennen, die in Betracht kommen: Norbert Jacques zum Beispiel, Mehring und Feuchtwanger, auch Georg Engel, Karl Friedrich Blunck, Rolf Lauckner und F. R. Nord, Verfasser der erfolgreichen ›Sichel‹. Endlich wird als stimulierendes Mittel ein *Preisausschreiben* erwogen.

Das sind Aussichten, Möglichkeiten. Wir versprechen, daß in nächster Zeit deutsche Bände erscheinen werden. Dies Versprechen ist bindend für mich. Sollten wir unser Wort nicht halten, sei es in diesem Punkt oder was die Unlächerlichkeit der Qualität betrifft, so wird – es kann nicht schaden, das auszusprechen – mein Name vom Titelblatt der Romanreihe verschwinden.

[*Antwort an Winifred Katzin*]

Miss Katzin, so scheint mir, tut dem Unternehmen des Herrn Droemer (der Inhaber des Verlages der Bücherreihe) insofern unrecht, als sie einen falschen literarischen Maßstab an die Romanserie legt, gegen die ihre drollig schlagfertige Polemik sich wendet. Niemand hat je behauptet, was in dieser Sammlung erscheint, sei hohe Literatur. Das »Gutgemacht-Mittlere«, »unblamable Unterhaltung«, packend erzählte Welt und äußeres Abenteuer sollte den Lesermassen, denen man mit geistiger Dichtung nicht jeden Wochentag kommen darf, zu einem Preise geboten werden, der im Verhältnis zur Ausstattung eine überraschende Leistung darstellte. Gab es Fälle, in denen man unter dies vorgesetzte Niveau geriet? Aber dann geböte die Billigkeit, hinzuzufügen, daß man es in anderen nach oben hin verlassen hat.

Es war der verstorbene Herman George Scheffauer, der mich für den Plan gewann. Ich hatte den Mann persönlich gern, ich war ihm dankbar, weil er mehrere meiner Arbeiten mit außerordentlicher Kunst und Liebe ins Englische übersetzt hatte, zudem galt er als ausgezeichneter Kenner der angelsächsischen Literaturen. Was ich in der vielfach gedruckten Einleitung zur Serie ›Romane der Welt‹ und in einem Aufsatze sagte, den ich später in Erwiderung gewisser Angriffe für Großmanns ›Tagebuch‹ schrieb, war der Niederschlag meiner Unterhaltungen mit dem sympathischen Deutsch-Amerikaner und kennzeichnete mit natürlicher Wärme mein Verhältnis zu der Idee des Unternehmens, ein Verhältnis, dessen Intimität in Miss Katzins Aufsatz viel charmante Übertreibung erfährt. Es ist klar, daß sie meine Äußerungen zur Sache nicht gelesen hat. Sie hätte sonst nicht mit so viel weiblichem Witz beständig von meiner Serie, meiner Bibliothek, meinem Katalog des Bemerkenswerten sprechen und sich die Miene geben können, als böte dieser Katalog eine besonders günstige Gelegenheit zum Studium des Phänomens produktiver Kritiklosigkeit.

Zugleich aber deutete sie an, was oft angedeutet und nicht nur angedeutet worden ist, ich sei, indem ich die Mitherausgeberschaft übernahm, den Fallstricken des Teufels Mammon erlegen. Ich habe oft melancholisch über die wollüstigen Träumereien lächeln müssen, denen die Kritiker meines Erdenwallens sich in dieser Beziehung öffentlich überließen. Einer von ihnen rechnete mit rotem Kopfe aus, ich zöge aus der Romanserie monatlich sechzigtausend Mark. Engel und Boten Gottes, steht uns bei! – Die Wahrheit ist, daß ich meiner ›Würde‹ nicht nur zu jeder Stunde in dem Grade acht habe, wie diejenigen, die sie am heftigsten bestreiten, es unlogischerweise von mir verlangen, sondern daß ich sie auch sehr mangelhaft auszunützen verstehe, wenn ich sie einer fremden Sache leihe, von der ich mir Spaß verspreche. Man frage Herrn Droemer ...

Übrigens habe ich, wie Sie wissen, mit den ›Romanen der Welt‹ längst nichts mehr zu tun. Ist es Miss Katzin entgangen, daß mein Name schon seit einem halben Jahr nicht mehr auf dem Titelblatt der Bände figuriert? Meine Abdankung hat doch in vielen Zeitungen gestanden, wenn auch nicht in denen, die sich zuvor über meine Teilnahme am eifrigsten entrüstet hatten. Es versteht sich, daß mit Scheffauers Abscheiden auch für mich der Augenblick des Verzichtes gekommen war. Aber selbst wenn der Gute uns die Freude gemacht hätte, fortzuleben, wäre ich sicher nach Ablauf meines Kontraktjahres zurückgetreten. Ich hatte einiges durchgesetzt, vor allem die Aufnahme von Deutschen, aber nicht genug, zum Beispiel nicht die Opferung der meist schlimm illustrierten Umschläge und die Einbeziehung russischer Literatur; überhaupt aber hatte ich bald einsehen müssen, daß bei dem programmäßigen Produktionstempo eine wirkliche Kontrolle dessen, was der Verlag mit seinen Lektoren und Übersetzern veranstaltete, besonders von München aus, nicht möglich war; und auch Einwände grundsätzlicher, namentlich wirtschaftsmoralischer Art, die von Wohlmeinenden gegen das zweifellos etwas wilde Unternehmen erhoben wurden, waren nicht ohne Eindruck auf mich geblieben. Wie aber die Menschen sind! Da ich in Sünde fiel, war ihr Gezeter überlaut. Da ich Buße tat, hat man so wenig Aufhebens davon gemacht, daß es Miss Katzin nicht einmal zu Ohren gekommen ist.

Bringen Sie ihren hübschen Aufsatz nur! Ich fühle mich frei zu einer rein artistischen Würdigung ihrer Neckereien.

[ÜBER RUDOLF BORCHARDT]

Über Rudolf Borchardt angemessen zu schreiben, ist mir vielleicht überhaupt nicht gegeben, jedenfalls im Augenblick nicht vergönnt. Alle Umstände widerstreben einem Unternehmen, das ich ausdrücklich höchst anspruchsvoll nenne, um doch wenigstens aufs allgemeinste den tiefen

Respekt anzudeuten, mit dem ich auf diese außerordentliche, in jedem Sinn interessante Erscheinung blicke, deren geistiger Umriß hoffentlich aus der Gesamtheit der Ihnen zugehenden Äußerungen eindrucksvoll hervortreten wird. Man wird von dem sublimen Philologen und Humanisten, dem Rhetor und Literator, dem hochbedürftigen Dichter und Prosaisten sprechen, dessen Wissen um alles Rechte, Wahre, Reine seinem Leben die schmerzliche Weihe gibt; von seiner Dante-Übersetzung, deren großartige Grillenhaftigkeit auch ich so sehr bewundere; von seinem hohen Nationalismus, den ich ohne Schwierigkeiten zu ehren vermag, obgleich geistige Entschlüsse, auf die hier nicht einzugehen ist, mich solcher Gesinnung bis zu einem gewissen Grade entfremdet haben. Ich beschränke mich – notgedrungen – auf zwei Erinnerungen, die mich diesem Mann und Geist – wenn ich so sagen darf – persönlich verbinden und die ich unfehlbar anführen würde, wann immer und wo auf ihn die Rede käme.

Die eine betrifft einen öffentlichen Vortrag, den er vor ein paar Jahren hier in München in einem kleinen Saal vor beiläufig hundert Menschen hielt und zu dem ich mich glücklicherweise eingefunden hatte. Er nahm Platz, fügte die Hände zusammen und sprach eine Stunde lang ohne jeden Notizenanhalt über einen Gegenstand, dessen schriftstellerische Behandlung für jeden anderen eine heikle, lange Behutsamkeit erfordernde Aufgabe sein würde – sprach also vollkommen frei und in fließendster Untadeligkeit des Ausdrucks über ›den Dichter‹, den Typus des Dichters überhaupt und durch alle Zeiten und Zonen, dem er in geistreicher Zusammenschau eine besondere, geradezu leibliche und physiognomische Einheitlichkeit zuschrieb. Mit tiefer, tönender Stimme sprach er wie ein Buch, aber wie eines vom edelsten Rang – nie, weder vorher noch nachher, ist mir in improvisierter Rede an Vollendung etwas Ähnliches vorgekommen. Die formale und geistige Leistung war blendend, die Konzentrationskraft, durch die sie bedingt war, erstaunlich, der Genuß unendlich. Er sagte mir nachher, seine Vorbereitung auf solche Produktion bestehe darin, daß er sich hinter dem Podium einige Minuten lang, das Gesicht zur Wand gekehrt, in eine Ecke stelle und sich das etwa zu Sagende rasch durch den Sinn gehen lasse.

Ein andermal war er zu Gast am Teetisch meiner Frau. Es war die Rede von einer lyrischen Anthologie, die er eben für die Bremer Presse vorbereitete und neben deren Exklusivität selbst George's Strenge wohl lax wirken mag. Es hatte etwas von Züchtigung, zu hören, was er zur Unsterblichkeit zuzulassen gedachte, was nicht. So kam die Rede auf Schiller, dem oft das lyrische Element abgestritten worden, von dem aber er mindestens ein Gedicht aufzunehmen sich entschlossen erklärte. Es hieß ›Das Glück‹, und keiner von uns konnte sich im Augenblick darauf besinnen. Er nahm den Band und las. Mit Orgelstimme zelebrierte er die herrlichen Distichen, in denen ein Sentimentaliker den Aristokratismus der Erwähltheit demütig feiert:

Selig, welchen die Götter, die gnädigen, vor der Geburt schon liebten –

Er las bewunderungswürdig. All seine Liebe und Ehrfurcht, die ganze Glut und Andacht seines Herzens tat sich kund in dieser Mitteilung des Erhabenen. Wir waren erschüttert, und niemand von uns vergißt den Ausdruck, mit dem er die Verse nachsprach:

Vor Unwürdigem kann dich der Wille, der ernste,
                                    bewahren,
Alles Höchste, es kommt frei von den Göttern herab.

Diese Stunde hat mich seiner Menschlichkeit auf immer verbunden, und ich schweige still, wenn man streitet, ob, was er zu bieten hat, Niveau ist oder Genie.

[DICHTUNG UND CHRISTENTUM]

Die christliche Kultur, die diejenige des Abendlandes ist, hat selbstverständlich nie aufgehört, sich zu manifestieren, – am stärksten zuweilen durch Geister, die ihrer Willensmeinung nach Feinde des Christentums waren, wie Goethe und Nietzsche. Aber christliche Dichtung im engeren Sinne ist etwas anderes. Sie ist heute noch möglich in katholischer Sphäre (Claudels ›L'Annonce faite à Marie‹, ein Werk, dessen Engelsstimme ich zeitweise leidenschaftlich geliebt habe) als Gegenstück einer ebenfalls ganz unprotestantischen atheistischen Lästerung, wie man sie gelegentlich bei Anatole France findet. Sie ist, eben auf katholischem Boden, ferner möglich als Experiment literarischer Volkstümlichkeit, als Salzburger Barocktheater etwa, von Hofmannsthal oder Max Mell. Aber sie ist nicht möglich in protestantischer Sphäre, der Sphäre der »Bildung«. Das protestantische Pfarrhaus war die Heimat der idealistischen Philosophie, es war noch die Heimat Nietzsche's. Die Konfession, die ›Schöne Seele‹, die Autobiographie, der deutsche Bildungs- und Entwicklungsroman (eine verinnerlichte Form des Abenteurer-Romans) sind Kinder des Pietismus. Hier herrscht Vergeistigung. Doch sind das alles historische Kategorien, namentlich die »Bildung«. Was jetzt heraufkommt und halb schon da ist, wird mit christlicher Welt-Konzeption unmittelbar nicht viel mehr zu tun haben, in Leben und Dichtung: es wird seine eigene, eine neue Frömmigkeit besitzen und christlich wohl nur insofern genannt werden können, als abendländische Religiosität zu immer neuen Siegen des geistigen Prinzips über das stoffliche führen muß.

DIE UNBEKANNTEN

Sie setzen mich freundlich in Kenntnis von Ihrem Vorhaben, »heute, in der Zeit wirtschaftlicher Not, besonders aller geistigen Berufe, den jungen Kräften in den verschiedenen

Kunstzweigen durch ein so großes Blatt Resonanz zu verschaffen«, also auch unbekannte Lyriker und Novellisten von Begabung mit Gedichten und kurzen Novellen regelmäßig zu Wort kommen zu lassen. Die Äußerung über diesen Plan, die Sie von mir wünschen, kann selbstverständlich nur in dem Ausdruck herzlichsten Beifalls bestehen und in aufrichtiger Anerkennung des Ernstes und der Gutwilligkeit Ihres Machtbewußtseins. Daß die große Presse sich mit berühmten Namen schmückt, weil sie sie bezahlen kann, ist im Grund eine Protzerei. Viel edler, viel mehr im Sinn ihrer Aufgabe, der Zeit zu helfen, handelt sie, wenn sie die Namenlosen, das schwer beginnende, schwer kämpfende Talent ans Licht, in ihr gewaltiges Licht zieht, es, wenn auch nur auf einen Tag, ihrer weiten Öffentlichkeit sichtbar macht, ihm die Chance gibt, nach der es sich grämt und der nicht teilhaft zu werden es als bittere Ungerechtigkeit empfindet: einmal, einmal gehört zu werden. Der einzelne kann da wenig dienen. Die Hilfsbedürftigen, die Manuskriptsender überschätzen naiv und unbelehrbar unseren Einfluß auf den Gemütszustand eines wirtschaftlich verschüchterten und ›abgebauten‹ literarischen Unternehmertums. Nur Ihresgleichen kann nützen im großen Stil, und es ist schön, daß Sie der Möglichkeit die Verpflichtung dazu gleichsetzen.

Das Wort ›Jugend‹ besitzt einen Zauber, dem nur wirkliche innere Abscheulichkeit sich entzieht. Ich weiß kein Gefühl, dessen Feststellung in meiner Seele eine solche Selbstverachtung erregen würde, wie das der Feindseligkeit gegen das Aufkommende, Junge, sehr gleichgültig, ob es mir gefällt oder nicht. Recht vieles von dem, was heute gemacht wird, gefällt mir nicht und soll mir nicht gefallen. Das hindert mich erstens nicht, es merkwürdig zu finden, und es hindert mich vor allem nicht an der Überzeugung, daß in dem Verhältnis der nebeneinander lebenden Generationen der Haß sich gesunderweise auf seiten der Jungen zu halten hat. Daß wir ihn erwidern sollen, ist zuviel verlangt – besonders wenn wir, wie ich, auch noch im Physischen Väter sind. Es ist persönlich zuviel verlangt, aber auch zeitlich; denn es hieße uns in die völlig unmöglich gewordene Rolle des bakelnd bedrückenden Tyrannen drängen wollen, die uns selber ein Spott ist und der die ebenfalls schon etwas demolierte Rolle des patriziden Sohnes entspricht: ein Verhältnis, über das ich neulich von einem Berliner Magazin ausgeholt wurde und über das ich mich, wie der Drucksatz mich lehrte, gesprächsweise mit so eklatantem Ungeschick geäußert habe, daß es für den wachsamen Bert Brecht allzu schwer war, keine Satire zu schreiben.

Immerhin, ich möchte nicht glauben, solche Monumentalitäten von mir gegeben zu haben, wie »sie hassen die Seele, die Bolschewisten«. (Sie hassen sie übrigens wirklich und programmatisch, wie man bei Fülöp-Miller nachlesen mag.) Aber man sieht, wie es genügt, den Tonfall einer Äußerung ein bißchen zu ändern, um aus einer interessierten Feststellung eine larmoyante Eselei zu machen. Ich habe auch nicht das neunzehnte Jahrhundert »das meine« genannt und es gegen das zwanzigste ausgespielt. Wie käme ich dazu, der ich um die Jahrhundertwende zu schreiben begonnen habe. Ich habe mich nur über die »dynamischen« Ansprüche einer Epoche etwas lustig gemacht, deren *Kraft*äußerungen doch vorläufig mit denen der abgelaufenen überhaupt den Vergleich nicht aushalten. Man kann das neunzehnte Jahrhundert unglückselig finden; sein Format aber wirkt heute durchaus heroisch, und der Ruhm ungeheurer Kraftleistung (Wagner, Tolstoi, Zola) ist ihm nicht abzusprechen.

Das sind zwei Dinge, die ich nicht gesagt habe. Nach dem Ausdruck dessen, was ich wirklich zu sagen wünschte, habe ich im Gespräch offenbar vergebens gerungen. In freundwilliger Auseinandersetzung mit der Jugend war es mir um die Andeutung der Möglichkeit zu tun, daß man die Ausmaße der zwischen den Generationen, der unsrigen und der neuen, gähnenden Kluft eine Zeitlang in kopfloser Weise überschätzt hat: überschätzt trotz Krieg und Weltrevolution, die diese Kopflosigkeit erklären, ohne sie zu entschuldigen. Man fand, daß nie, bei so gänzlichem Wandel des

Lebensgefühls und des Lebensbildes, jedwede Hoffnung auf Verständigung zwischen den Geschlechtern sich gründlicher verboten habe als diesmal. Und doch glaube ich heute, daß beispielsweise der Bruch zwischen dem Naturalistengeschlecht von 1890 und dem der Epigonen unserer klassisch-romantischen Epoche, wenigstens rein künstlerisch genommen, schärfer, wirklicher, entscheidender war. Als meinen eigenen »Vater« bezeichnet Bert Brecht den ehemals berühmten Romanschreiber Spielhagen. Natürlich soll das eine Erniedrigung sein, obgleich ich Gründe habe, zu glauben, daß Spielhagen gar nicht so übel war, wenn ich ihn auch nicht lesen kann. Ich bin nicht in der Lage, Brecht zu kontrollieren, denn ich habe nie eine Zeile von Spielhagen gelesen, aus dem einfachen Grunde, weil deutsche Prosa aus jener Zeit mir überhaupt nicht lesbar ist in einem Grade, den die Unlesbarkeit des ›Tonio Kröger‹ oder selbst des ›Zauberberges‹ für die Jungen von heute, glaube ich, nicht erreicht. Sie lesen diese Dinge wohl, wenn auch nur, um daraus zu lernen, wie man es nicht machen soll, und um darauf zu schimpfen. Ich habe von Spielhagen gar nichts gelernt, auch nicht, wie ich es keinesfalls zu machen hätte, und meinem Verhältnis zu ihm fehlt jede Gereiztheit, es war und ist das vollendeter Apathie. Wenn das überhaupt Sohnesverhältnis ist, wo, frage ich dann, ist die tiefere Kluft?
Die Psychologisierung und Europäisierung der deutschen Prosa durch den Naturalismus und durch Nietzsche; die Wiederentdeckung des Dichterischen überhaupt; das Sprachwerk George's; schließlich auch all das, was durch die deutsche Erzählung für die Kultur des bürgerlichen Ausdrucks geleistet ist (eine Leistung, die sich natürlich nicht nur auf das Formale erstreckt): mir scheint, das war mehr Erneuerung, Schollenumbruch, Revolution als das bißchen Tempo, Dynamik, Kinotechnik und Bürgerfresserei, womit unser Nachwuchs uns vergebens in bleiche Wut zu treiben sucht. Die Entrüstung der Alten bleibt aus. Es besteht heute keinerlei psychologische Möglichkeit für den würdigen Grimm Paul Heyse's um 1880 darüber, daß »auf Parnasses Höhen

übermüt'ge Knaben lärmen«. Und wenn die Jungen ihrerseits uns unausstehlich finden, so, offen gestanden, nicht um unserer ›Bürgerlichkeit‹ willen (ach, es steht recht zweifelhaft darum; wir sind eher gekommen, das Bürgerliche aufzulösen, als es zu erfüllen), sondern weil sie uns mehr schulden, als ihnen lieb ist – unvergleichlich mehr jedenfalls als wir dem Vater Spielhagen rein künstlerisch genommen. Was aber das Allgemeine, die »Weltrevolution« betrifft, als deren Träger diese junge Generation mit Recht sich fühlt, so hat jeder geistig Lebendige teil daran, auch wenn seine Wiege im »vorigen Jahrhundert« stand und die Fiktion, als hätten wir die letzten zwölf Jahre verschlafen, als seien wir unberührt, ungebildet davon geblieben und stünden vor der neuen Welt wie der Ochs vorm renovierten Scheunentor, diese Fiktion ist nicht haltbar. Revolutioniert sind auch wir: das eben, meine ich, unterscheidet unser Verhältnis zur Jugend vorteilhaft von dem anderer alter Generationen zu ihren Nachfahren. Sind wir Fremde in dieser neuen Welt, worin die Jugend plätscherwohlig sich zu Hause fühlt, ganz stiere und dumme Fremde sind wir nicht, geschweige daß wir Feindselige wären, und unsere vollkommene Gutwilligkeit sollte für uns sprechen, wenn wir, übrigens im humoristischen Vollgefühl unserer altfränkischen Sitten, um etwas Duldung einkommen und um das Recht, im Neuen noch eine Weile mitzutun, indem wir nach bestem Ermessen und Vermögen im Tun und Meinen das Gute fördern.

Vor einiger Zeit las ich das Manuskript eines jungen, aus der Arbeitersphäre stammenden Schriftstellers, einen Roman, der geflissentlich alles hinter sich ließ, was man sich bürgerlicherweise unter einem Roman vorzustellen gewohnt ist: Versuch einer proletarischen Kunst, kein ›Held‹, keine ›Handlung‹, kaum eine ›Idee‹, nichts als Gespräche und kleine Vorkommnisse zwischen armem Volk im Zwischendeck eines Ozeandampfers. Es war recht gut, recht gewagt, begabt und merkwürdig, und ich glaube, das Ding wird bald gedruckt sein und Aufmerksamkeit erregen. Eines Tages dann schickte dieser junge Sansculotte mir Verse. Ich las sie, und es gab eine Überraschung. Sie standen im Zeichen Hölderlins. Brecht wird sagen, er habe es sich gleich gedacht, daß der Sansculotte ein Reaktionär sein müsse, da er sich an mich gewandt habe. Aber mir war diese Anlehnung ein Zeichen, wie das Nachbürgerliche mit dem Vorbürgerlichen sich findet. So war es bei Nietzsche, so war es bei den »Sechzigjährigen«, die von ihm kamen und bei denen freien Sinnes in die Schule zu gehen einen jungen Heutigen weniger schändet, als Radikalisten der Voraussetzungslosigkeit wahrhaben wollen. Es gibt Jahre, in denen die Fähigkeit zur Bewunderung, zu liebender Durchdringung, zur Nachahmung fremden Werkes, das schwerlich das Werk Gleichaltriger sein kann, beinahe identisch mit dem Talent ist, diesem sonst unbestimmbaren Etwas, dessen Feststellung, da Talent eine Frage des Charakters und Schicksals ist, selbst angesichts bestechender Eigenschaften eine riskierte Wahrsagerei bleibt.

Sie bleibt das natürlich auch in dem Falle der allerliebsten kleinen Schöpfungen, die Sie die Güte haben, mir im Korrekturabzug zu zeigen, und an deren schmächtigem Jugendreiz hunderttausend Augen sich sollen weiden dürfen. Ich habe sie mit großem Vergnügen gelesen, Prosa und Verse. Es ist da Intensität und eine gewisse stille Kühnheit, die mich begreifen läßt, wie gerade diese Dinge zu ihrem Glücke kommen. Strauß und Rosner zeigen, wie das Aufnehmen fremden Klanges doch zur persönlichen Produktion werden, zum Ausdruck frischen Erlebens benutzt werden kann. Auch das ›Fragment einer Reise‹, in dem »die Wasser sprachlos ineinanderrauschen«, ist späterer Hölderlin; aber mit einer Zutat von Eigenem, dessen Wert sich dadurch nicht mindert, sondern gewinnt, daß es kaum etwas individuell Eigenes, sondern sanft-ekstatischer Ausdruck der Seelenlage einer ganzen Jugend ist, der die Schöpfung ohne Sinn wogt und die aus Wirrnis Lebensandacht zu gewinnen weiß. Die ›Stiefmutter‹, sehr eindringlich, ist mehr oder weniger von Rilke, einem Sechzigjährigen, den mit Talent zu bewundern auch wohl nicht gerade bürgerliche Reaktion bedeutet. Dies seelische Porträt hat die objektiv meißelnde Lyrik des ›Buches der Bilder‹. So nachahmen heißt fast schon überwinden.

Am besten weiß Georg von der Vring, der Novellist, die Spur seines Kommens zu verwischen. Ein direktes Vorbild für ›Siegellack‹ ist nicht nachweisbar. Sollte Charles de Coster im Spiele sein? Oder Jeremias Gotthelf? Aber dies fängt an, nach Schnüffelei auszusehen, und es wäre nichts anderes, wenn ›Unselbständigkeit‹ hier im mindesten als Vorwurf und Einschränkung gemeint wäre. Die heitere Gelungenheit seiner Studie selbst beweist bündiger, als jeder Anklang es täte, daß auch dieser junge Dichter zu lieben und zu lernen verstanden hat. Der Arme-Leute-Alltag lebt, aber lebt nicht mehr auf naturalistische Weise, sondern auf eine neue, leichtere, höhere. Eine mythische Volkstümlichkeit herrscht hier, von herzlicher Wahrheit und Menschenkomik, deren humoristische Gehobenheit sich von falscher Verklärung wohl unterscheidet.

Ein Bravo für Strauß, Rosner und von der Vring! Und nun zu Weiteren. Denn sie soll ja eine Einrichtung werden, die Debütantenschau Ihres ersten Beiblattes, und eine segensvolle, so hoffen wir. Ihnen freilich wird sie vor allem einen überschwenglichen Manuskriptsegen eintragen, Ihre Einrichtung – bewahr' mich Gott!

›VERKANNTE DICHTER UNTER UNS?‹

Verkannte lebende Dichter, was heißt das? Meinen Sie: Zu Unrecht unbekannte Dichter? Oder zu Unrecht bekannte? Oder bekannte, die man verkennt? Denn die unbekannten laufen ja wenigstens nicht Gefahr, verkannt zu werden. Die Erwähnung Rilkes in Ihrem Brief (Sie sagen von ihm, er sei, obgleich hochverehrt, in seiner letzten Entwicklung gar nicht begriffen worden) deutet auf die klare Einsicht, daß die Wahrscheinlichkeit des Verkanntwerdens im Maße des Bekanntwerdens zunimmt. Sie wissen doch, Hegel auf dem

Sterbebett: »Von allen meinen Schülern hat mich *einer* verstanden.« Pause! »Und der hat mich mißverstanden.« – Ist nicht der ›Ruhm‹ überhaupt ein Mißverständnis, wenn auch ein hoch-dynamisches? Eine Kraftwirkung irrationaler Art, die mit Verstandenwerden unmittelbar nichts zu schaffen hat, keineswegs das *Resultat* des Verstandenwerdens ist? Ist Wedekind verstanden worden? Wollte er verstanden sein? Verstand er sich selbst, wenn er verstanden sein wollte? Zum Beispiel moralisch verstanden sein wollte? *War* er zu verstehen? War er nicht etwa ›bodenlos‹? Ist nicht Dichtung vielleicht eine Macht, welche die Menschheit verwirrt, indem sie sie erhebt? Die Irrationalität des Ruhmes sollte wohl respektiert werden. Das Leben selbst ist eine irrationale Größe und Geist, nach Goethe, »des Lebens Leben«.

Sie werden mir antworten: »Um den Ruhm aber handelt es sich, nämlich um jene Fälle, wo er ausbleibt und nicht ausbleiben dürfte, weil eine bedeutende Potenz ihn fordert; um das, wenn auch nur vorläufige, Versagen jener natürlichen Kraftwirkung, zu unserer Beschämung so oft zu beobachten in der Vergangenheit.« – Werden Sie es ruchlosen Optimismus nennen, wenn ich meine, daß die Gefahr dieser Anomalie sich unter den heutigen Umständen fast bis zur letzten Unwahrscheinlichkeit verringert hat? Die anarchische Neugier und Reizempfänglichkeit dieser Zeit und Welt hat ihre oft kritisierten Schattenseiten, die Möglichkeit des ›verkannten Genies‹, sollte ich denken, schließt sie fast aus. Vielleicht täusche ich mich, vielleicht hat jede Zeit sich so getäuscht, aber die Verkennung einer großen Potenz *als* Potenz, und sei sie so neu und fremd sie wolle, scheint heute unmöglich. Die sonderbarsten Fälle ereignen sich. Der epische Ruf Alfred Döblins ist bedeutend und kaum angefochten. Er ist dies um so weniger, als die große Mehrzahl der Träger und Künder dieses Ruhms gar nicht in der Lage ist, seine Gründe zu kontrollieren, da sie des sehr neuen und voraussetzungslosen Dichters Bücher nicht lesen kann. Es gibt sehr wenige Leute, die Döblins Bücher zu Ende lesen können, aber sehr viele kaufen sie, und allen steht irgendwie fest, daß Döblin ein großer Erzähler ist, obgleich sie einräumen müssen, daß es furchtbar schwer ist, ihm zuzuhören. Gibt es ein besseres Beispiel für das, was ich die Irrationalität des Ruhmes nannte?

Im ganzen: Wer ist nicht willkommen, *was* ist nicht willkommen heute, wenn es der Zeit, der vielfachen Zeit, nur irgendwie und nach irgendeiner Richtung etwas zu sagen hat! Nur gerade der Edelste nicht, meinen Sie? Aber Stefan George ist der große Dichterruhm der Zeit, obgleich kein Betrieb um ihn ist. Verwechseln Sie Ruhm mit Betrieb? Ich frage so, weil Sie Emil Strauß erwähnen, um den Stille sei. Aber Stille um ein bedeutendes Talent braucht ja nicht Verkennung dieses Talentes zu bedeuten, sie kann zum Wesen, zum Willen gehören. Straußens ›Freund Hein‹ hat eine tiefe Wirkung getan; die späteren Werke nicht ganz eine ebensolche, doch wohl, weil sie bei aller Würde jenem frühen Beitrag an Intensität nicht gleichkamen. Aber Straußens Wert ist voll erkannt, sein sechzigster Geburtstag, was Sie auch sagen mögen, in ganz Deutschland und darüber hinaus mit Herzlichkeit begangen worden. Meinen Sie, daß Strauß sich diesen Tag triumphaler gewünscht hätte? Stille, wiederhole ich, kann zum Wesen gehören, und nicht jeder besitzt die Gutmütigkeit oder naive Pflichttreue, sich feiern zu lassen wie Hauptmann. Aber ein Dichter wie Strauß, insistieren Sie, müßte reicher, verbreiteter, äußerlich geehrter sein. Das wäre zu wünschen. Aber damit es geschähe, müßte entweder er sich ändern, was man nicht wünschen kann, oder die Welt, was man wahrhaftig aus mehr als einem Grunde wünschen könnte, aber zu wünschen etwa darum zögert, weil sie Jakob Wassermann zu einem weit verbreiteten, hochbezahlten und stürmisch bis nach Nord- und Südamerika gelesenen Autor gemacht hat. Kann er dafür? Anders dafür als durch sein Sein, das eins ist mit seinem Willen, seinem Talent, seinem Verhältnis zur Welt? Kein Wort von seelischen Rangunterschieden, die entweder nicht vorhanden sind oder ganz entgegengesetzt beurteilt werden können. Aber hier haben Sie eine Begabung von ganz anderer Aggressivität, ein ehrgeizig weit ausgreifendes Künstlertum, eine Erzähler-Ambition großen Stils, einen Baller und Gestalter sozialer Welten, der in mächtiger Geschäftigkeit den Kreis des modernen Lebens ausschreitet, ein enormes Können, das jeweilen in Geschicklichkeit hinüberspielen mag, aber auch dann bewunderungswürdig bleibt und auf jeden Fall der Welt Reize zu bieten hat, die dem möglicherweise reineren, unbedingt aber provinzielleren Genius Straußens niemals zukommen, die zu besitzen oder auszubilden er in seinem Wesen gar nicht wünschen kann. Ich höre jetzt auf, mich auf Strauß und Wassermann zu beziehen, aber es ist doch leicht, sich zwei Talente vorzustellen, von denen das eine viel schönere Natur besitzt, während ihm jedoch etwas Hausbackenes anhaftet, was der Weiträumigkeit dieser unserer demokratischen Welt nicht recht Genüge tut; das andere aber, mit Natur vielleicht weniger begabt, spröder, literarischer, dünner, reicht mit seiner Spitze ins Europäische. Darf man von Verkennung sprechen und das Weltpublikum anklagen, wenn dem zweiten der größere Ruhm gehört?

Da Sie mich ohnehin zynisch finden, will ich meinen Glauben daran bekennen, daß zuletzt jedem das zufällt, was er im tiefsten *begehrt* (nicht nur zu begehren irrtümlicher- und unzukömmlicherweise sich einbildet), denn dies ist der Wille, der unser Sein konstituiert, welchem die Wirklichkeitselemente anschießen, die zu ihm gehören. So der Ruhm, die große Wirkung. Können Sie sich d'Annunzio ohne Wirkung vorstellen? Er selbst hat das nie gekonnt, und darum ist sie ihm zugefallen. Er hat es von Wagner, den er jedoch, wie ich glaube, weniger direkt als durch das Medium von Nietzsche's Kritik erlebt hat. Erinnern Sie sich an das, was Nietzsche über den ehrgeizigen Künstler sagt; über seine Sucht, »an alle Glocken auf einmal zu schlagen«, zum Beispiel auch an die nationale; auch über seine »doppelte Optik«, dieses Zielen auf die Feinsten zugleich und auf die Gröbsten. Der große Ruhm, die große Wirkung lassen sich ins Psychologische *zurück*übersetzen. Sie heißen dann: »Die-

sen verlangte auch nach den Dummen.« – Aber hier ist
natürlich Erotik im Spiel. Fragen Sie Freud oder Jung, ob
das Talent nicht verdrängte Libido ist, wie die Neurose, und
ob die Menge und Macht der verdrängten Begierde nicht in
genauem Verhältnis zu den Weltwirkungen des Äquivalen-
tes stehen wird. Denken Sie an Rousseau! Denken Sie an die
Stelle im ›Tristan‹, wo Wagner das Wort »Welt« (»Selbst
dann bin ich die Welt!«) musikalisch mit dem Sehnsuchtsmotiv akzentuiert. Wer auf »Welt« das Sehnsuchtsmotiv
setzt, dem wird sie zufallen. Sie verkennt ihn nicht, sie
›erkennen‹ einander, sie schließt ihn in ihre Astarte-Arme...
Der Ruhm ist eine Orgie, höchst unanständig im bürgerlichen wie im christlichen Sinne. Heil der reinlichen Lebensform der Verkannten!
Ich breche ab. Sie haben genug. Statt Sie zu befriedigen, statt
Ihrem einfachen Ansuchen nachzukommen, habe ich mich
in eine Metaphysik des Ruhmes verloren, deren Fragwür-
digkeit selbst mir nicht entgeht. Das Recht, Ihnen jetzt noch
Namen zu nennen, die ich größer und geehrter wünsche,
habe ich verscherzt, obgleich ich nicht gescherzt, sondern zu
sagen versucht habe, was mir wahr schien, im Augenblick.
Ich lese es durch und finde, daß ich mich stark kompromittiert habe. Es ist nicht das erstemal. Wüßten aber die Redaktionen, wie sehr sie uns zusetzen und uns verstören mit
ihren Rundfragen, sie würden sie... Sie würden sie dennoch
ergehen lassen.

LIEBER UND GEEHRTER SIMPLICISSIMUS...

Du hast die Freundlichkeit, uns aufmerksam zu machen, daß
wir wieder fünf Jahre älter geworden sind. Das mag humoristisch sein, – schön ist es nicht. Grauenhaft, wie die Zeit
vergeht. Kaum haben wir Dir zu Deinem Fünfundzwanzig-
sten gratuliert, da bist Du schon Dreißig, – ein Patriarchen-
alter, heutzutage, für eine Zeitschrift, aber es bliebe unter
der Wahrheit, Dir zu sagen, daß Du Dich gut konserviert

habest. Du bist sogar jünger geworden. Es waren Jahre, wo
Du ein bißchen nachgabst, wo kleine Zeichen der Ermü-
dung in Deiner Humoristenphysiognomie hervortreten
wollten. Das ist vorbei. Du bist heute jünger als je, und Du
hast gut lachen, gut Dich erinnern. Die Jahre sind Dir nur
ein Zuwachs, während sie uns andern auch Abtrag bedeuten. Du bist zur Institution geworden. Du wirst noch leben,
wenn längst wir alle ruhn in Sarkophagen.

Vor fünf Jahren habe ich Dich erinnert, daß, als wir beide
ganz junge Leute waren, ich geholfen habe, Dich zu redigieren. Das war, als Holm mich auf offener Straße zum Lektor
erhoben hatte und Geheeb seine liebe Not mit mir bekam,
da ich fast alle Novellen annehmen wollte, die Dir geschickt
wurden, obgleich ich sie wirklich alle gelesen hatte. Noch
früher hattest Du schon von mir selbst eine Novelle gebracht, – Du warst beinahe der erste, der mich druckte. Ich
war stolz, ich war glücklich damals, aber ich war nicht
erstaunt. Es war mir natürlich, mit Gunst von Dir aufgenommen zu werden, denn meine Beziehungen zu Dir waren
tief, sie trugen ein fast mystisches Gepräge. Ich liebte Dich,
eh' ich zuerst Dich sah. Ich habe Dich vorausgeahnt, voraus-
gewollt, vorausgesehen, ich habe Dich antizipiert! Als ich
mit neunzehn Jahren zusammen mit meinem Bruder in
Italien herumlungerte, machten wir zusammen ein buntes
Bilderbuch mit Versen und unverschämten Prosa-Legen-
den, ein Werk voller Skeptizismus, Opposition und Über-
mut, das Deines Geistes voll war, bevor Du existiertest. Wir
schenkten es unserer jungen Schwester zur Konfirmation,
und ich schwöre, es war das unpassendste Konfirmationsge-
schenk, das je vergeben worden ist, aber es erklärt die
Vertrautheit, mit der ich Dein Erscheinen begrüßte, es
legitimiert die Freundschaft, mit der ich Dich heute wieder
grüße und die ich Dir, falls Du skeptisch, oppositionell und
übermütig bleibst, bis an mein Ende bewahren werde.

VERJÜNGENDE BÜCHER

Die Fünfzig überschritten, hat man meiner Erfahrung nach manchmal noch große Lust zu schreiben; mit dem Lesen aber leider, ist es seit Jahr und Tag schon nicht mehr wie ehedem. Erinnert man sich des literarischen Appetits seiner Jugend, gedenkt man, was alles einem gefallen konnte, woraus man noch Nahrung zu ziehen wußte, so schämt man sich seines mürrischen Greisenalters. Immer heikler macht einen die Zeit, was Lektüre betrifft, je reichlicher diese sich anbietet und aufdrängt; immer seltener wird, was uns halten kann, und das wäre trauriger, als es ist, wenn nicht dem Nachlassen der rezeptiven Lust eine gesteigerte Dankbarkeit entspräche für das, was sie gelegentlich in alter Frische wiederherzustellen scheint.

Gleich fallen mir ein paar Dinge ein aus den letzten Jahren, von denen eine so schmeichelhafte Wirkung auf mich ausging: Franz Kafka's Bücher etwa, grundeigentümliche Gebilde von sublimer Sorgfalt, die kleinen Geschichten sowohl wie auch die weitläufigen Phantasien ›Der Prozeß‹ und ›Das Schloß‹, beängstigend, traumkomisch, treumeisterlich und krankhaft, die sonderbar eindringlichste Unterhaltung, die man sich denken kann. Es war der Dichter Max Brod in Prag, der sie seinem ruhmscheuen Freund entriß und der mit Hingebung den Nachlaß des Frühverstorbenen verwaltet und ediert, noch nicht genug bedankt von der Öffentlichkeit für dies Mittlerwerk. Es ist selten, daß ein produktiver Geist wie Brod, der die bedeutenden geschichtlichen Romane ›Tycho Brahes Weg zu Gott‹ und ›Rëubeni‹, dazu das bewegte und an glücklichen Formulierungen reiche Buch über ›Heidentum, Christentum, Judentum‹ zu geben hatte, einer so selbstlos tätigen Liebe zu fremdem Geistesgut sich fähig zeigt ...

Ich weiß genau, was ich noch zu nennen habe, bei welchem Namen ich auf ähnliche Weise ›von Glück sagen kann‹. Es ist der eines zweiten Toten, leider, Marcel Schwobs, des Elsässers, dessen französisch geschriebenes Werk Hegner in

Hellerau rein und kunstvoll verdeutscht hat: die antiken Miniaturen, der ›Roman der Lebensläufe‹, ›Der Kinderkreuzzug‹, bezaubernde Schöpfungen, von so leichter und hoher Geformtheit, wie sie sonst heute beispiellos sind, Artistenwerk, wenn man will, das heißt: wenn man auf das luxuriös Künstlerische, auf freie und spielende Kunst, auf die Kunst um der Kunst willen mit dem sozial-moralischen Auge des Zentral- und Osteuropa blickt ... Aber hier gilt es, die allgemeine Lage zu kennzeichnen, wozu sich denn doch die Eröffnung eines neuen Absatzes empfiehlt.

Die Lage ist die, daß das ›*Künstlerische*‹, einst der Gegenbegriff des Bürgerlichen, heute zu einem bürgerlichen, einem konservativen Begriff geworden ist, welcher das geistige Gewissen *gegen* sich hat und für den Augenblick wirklich kaum noch moralische Lebensmöglichkeiten besitzt. Man täte unrecht, sich mit ökonomischen Erklärungen zu begnügen und dabei stehenzubleiben, daß Flauberts heute durchaus als romantisch empfundener Kunstidealismus nicht denkbar ist ohne die ›Rente‹, die niemand mehr hat. Erstens gibt es Gegenden des Kontinents, wo die artistische Idee der Rentenlosigkeit standzuhalten scheint: ich denke an Frankreich, welches in dieser Beziehung als das ›rückständigste‹ Land Europas gelten kann und wo noch heute der Begriff des Künstlerischen erstaunlich fest in den Köpfen sitzt, kaum gelockert durch gegnerische Sorgen, die Frankreich mit ganz Europa teilt. Zweitens aber war jener Kunstidealismus eine Sonderform des *Idealismus* überhaupt, eines Glaubens also, einer Weltanschauung von vorgestern, welcher noch mehr Ideen von gleich abgeschmackter Verblasenheit wie die Kunst, zum Beispiel die Idee der *Freiheit*, in sich beschloß und von unserer – wie darf ich sagen – faschistischen Epoche vielleicht mit einigem Vorwitz, vielleicht mit einem übertriebenen Akzent von Endgültigkeit, ins Reich des Abgelebten verwiesen wird. Es ist sehr möglich, daß der faschistische Anti-Idealismus die allgemeine Geistesform von 1930 sein wird. Es wird aber erlaubt sein, bis 1950 zu denken und für möglich zu halten, daß hundertmal als

›liberal‹ bestatteten Ideen und Bedürfnissen, deren Befriedigung sich Europa nicht lange und radikal versagt, ohne auf den Hund zu kommen, eine überraschende Renaissance aufgespart sein könne.

Ich hasse die falschen, verwirrenden Alternativen, deren Liebhaber und Verfechter über den modischen Augenblick, einen allenfalls korrektiven Rückschlag des Geistes, nicht einen Schritt hinaussehen. Rationalismus, Intellektualismus, liberale Bürgerlichkeit – oder die zähneknirschende Ideenverleugnung, die sich heute in brutaler Begeisterung als ›das Neue‹, ›das Leben‹ feiert; eine andere Entscheidung gibt es nicht in den Augen einer Art von Jugend, die mit dem Begriff der Humanität für alle Zeiten aufgeräumt zu haben meint und das Hakenkreuz froher Entmenschung auf ihre Fahne gestickt hat. Mir ist zumute, als ob eine solche Beschränktheit im Lande Goethe's und Nietzsche's eine Schande sei, und offenbar stehe ich nicht allein mit dieser unklaren Empfindung. »Nietzsches Grundgefühl«, schrieb neulich einer, dem der übliche Mißbrauch eines Sehertums wahrer menschlicher Neuigkeiten gleichfalls auf die Nerven zu gehen scheint (Fritz Landsberger in der ›Europäischen Revue‹), »Nietzsches Grundgefühl und Bestimmung war die große europäische Humanität, wie sie zuletzt Goethe repräsentiert hat ... Man könnte Nietzsches Denken um diese Idee zentrieren und bekäme die Einheit eines großen humanen Weltgefühls.« Und er führt die Elemente dieses Weltgefühls auf, der mitfühlende Schriftsteller: das hölderlinisch echte Verhältnis zur Antike, die Idee der Selbstbildung, der Arbeit am Ich, die Ideen des guten Europäers, des freien Geistes, der intellektuellen Redlichkeit, der Leidenschaft für das Problem der Vornehmheit, die Diesseitsbejahung, die überlegene Psychologie, ein Sprachkünstlertum ohnegleichen, was alles zusammen Nietzsche's echten Humanismus ausmacht und wogegen alle romantische Exzentrizität seines Wesens, die ›blonde Bestie‹, die Verherrlichung der Macht und dergleichen mehr, heute durchaus fade anmutet. Ja, fade und peinlich, als Künstlerlabilität, wirkt alles bei Nietzsche, worauf der europäische Anti-Idealismus à la mode sich berufen zu dürfen scheint, und was übrigbleibt, ist die liebende und erzieherische Vision eines Menschentums, dessen tragische ratio und wissende Schönheit weit jenseits heutiger Wahlfälle und kurzatmiger Rückschläge steht.

Das nenne ich mit wenig Worten weit abkommen. Die Hauptgefahr der Lage scheint in der ständigen Versuchung zu bestehen, sie zu erörtern. Es war die Lage der Kunst, die meine Gedanken in Bewegung setzte, die Frage nach ihrem Bestehen vor heutigem Zeitgewissen, welche mit dem Problem der Freiheit nahe zusammenhängt und deren Beantwortung sich nach dem Verhältnis zu diesem bestimmt. Der Glaube an das Lebensrecht sozial unwertbarer Kunst bleibt Sache eines Idealismus, der heute als zugleich altmodisch und frivol empfunden werden mag, über den aber das letzte Wort nicht gesprochen werden wird, bevor nicht die Rolle des Geistes auf Erden endgültig bestimmt ist, woran viel fehlt. Darum: keine Voreiligkeiten. Und auch hier keine falschen Alternativen. Denn es gibt Werke der Freiheit, die von dem sozialen Erlebnis der Zeit so ganz gespeist und erfüllt sind, daß Kunst und Gewissen in ihnen sich auf einmal bejahen, und man soll zugeben, daß die Hingabe an sie heute die glücklichste und vollste ist. Dankbarkeit für zwei Werke dieser Art ist es, die mich zu diesen Mitteilungen anhält, Werke, die letzthin meine Empfänglichkeit verjüngten, ein *russisches* und ein *deutsches*.

Das russische ist von Iwan Schmeljow und heißt ›Der Kellner‹ (Berlin, S. Fischer). Es hat seine deutsche Form von Käthe Rosenberg, die heute unter allen Übersetzern aus dem Russischen am feinsten und sorgsamsten arbeitet. Schmeljow, der Emigrant, war es, der die ›Sonne der Toten‹ schrieb, dies demütigende Buch revolutionären Elends, dieses entsetzliche Dokument von der Blutschuld der Idee und einer sozialen Desillusionierung von tiefster Tragik. ›Der Kellner‹ nun ist früher geschrieben, noch zur Zarenzeit, und man darf glauben, daß der durch letzte Ernüchterungen

gegangene Dichter das revolutionäre Pathos nicht verleugnet, das, in bescheidenste Indirektheit vermummt, in diesem
Buche pulst und drängt. Es gibt sich in einer Einfalt, die
voller Kunstreiz, voll tiefen, starken Humors ist und auffallend an Hamsun erinnert (wobei man sich hüten soll, an
Abhängigkeit zu denken, denn man weiß, wieviel der große
Norweger seinerseits russischer Kunstüberlieferung verdankt), als Lebensbericht eines Petersburger Restaurantkell-
ners und schlichten Familienvaters, der, Brotnehmer und
Aufwärter eines korrupten Kapitalismus, das Treiben der
Reichen mit stillen Augen aus der Nähe sieht. Er ist kein
Revolutionär, weiß nichts von Politik, bedient die Herren
ums liebe Brot, und im Berufe geschickt und geschätzt,
findet er seine Selbstachtung eben in dieser Tüchtigkeit,
salviert im übrigen seine Seele und sucht mit Anstand durch
den Schmutz zu kommen.

Sein Sohn Koljuschka aber, stolz, rein und reizbar, wird
durch intelligenzlerische Aftermieter in das Getriebe einer
gewissen verfemten und gehetzten Partei hineingezogen;
und wie dieser edelmütige, zugeständnislose Junge, der
typische Sozialidealist, Empörer und Verschwörer des zari-
stischen Rußland, die liebenswerteste Figur des Buches ist,
so öffnen sich auch die schönsten dichterischen Tiefen des
Lebensbildes in dem Verhältnis zwischen Vater und Sohn:
zwischen dem hageren, unversöhnlichen Knaben, dessen
spröde Liebe zum Vater beständig im Kampfe liegt mit der
Wut darüber, ihn als Lakaien einer verworfenen Gesellschaft
zu sehen, – und dem notgedrungen opportunistischen Er-
nährer, der sich über die scheinbare Respektlosigkeit des
Grünschnabels grämt, verzweifelt ist über die Gerechtig-
keitsunbändigkeit, mit der dieser sich die Schulkarriere verdirbt, und dabei Kolja's Reinheit in dem Grade scheut und
liebt, daß er im Gedanken an ihn eine große Geldsumme
abliefert, die er nach einem Gelage unter dem Tisch gefunden hat. Er ist fromm genug, die knappe und fast geheimnisvolle Errettung Koljuschka's vor den politischen
Häschern, die übrigens auch für die Leser eine Wohltat

ist, mit dieser sittlichen Handlung in Zusammenhang zu bringen.

Viel Unglück trifft ihn. Das Schicksal spendet halbe Wiedergutmachungen und schlägt ihn aufs neue. Das Kind seiner betrogenen Tochter Nataschka nimmt er am Ende zu sich. »Es war trotz allem mein Enkelchen ... Julka hieß es ... Ich machte ihm einen alten Wäschekorb zurecht ... Es war wie ein Sonnenstrahl in meinem Leben.« Wie sonderbar! Ein neues Leben, ein Sonnenstrahl. Warum? Unseligerweise wurde es hervorgerufen, und daß es glücklicher sein wird als irgendwelches Leben, das die bitteren und einfältigen Seiten dieser Geschichte vermitteln, ist nicht anzunehmen. Und dennoch ein Sonnenstrahl. Es will hingenommen, es will empfunden sein. Der Bankert seines entehrten und ruinierten Kindes ist der Sonnenstrahl, womit das Schicksal den Lebensabend des müden, mißhandelten alten Mannes vergoldet.

Der Held des deutschen Buches läßt sich beständig »Herr Graf« anreden, aber er ist weder ein Graf noch ein Hochstapler, sondern Graf ist sein Name. Oskar Maria Graf heißt er, und es ist der Verfasser. Er schreibt seine Erinnerungen unter dem Titel ›Wir sind Gefangene‹, einen charakteristisch ungefügen Band von fast siebeneinhalbhundert Seiten, die sich jedoch herunterlesen, als seien es hundert, und als sei man zwanzig – ja ich bezeuge, daß seit langem kein Buch mich so gefesselt, verwundert und beschäftigt hat wie diese Aufzeichnungen eines Dreiunddreißigjährigen: nicht, weil sie spannend wären im Sinne schöner Literatur – sie sind weder ›schön‹, noch wollen sie eigentlich mit Literatur etwas zu schaffen haben, wenn man auch freilich die Voraussetzungslosigkeit des Sansculottisch-Originalen niemals zu wörtlich nehmen darf und zur Entstehung eines guten Buches ganz sicher Lektüre, Kultur, Anlehnung, kurz, was man Bildung nennt, gehört.

Bildung? Wie weit zurück liegt hier diese bürgerliche Welt samt ihrer Moral und Ästhetik, ihrer Sorge ums ›Dichteri-

sche‹! Hier ist neue Welt, proletarische Welt, Leben, das
längst ganz andere Sorgen hat als Kunst und Geschmack, und
das seit einem Jahrzehnt unser aller Teil ist. Leben, dem das
Künstlerische und Dichterische als gepflegter Selbstzweck
lächerlich und vorsintflutlich erscheinen muß und dem diese
Dinge zu elementaren Unwillkürlichkeiten geworden sind,
zu Akzidenzien des Menschlichen und Geistigen – was zu
sein sie denn auch nie hätten aufhören sollen, wenn sie je etwas anderes gewesen sind. Das Dichterische kommt nicht
aus der Welt, auch aus der ungebildetsten nicht, und dieses
Buch hier, rohes Zeitdokument aus Krieg und Revolution,
das es hätte werden können, ist kraft wunderlich ursprünglichen Menschentums, von Gnaden des Herzens, des Leidens
und des Humors, zur autobiographischen Dichtung geworden, zum Ich-Roman, so gut – wirklich so gut! – wie Hamsuns ›Mysterien‹, mit deren seelischer Vexationslust es viel
Verwandtschaft hat, obgleich seine Sphäre und Zeitstufe eine
so gänzlich andere ist.
Graf ist Oberbayer, und mit seinem dialektisch gefärbten
Deutsch ein so bodenständiger, wie man es sich nur wünschen kann. Dennoch, die Bodenständigkeit Ganghofers,
Ruederers, Thoma's ist das nicht mehr! Dazu ist seine Ur-
wüchsigkeit zu gründlich infiziert von internationaler Literatur und internationalem Sozialismus und sein Volksbegriff
zu revolutionär. Auch ist er nicht Bauer, Jäger, Holdrio-Ge-
birgler, sondern Städter, was an und für sich gefährlich ist,
ein halbländlicher Bäckerjunge von Hause aus und auch be-
ruflich später als Bäcker tätig. Aus einer schweren, brutalen
Kindheit strebt sein absonderlicher Geist zum Gedanken und
zur Freiheit empor. Er wird ›Schriftsteller‹, später in München, Bohemien, Proletarier des Geistes, und auch mit den
politischen Organisationen, die Schmeljows Koljuschka an-
ziehen, läßt er sich ein. Dann wird er in den Krieg gejagt, und
seine Abenteuer als unqualifizierbarer Soldat, seine blöde Renitenz, die Simulation aus echter Zerrüttung, mit der er sich
schließlich befreit, sind das Tollste, Naivste und grausig Ko-
mischste, was man lesen kann. Auch glaube ich, daß sein Er-

lebnis der Münchener Revolution und Gegenrevolution als menschlich-historisches Zeugnis von unvergänglichem Werte sein wird.

Ich kann nicht sagen, wie die Originalität des Buches mich gereizt und belustigt hat, die eins ist mit der Natur des erlebnistragenden ›Helden‹, ungeschlacht und sensibel, grundsonderbar, leicht idiotisch, tief humoristisch, unmöglich und gewinnend. Sein Blick liegt auf Menschen und Dingen, volkhaft stumpf, wie es scheint, scharfsichtig in Wahrheit, verschmitzt, in verstellter Blödheit und läßt sich nichts vormachen, von keiner Seite. Ein proletarischer Golem tappt lehmschwer, staunt, wird wild, schlägt drein, hilft sich listig und plump durch die Zeit, die ihn beschmutzt und erniedrigt und doch mit vielem ihr Eigenen auf seiner Seite ist. Ein ringendes Trachten ist in ihm, grotesk, hilflos und edel, aus dem Leben empor zum Licht, zur Menschlichkeit und zu Gott. Er treibt es unmöglich und erregt Lachen und Kopfschütteln; aber er gewinnt dabei unser Herz, und wenn Kunst, wie ich wahrhaben möchte, das Unmögliche ist, das zu gewinnen weiß, so ist es ein wahres Kunstwerk, das ungefüge Buch, in dem er sich erlöst!

BÜCHERLISTE

Nenne ich Bücher des Jahres, die mich freuten und ergriffen, so sollte ich diejenigen übergehen dürfen, für die ich ohnehin in einer oder der anderen Form schon eingetreten bin. Ich habe Vorworte geschrieben zu den deutschen Ausgaben zweier Fremdwerke: dem anklagevollen Eheroman des Amerikaners Ludwig Lewisohn ›Der Fall Herbert Crump‹ (Drei-Masken-Verlag) und der schönen Künstler- und Liebesgeschichte des Franzosen Edmond Jaloux ›Die Tiefen des Meeres‹ (Wegweiser-Verlag). Auch habe ich hier über den Reiz und Menschenwert der ›Politischen Novelle‹ von Bruno Frank in aller Freundschaft gesprochen. Noch nie aber hatte ich Gelegenheit, für das rührend große, rührend deutsche Alterswerk unseres teuren Gerhart Hauptmann, das Epos von ›Till Eulenspiegel‹, meine herzliche Ehrerbietung zu bezeugen, und auch Jakob Wassermann konnte ich nach begieriger Lektüre der Aushängebogen seines ›Maurizius‹ nur privatim versichern, dies Werk müsse ihm den größten moralischen, künstlerischen und selbst äußeren Erfolg seines Lebens bringen. Die Vorhersage hat sich bewährt, das Buch hält beim 75. Tausend. Es ist nicht nötig, darauf hinzuweisen, aber wie sollte man es nicht anführen?

Ich habe Schnitzlers ›Therese‹ (S. Fischer) mit großer Liebe gelesen. Die monotone Trauer und Menschenlebenswahrheit des Romanes, der, wie heute alles Wichtige auf diesem Gebiet mehr und anderes ist, als ein »Roman«, ist bezwingend. Dann hat Dimitri Mereschkowski ein Napoleon-Buch geschrieben (Grethlein & Co.), voll mythischer Suggestionen, höchst eindrucksvoll. Ein jüngerer Russe, Josef Kallinikow, fesselte mich sehr mit seinem Zweibänder ›Frauen und Mönche‹ (H. Hässel Verlag), einem Werk großen Stils, sinnlich, fabelreich, episch, spannend. Dem Osten nahe ist Werfel, dessen ›Abituriententag‹ (Zsolnay) faszinierende Lektüre ist, – im Psychologischen freilich von etwas undurchsichtiger Tiefe.

Ist Annette Kolbs Hofgesellschafts- und Familienroman aus dem Vorkriegs-München ›Daphne Herbst‹ (S. Fischer) nicht reizend? Annette ist im Deutschen nicht sonderlich fest; sie schreibt: »Die Heizung spielte nicht mehr. Ihr fror.« Aber was macht das? Ihr Buch ist doch von so origineller Eleganz, so persönlicher Anmut und skurriler Feinheit, daß es der Dichterin des ›Exemplars‹ mein Herz aufs neue gewonnen hat. Ich glaube, René Schickele stimmt mir zu, und Annette dürfte stolz darauf sein. Ist er nicht etwas ähnliches, wie sie, auf höchster Stufe? Wie schön ›Maria Capponi‹ ist und der ›Blick auf die Vogesen‹, der folgte (Kurt Wolff Verlag), brauche ich nicht noch einmal zu sagen. Es ist die mondänste, reifste, süßeste, vornehm bestrickendste deutsche Prosa, die heute geschrieben wird, die bezauberndste trotz Hesse, der es auf seine Art doch nicht fehlen läßt.

Verzärtelung? Dieser sinnlichen Freundlichkeit haftet nicht eine Spur des Gemeinen, des bloß Schmeichlerischen an. Im Grunde ist sie streng, im Grunde geistig und so fern von blödem Aristokratismus, daß es nicht geschmäcklerische Sprunghaftigkeit bedeutet, ein ungehobeltes Buch, die ›Brennende Ruhr‹ des Proletariers Karl Grünberg (Greifenverlag) in einem Atem damit zu nennen. Ein »Roman aus dem Kapp-Putsch«, eingeführt von Johannes R. Becher, womit das Werk politisch-sozialmoralisch gekennzeichnet ist. Ich wünsche weder den Autor noch den Patron zu beleidigen, indem ich feststelle, daß das Buch starke künstlerische Eigenschaften besitzt.

Daß die Bücher vom Kriege mit der Zeit immer besser werden und jetzt schon sehr gut sind, ist allgemeine Beobachtung. Ich las ›Ginster, von ihm selbst geschrieben‹ (S. Fischer), ein Zeitdokument von Wert, als dessen Verfasser ein bekannter Journalist genannt wird. Der Krieg, im Lande erlebt und nicht an der Front, aber doch eben am eigenen Leibe und eigenem Geist, mit trockener Wahrhaftigkeit. Die Prosa ist nicht einmal besonders persönlich, aber kultiviert und sicher, in der Stimmung von kaustischer Resignation. Ich glaube, das Zeugnis wird bleiben; und bestimmt bleiben wird ›Jahrgang 1902‹ von Ernst Glaeser (bei Kiepenheuer), – mit dem berühmt gewordenen Motto »La guerre – ce sont nos parents«: Der Krieg, gesehen mit den Augen des Menschengeschlechts, das zwölfjährig war, als er ausbrach, hingenommen zugleich und durchschaut, erlebt im Durcheinander mit den Ahnungen, Krisen, Erfahrungen des geheimnisbedrängten, kindlich-nicht-mehr-kindlichen Sensoriums. Kein Roman, aber was liegt an Romanen? Dichtung ist sie doch, die liebenswerte Urkunde, und vor allem Wahrheit. »Ich will die Wahrheit«, sagt der junge Mensch zwischendurch, »selbst wenn sie fragmentarisch ist, wie dieser Bericht. Vielleicht wird er noch andere Menschen aufreizen, die Wahrheit zu sagen. Und wenn sie

nicht schreiben können, dann sollen sie denken.« Gut,
gut.

Ich las Wilhelm Speyers ›Kampf der Tertia‹ (Rowohlt) mit
einer Art von Vernarrtheit. Natürlich, die Schwäche fürs
Jugendliche nimmt zu in dem Maß, wie sich der Abstand
vergrößert von dem Zeitpunkt, da man selber den ›Tonio
Kröger‹ schrieb, – der freilich was anderes war. Entschuldigt, jede Jugend ist jung auf ihre Art, aber ich glaube doch,
daß etwas unsterblich Gleiches ist in allem Jungsein, und
daß noch manche Jugend dem Tonio zulächeln wird, –
verschämt tut es sogar die heutige. Was Speyer betrifft, so
kann er Verschiedenes, wird aber entzückend jedesmal,
wenn er den Boden der Freiluftschule, des Landerziehungs-
heimes dichterisch wieder berührt, – tatsächlich lebt er in
tiefster Seele von seiner Kindheit, wie eigentlich wir alle.
Übrigens ist sein Buch dem Glaesers im Grunde nicht fern.
Es handelt heimlich sogar vom Kriege.

Viel Jugend, auffallend, viel hoffnungsvolle Jugend in diesem Jahr, die teils erst sichtbar wird, teils sich mit etwas
Zweitem bestätigt und behauptet. Dies tut Ferdinand
Bruckner, dessen ›Krankheit der Jugend‹ Aufsehen erregt
hatte, und der sich mit den ›Verbrechern‹ (S. Fischer) erst
recht als szenischer Gestalter von Kühnheit und Kraft erweist. Andere heißen teils Hauser, teils Heuser. Von
Heinrich Hauser ist der schöne Matrosen- und Koloni-
sten-Roman ›Brackwasser‹ in Reclams Sammlung ›Junge
Deutsche‹, den ich mit großem Vergnügen las, eine starke
Geschichte von jener sensitiven Gesundheit, deren Meister
Hamsun ist. Nur daß man die Willkür nicht ganz versteht
und billigt, mit der darin zwischen erster und dritter Person gewechselt wird. Kurt Heuser sodann, schon aus der
›Neuen Rundschau‹ bekannt, die ihn entdeckte, ist der
junge Farmer, der die liebenswerten afrikanischen Novellen ›Elfenbein für Felicitas‹ (S. Fischer) geschrieben hat.
Auch will ich Wolfgang Hellmerts ›Fall Vehme Holzdorf‹
(gleichfalls Reclam) nicht vergessen, einer Erzählung aus
wirrer Zeit von leidender Armut, – und wenigstens nicht

unterlassen, aus dieser Reihe noch ein paar Namen zu nennen, deren Klang schon bestimmter ist, so Penzoldt und Manfred Hausmann.

Heinrich Eduard Jacob, um wieder auf etwas frühere Jahrgänge zu kommen, wird, wie mir scheint, nicht genug gelobt und gelesen. ›Dämonen und Narren‹ waren gekonnte Arbeit, von phantastischem Schliff. Der Autor übertrifft sich in dem kleinen Roman, der jetzt bei Rowohlt erschienen ist, ›Jacqueline und die Japaner‹, einer reizenden Mischung aus deutscher Boheme und asiatischer Seelenkultur, geistreich einfach vorgetragen. Zugleich sei A. M. Frey, der Spukhafte, genannt, der mit seinem originellen neuen Novellenbuch ›Missetaten‹ (bei Beck in München), vergeistigten Kriminalgeschichten, die Wertschätzung erneut und vertieft hat, die ich seit dem ›Solneman‹ für ihn hege. Armin T. Wegner hat ein sehr liebes Kinderbuch geschrieben, – ein Buch nicht für Kinder, sondern für Mütter: ›Moni, oder die Welt von unten‹ (Deutsche Verlagsanstalt, Stuttgart). Es hat mich entzückt durch eine Intensität des Schauens und Wissens, die, halb auf Intuition und Sympathie, halb auf Erinnerung beruhend, sehr dichterisch anmutet. Eine Feuilleton-Sammlung höchst freundlicher Art fiel mir in die Hände: ›–ck erzählt‹ (Verlag der Frankfurter Societäts-Druckerei). »–ck« ist die Chiffre für Geck, den langjährigen Feuilletonisten der ›Frankfurter Zeitung‹, und das Vergnügen, das seine sorgsam geformten Plaudereien voll stiller Klugheit und Warmherzigkeit mir bereiteten, wird von vielen geteilt werden.

Bücher der Kritik und des Gedankens wollen noch angeführt sein, die mir Gewinn brachten. Man kennt Kuno Fiedler kaum, was nicht in der Ordnung ist. Seit Erscheinen seiner mutigen Schrift ›Der Anbruch des Nihilismus‹, das aus aphoristischen Gedanken über das Verhältnis von Religion und Bürgerlichkeit, von Religion und Kultur bestand, haben geistige Leute ein Auge auf ihn, und sein jetzt (bei Georg Müller) herausgekommenes Buch ›Die Stufen der Erkenntnis, eine Ranglehre‹ ist sehr geeignet, ihm die Aufmerksamkeit eines weiteren Publikums zuzuwenden. Fiedler ist Theolog und wurde wegen seiner Kritik Luthers als Geistlicher suspendiert. Er ist jetzt Studienrat im Thüringischen, ein feiner, stolzer Kopf, zuweilen von trockenem Humor, ein Denker, dessen Vornehmheitslehre heute, wo deutscher Aristokratismus mit dem Demokratismus der Zeit im Weltanschauungskampfe liegt, vielen behilflich sein kann, ins reine zu kommen. Gern las ich Julius Babs kulturpolitische Betrachtungen ›Befreiungsschlacht‹ (Engelhorns Nachf.), zuträgliche Kost, ein männlich tüchtiges Buch der Vernunft und des guten Willens. Eduard Korrodi, der Schweizer, hat ›Geisteserbe der Schweiz‹ zu einem wunderschönen Lesebuch gesammelt und bei Eugen Rentsch in Erlenbach-Zürich herausgegeben: Prosa aus zwei Jahrhunderten, voll einer goldenen Redlichkeit und aufrechten Menschlichkeit, die Freude und Ehrerbietung erregen. Herder hat gesagt, die Schweizer hätten »den Kern der deutschen Sprache mehr unter sich erhalten«, – der Kompilator erwähnt es in seinem guten Nachwort, und man spürt diese Wahrheit auf Schritt und Tritt. Perlen sind unter den Stükken, wie Troxlers ›Blicke in das Wesen des Menschen‹, die Fragmente aus Lavater, Keller, Bachofen, J. von Müller, Burckhardt, wie Rector Welti's Rede über ›Urbanitas‹, – aber ich muß weiter gehen. Friedrich Schnack, der Dichter von ›Sebastian im Walde‹, gibt ein Buch über ›Das Leben der Schmetterlinge‹, höchst innige, leicht zauberhaft getönte Naturbeschreibung, wie sie von diesem Träumer des Mythisch-Lieblichen wohl einmal kommen mußte. Das schönste Kunstbuch des Jahres ist zweifellos Meier-Graefes ›Renoir‹ (bei Klinkhardt & Biermann), gedrängt voll von Reproduktionen, deren Vollkommenheit in Erstaunen setzt.

Ich muß zu Ende kommen – ohne zu Ende gekommen zu sein. Der Zudrang ist mächtig; man begegnet ihm, verwirrt, mit erfreuter Abwehr. Ist es Reichtum, ist es Hypertrophie? Wir wollen das erstere glauben und ein Angebot feststellen, das, wenn nicht Blüte, so doch vielfältige Bewegung bedeutet. Man beobachtet Stammesvorstöße. Etwas wie eine nordwestdeutsche Erhebung ist zu bemerken. In Hamburg (um Blunck), in Bremen und Lübeck geht allerlei vor. Ich möchte den Verlag Otto Quitzow in Lübeck nennen, der eine charakteristische Regsamkeit entfaltet.

Ein Wort zum Schluß. Man sagt, das Publikum kaufe nur Neuigkeiten. Kaufte es sie nur! Die Klage, Bücher seien zu teuer, ist doch, meine Lieben, eine offenkundige Ausrede. Das meiste von dem, was ich hier nannte, kostet weniger als eine bessere Electrola-Platte, die in Millionen Exemplaren aufgelegt werden kann. Man sagt auch, das Publikum kaufe nur große Namen; es wollte, wenn es sein Geld schon anlege, etwas Sicheres. Sollte man sich von Mode und Fama so gängeln lassen? Der große Name bietet dir keine Gewähr, daß sein Werk gerade dir etwas zu sagen hat. Überlasse, Entdeckungen zu machen, nicht ganz und gar der Kritik, die sich zumeist in mäßigem Grade darauf versteht. Riskiere etwas. Auch wenn du kein Meisterwerk erstanden hast, sondern den bemühten Versuch, wirst du lesend teilhaben an der inneren Arbeit der Zeit.

VORWORT ZU LUDWIG LEWISOHNS ROMAN ›DER FALL HERBERT CRUMP‹

Dies Buch ist nach seiner Form ein Roman. Es arbeitet mit fingierten Personen, berichtet von ihnen, dialogisiert ihre Beziehungen und spitzt diese auf eine Weise zu, daß eine kriminelle Katastrophe, die der Leser durch alle Seiten hin gefesselt und geängstigt heranwachsen fühlt, das schlimme Ende bildet. Es ist also Fiktion und Komposition, klug gefügt, gestützt durch die Mittel moderner Fabuliertechnik, ein Kunstwerk, insofern es kühl zu bleiben scheint, Abstand hält, die Dinge sprechen läßt und jenes strenge und gebändigte, fast heitere Schweigen wahrt, das aller Kunst, auch der redenden, eigentümlich ist und es dem Leser und Betrachter anheimgibt, seine Folgerungen selbst zu ziehen.

Zugleich aber ist es auf Schritt und Tritt mehr und weniger als ein Roman, nämlich Leben, grasse und ungeträumte Wirklichkeit, und sein künstlerisches Schweigen ist an mehr als einer Stelle von der Art, daß es einem Schrei verzweifelt ähnlich lautet. Das Buch hat etwas Krudes, Blutiges und schrecklich Unmittelbares, wodurch seine Form jeden Augenblick innerlich in Frage gestellt und fast zerbrochen wird und was es für immer noch rein ästhetisch gestimmte Gemüter als Kunstwerk herabsetzen mag. Man merkt ihm jedoch die Gleichgültigkeit – eine am Ende wohl zeitgemäße Gleichgültigkeit – gegen solche Mißbilligung an; den freiwilligen Verzicht auf ästhetischen Adel; die Bereitwilligkeit, sich zugunsten seiner dokumentarischen Stärke als Kunstwerk weitgehend preiszugeben. Wobei das Bemerkenswerte ist, daß diese Gleichgültigkeit, diese Bereitwilligkeit, dieser Verzicht unterderhand selbst zu kunstmoralischen Werten werden und es auf sittlichem Wege als Kunstwerk wieder erhöhen und adeln, ein Prozeß, der die menschliche Einheit der ethischen und ästhetischen Kategorie an einem ergreifenden Beispiel erkennen läßt.

Ein Romandokument des Lebens also; des Lebens als Ehehölle – damit ist der grauenhafte und empörende Gegenstand des Buches erschöpfend bestimmt. Der Roman einer Ehe, die nie hätte geschlossen werden dürfen, die nur aus Schwäche und jugendlicher Unerfahrenheit des Mannes geschlossen wurde und im Schutze grausamer sozialer Heuchelei, grausamer Gesellschaftsangst um die Institution zur Hölle wird – zur Hölle für den Mann durch die skandalöse Rechtsüberlegenheit der Frau, zur Hölle ohne Ausweg als den des Affektverbrechens und des Ruins einer begabten und zukunftsreichen Mannesnatur.

Es handelt sich um amerikanische Verhältnisse, Lewisohn ist Amerikaner. Er lebt in Paris, denn in Amerika darf er nicht leben, und auch sein Buch darf das nicht. Es ist verboten worden – im Namen jener »nationalen Sittlichkeit«, die eine so schaudererregende Rolle darin spielt, und nur in einer kleinen, der Öffentlichkeit nicht zugänglichen

Luxusauflage hat es drüben gedruckt werden können. Daß man es uns übersetzt hat und daß es frei unter uns wirken darf, ist sehr gut. Zweifellos bildet es eine echte Bereicherung unseres Bestandes an literarischem Fremdgut. Denn wenn der Verfasser in seinem Nachwort sagt, das Buch sei entstanden aus dem Entschluß, die wahre Geschichte Herbert Crumps »so gut und unterhaltend zu schreiben, wie es in des Erzählers Kräften stehe«, so muß man zugeben, daß seine Kraft zum Guten und Unterhaltenden sehr weit reicht. Sein Buch steht auf der Höhe moderner Epik. Sein Vortrag ist männlich, ungeziert, präzis und stark, er hat etwas Entschlossenes, er sagt dem Leben bündig die Wahrheit, und das imponiert und reißt hin. Zuweilen hat er den trocknen und desperaten Humor Strindbergs – wie ja der Gegenstand es mit sich bringt, daß man sich öfters an Strindberg erinnert fühlt. Die agierenden Figuren sind Menschen – auch der böse Feind, die Frau, Anne Crump, ist einer, wenn auch ein sehr unsympathischer, und das ist verdienstvoll; denn ohne das starke Korrektiv dichterischer Gerechtigkeit und Einsicht hätte die Solidarität des Verfassers mit dem Helden ausgereicht, aus der Frau einen Teufel zu machen. Wirklich wäre es zimperlich, diese Solidarität, die aller Abstandnahme zum Trotz bis zur Identität geht, vertuschen zu wollen. Jeder sieht, daß hier ein Mann aus Erfahrung spricht: darin eben besteht die Wirkung des Buches, denn Erfahrung erzeugt Ehrerbietung und Aufmerksamkeit. Wie sollten wir nicht willig und ergriffen einem Manne zuhören, der gelitten hat und der Künstler genug ist, sich gestaltend zum Herrn seines Leidens zu machen.

Auch der Held des Romans ist Künstler, und daß es die Musik ist, die sein höheres Ich ihm verliehen hat, sagt Wichtiges und Sympathisches aus über dieses. Schriftsteller lieben oft eine andere Kunst viel mehr als die eigene; sie sind meistens ›eigentlich‹ etwas anderes: versetzte Maler oder Bildhauer oder Graphiker oder sonst etwas; deutsche sind vorwiegend ›eigentlich‹ Musiker. Die Musikliebe, die aus dem Dichten dieses Amerikaners spricht, wird helfen, ihm die Herzen einer deutschen Leserschaft zu gewinnen.

Ferner aber ist es darum zu begrüßen, daß das Buch in deutscher Sprache volle Öffentlichkeit gewinnt, weil es von hier über den Ozean zurückwirken und so doch dazu beitragen kann, jene Europäisierung Amerikas zu erzielen, die das Gegenstück zu unserer vielberufenen ›Amerikanisierung‹ bilden sollte und an der die besten Amerikaner heute arbeiten. Zu ihnen, obgleich im Exile lebend, gehört Lewisohn als Romancier und Kritiker: zu den Männern, die, wie Mencken, Upton Sinclair, Sinclair Lewis, der brave Richter Lindsey, die Schriftstellergruppen um den ›American Mercury‹, den ›Dial‹, die ›Nation‹, es sich zur Aufgabe gestellt haben, aus dem schönen, energischen und zivilisierten Kindervolk der Amerikaner erwachsene und reife Menschen von Kultur zu machen. Von uns unterdessen wäre es nicht recht, vornehm und gleichgültig zu tun gegen Probleme wie die dieses Buches, weil unsere Gesellschaftsmoral schon ein wenig reifer und erwachsener ist. Die Welt ist klein und intim geworden, und eine Art von Gesamthaftbarkeit ist entstanden, die niemand in den Wind schlägt, ohne seine gehässige Rückständigkeit zu erweisen. »Jeder kehre vor seiner eignen Tür« – das Sprichwort ist ganz gut, ganz wacker, aber doch auch schon ein bißchen abgestanden. So zeugt es von tendenziöser Abgestandenheit, zu sagen: »Der Fall Sacco und Vanzetti ging nur Amerika an«; und mit dem ›Fall Herbert Crump‹ steht es nicht anders. Nicht umsonst erklärt der Verfasser am Schluß, nicht umsonst *soll* er es erklärt haben, er habe mit seiner Geschichte »an das Herz der Menschheit appellieren« wollen.

VORWORT ZU EDMOND JALOUX' ROMAN
›DIE TIEFEN DES MEERES‹

Die Aufgabe, den deutschen Leser dieses schönen Romans mit seinem Autor ein wenig bekannt zu machen, ist mir

herzlich willkommen, denn ich liebe Edmond Jaloux als
Geist wie als Menschen und freue mich, daß an dem regeren
literarischen Austausch zwischen Deutschland und Frankreich nun auch er teilhaben und mit demjenigen seiner
Werke, das sein Wesen vielleicht am vollkommensten wi-
derspiegelt, unserem Publikum vorgestellt werden soll.

»Er könnte Deutscher sein mit seiner Rundbrille und seinem
eher blonden als dunklen Schnurrbärtchen, ist aber Südfran-
zose. Schlicht, ernst, nachdenklich, fast gestenlos, mehr
gemütvoll als sprühend, erschien er mir bei wiederholten
Begegnungen als Typus des französischen Intellektuellen,
den als Windbeutel vorzustellen niemand gut tut. Auch als
Liebling der Nation, hochbegütert und bürgerlich repräsentativ sollte man sich den französischen Schriftsteller nicht
denken. Die fünfhundert Auflagen und die Jacht im Mittel-
meer sind Ausnahme und Glücksakzidens, wie überall. Der
Typ ist von unscheinbarer und stiller Geistigkeit, weltabge-
wandt, dem Gedanken gehörig.« – Dies sind Worte aus
einem kleinen Buch der Erinnerung an einen Pariser Auf-
enthalt, der mir auch die Bekanntschaft mit diesem Vertreter zeitgenössischen französischen Geistes eingetragen hatte,
welchem ich, der Deutsche, für kritische Liebesdienste von
ergreifender Eindringlichkeit zu Dank verbunden war. Solche Reise, als menschliche Fühlungnahme mit dem Fremden, zeitigt ja immer ein Gefühl der Verpflichtung, mythische und primitive Vorurteile beiseitezuwerfen, die auch
heute noch, in einem klein und intim gewordenen Europa,
zwischen den Völkern fortspuken, während doch, wie man
sonst auch über den Wert von Mythos und Aufklärung
denken möge, jedenfalls auf ethnologischem Gebiet dieser
Erdteil zu seiner Gesundheit mehr der Aufklärung als einer
pietätvollen Pflege des Mythos bedarf. Man wird jene gegen
den Vorwurf der Wohlfeilheit noch immer in Schutz nehmen dürfen, auch ›unter gebildeten Menschen‹. Unser großer G. E. Lessing, ein Erheller der Köpfe doch seinem Wesen nach und dem Aberglauben nicht hold, hat mit einer
gewissen Lustspielfigur, die als dramatische Rolle freilich

immer hochgeschätzt bleiben wird, manches mythische
Unheil angerichtet, dessen zähes Weiterwirken mich gereizt
hat, die persönliche ›Deutschheit‹ dieser französischen
Schriftstellererscheinung, das soll heißen: ihren Ernst, ihre
Innerlichkeit, Unweltlichkeit, Uneitelkeit, Gewissenhaftigkeit, so nachdrücklich hervorzuheben und sie zugleich als
typisch für das geistige Franzosentum hinzustellen. Gesetzt,
mit diesen guten und würdigen Eigenschaften wäre eine
spezifische deutsche Haltung und Stimmung im Geistigen
bestimmt, wie sollte denn auch irgendwo der Geist eine
andere Erscheinungsform annehmen, ein anderes Charakterbild ausformen als dies ›Deutsche‹? Die Zeit ist kaum
danach angetan, ihn als Salongeckentum, Esprit, Rhetorik
und brillanten Humbug sich bewähren zu lassen. Man darf
sagen, daß nie ein Leben im Geiste härter, verantwortungs-
voller und gefährlicher war als heute. Es war, religiös
ausgedrückt, niemals ein größeres Kunststück, vor Gott
angenehm zu sein. Das Leben, die Zeit, ihre Schwierigkeiten, Verwicklungen und Spannungen üben auf den im
Geiste lebenden, das heißt: bewußt und verantwortlich lebenden Menschen einen schweren Druck, sie nehmen sein
›Temperament‹, sein Bekennertum, seinen Äußerungsdrang
in strenge Zucht, und es wäre nicht verwunderlich, wenn
unter diesen überall gleichmäßig wirkenden Umständen
überall ein verwandter Geistestyp sich hergestellt hätte,
gekennzeichnet durch denselben Leidenszug, durch dieselbe
von Leichtsinn und Mutlosigkeit gleich ferne Vorsicht,
Besonnenheit und Würde des Gedankens.
Von diesem Schlage erschien mir Edmond Jaloux, der Franzose, in dessen nationalem Bezirk der Geist es heute bestimmt nicht leichter, sondern möglicherweise schwerer hat
als anderswo. In dem Vorwort zu einem sehr schönen
Essaybande, ›Figures étrangères‹, der Aufsätze über eine
Menge europäischer Erscheinungen von Shakespeare bis
Pirandello vereinigt, zitiert Jaloux das böse Wort Björn-
stjerne Björnsons: Frankreich sei in geistiger Hinsicht vom
Weltganzen abgetrennt durch eine Art von chinesischer

Mauer, die es von allen Europa bewegenden Ideen isoliere. Das Wort ist überspitzt, Jaloux bekämpft es mit guten Gründen, und das beste Gegenargument, das er hätte anführen können, wäre sein eigenes weltumsichtiges Buch gewesen. Aber es ist ja eine Weile her, daß Björnson sein Urteil fällte, und für die Vergangenheit kommt diesem Urteil sicher mehr Geltung zu als für die Gegenwart. Der Europäismus des französischen Geistes, der in den ›Figures étrangères‹ sich manifestiert, ist tatsächlich in gewissem Sinn etwas Neues, wie überhaupt die europäische Blickrichtung der einzelnen Völker in gewissem Sinn etwas Neues ist. Den Abstrichen, die in der Epoche des ›Völkerbundes‹ und eines allmählichen Zusammenwachsens des Erdteils die Einzelstaaten an ihrer politischen Souveränität zu machen gezwungen sind, entspricht eine Lockerung der Geschlossenheit und Selbstgenügsamkeit aller Nationalkulturen, der Prozeß einer gewissen geistigen Entnationalisierung, der wieder konservative Reaktionen hervorruft und überall jenes nationalistisch-kosmopolitische Zweiparteiensystem, jenen Gegensatz von national-aristokratischem Erhaltungswillen und europäisierendem Liberalismus hervorgerufen hat, der uns so wohlbekannt ist und auch in der kulturpolitischen Dialektik Frankreichs eine wichtige Rolle spielt. Die Europäisierung Frankreichs – in dem Sinn, wie man heute von einer Europäisierung aller europäischen Einzelländer sprechen kann –, die Unterminierung des klassischen französischen National-Aristokratismus ist längst in vollem Gange, und es sind zwei Gründe, aus denen unter solchen Umständen der Geist es dort nicht leichter, sondern eher schwerer hat als anderwärts: der eine ist die besondere Naivität, die jenem Aristokratismus dort immer eignete und die Björnson meinte, wenn er von einer chinesischen Mauer sprach; der andere der, daß solche Krisen dort mit der besonderen literarischen Bewußtheit und analytischen Leidenschaft durchgemacht werden, die das französische geistige Erleben überhaupt auszeichnen.

Immer war, in nur scheinbarem Gegensatz zu seiner Natio-

nal-Naivität, Frankreichs geistige Produktion bestimmt und
gekennzeichnet durch sein kritisch-analytisches Genie. Daß
heute in Deutschland literarische Formen möglich, ja an der
Tagesordnung sind, die den Schiller'schen Gegensatz des
›Naiv‹ und ›Sentimentalisch‹ aufzuheben scheinen; daß hier
Essays geschrieben werden können, von denen zweifelhaft
ist, ob man sie nicht der Dichtung zuzählen sollte, und daß
der Roman, diese eigentlich schriftstellerische Form der
Dichtung, so in den Vordergrund aller Geltung und Teilnahme gerückt ist, das sind Anzeichen der Europäisierung,
der ›Demokratisierung‹ Deutschlands, Anzeichen, die von
unserer national-konservativen Kulturpartei als Symptome
intellektualistischen Verfalls gewertet werden und denen sie
das Volkhaft-Seelische, das Seelisch-Volkhafte mit mehr
Wirkung entgegenstellen könnte, wenn die Leistungen dieser Sphäre erheblicher wären – und heute sein könnten. In
Frankreich hat es den Gegensatz von Dichter- und Schriftstellertum, einen längst tief langweilig gewordenen Gegensatz, den unsere Konservativen polemisch fortpflegen, nie
oder doch nie in der uns vertrauten Schärfe gegeben. Geist
und Form, das Analytische und Plastische gingen dort be-
grifflich wie praktisch von jeher freier und freundlicher
ineinander über, und im produktiven Haushalt des einzelnen
wie in der öffentlichen Vorstellung war die Kritik dort
immer die ebenbürtige Schwester der Kunst.
Edmond Jaloux ist ein europäischer Franzose, und er ist es
mit der Bewußtheit eines analytischen Künstlergeistes. Als
Kritiker steht er in der ersten Reihe der französischen
Schriftsteller, die, Mitarbeiter der führenden Zeitschriften,
im Dienste des Werdenden, eines neuen Europa tätig sind;
aber es wäre schwer zu sagen, ob seine kritische Tätigkeit
neben seiner dichterischen herläuft oder umgekehrt, ob er in
seinem Lande angesehener ist als Essayist oder als Erzähler.
Was ist schöner, sein liebevolles Buch über R. M. Rilke oder
etwa der reizende lustspielhafte Roman, den er unter dem
Titel ›L'ami des jeunes filles‹ geschrieben hat? Ein anderer
seiner Romane heißt ›La fin d'un beau jour‹, und hier stoßen

wir auf ein Interesse, eine psychologische Fixiertheit dieses Autors, die auch den uns vorliegenden Band beherrscht und die kennzeichnend ist für vielleicht jedes analytisch gerichtete Dichtertum. Denn dieses bekundet sich am deutlichsten und echtesten darin, daß das Subjekt zum psychologischen Objekt, daß das Dichter-, das Künstlertum selbst zum Problem der Dichtung wird; mit anderm Wort, es bekundet sich mit Vorliebe als Gewissens- und Bekenntnisdichtung, eine Tendenz, die im Falle Jaloux' durch protestantische Sympathien – denn er verbringt einen Teil des Jahres in der französischen Schweiz, in der Nähe Genfs – begünstigt werden mag oder mit ihnen zusammenstimmt. Goethe, der Psycholog, mußte eines Tages ein Künstler-, genau: ein Dichterdrama schreiben, und man weiß, mit welcher Skepsis, Ironie und Schonungslosigkeit er die seelische Form des Poetentums, die eigne seelische Lebensform dargestellt, um nicht zu sagen: bloßgestellt hat. Von dieser geständnishaften Schonungslosigkeit ist viel in Jaloux' Künstlerpsychologie, auch in der Geschichte des fünfundsechzigjährigen berühmten Schriftstellers in ›La fin d'un beau jour‹, eines Greises also, der ein Mädchen in der ersten Jugendblüte zu lieben sich nicht versagt und kraft seiner Geisteswürden ihre Gegenliebe gewinnt, um dann freilich zugunsten seines jungen Schülers und Nachfolgers zu verzichten. Sind wir nicht erinnert an die großartig beschämende Geschichte, die ihren furchtbaren Ausdruck in einer ›Elegie‹ gefunden hat, an die Liebe des siebzigjährigen Goethe zu Ulrike, dem Kinde, das er, mit der majestätischen Zügellosigkeit und egoistischen Unersättlichkeit eines greisen Tasso, durchaus zu seiner Frau machen wollte? Die Goethe-Erinnerungen sind stark bei Jaloux, wobei es schwer ist, zu unterscheiden, wie weit es nur die unserigen sind und wie weit etwa sie wirklich in sein Werk hineinspielen. Die Handlung unserer Geschichte hier, der ›Tiefe des Meeres‹, ist eine ganz andere als die der ›Wahlverwandtschaften‹. Daß sie uns trotzdem, als Liebesgeschichte, so sehr an Goethe's Roman erinnert, kann ebensowohl daran liegen, daß der französische Dichter ein guter Leser der ›Wahlverwandtschaften‹ gewesen, wie daran, daß Goethe, sehr bewußt, in die Schule des klassischen französischen Romans damit gegangen ist. Vielleicht liegt es an beidem.

Ich will den freien Genuß des Lesers nicht schmälern, indem ich eine Beschreibung und Zergliederung der schönen, empfundenen und aufrichtigen Erzählung vorwegnehme. Sie hat mich entzückt durch die Zartheit und Kraft ihrer Lebensdeutung, durch die Intimität ihres Bekenntnisses, ihre Weichheit und Strenge, ihre durchschauende Lyrik. Eine Künstlergeschichte, direkt gegeben, voller Anbetung des Ruhmes und der Liebe und voll moralistisch graziöser Skepsis gegen das Subjekt dieser Anbetung, gegen das Ich, das sein Schicksal gesteht. Dieser Claude hat viel von Goethe's Eduard. Er ist ein schwacher Held, schwach aus Sinnlichkeit, Phantasie, Liebesbedürfnis, Todesfurcht, dem unvermeidlichen und eingesehenen Egoismus des dichterisch Erlebenden, und wenn er auch auf weniger schaurig-großartige Weise büßt als jener, so büßt doch auch er, nicht nur *in* der Erzählung, sondern namentlich *durch* sie, durch die Preisgabe eben seiner Menschlichkeit, durch so ein Wort voll bitterster Selbstironisierung wie das letzte seiner Aufzeichnungen, als er, ganz Mann der Schuld und des Verzichtes, das liebevoll gläubige Gespräch seiner Frau mit seinem Kinde belauscht und, während man ihn fürs Kloster reif glauben sollte, schließt: »Und ich sah vor meinen Augen schon meinen Ruhm größer und größer werden.«

Ich will nicht Gwendolyn Grove mit Ottilie vergleichen und Huguette mit Charlotte. Nicht auf die Ähnlichkeit der Figuren kommt es mir an, sondern auf die der geistigen Stimmung in den beiden Büchern, dem klassischen und dem modernen: dieser Stimmung von Menschenfehlbarkeit, Herzensprüfung, Sinnlichkeit, Sittlichkeit, Schuld und Urteil, kurz, von Christlichkeit, denn die ›Wahlverwandtschaften‹ sind ja Goethe's allerchristlichstes Werk und eben damit sein allergeistreichstes. Auch Jaloux' Roman ist geistreich durch und durch: in seiner Neigung zur Analyse menschlicher Schwäche und Leidenschaft, zur moralischen Bemerkung und Sentenz, einer Neigung, die wir von Goethe her kennen und die sich in den ›Tiefen des Meeres‹ mit dem lyrischen Element, den bewunderungswürdig empfundenen Stimmungsbildern südlicher Landschaft, so reizvoll paart; aber auch durch die Erzählung selbst und ihre Schicksalsverfügungen. Man nehme die Katastrophe, den Untergang der armen Gwendolyn und ihres Gatten auf dem Meer. Von außen gesehen ist das ein krudes Unglück; aber ist es nicht innerlich bei aller Furchtbarkeit recht und gut? Diese schuldige Unschuld, die das Opfer eines von Glück und Unglück Verwöhnten, eines durch Egoismus verführerischen Dichters wurde; dieser philosophische Liebhaber des Nichts, der nicht die Kraft besaß, die Frau, deren Leben er unverantwortlicherweise mit dem seinen verband, vor seelischem Schaden zu schützen, tun sie nicht beide am besten, zu sterben, und verfährt der Dichter – ich meine den, der über dem angeblich erzählenden steht – nicht ähnlich mit ihnen wie Goethe, bei aller Liebe, mit seiner armen Ottilie verfuhr? –

Ich glaube, daß dies Buch unserem Publikum sehr gefallen wird. Man hat das luzide und zuweilen in edler Empfindsamkeit vibrierende Französisch des Originals in ein reines Deutsch übertragen, bei dessen Fluß man sich wieder einmal der Schmiegsamkeit unserer Sprache freut, die, ohne sich selber unrecht zu tun, den Geist der fremden schmecken und ihre Struktur durchscheinen läßt. Sie ist gewiß das beste Übersetzungsidiom der Welt, und das ist nicht Grund noch Folge, sondern Ausdruck des deutschen Europäismus, der Björnsons chinesische Mauer nie gekannt hat.

WORTE AN DIE JUGEND

Die Redaktion der ›Literarischen Welt‹ fordert mich auf, zum neuen Jahre ein Wort an die geistig produktive Jugend Deutschlands zu richten, ein Wort der Ermunterung, wie sie es wahrlich nötig habe. Ich gestehe, daß mir davor graut, diesem bedrängten Geschlecht mit Worten des Sinnes ›Kopf hoch!‹ und ›Durchgehalten!‹ zu kommen. Die Redensart ›*Leere* Worte‹ hat ihre Schrecken: und sind Worte nicht immer, schon als Worte, leer und billig, wenn es sich um Lagen handelt wie die unseres Nachwuchses? Sie sind es in solchem Falle vielleicht weniger, wenn ihr Sinn auf Solidarität, auf Verständigung geht, statt auf ›Ermunterung‹: Scham mischt sich weniger peinlich ein alsdann, auch wenn der Redende, drei ›Sozusagen‹ vorausgeschickt, ›fein heraus‹ ist und ›gut reden hat‹.

Ihr habt es schwer, junge Leute? Gut, und das sollte Fremdheit und Trennung bedeuten zwischen euch und uns? Hätten wir gar keine Ahnung, was das heißt, es schwer haben, wo doch gerade hierin, es schwer zu haben, und in nichts anderem, unser ganzer Stolz und all unsere Ehre bestand, seit wir so jung waren wie ihr heute? Mit dem, was man hilfloserweise ›Talent‹ nennt, im Leibe, hat man's nie anders als schwer; ›Talent‹ und es schwer haben, es schwer haben *wollen*, ist ein und dasselbe; von Glück und Fein-heraus-sein ist nie viel die Rede dabei, sähe es noch so sehr danach aus, glaubt das doch ja nicht; und denkt nicht, daß einer gut reden hat, der im geringsten davon zu reden weiß!

Wir waren jung, das heißt spröde und innerlich. Unsere Leidenschaft hieß Erkenntnis und Form. Hier, in einer asketischen Wechseldurchdringung von Moral und Kunst, suchten wir jenes Heldentum, nach welchem es jede Jugend verlangt. Dann stürzte die Welt auf uns zusammen, und ihre Katastrophe, für deren Nahen wir freilich nicht ohne Sensibilität gewesen waren, riß unsere Kräfte nach außen. Wir hatten zu bekennen, uns zu ordnen, uns zu berichtigen, uns zu bezwingen, und all dies immer unter der organisch-unzertrennlich damit verbundenen, der erschwerenden und ehrenvollen Bedingung der Form. Problematik und Form, das war uns die Bestimmung eines ehrenhaften, das heißt eines schweren, eines geistigen Lebens. Junge Leute! Gebt zu, gebt es aus Erfahrung zu, daß Problematik und Form als geheimnisvoll-unlösbare Verbindung, daß diese tyrannische und künstlerische Lebenskampfbedingung ganz einfach die Bestimmung des *Geistigen* ist – und wir haben einen Begriff, eine Liebe, einen Stolz gemeinsam, der alle Unterschiede sonstigen Lebensgefühls aufhebt und eine Solidarität zeitigt, vor welcher jede Fremdheit der Generationen zunichte wird.

Die Lage klärt sich, im Lande und in der Welt. Ein Zwei-Parteien-System tritt deutlicher und deutlicher hervor, das alle anderen Parteiungen abzulösen offenkundig bestimmt ist. Einander gegenüber stehen: die Partei der geistigen Menschen und die der ungeistigen, gegengeistigen. Denn Ungeistigkeit bedeutet in Zeiten wie diesen nicht Neutralität und Apathie vor dem Geist, sondern tierischen, wilden, irrsinnigen Haß auf ihn. Die Feindseligkeit der Partei der Ungeistigen gegen die unserige – ich sage ›die unserige‹, junge Leute, ohne Unterschied von jung und alt! – ist heute kaum noch einer Steigerung fähig, die Parteidisziplin, die Solidarität dort drüben instinkthaft und unverbrüchlich. Wir sollten, im letzten und wenn es ums Ganze geht, was es heute fast immer tut, es an solcher Einmütigkeit, an solchem Zusammenhalten nicht fehlen lassen, möge es auch schwerfallen. Denn ich gebe zu, daß die Welt des Geistigen nuancierter, weniger einheitlich ist als die der Gemeinheit, daß der Bruderkrieg recht darin zu Hause ist und sich vor Leidenschaft gebärdet, als gäbe es kein extra muros. Und doch! Ist es möglich, irgend etwas Geistiges, und sei es das Fremdeste, als wahrhaft feindselig zu empfinden? Hier wenigstens seht ihr einen, dem das nicht möglich ist, nie möglich war. Er möchte Goethe und Nietzsche seine Erzieher nennen dürfen, und also, zum Beispiel, ist das Pfäffische ihm fremd. Wo aber das Pfäffische als Geist und Form auftritt, wie etwa bei Claudel, oder beim dicken Chesterton, oder jetzt bei diesem verteufelten Bernanos, da wahrt er zwar Vorbehalte, wahrt seine Lebensform, ist aber feindseliger Reaktion aus dem simplen psychologischen Grund nicht fähig, weil er die *Aktion* im letzten Grunde als freundwilligverwandt empfindet, sich einfach nicht ernstlich angegriffen fühlt, und obendrein in tiefster Seele überzeugt ist, daß *dieser* Liberalismus, der natürliche Liberalismus des Geistes, der Retter der Welt sein wird und *nicht* die Entschlossenheit, und *nicht* der Terror.

Ich glaube, ihr habt Begriff und Pathos der ›Entschlossenheit‹ eine Weile zu sehr geliebt. Etwas grausam Ästhetisches darin bezauberte euch, obgleich ihr das Ästhetische wissentlich kaum sehr hoch achtet. Und doch ist ›Entschlossenheit‹ nur ein stolzes Knabenspiel im Vergleich mit der *Freiheit*, der echten, männlichen, der Freiheit des Geistes, aus welcher eine höhere, übergeordnete Entschlossenheit erwächst, zu der alles schwören kann, was des Geistes ist, – wir alle in den Nationen und Generationen, die wir zwar sehr Verschiedenes wollen und können, aber doch alle zusammen eines *nicht* wollen: daß die Dummheit unser spotte und das Leben ihrem wüsten Griff überantwortet werde oder bleibe.

Das ist das Wort der Solidarität und der Verständigung, das ich sagen wollte.

AN KARL ARNOLD

Die Nachricht, daß Sie eine größere Anzahl Ihrer Zeichnungen auf Ausstellungsreisen schicken wollen, folgt dem köstlichen Geschenk Ihres ›Schlaraffenland‹-Buches sehr glücklich auf dem Fuße; denn nun kann ich mit meiner Danksagung für das eine recht herzliche Glückwünsche zu dem anderen verbinden – und dabei hoffen, daß ich eine dieser Ausstellungen bald zu sehen bekommen werde.

Die Kostgänger der sogenannten Buchgemeinschaft sind nicht so dumm, als unsere Sortimenter es wahrhaben möchten. Von Zeit zu Zeit tun sie einen Fang, um den die weitere und breitere, die selbständige Öffentlichkeit allen Grund hat, sie zu beneiden, und so ein Fang und Fund ist Ihr buntes Schlaraffenbuch, um das auch ich jenes mild gegängelte Publikum zu beneiden hätte, wenn Ihre Güte und Aufmerksamkeit nicht gewesen wäre. Ich habe den alten Wunsch-

traum des Volkes nie anschaulicher, ›natürlicher‹, kindlich-
wollüstiger versinnlicht gesehen als in Ihren Bildern, die so
echt Volk sind, nicht nur ihre deutsch-mittelalterliche Ko-
stümierung und Physiognomik, sondern selbst noch durch
den Einschlag von Selbstverspottung, der zweifellos diesem
völlerischen Faulheitsideale innewohnt, in welchem eine
platte Sinnlichkeit, der Traum schmatzender Versorgtheit,
sich humoristisch die Zügel schießen läßt. Nicht einmal
Liebe gibt es im Schlaraffenland. Schon ihre seelischen und
körperlichen Aktivitätsansprüche wären viel zu weitgehend
für die Glücksvorstellung seiner Bewohner. Im Grunde ist
es die verächtlichste, die sich denken läßt, und das Volk
weiß das auch und macht den Allerdümmsten, Dicksten
und Schlafmützigsten zum König dort, wie Sie es belusti-
gend gezeichnet haben. Drei-, viermal habe ich durchgeblät-
tert und das Buch dann meinen Kindern geschenkt, was ich
als schönen Zug zu würdigen bitte, da ich es sehr gern selbst
behalten hätte. Aber heißt nicht das überhaupt erst schenken, wenn man gibt, was man am liebsten selbst behielte?
Meine ganze Neigung für Ihr Talent, Ihren kühnen, treffen-
den, delikaten und wahrhaft lustigen Strich ist wieder lebendig geworden beim Betrachten dieses Buches, und der
Augenblick, wo Sie sammeln und sichten, einen Überblick
gewinnen und gewähren wollen, scheint mir der rechte, sie
Ihnen zu erklären. Um mir im voraus ein Bild von Ihrer
Ausstellung zu machen, habe ich ältere Hefte des ›Simplicissimus‹ wieder vorgenommen und mir das Ihre herausge-
sucht ... Man darf nicht wagen, es das Beste zu nennen in
diesem ungealterten Blatt, dem künstlerischsten Witzblatt
Europas, das mit soviel phantastisch-könnerischem Geist
die Zeit begleitet. Aber wie Sie zwischen Gulbransson und
George Grosz stehen, schärfer im Sozialen als jenes humoristische Genie, zwei Nuancen versöhnlicher als dieser graphi-
sche Schriftsteller des Hasses – niemals eigentlich gutmütig,
das will ich meinen – die bürgerliche Sphäre liegt weit ab,
weit zurück –, sondern voller Kritik und ästhetisch-morali-
scher Reizbarkeit vor der Erscheinung, voll humanen Sinnes

für das Tierisch-Groteske im Menschen, aber objektiver beobachtend und notierend, studienmäßiger und im Zeichnerischen komisch gefälliger: das ist sehr glücklich, sehr gewinnend, ein juste milieu, das mit Trivialität nun einmal gar nichts zu tun hat, indem das Gemeine ganz durchschaut und nur aus Natursinn das feindlich Radikalistische gemieden ist.

Wie gut, wie zeitlebensvoll, wie wahr in der Karikatur, wie reich an echter Physiognomie sind diese Berliner und Hamburger Großstadtbilder, der Tanz in St. Pauli etwa mit seinen mulattischen Mischungen, die wundervollen Studien ›Rund um den Verkehrsschutzmann‹, in denen neunmal mit leichtester Sparsamkeit das vertraut und doch unerhört Menschliche, Straßentypische gegeben ist! Werden auch die ›Berliner Bilder‹ auf der Ausstellung sein, mit den höchst niederträchtigen Schiebervisagen, dem üblen Kahlkopf, der mit dem ondulierten Adonis flirtet, und der Kleinen, die nicht zur Revue will, weil ihre Beine »Privatjeschäft« bleiben sollen? Ich will hoffen, daß das zu sehen sein wird – schon um jener kapitalen Beine willen, die, wie das ganze leichte Persönchen, mit einer Anmut hingezogen sind, auf welche man zuweilen bei Ihnen stößt und die, wie etwa auch bei Th. Th. Heine, ein positiv ästhetisches Element in Ihre lebenskritischen Denunziationen trägt. Ich möchte Wert darauf legen: es gibt dergleichen bei Ihnen neben und in der Karikatur, das Schöne, das Reizende, leicht verspottet immer noch und nicht aus dem Stil fallend, aber vorhanden als lyrische Linie und heimliche Zutat von Süßigkeit. So war da jetzt ein farbiges Blatt aus dem Münchener Karneval: »Empörend, wie sich die heutige Jugend benimmt!« – »Ja, Frau Dirrmoser, das haben wir nun versäumt.« Die beiden Wänste aus der Vorkriegsgeneration, die das sagen, sitzen närrisch-mürrisch vorn beim Bier. Im Hintergrunde, fast ohne Tongebung und großstrichig gezeichnet, hält Jugend sich im Shimmy umschlungen, so allerlei Jugend, wie sie heute ungefähr aussieht, das Mädchen kurzhaarig, mit großen Ohrringen und mager und nackt, oder so gut wie nackt; und da ist denn eine lange Wellenlinie von Schulter und gestrecktem Arm oder eine Taillenbuchtung mit umfassender Hand, die ganz das sind, was ich meine, und der Kuß zur Linken, geneigt und herangehoben und unverschämt hingegeben, ist positivste Lyrik und die Bejahung des ewig Menschlichen in einer gelösten Welt, die das verspätete Narrenpaar im Vordergrunde ›nicht mehr versteht‹.

Nehmen Sie auch dieses Bild in Ihre Wanderkollektion auf, ich rate es Ihnen! Es wird stark zu einem Gesamterfolg beitragen, für den meine Bewunderung sich verbürgen möchte.

ÜBER DEN FILM

Eine genauere Äußerung über den Film, an die ich zuweilen denke, muß ich mir für ungebundenere Tage vorbehalten. Heute nur soviel, daß mein Interesse für diese moderne Lebenserscheinung in den letzten Jahren bis zu wirklicher Angelegentlichkeit gewachsen ist, ja den Charakter einer heiteren Passion gewonnen hat. Ich besuche sehr häufig Filmhäuser und werde des musikalisch gewürzten Schauvergnügens stundenlang nicht müde; weder dann, wenn es sich um Reisebilder und wilde Welt handelt, noch wenn die lebendige Zeitung, genannt ›Wochenschau‹, vorgeführt wird, noch wenn irgendein trickhafter Spaß, eine packende Schurkerei, eine rührende Liebesgeschichte vorüberzieht, besetzt mit Schauspielern, die ausdrucksvoll, hübsch und angenehm sein müssen und eitel sein dürfen, aber niemals unnatürlich. Was die Geschichte betrifft, so darf sie sogar weitgehend albern sein, falls, wie heute fast immer der Fall, die Albernheit oder Sentimentalität ihres Erfindungsgerüstes eingebettet ist in ein lebenswahres und wirklichkeitsechtes szenisch-mimisches Erfindungsdetail, durch welches das Menschliche in hundert Einzelmomenten über die primitive Unwahrhaftigkeit der Gesamtveranstaltung triumphiert.

Ich sprach von einer »Lebenserscheinung« – denn mit *Kunst* hat, glaube ich, verzeihen Sie mir, der Film nicht viel zu schaffen, und ich halte es für verfehlt, mit der Sphäre der Kunst entnommenen Kriterien an ihn heranzutreten. Dies ist die Art humanistisch-konservativ gestimmter Gemüter, welche sich dann, verachtungsvoll und trauernd, als von einer niedrig und wild demokratischen Massenunterhaltung von ihm abwenden. Was mich betrifft, so verachte ich ihn auch, aber ich liebe ihn. Er ist nicht Kunst, er ist Leben und Wirklichkeit, und seine Wirkungen sind, in ihrer bewegten Stummheit, krud sensationell im Vergleich mit den geistigen Wirkungen der Kunst: es sind die Wirkungen, die Leben und Wirklichkeit auf den unbeteiligten Zuschauer üben, besänftigt durch die Bequemlichkeit der Umstände und das Bewußtsein des gestellten Schauspiels, verstärkt und aufgehöht durch Musik. Sagen Sie mir doch, warum man im Cinema jeden Augenblick weint oder vielmehr heult wie ein Dienstmädchen! Wir waren neulich alle bei der Erstaufführung der ›Großen Parade‹, auch Olaf Gulbransson, dem wir am Ausgang begegneten. Der lustige, muskulöse Eskimo war tränenüberschwemmt. »Ich habe mich noch nicht abgetrocknet«, sagte er entschuldigend, und wir standen noch lange mit feuchten Augen in einfältiger Gelöstheit beieinander. Ist das die Verfassung, in der man von einem Kunstwerk scheidet, einer Malerei den Rücken wendet, ein Buch aus der Hand legt, ein Theater verläßt? Es ist wahr, alte Herren weinen, wenn in ›Alt-Heidelberg‹ ›O alte Burschenherrlichkeit‹ gesungen wird, aber bei Shakespeare, bei Kleist, bei Hauptmann tun auch sie es nicht. Die Kunst ist *kalte* Sphäre, man sage, was man wolle; sie ist eine Welt der Vergeistigung und hohen Übertragung, eine Welt des Stils, der Handschrift, der persönlichsten Formgebung, objektive Welt, Verstandeswelt (»Denn sie kommt aus dem Verstande«, sagt Goethe) – bedeutend, vornehm, keusch und heiter, ihre Erschütterungen sind von strenger Mitteilbarkeit, man ist bei Hofe, man nimmt sich wohl zusammen. Dagegen ein Liebespaar der Leinwand, zwei bildhübsche junge Leute, die in einem wirklichen Garten mit wehenden Gräsern ›auf ewig‹ voneinander Abschied nehmen, zu einer Musikbegleitung, die aus dem Schmeichelhaftesten kompiliert ist, was aufzutreiben war: wer wollte da widerstehen, wer ließe nicht wonnig rinnen, was quillt? Das ist Stoff, das ist durch nichts hindurchgegangen, das lebt aus erster, warmer, herzlicher Hand, das wirkt wie Zwiebel und Nieswurz, die Träne kitzelt im Dunkeln, in würdiger Heimlichkeit verreibe ich sie mit der Fingerspitze auf den Backenknochen.

Besonders übrigens hat der Film nichts mit dem Drama zu tun. Er *erzählt* in Bildern; die sinnliche Gegenwärtigkeit seiner Gesichte hindert nicht, daß sein Geist, seine besten Wirkungen episch sind, und wenn irgendwo er sich mit dem Dichterischen berührt, so hier. Um Theater zu sein, ist er viel zu wirklich. Die Theaterdekoration ist auf geistige Illusionierung berechnet; die Szenerie des Films ist Natur, wie die reine Phantasieerregung der Erzählung sie dem Leser einbildet. Auch haben die menschlichen Gestalten des Films nicht die körperliche Gegenwart und Wirklichkeit der Träger des Dramas. Sie sind lebendige Schatten. Sie sprechen nicht, sie sind nicht, sie *waren*, aber genau so waren sie – und das ist Erzählung. Der Film kennt eine Erinnerungstechnik, er kennt psychologische Suggestionen, kennt eine Genauigkeit des menschlichen und dinglichen Details, daß kaum der Dramatiker, aber sehr oft der Erzähler davon lernen kann. Die Überlegenheit der Russen, die niemals große Dramatiker waren, auf diesem Gebiet beruht, für mich ist da kein Zweifel, auf ihrer erzählerischen Kultur.

Als Schriftsteller habe ich mit dem Kino bisher nicht viel Glück gehabt. Man hat ›Buddenbrooks‹ verfilmt, man hat es den Freunden des Buches wohl kaum zu Dank getan. Statt zu erzählen, immer nur zu erzählen und seine Menschen leben zu lassen, hat man ein gleichgültiges Kaufmannsdrama daraus gemacht und von dem Roman beinahe nichts übriggelassen als die Personennamen. Ein hervorragender Berliner Unternehmer hat tatsächlich eine Weile daran gedacht, den ›Zauberberg‹ auf die Leinwand zu bringen, was mich nicht einmal wundert. Kühn angegriffen, könnte das ein merkwürdiges Schaustück werden, eine phantastische

Enzyklopädie, mit hundert Abschweifungen in alle Welt, und die um ein episches Zentrum Visionen aller Gebiete, der Natur, des Sports, der Medizin und Lebensforschung, der politischen Geschichte und so weiter ordnen würde. Was wäre allein zu machen aus dem Kapitel ›Schnee‹ und jenem mittelmeerischen Traumgedicht vom Menschen, das es einschließt! Aber man wird verzichten. Die Aufgabe stellt große geistige und materielle Ansprüche. Jetzt nähert man sich ›Königliche Hoheit‹. Das ist leicht und sollte gelingen. Es sind dankbare Rollen da, sogar die unfehlbare eines schönen Hundes, und trotz stofflicher Nähe von ›Alt-Heidelberg‹ könnte bei glücklicher Wahl der Darsteller und reizvoller Inszenierung die freundliche Geschichte auf der Leinwand ihr Glück machen.

›DIE WELT IST SCHÖN‹

Es sind Photographien, die zu diesem freudigen Geständnis auffordern, durch das Objektiv gewonnene Fixierungen und Studien, die sich über alle Gebiete der Natur und des Lebens verbreiten, und von denen hier ein paar Proben, Andeutungen eines wahren Schatzes von liebevollen und genauen Gesichten, vorgeführt werden, – Lichtbild-Aufnahmen, in denen Fertigkeit und Gefühl eine solche Verbindung eingehen, daß der Versuchung, sie als Werke eines Künstlers, als Kunstwerke anzusprechen, schwerlich zu widerstehen sein wird.

Photographien – ich kenne die Widerstände humanistischer Prüderie, die sich bei diesem Wort erheben, aber ich teile sie nicht. Ich begreife den würdig kultur-konservativen und antimechanistischen Protest gegen jede ideelle Zulassung des Photographischen in die Sphäre des Geistig-Künstlerischen, aber ich bin praktisch wenig bereit ihm beizutreten, ja, ich nehme Gelegenheit, mich in diesem Punkte zu einer fast schon überläuferischen Vorurteilslosigkeit zu bekennen. Technifizierung des Künstlerischen – gewiß, es klingt schlimm, es klingt nach Verfall und Untergang der Seele. Aber wenn nun, indem das Seelische der Technik anheimfällt, die Technik sich beseelt? Wenn nun zum Beispiel doch das Grammophon, eine rohe Wirtshausangelegenheit eben noch, eine Entwicklung genommen hat, die es zu einer unzweifelhaft musikalischen Angelegenheit erhebt, welcher kein Musiker mehr mit Verachtung begegnet? Da ist der Film, dieser Bezwinger, Bezauberer, Beglücker der Massenseele ... Ist er Kunst? Ist er es schon zuweilen? Kann er es werden? Man diskutiert darüber, aber ich frage mich wenig danach, wenn ich mich der Faszination des Schauens, den unqualifizierbaren, unklassifizierbaren Reizen dieser modernen Lebenserscheinung überlasse, in der das krud Sensationelle und das Seelenhafte sich auf eine nicht zu kritisierende Weise vermischen. Und die Photographie? Ihre Fortschritte sind derart, daß es nicht lange mehr helfen wird, daß es in einzelnen Fällen schon heute nicht mehr hilft, vornehm gegen sie zu tun. Die Entwicklung des photographischen Porträts in der Richtung des Psychologischen, der Charakter- und Typenstudie (von aller Verfeinerung des Artistisch-Technischen zu schweigen) ist augenfällig, und sie zieht Vorteile aus einem Zustande der Malerei, der menschlicher Bildniskunst wenig günstig ist, da er meist zur Wahl zwischen dem Akademischen und dem selbstherrlich Abstrusen zwingt. Es gibt heute viele Photographen in der Welt, die den Namen des Künstlers schweigend, aber nachdrücklich durch ihre Leistungen in Anspruch nehmen: Da ist Hoppé in London, der auch in Deutschland anfängt, bekannt zu werden, ein Porträtist von außerordentlicher Kultur, dessen Serie ›Londoner Typen‹, höchst umsichtig ausgesucht und glänzend dargestellt, dem Liebhaber des Menschlichen eine Fundgrube lebensvollster physiognomischer Anschauung bietet. Von dem anderen ist hier die Rede. Es ist Albert Renger-Patzsch in Bad Harzburg, ein Meister, ein Sucher und Finder voller Entdeckerlust des Auges, den Erscheinungen mit jener exakten Liebe und energischen Zartheit zugetan, die nur das Künstlerherz kennt.

Entschlußkraft wahrhaftig gehörte dazu, aus der Welt seiner Fixierungen für die Leser dieser Zeitung die wenigen Proben auszuwählen, die zu zeigen möglich ist. Das objektive Interessengebiet dieses Kamera-Virtuosen ist umfassend; das Menschlich-Physiognomische herrscht keineswegs vor darin, wie bei dem Engländer, es tritt sogar zurück vor der Neigung zum Dinglich-Stillebenhaften, zur zoologischen und botanischen Studie, zum Architektonischen und Landschaftlichen, und eine Originalität und einfache Kühnheit der Objektwahl und des Blickpunktes bewährt sich überall, die frappiert und entzückt. Wie schade, daß hier für das ›Dampfabstellrad einer 1000-PS-Dampfmaschine‹ nicht Raum ist, für die zauberhafte Orchidee am Stengel, die grimme und klare Kaktusstudie, den reizenden jungen Buchenwald, das Trinkgläser- und Kochtopf-Stilleben, für weitere mittelalterliche Veduten aus Lübeck und für blendende Genauigkeit des Maschenwerkes eines Fischernetzes, das eine Frau auf der Schulter trägt! Immerhin wird das Publikum dieser Blätter seine Freude haben an dem alten Stadtbild von oben, der gewagten Perspektive des Kirchenschiff-Gewölbes, den phantastisch schattenhaften Umspannwerk-Isolatoren, dem Marzipan-Lager, dem drolligen Füllen und den schönen, schönen Menschenhänden. Es sind ein paar Bestimmtheiten aus der Fülle – und so ist es ja mit dem Werk dieses auf seine Art passionierten Mannes überhaupt. Das Einzelne, Objektive, aus dem Gewoge der Erscheinungswelt erschaut, isoliert, erhoben, verschärft, bedeutsam gemacht, beseelt, – was hat, möchte ich wissen, die Kunst, der Künstler je anderes getan?

[DER TAG DES BUCHES]

Sie wünschen eine Äußerung von mir über die allgemeine Einführung eines ›Tages des Buches‹. Wie sollte sie anders lauten als erfreut und zustimmend? Der Gedanke ist nicht deutsch-original – romanische Länder sind zuerst auf ihn verfallen (nicht Frankreich, das ihn vielleicht am wenigsten nötig hat). Aber der Eifer, mit dem er bei uns aufgegriffen wurde, der Ernst, mit dem seine Verwirklichung vorbereitet, über ihn geschrieben und gesprochen wird, läßt ihn wie eine natürliche Abwehr-Reflex-Bewegung des deutschen Geistes und seiner höheren Bedürftigkeit gegen jenes gut rasierte Analphabetentum, jene smarte Blödigkeit wirken, die in bequemer und selbstgefälliger Einförmigkeit die ganze Welt zu überziehen im Begriffe ist. Wer an die befreiende, reinigende, vermenschlichende Macht des literarischen Geistes und Wortes im tiefsten Herzen glaubt, müßte an einer Zeit verzweifeln, die es verschmähte zu lesen. Es gibt Wellen der Kultur. Die Romantik brachte einen literarischen Hochstand, wie er weder vorher noch nachher bei uns erreicht wurde. Ein Wellental arger Depression folgte nach: jene Bürgerjahrzehnte, in denen bei uns fast allgemein geredet und geschrieben (und also gedacht) wurde, daß es eine Schande war. Seit dreißig Jahren, seit der Jahrhundertwende etwa, haben die Deutschen, mit Goethe zu reden, »ganz tüchtig kultiviert«. Wenn ich sage, daß während dieser Zeit die Literatur bei uns an Macht gewonnen hat, so meine ich, daß die Achtung gewachsen ist vor der Welt der Dinge, die man überhaupt nicht ausdrückt, es sei denn, man drückte sie gut aus. Es ist die Welt der Dichtung, und sie ist ewig-menschlich. Die Achtung vor ihr, die Vertrautheit mit ihr, dies und nichts anderes heißt Kultur.

> Denn wer der Dichtkunst Stimme nicht vernimmt,
> Ist ein Barbar – er sei auch, wer er sei.

Das gilt immer, das galt immer, auch zu Zeiten, als der gelehrte Fachmann sich aus literarischer Kulturlosigkeit einen Ehrentitel machen durfte. Das ist vorüber. Die Literatur hat an Boden gewonnen bei uns in diesem Menschenalter, sie hat ins Leben hinein gewirkt, die öffentliche und gesellschaftliche Sprache beeinflußt, geprägt und geformt; sie gilt als unerläßliches Ingrediens jener europäischen Bildung, die einen Mann auf der Höhe seiner Zeit vom Pfahlbürger unterscheidet.

Was jetzt im Gange ist, sieht in einem Grade nach Abstieg, Preisgabe und fröhlicher Rebarbarisierung aus, daß auch dem nicht wohl dabei werden kann, der nichts gegen die Erwerbungen der Neuzeit hat, die man nennt, wenn es die Mechanisierung des Lebens und der Kunst zu beklagen gilt, und der weit entfernt ist, den Tod der Seele und den Untergang des Abendlandes als ihre unabwendbaren Folgen hinzustellen. Der Film, das Radio, das Grammophon, auf der Entwicklungsstufe, die es nachgerade erreicht hat, sind herrliche Dinge, Lebensdinge, nicht mehr wegzudenken aus unserer Daseinsform, Reizquellen und demokratische Bildungsmittel hohen Ranges. Und was nun gar den Sport, die Lust am Körper und seine Befreiung betrifft, so verdankt man dieser Bewegung, so exzessiv sie sich oft gebärden mag, heute schon ganz einfach eine Verschönerung der Welt und des Menschen; was Mode und Zeitgeist hier im Organischen gewirkt haben, ist erstaunlich: Gab es je so viele schöne Beine wie unter der Herrschaft des kurzen Rockes? Nichts gegen Sport und Körperkultur! Wenn Schönheit zur Anstandssache wird, so hat das etwas mit Humanität zu tun. Und wenn sie geistlos ist – nun, so kennt man den Geist gut genug, um zu wissen, daß er imstande ist, sie darum nur noch einmal als ›schön‹ zu empfinden; wie ja der Literat es ist, der heute mit dem Entzücken scheinbarer Selbstlosigkeit die Entliterarisierung und ›Versachlichung‹ der Welt zu verkünden pflegt: eine Haltung, bei deren Analyse mehr masochistische Wollust als Verantwortlichkeit vor dem Menschlichen zutage kommt. Es gibt ewige Spannungen. Daß aber das ›Leben‹ durchaus nichts von ihm wissen wolle, ist eine ausgemacht hypochondrische Grille des Geistes, deren er sich entschlagen muß, um nicht untauglich zum Dienste am Menschlichen zu werden. Dieser nämlich ist eine Aufgabe, und nicht sind es die melancholischen Wonnen des Verzichtes auf Einflußnahme. Das ›Leben‹ ist gar nicht so hoffnungslos auf den Kopf gefallen. Es weiß ganz gut, daß es ohne den Geist nicht fertig wird; es verlangt durchaus nach ihm – wofür als kleines aktuelles Beispiel die erfreuliche Tatsache angeführt sei, daß bei den Beratungen über den zu stiftenden Festtag des Buches ein Vertreter des Reichsausschusses für Leibesübungen, auch im Namen der Arbeiter-Sportverbände, die Sympathie des Sportes mit diesem Gedanken und die Bereitwilligkeit bekundete, fortan auch das Buch als Preis für sportliche Siege zu verwenden.

Wenn je eine Zeit die Erhellung und Befreiung der Köpfe und Herzen durch Lektüre, durch das still und individuell wirkende Geisteswort *nicht* entbehren konnte, so ist es diese. Ein Glück, daß sie offenbar nicht so hirnverbrannt ist, sich das Gegenteil einzubilden. Jene Errungenschaften der Neuzeit vermochten das Buch zurückzudrängen; daß sie es zu ersetzen vermöchten, wäre eine wüste Behauptung. Einige davon sind geeignet und werden ihre Ehre dareinsetzen, für das Buch Propaganda zu machen.

VOM SCHÖNEN ZIMMER

Goethe hat gesagt, prächtige Zimmer seien für Fürsten und Reiche (er meint Leute, die nichts zu tun haben); wenn man darin lebe, fühle man sich beruhigt, man sei zufrieden und wolle nichts weiter. – Ohne zunächst das schöne Zimmer in Schutz zu nehmen, könnte man denselben Vorwurf, unproduktive Beruhigung zu zeitigen, auch der Natur machen. Sie ist ewig wie das Meer, heilig wie hohes Gebirge, oder idyllisch wie Wies' und Quelle. Sie ist auf jeden Fall selbstgenügsam, auf eine majestätische oder friedliche Weise in sich geschlossen, einwandfrei, fix und fertig, das Sechstagewerk Gottes, das er selbst sehr gut befunden. Sie ist, der Dichter hat es ausgesprochen, »vollkommen überall, wo der Mensch nicht hinkommt mit seiner Qual«. Aber eben diese Menschenqual ist ja das Produktive, und die Vollkommenheit der Natur ist weit mehr geeignet, die produktive Unruhe als überflüssig empfinden zu lassen und einzulullen, als ein prächtiges Zimmer. Nicht, als ob die Natur uns keine Ideen zu schenken vermöchte, obgleich eine gewisse Neigung des Gedankens zum Evaporieren und zur träumerischen Formlosigkeit unter freiem Himmel, ohne den Deckenschutz der Menschenbehausung zweifellos besteht. Flauberts Erfahrung: »On ne peut penser qu'assis« widerspricht der meinen ebensosehr, wie sie der Nietzsche's widersprach. Die besten Einfälle ergeben sich oft beim Spazierengehen; um wieder flott zu werden, nachdem man ›festgesessen‹, ist körperliche Motion im Freien ein ausgezeichnetes Mittel. Nur ist das erstens keine geistige Wirkung der Natur als solcher, sondern ein hygienischer Effekt: der erhöhte Stoffwechsel, die verstärkte Sauerstoffaufnahme machen uns Gedanken. Und zweitens ist nicht zu leugnen, daß es uns zuweilen mit so empfangenen Eingebungen ein wenig geht wie mit solchen, die uns im Traume kommen: sie scheinen im Augenblick der Konzeption weit besser und brauchbarer, als sie sich bei näherer Prüfung erweisen, und bedürfen zum mindesten nüchterner Betreuung unter weniger leichtsinnig-beflügelten Umständen. – Auf der anderen Seite ist in schönen und reichen oder eleganten Zimmern allezeit viel und bedeutend gearbeitet worden: von Fürsten, von großen Ministern und Geschäftsleuten, von Männern also, die durch eine solche ihnen vertraute und gewohnte Umgebung keineswegs in den Stand unproduktiver Befriedigung versetzt wurden und keiner Dürftigkeit bedurften, um wollen zu können. Von fürstlichem Prunk nun übrigens kann heute nicht mehr die Rede sein, dergleichen kommt, seit die Zeit der Fürsten vorüber ist, als täglicher Lebensrahmen kaum noch vor, und auch bürgerlicher Prachtstil hat sich epochal überlebt und ist von Geschmacks wegen ausgestorben. Was übrigbleibt, ist eine Sachlichkeit, von der man sich wünschen möchte, daß sie nicht in die Dürre eines Gestänge ausarte. Sachlichkeit in bezug auf die Einrichtung menschlicher Wohnung bedeutet doch wohl sachdienliche Bequemlichkeit, und diese wird dem natürlichen Schönheitssinn Genüge tun dürfen, ohne daß darum der Vorwurf der ›Bürgerlichkeit‹ sie treffen könnte. Es kommt nur auf den Bewohner an, daß ihm Behagen nicht zum Selbstzweck werde. Der Wunsch des Tätigen aber nach behaglich-würdigen Arbeitsbedingungen wird keiner Gesellschafts- und Wirtschaftsform fremd und auch in einer durchaus fleißigen Menschheit nicht verpönt sein, falls, wie man sollte erwarten dürfen, mit dem Fleiße einiger Wohlstand verbunden sein wird. Dieser Wunsch hat mit Bürgerlichkeit so wenig zu tun, wie der heutige Einrichtungsstil mit dem eigentümlichen Ungeschmack von Möbeln aus der Zeit des Makartbuketts etwas zu tun hat. – Persönlich zu sprechen, so bin ich von jung auf schöne Räume gewöhnt, und ein gewisser Anspruch in dieser Richtung ist mir eingeboren, so daß ich früh begann, mir aus Ererbtem und Erworbenem eine eigene Einrichtung mit Andeutungen von Eleganz zusammenzustellen. Alles Vergängliche ist nur ein Gleichnis, und die eigenhändig lakkierten Korbstühle, die damals um meinen Tisch standen, leisteten dieselben inneren und äußeren Dienste wie die Empirefauteuils, die sie später ablösten, ohne meinem Tätigkeitstrieb gefährlicher zu werden als jene. Wirklich bin ich ein leidlich fleißiger Mensch, und schon der nur eben angenehmen, aber keineswegs prächtigen Behausung, die mir zugewachsen, würde ich mich schämen, wenn sie den Rahmen meines Nichtstuns bildete. Schließlich kommt es wohl auf die inneren Umstände an, wenn die Frage sich stellt, ob die Gefahr der Verweichlichung überhaupt in Betracht kommt oder nicht, und in einer Jugendnovelle habe ich einmal einen Dichter sagen lassen, daß, wer es innerlich schwerer habe als andere Leute, mit Recht den Anspruch auf ein wenig äußeres Behagen erhebe.

[VORWORT ZU DEM KATALOG ›UTLÄNDSKA BÖCKER 1929‹]

Zwei Jahre nacheinander, 1927 und 28, war, wie ich sehe, der Katalog ausländischer Bücher, den Fritze's Hovbokhandel herausgibt, von französischen Schriftstellern eingeleitet, die mit Umsicht und Geschmack von der schönliterarischen Produktion ihres Landes berichteten. Diese Bevorzugung ist sehr zu verteidigen. Es ist noch immer viel Wahres daran, wenn man Frankreich als das klassische Land der Literatur, als das literarische Land κατ' ἐξοχήν empfindet. Die Literatur ist dort Nationalkunst, wie es bei uns in Deutschland die Musik ist – das ist der Ausdruck tiefen Unterschiedes im Seelenleben, dem Weltgefühl der beiden Nachbarvölker.

Wie aber heute, befeuert von einem seit dem Krieg ungeheuer verstärkten Austausch geistiger Güter, überall in Europa ein gewisser Entnationalisierungsprozeß zu beobachten ist, der, unbeschadet aller Versteifung und Vertiefung der nationalen Leidenschaften eben durch den Krieg, die aristokratische Naivität der verschiedenen Nationalismen untergräbt und dessen Ziel das offenbar im Plan der Geschichte liegende Zusammenwachsen des Erdteils ist: so hat sich auch in Deutschland atmosphärisch manches verändert, und die Erschütterungen der Zeit, die umwälzenden Erlebnisse des Volkes haben es mit sich gebracht, daß heute die geistigste, lebensunmittelbarste und im humanen Sinne verantwortungsvollste der Künste im Bewußtsein des Publikums eine andere, beherrschendere Stellung einnimmt, als ehemals, ja daß darin die Literatur der Musik weitgehend den Rang abgelaufen hat.

Ein äußeres Zeichen für die innerlich veränderte Stellung der Literatur in Deutschland ist ihre – soll ich sagen: Erhebung ins Amtliche. Es war eine kluge und zeiteinsichtige Handlung des preußischen Kultusministers Dr. Becker, daß er, vor drei Jahren, der Preußischen Akademie der Künste in Berlin eine Sektion für Dichtkunst angliederte, deren geschäftsführender Vorsitzender – es ist zur Zeit der Romanschriftsteller Walter von Molo – in Berlin leben muß, deren Mitglieder sich aber auf das ganze deutsche Sprachgebiet verteilen, und die nur durch die besondere innere Verfassung des Deutschtums heute noch daran gehindert ist, Namen und Würde einer ›Deutschen Akademie‹ anzunehmen.

Es ist schmucklos zugegangen und ohne Pomp bei dieser offiziellen Anerkennung des freien, auch des sehr freien Geistes durch den Staat. Wir tragen keine stickereistrotzenden Fräcke, keine Galanteriedegen und Federhüte wie unsere Kollegen in Rom und Paris. Immerhin, eine gewisse Repräsentation, ein gewisses Sichtbarwerden der Literatur als nationalen Faktors und einer öffentlichen Macht ist durch Dr. Beckers Gründung zweifellos geschaffen, und dies um so mehr, als die literarische Akademie keineswegs ›akademischen‹ Charakter im Sinne irgendwelcher Starrheit und Verzopftheit trägt, sondern, wie ich schon andeutete, sehr radikale, ja traditionsfeindliche – wenn auch natürlich im Grunde nicht traditionslose – Geister in ihr wirken. Es ist kein Zufall, daß von den zwölf Autoren, deren lebendige Wirkung auf das Publikum ich hier bezeugen möchte, nicht weniger als sieben der Akademie angehören, – und die anderen tun es nur darum nicht, weil sie sehr jung sind und heute noch mehr Hoffnung als Erfüllung bedeuten.

Ich mache den Anfang mit Alfred Döblin, dessen Roman ›Berlin Alexanderplatz‹ soeben das größte Aufsehen erregt. Dieser Schriftsteller ist kraft seiner kecken und scharfen künstlerischen Intelligenz, seines hohen Ehrgeizes, seiner Lebensnähe und einer Gestaltungskraft, die original blieb, indem sie zu lernen verstand, im Begriffe, an die Spitze der geistigen Bewegung Deutschlands zu treten. Nach mehreren großartigen epischen Experimenten, dem chinesischen Roman ›Die drei Sprünge des Wang-lun‹, einem Wallenstein-Roman, dem Zukunftsroman ›Berge, Meere und Giganten‹ und dem indischen Versepos ›Manas‹ hat der Dichter jetzt ganz sich selbst gefunden, indem er die Erfahrungen seines Lebens als Armenarzt im Berliner Osten zu seinem Stoff macht. Der Raum verbietet mir, auf das nach seinen künstlerischen Mitteln aufregend interessante Werk, das ich vorhin bei Namen nannte, näher einzugehen, aber ich bekenne, daß ich in Bewunderung stehe vor diesem großartig gelungenen Versuch, die proletarische Wirklichkeit unserer Zeit in die Sphäre des Epischen zu erheben. – Das neue Buch

Jakob Wassermanns ›Columbus‹ wirkt im Vergleich mit den äußerst gelösten und freien Kunstmitteln Döblins fast würdevoll konservativ, doch beweist Wassermann auch in diesem Werk die Meisterschaft, die man in Deutschland und nicht nur in Deutschland in steigendem Maße zu ehren weiß. Sein großer Justiz-Roman ›Der Fall Maurizius‹, einer der größten deutschen Bucherfolge der letzten Jahre, ist noch in frischester Erinnerung, und schon läßt der rastlose Autor ihm einen ebenso starken Band folgen, der auf eine düster-phantastische und höchst eindringliche Weise das Leben des Entdeckers Amerikas beschreibt. – Mit Würde und Majestät führt Gerhart Hauptmann sein der Literaturgeschichte angehörendes Lebenswerk zu Ende. Sein autobiographischer Roman ›Das Buch der Leidenschaften‹ steht unmittelbar vor dem Erscheinen; ich bin noch nicht in der Lage, es zu würdigen, aber daß es das Format aufzeigen wird, das selbst noch die weniger geglückten Werke Hauptmanns auszeichnet, ist von vornherein gewiß, und wir werden mit Ehrfurcht das Bekenntnis der Lebensabenteuer in Empfang nehmen, von denen man annehmen darf, daß seine dichterischen Konzeptionen davon gespeist worden sind. – Ich weiß nicht, ob Franz Werfels Verdi-Roman im Norden hinlänglich bekannt geworden ist. In Deutschland hat er tiefe Wirkung geübt, und ich persönlich bekenne, daß wenige Bücher der letzten Jahre mich so gefesselt haben, wie dieses durch seine kunstvoll-leidenschaftliche Gegenüberstellung südlichen und nordischen Kunstgeistes. Nun tritt Werfel aufs neue mit einem großen Werk hervor, das ›Barbara oder die Frömmigkeit‹ heißt und ein ausladendes Gemälde der Vorkriegs-, Kriegs- und Revolutionszeit bis in die Gegenwart hinein darstellt. Es ist aufs neue ein Beweis für die dichterische Höhe, die der deutsche Roman, wenigstens in seinen verfeinertsten und glücklichsten Ausprägungen, in den letzten Jahrzehnten gewonnen hat und die sich etwa auch in den Werken Hermann Hesse's manifestiert, dessen ›Steppenwolf‹ vor zwei Jahren ein Ereignis innerhalb der deutschen Prosa war, und den man freilich nicht nennen darf, ohne auch seiner bezaubernden Lyrik zu gedenken, die eine sensitive Modernität in Laute von volkstümlicher Romantik zu kleiden weiß. Hesse's neuer Roman ›Narziß und Goldmund‹, der in der ›Neuen Rundschau‹ zu erscheinen begonnen hat, setzt mit großer sprachlicher Schönheit ein und scheint in einer mittelalterlichen Zeitlosigkeit zu schweben, die dem poetischen Bedürfnis dieses roher Aktualität widerstrebenden Geistes entspricht, ohne darum seine schmerzliche Fühlung mit den Problemen der Gegenwart zu verleugnen. – Man spürt die Nähe der französischen Kultursphäre in der Prosa des Elsässers René Schickele, die wohl die eleganteste und einschmeichelndste ist, die heute in Deutschland geschrieben wird, aristokratisch, ohne des Snobismus auch nur verdächtig zu sein. Von seiner Roman-Trilogie ›Das Erbe am Rhein‹ sind zwei Bände erschienen, aus dem dritten kennt man einzelne Proben, die sich auf der Höhe des Vorangegangenen halten. Sein jüngst erschienenes Werk heißt ›Symphonie für Jazz‹ und spielt in der großen Welt der Finanz, Journalistik und Kunst. – Ein jüngerer Autor von bedeutendem Interesse ist Leonhard Frank, der mit einer durch ihre Frische und Rücksichtslosigkeit Aufsehen erregenden Knabengeschichte ›Die Räuberbande‹ begann. Er setzte sie später fort in dem ebenfalls vielbemerkten ›Ochsenfurter Männerquartett‹ und legt jetzt eine Erzählung von gewagter Problematik vor, ›Bruder und Schwester‹, die, übrigens auf sehr delikate Art, die leidenschaftlichen Beziehungen zwischen einem Geschwisterpaar behandelt. – Seit langem stelle ich Ernst Weiß sehr hoch, dessen Dirnen-Roman ›Tiere in Ketten‹ mir seinerzeit tiefen Eindruck gemacht hat. Seine beiden letzten Bücher möchte ich hier nennen. Sie heißen ›Boëtius von Orlamünde‹ und ›Die Feuerprobe‹; das eine spielt in einem aristokratischen Knabeninstitut, das andere ist die psychologisch außerordentlich fesselnde Geschichte eines Phantasie-Verbrechens. Beide lösen mit höchst dichterischen Mitteln die Realität ins Phantastische auf, und im Mittelpunkt beider steht charakteristischerweise die unerhört eindrucksvolle Schilderung einer Feuersbrunst. Zum feurigen Element scheint dieser merkwürdige Dichter besondere, dämonische Beziehungen zu unterhalten. – Frank und Weiß bilden ihren Jahren nach den Übergang zur jungen Generation, aus der ich, vielleicht mit einiger Willkür, aber gewiß nicht ohne Berechtigung, vier Namen herausgreife. Willy Süskind, der als Novellist auf sich aufmerksam gemacht hat, gibt seinen ersten Roman heraus, der ›Jugend‹ heißt und mit einer Eindringlichkeit, die im Äußeren wie im Seelischen das Kleine und Kleinste bevorzugt, das Leben deutscher Jugend zur Zeit der Revolution und Inflation schildert. – Ein sehr merkwürdiges literarisches Vorkommnis ist der Roman von Georg Fink ›Mich hungert‹. Der junge Autor ist, wie der Verleger mitteilt, verschollen, er soll unter anderem Namen in Hollywood als Filmschauspieler leben, und nur durch die Vermittlung eines Freundes ist sein Roman, die Schilderung seiner eigenen Jugend, ans Licht gelangt. Es ist die leidensvolle Geschichte eines halbjüdischen Proletarierjungen in Berlin, erzählt ohne anklägerische soziale Schärfe und sogar mit einer gewissen poetischen Weichheit, sehr rührend und merkwürdig vor allem durch die Darstellung der Entwicklung eines angeborenen schauspielerischen Talentes unter den ungemäßesten Umständen. – Das süddeutsch-volkstümliche Element möge hier Marieluise Fleißer vertreten, eine bayrische Schriftstellerin, die gewissermaßen das Erbe Ludwig Thoma's angetreten hat, aber eine modernere, schärfere Note in seine Sphäre hineinträgt. Ihre Novellen ›Ein Pfund Orangen‹ sind Bekundungen eines überaus gesunden und starken Talentes, humorvoll ohne platte Gutmütigkeit und zu großen Hoffnungen berechtigend. – Zum Schluß sei der Name Heinrich Hausers genannt, dessen Roman ›Brackwasser‹, eine Matrosen- und Ansiedlergeschichte, die künstlerisch der Schule Hamsuns angehört, aber keineswegs Nachahmung bedeutet, in ihrer Herbheit und Rauhigkeit ein lebensvoll männliches Talent erkennen läßt.

Damit beschließe ich meine Liste, von der man sagen mag, daß sie einer persönlichen Geschmacksauswahl entsprungen ist. Ich kann aber nur zugeben, daß man sie stark erweitern könnte. Die Namen, die ich genannt habe, dürften, glaube ich, bei keiner solchen Aufzählung fehlen.

[ARTHUR ELOESSER
›DIE DEUTSCHE LITERATUR‹]

Das Buch, das ich anzeigen will – nur anzeigen, denn seine fachwissenschaftlichen Verdienste zu würdigen, muß ich den Experten überlassen –, ist von Arthur Eloesser, und ich glaube, daß das Werk (erschienen bei Bruno Cassirer, Berlin), zu dem seine Gaben sich hier in der Stille und fern vom Tage gesammelt haben, den Ausdruck verändern wird, mit dem man auf diesen Schriftsteller blickt.

Man konnte finden, daß die außerordentlichen Hoffnungen, die Erich Schmidt auf diesen Schüler setzte, durch seine bisherigen Leistungen, das Buch vom ›Bürgerlichen Drama‹, die Ausgaben Kleists und Otto Ludwigs mit ihren kritisch-biographischen Einleitungen, weitgehend bestätigt, aber nicht ganz erfüllt worden seien. Dies Buch des Neunundfünfzigjährigen erfüllt sie – ein Werk, dessen bloßes Zustandekommen schon, im absorbierenden Trubel der kritischen Tagesansprüche, jedem, der Sinn für die schwere sittliche Kunst der Zeitorganisation besitzt, hohe Achtung abnötigen muß. Der Meister hätte seine Freude daran gehabt, denn es atmet Freude, es erzeugt geistige Lebenslust – ich schreibe es hin und überlege, ob mir damit nicht von ungefähr die Bestimmung des Wesens aller produktiven Kritik untergelaufen ist.

Literaturgeschichte! Ich habe die Beliebtheit und Marktgängigkeit des Genres nie verstanden. Nachweislich kauft das Publikum dergleichen. Es müssen das Leute sein, die in solchen Erzeugnissen ein billiges, zeitersparendes Mittel sehen, ihre Konversation aufzubessern; und wahr ist es: die große Mehrzahl der ›Literaturgeschichten‹ ist auch zu nichts weiter nütze. Hier nun würde ich jede Kauflust verstehen und mich nicht wundern, wenn schon dieser erste Band, der mit Goethe's Tode schließt, einen starken buchhändlerischen Erfolg ergäbe. Denn das ist die morsche Bildungseselsbrücke nicht, die meistens Literaturgeschichte heißt. Es ist *Lektüre* – und zwar große, helle und reiche Lektüre, lustweckend, im ernstesten Sinne vergnüglich; von Dichtung, Literatur ist hier die Rede mit einer Wirkung, wie Dichtung und Literatur sie selber üben –, ich habe, seit ich Brandes' ›Hauptströmungen‹ las, dies Gefühl der kritischen Anregung nicht wieder so lebhaft gekostet.

Goethe schrieb in frühen Tagen der Romantik an Knebel: »Die literarische Welt hat das Eigene, daß in ihr nichts zerstört wird, ohne daß etwas Neues daraus entsteht, und zwar etwas Neues derselben Art. Es bleibt in ihr darum ein ewiges Leben, sie ist immer Greis, Mann, Jüngling und Kind zugleich, und da, wo nicht alles, doch das meiste bei der Zerstörung auch erhalten wird, so kommt ihr kein anderer Zustand gleich. Das macht auch, daß alle, die darin leben, eine Art von Seligkeit und Selbstgenügsamkeit genießen, von der man auswärts keinen Begriff hat.« – Das ist genau das, was ich eben »geistige Lebenslust« nannte, und es ist viel gesagt, wenn man feststellt, daß Eloessers Buch dies Behagen vermittelt.

Literaturgeschichte? Es handelt sich um eine geistige Kulturgeschichte der Deutschen, den Seelenroman dieses Volkes seit den Tagen des Barock, eine Darstellung deutschen Charakters und inneren Schicksals also, gegeben mit soviel Wissen wie Sympathie, sachlich und warmherzig, sehr kunstreich in der Komposition, die nicht bloße Chronologie bleibt, voll gesunden und feinen Urteils, das jeder Erscheinung menschliche Gerechtigkeit gewährt und angesichts der Größe nicht in Bombast und Räucherei ausartet, vorgetragen in einer klaren, gewinnenden, zur guten Sentenz geneigten Sprache, die gescheit ist, ohne je schneidend oder nur kalt zu sein, und auch vor dem Eruptiven oder tief Gemüthaften nicht versagt.

Man lese das Kapitel über Jakob Böhme und das über Lichtenberg, das zu dem hübschen Aperçu Gelegenheit gibt: »Der Skeptizismus liebt es immer, den Mystizismus zu besuchen und sich bei ihm zu vergessen«, und man wird diese kritische Versatilität, diese schriftstellerische Berufung bestätigt finden, über das Verschiedenste so zu sprechen, daß wir es als Organ eines Organismus, einer nationalen Erlebnis- und Ausdruckseinheit verstehen dürfen. Statt Lichtenberg, dessen verteufelt modernes Charakterbild freilich besonders gelungen ist, hätte ich wohl richtiger Leibniz genannt; denn in diesen beiden gegensätzlichen und großen Figuren, Leibniz und Böhme, sieht Eloesser die Herren und Meister des deutschen Barock. »Der eine«, sagt er, »hatte die europäische Vernunftsendung, der andere eine deutsch-religiöse, die unterirdisch nachwirkend auch zu einer Weltmission wurde ... Aus dem Mutterschoß des siebzehnten Jahrhunderts entbanden sich die rationalen Geisteskräfte und die irrationalen Gemütskräfte, die kühlere und die wärmere Quelle, die dann im achtzehnten Jahrhundert zusammenfließend unserer seelischen Geschichte die Fülle geben.« Das ist groß und frei und bedeutend gesehen, und es tut wohl, wieder als nationale Fülle empfinden zu lernen, was der Kulturparteienstreit des Tages polemisch auseinanderreißt.

Der Verfasser hat sein Geschichtswerk besonders der Jugend zugedacht, einer Jugend, von der ihm scheint, daß sie alle Bindungen gelöst, alle Beziehungen zur Vergangenheit abgebrochen hat und überhaupt keine Väter mehr haben will. »Wenn«, schreibt er, »junge Menschen beim Lesen von dem Gefühl überrascht werden sollten: Waren wir nicht schon einmal da, und werden wir nicht noch einmal sein? – so werden sie, hoffe ich, eine Anschauung gewinnen von dem unzertrennlichen Zusammenhang in den wunderbaren Taten des Geistes, die auch die des Blutes sind.« – Das ist gut gesagt für Deutsche, für dies Volk des voraussetzungslosen Immer-neu-Beginns und der Geschichtslosigkeit, das darum das Selbstbewußtsein eines Kulturvolkes nicht findet. Die Anschauung geschichtlicher – richtiger gesagt: mythischer – Wiederkehr ist es auch, die das krankhafte

Pathos der Einmaligkeit zerstört; sie beruhigt, sie tröstet.
Eloesser deutet heutiges Jugendschicksal, wenn er in einem
Abschnitt über den jungen Menschen in der deutschen
Literatur nach dem Dreißigjährigen Kriege sagt: »Es
scheint, daß die schon befestigte Generation, die ein Krieg
trifft, sich besser anpaßt, umstellt und einstellt, als die nach
ihm kommt. Ähnliche Erfahrung, für uns jetzt durch den
Weltkrieg gehäuft, ist nach den Napoleonischen und den
Freiheitskriegen gemacht worden; die Freiwilligen vertru-
gen den Frieden nicht, viele gingen an ihm zugrunde. Viele
auch von den Nachgeborenen des Krieges. Es gibt Zeiten, in
denen die Jugend zum Opfer wird, wenn sie nicht weiß, wo
sie opfern soll.«
Ich lasse mich nicht zu weiterer Hervorhebungen und Hinweisen verleiten. Diese Zeilen selbst wollen nichts weiter
sein als ein Hinweis, ein ›Achtung!‹-Ruf – wobei der Dop-
pelsinn dieses Wortes ›Achtung‹ mir wohlgefällt. Der
zweite Band, der durch das neunzehnte ins zwanzigste
Jahrhundert führt, soll nächstes Jahr folgen. Die Leser des
ersten werden sich mit mir darauf freuen.

Der zweite Band von Arthur Eloessers ›Deutscher Literatur‹
ist längst erschienen, ein Hinweis darauf an dieser Stelle ist
überfällig, und plötzlich bemerke ich, daß man auf mich
gewartet hat. Es ist wahr, ich habe den ersten hier angezeigt,
und das Schweigen der Runde bedeutet mich, daß, da es gilt,
der Freude über das Vollständigwerden dieses Standardwer-
kes leidenschaftlicher Belesenheit und disziplinierter Dar-
stellungskunst Ausdruck zu geben, das Wort wieder an mir
ist.
Ich will's nicht mißbrauchen, zumal mein Staunen über
philologisch-kritische Kolossalleistungen, wie Wieglers und
Eloessers Bücher sie darstellen, über die vollkommen
fremdartigen Voraussetzungen ihrer Verwirklichung, die
gewaltige Rezeptivität, Stoffbeherrschung, Kompositions-
gabe und Beredsamkeit, die Mischung aus Temperament
und Gerechtigkeit – und was sonst noch die Entstehung

solcher Riesentableaus der Geistes- und Formengeschichte bedingt –, dem Schweigen näher ist als dem Reden. Aber wirkt es nicht üppig, mitten in Dürftigkeit, daß die letzten Jahre uns gleich zwei solche Panoramen und ... Pandämonien beschert haben, Monstrelesebücher der Bildung – wenn dieses Wort den Sinn fürs Ganze, für Einheit, Folge, Zusammenhang, für das sich entwickelnde Leben bedeutet? Bildung, sie bleibt ein deutscher Hochbegriff, möge das Wort auch heute veraltet klingen. Man muß sie im Objektiven erwerben und haben oder sie lebend verwirklichen und selber ein Stück Bildung sein und anschaulich machen, eins oder das andere, sonst sehen einen die Deutschen nicht an. Zeigt das aber nicht, daß man entweder ein Gelehrter oder ein Künstler, am besten aber beides auf einmal, sein muß, um in Deutschland zu zählen, – fast hätte ich gesagt: um als Deutscher zu zählen? Zum Teufel, sollen wir wirklich das ›Volk der Denker und Dichter‹ sein?!

Was feststeht, ist die unverbrüchliche Vorliebe unseres Publikums für Literaturgeschichten, die noch jeder leidlichen Erscheinung dieser Art – und selbst unleidlichen – zum Erfolg verholfen hat und ohne Zweifel auch den Werken Wieglers und Eloessers zugute kommen wird. Sie stehen sehr hoch, das heißt: sie stehen nach Sprache und Einsicht auf der Höhe der Zeit, die wieder einmal erfüllt war für solche Inventur; und wenn niemand einstehen kann für die ewige Haltbarkeit ihrer Akzentsetzungen und Rangverleihungen, so sind sie auf jeden Fall der Ausdruck eines geistigen Augenblicks und werden eine Weile, vielleicht ein Menschenalter lang, kritische Gültigkeit bewahren.

Welchem werden die Leser den Vorzug geben? Man möchte ihn keinem gönnen. Wieglers Bände empfehlen sich durch die überall eingestreuten belebenden Illustrationen, Porträts, Karikaturen, Faksimiles und – vielleicht – durch zweierlei Schriftart, deren kleinere, allzu kleine, zum Überschlagen einlädt, obgleich sie manchmal das informatorisch Wichtigste enthält. Diejenigen Eloessers, Lexikonformat, dunkelblau Leinen, bilderlos, zeigen ein Antiquadruckbild von monumentaler Ruhe und Klarheit, sehr wohltuend dem Auge, und Seitenüberschriften erleichtern das Sichzurechtfinden in den großen Räumen der Hauptstücke. Der zweite Band, dem diese Anzeige gilt, setzt wieder mit Goethe ein, dessen Tod, wie billig, den Abschluß des ersten bildete, und führt die Personal- und Werkgeschichte der Romantik fort, deren Frühzeit schon in die große und schöne Darstellung Goethe's hineingearbeitet war. Das Problem, wie das Verwobene, Ineinanderwirkende, teilweise Gleichzeitige nacheinander zu berichten sei, das Eloesser mit Recht als die Hauptschwierigkeit jeder geschichtlichen und besonders geistesgeschichtlichen Darstellung bezeichnet, ist überhaupt mit vieler Kunst und Feinheit gelöst. Und so verfolgen wir den Roman einer nationalen Seele, an dem die Zeit durch uns fortwebt, unsere Geschichte und Überlieferung, durch seine Abenteuer und Idylle die Erhebungen und Ermattungen seiner geistigen Handlung bis auf uns und über uns hinaus, bis in den Krieg und ins heikle Heute, – geführt von einem Sprecher, dessen Stimmklang ein gutes, nüchternes Vertrauen erweckt und dabei die tiefe, lebenbeherrschende Angelegentlichkeit, die bewegte und produktiv bewegende Passioniertheit fürs Literarische nicht verhehlt, ohne die eine solche Herkulesleistung sichtenden Fleißes undenkbar wäre.

Seine kluge Klarheit mutet zuweilen französisch an; gewiß ist er in die immer noch unentbehrliche Schule gallischer Analyse gegangen, – kleine Herübergeholtheiten der Form und des Gedankens deuten darauf hin. Über Fouqué sagt er gelegentlich: »Die Herzoginnen lasen ihn so gut wie die Wäscherinnen!« Das ist französische Soziologie, und es ist eine Kleinigkeit. Aber der Gegensatz von Leibniz und Jakob Böhme, dieser Gegensatz »rationaler Geisteskräfte und irrationaler Gemütskräfte«, den Eloesser unserer seelischen Geschichte zugrunde legt, – ist er nicht jener »ewige Dialog zwischen Montaigne und Pascal«, als den die Franzosen ihre Geistesgeschichte sehen? Dennoch ist das keine Übertragung, nicht Fremdstilisierung deutschen Lebens. Es ist das

Gleiche in zwei nationalen Abwandlungen, Schicksalsver-
wandtschaft, kontinentale Brüderlichkeit. Der vielbeklagte
»Riß, der durch unser Volk geht«, ist zuletzt nichts so
tragisch Besonderes. Er geht auch durch andere Völker,
weniger sichtbar von außen. Nur besitzt freilich das Verhältnis des Volklichen zum Europäischen in Deutschland
eine historische Nuance eigentümlicher Schwierigkeit, die
den Grund auch unserer aktuellen ›Zerrissenheit‹ bildet.
Eloesser ist überall dort am interessantesten – mir am interessantesten –, wo es ihm um das schon im siebzehnten
Jahrhundert entstehende »Spannungsverhältnis der auto-
chthonen nordisch-germanischen Veranlagung Deutschlands zu den aristokratischen Literaturformen« geht, »die
ihm von der fortgeschritteneren Entwicklung der romanischen Völker als die europäischen auferlegt werden«. »Auferlegt« ist sehr gut. Hat man von dieser europäischen Lite-
raturform durch Bildung oder Geblüt etwas ab- und
mitbekommen, so wird man das Gefühl nicht los, seinem
Volke damit etwas »aufzuerlegen«, das mit mehr oder weniger gutem Willen ertragen, aber doch immer nur *ertragen*
wird, und weiß sich bei allem möglichen Erfolge, der auf
diese Weise gewonnen werden mag, im Grunde verhaßt.
Das gehört zu der »mancherlei Pein«, die, nach Goethe, »ein
unerforschlich waltendes Geschick in unsere Tage mischt«,
– mehr noch, besagte Pein besteht ganz eigentlich hierin;
und nur das Bewußtsein, sich dabei in höchst ehrenvoller
Gesellschaft zu befinden, hilft einem leidlich darüber hinweg.
Übrigens ist es von tiefem kritischen Reiz, durch unsere
ganze Geistesgeschichte hin zu verfolgen, wie diese beiden
Gegensätze: der rational-irrationale und der zwischen au-
tochthonem Volkstum und Europa, jederzeit verfließen und
als ein und derselbe erlebt werden, auch in den großen und
glücklichen Fällen der Überwindung und Synthese. Goethe,
der Europäer, wollte seinen Deutschen verbieten, in fünfzig
Jahren das Wort ›Gemüt‹ auszusprechen. Es war aber eine
verhältnismäßig gute Zeit, als sie noch ›Gemüt‹ sagten. Man

fürchtete sich draußen weit weniger davor als vor dem, was sie jetzt sagen.

Ich habe Eloessers Goethekapitel schon gelobt. Was ich beanstande, ist die Kargheit, mit der er Nietzsche behandelt. Er spricht von ihm eigentlich nur zwei Seiten lang, gelegentlich George's. Aber diese Gelegentlichkeit hat etwas Beleidigendes und kraß Unverhältnismäßiges; nur aus einer zu engen Auffassung des Begriffs ›Literaturgeschichte‹ konnte sie sich ergeben, einer Auffassung, die etwa dazu führt, die Entwicklung des deutschen Essays fast unbeachtet zu lassen. Der germanistische Kritiker neigt dazu, das, was er selbst kann, seiner Betrachtung für unwert zu erachten und allein in der ›Kunst‹, im ›Gestalteten‹ ihr Objekt zu sehen. Aber es ist ja klar, daß das Phänomen Nietzsche nicht in eine Spezialgeschichte der Philosophie, sondern in eine deutsch-abendländische Geistes- und Seelengeschichte, eine Geschichte der Sensibilität und der Sprache, kurzum in eine ›Literaturgeschichte‹ gehört, worin jene ärgerliche Gelegentlichkeit sich gründlich umkehren würde. Ist es Eloessers eigene Meinung oder gibt er nur die des verflossenen Kreises wieder, wenn er sagt: »Nietzsche war krank und ein Kämpfer, Stefan George gesund und ein Bildner«? Was sind das für philisterhafte Antithesen! Ich traue sie Eloesser nicht zu. Wir wollen George's Gesundheit und »kosmische Entspanntheit« ehrerbietig auf sich beruhen lassen, aber die ungeheure Begegnung von Psychologie und Mythus, die Nietzsche heißt, hätte, wenn mir recht ist, in Eloessers zweitem Bande denselben Raum einnehmen müssen wie Goethe im ersten.

[HERMANN UNGAR
›COLBERTS REISE UND ANDERE ERZÄHLUNGEN‹]

Das wehmütige Vorrecht, die schöne Pflicht, diesen Nachlaßband Hermann Ungars beim deutschen Publikum einzuführen, leite ich von der Tatsache her, daß ich zu den ersten gehörte, die das außerordentliche Talent des Verstorbenen empfanden und darauf hinwiesen. Da ich mich für seinen Erstling, ›Knaben und Mörder‹, einsetzte, wäre es nicht recht, wenn ich beim Erscheinen seines letzten, posthumen Werkes unbeteiligt beiseite stände, – dessen seelische Schönheit und künstlerischer Reiz mich noch mehr ergreifen, als die Eigenschaften des ersten es einstmals taten. Denn damals war alles Hoffnung, Aufhorchen, Freude am Aufgang eines verheißungsvollen Gestirns, Lebenszuversicht; heute deckt die Erde dieses Leben, das Träger so großer und nicht zur Erfüllung bestimmter Gaben war.

Hätten wir also falsch gesetzt, instinktlos gehofft? Nein, ich will mich nicht schämen, das Todbestimmte dem Leben empfohlen zu haben. Der Tod ist keine Widerlegung, und es wäre irreligiöse Glücks- und Erfolgsphilisterei, den Segen des Lebens zum Kriterium des Liebenswürdigen zu machen. Der Verstorbene dachte tief, bitter und wahr über Sieg und Niederlage, Segen und Verworfenheit. »Heute weiß ich«, sagt er in der Einleitung zu einer der vorliegenden Erzählungen, »daß die Begabung rasch begreift, wie leicht sie jeder Sache dienen kann, und es ist gerade oft ihr eigentümliches Zeichen, wie sie es versteht, sich dem Gewöhnlichen anzupassen und die Anpassung moralisch zu begründen. Die Sieger im Leben sind in der Regel, von einer höheren Warte gesehen, die Besiegten. Der Tod der Erfolglosen leuchtet zuweilen von den Strahlen des Sieges.« Das heißt wirklich mit unbestechlich-hochherzigem Scharfblick den Schein durchschauen, und wenn es wahr ist, daß »ihr an ihren Früchten sie erkennen sollt«, so darf man stolz sein auf ein Schülertum solcher Gesinnung. Vergessen oder außer acht gelassen ist hier nur das eine, daß die wahren Siege der Lebenskinder häufig woanders liegen, als wo die Menge sie sieht, daß der Ruhm weder ein Erkenntnismittel noch ein Produkt der Erkenntnis ist und daß auch die Sieger des Lebens der Menschlichkeit bedürfen – was freilich heißt, alles haben wollen.

Nachträglich ist mir, als hätte ich das Todgeweihte in Hermann Ungars Kunst und Wesen immer gespürt, und gerade dieser ›Instinkt‹ sei die Quelle meiner Sympathie, das Motiv meines Eintretens für die frühen Manifestationen seiner Natur gewesen. Es ist in seiner Komik, die nicht lacht, seiner geschlechtlichen Melancholie, der bitteren und oft unheimlich gemessenen Art seiner Lebensaussage, – es ist in seiner geistigen Physiognomie und war selbst in seiner physischen etwas Bleiches, Gezeichnetes, streng Hoffnungsloses, zu dessen prophetischer Ausdeutung es keiner Spökenkiekerei bedurfte und das mich hindert, seinen frühen Tod als Zufall zu empfinden. Ich wunderte mich nicht, daß man in Frankreich ›Knaben und Mörder‹ sogleich übersetzte und sehr bemerkenswert fand. In der französischen Geistigkeit ist mehr Ironie gegen das Lebenstüchtige, mehr Neigung zum edel Hinfälligen lebendig als unter uns Deutschen, denen das Goethe-Erbe eines stämmigen Lebensaristokratismus tief im Blute sitzt. Zweifellos ist nicht alles vornehm, was des Todes, nicht alles gemein, was des Lebens ist. Aber wir bekunden unseren Gewissensspott selbst noch gegen die hohe Angepaßtheit am besten, indem wir uns vor dem Adel des Todes neigen.

Nicht von Erfüllung, Gnade der Reifung und Vollendung kann hier die Rede sein; aber bevor das Leben ihn mit jener Unachtsamkeit fallenließ, durch die es unseren Menschensinn so oft verstört und empört, hatte dieser Geist doch schon mehr geben dürfen, als es nach dem Gesagten scheinen könnte. Wir haben nach dem ersten Novellenband einen Roman von gramvoller Stärke: ›Die Verstümmelten‹; wir haben ›Die Klasse‹, weniger gewichtig wohl, aber nach Handschrift und Vision doch Ausdruck jener kultivierten Ursprünglichkeit, die wir Kunst nennen; wir haben Theaterstücke, deren Erfolg in Berlin und Wien nicht auf der Anpassung an das Gewöhnliche beruhte. Und wenn das Schicksal wegen seiner Achtlosigkeit zu tadeln es dem König gleichtun hieße, der das Meer peitschen ließ, so ist man doch versucht, ihm all das vorzuhalten, was in Ungars melancholischem Werk mit so viel Dichter-Innigkeit um das Leben wirbt, daß dieses wohl mit mehr Gunst solcher sinnlichen Treue hätte begegnen dürfen. Man lese etwa in den folgenden Blättern, was er seinen ›Weinreisenden‹ über das Geheimnis seiner Ware sagen läßt. »In altem Wein sind die Gerüche aller Blumen, die Strahlen der Sonne, Lachen der Kinder, Schweiß der Männer, das Bild der sommerlichen Landschaft, alles reif und schwer wie die Brust der stillenden Mutter.« Das ist Lebensgesang. Kunst mag wohl todgezeichnet sein, sie ist doch immer Liebe, immer Leben. »Man ist Künstler«, sagt der Weinreisende, »auf anderem Gebiet, als es der Dichter oder Musikant ist, aber doch auch wie diese durch seine Sinne in einem tieferen und heiligeren Zusammenhang mit der Natur, herausgehoben aus der dumpfen Masse derer, deren Auge so stumpf ist wie ihr Ohr, ihre Nase, ihre Zunge und die Nerven unter der Haut.« In einem solchen tieferen und heiligeren Zusammenhang mit der Natur stand auch Ungar durch sein Talent, – gerade diese nachgelassenen Geschichten lassen es am stärksten erkennen, sie zeigen vielleicht deutlicher als das zu Ungars Lebzeiten Erschienene, welche Entwicklungsmöglichkeiten durch seinen vorzeitigen Tod geknickt wurden, und ihre Herausgabe bedeutet uns wirklich eine menschliche Anklage des Schicksals.

Welch eine unheimlich bedeutende Figur, dieser Diener Modlizki in ›Colberts Reise‹! Mit Recht hat man diese Geschichte an die Spitze des Bandes gestellt; sie ist ein kleines Meisterstück und würde mit Ehren innerhalb eines klassischen Lebenswerkes stehen. Die anderen haben nicht diese Rundheit, sie sind studienhafter, Bruchstücke und Andeutungen einer unverwirklichten epischen Welt, – aber man lese ›Bobek heiratet‹, um zu spüren, welcher herzhaften Lebensgriffkraft, welcher grotesken Sakramentalität des Sinnlichen dies schwermütige Talent fähig war, und was daraus hätte erwachsen können!

Hermann Ungar wurde im Jahre 1893 in Boskowice, einem mährischen Städtchen, von jüdischen Eltern geboren. Die Ungars sind Kaufleute und Landwirte, der Vater ist Kaufmann mit gelehrten und philosophischen Neigungen. Hermann absolvierte das deutsche Gymnasium in Brünn, studierte an den Universitäten Berlin, München und Prag die Rechte und promovierte zum Doktor mitten im Kriege. Als Oberleutnant der Reserve nahm er an diesem von Anfang bis zu Ende teil, die ersten Jahre an der Front, in Rußland und Galizien, und wurde schwer verwundet. Nach Friedensschluß war er kurze Zeit Advokatur-Konzipient, dann Bankbeamter in Prag, versah eine Zeitlang das Amt eines Dramaturgen in Eger, trat 1920 ins tschechoslowakische Außenministerium ein und wurde der Berliner Gesandtschaft als Legationssekretär zugeteilt. Er heiratete eine Pragerin und wurde Vater zweier Knaben. Im Jahre 1928 nach Prag zurückberufen, ging er mit der Absicht um, die amtliche Laufbahn zu verlassen, um sich ausschließlich der Literatur widmen zu können. Man hört von einem Automobilunfall, der seine Nerven schwer erschüttert und der Krankheit, einer Blinddarmentzündung, den Boden bereitet habe, die ihn, zu spät erkannt, zu spät operiert, im folgenden Jahr befiel und der er erlag.

Ungar besaß einen ausgeprägten Sinn für Familie und Herkunft. Was man Heimatliebe nennt, tritt bei ihm als die Überzeugung auf, daß nur die Sphäre seines Ursprungs die dem Menschen gemäße und zuträgliche und sie gegen eine andere zu vertauschen Sünde und Lebensfehler sei. Nie, meinte er gesprächsweise, sollten die Menschen die Heimaterde verlassen, die sie hervorgebracht, wenn sie glücklich und in Sicherheit leben wollten. In jeder Reise sah er etwas Aufregendes und Gefährliches, eine Herausforderung des Schicksals, – eine mystische Furcht, die wahrscheinlich bei der Konzeption von ›Colberts Reise‹ ihre Rolle gespielt hat. Für seine Person unternahm er zwar Reisen nach Italien und Paris, bekannte aber mit seltener Ehrlichkeit und im Gegensatz zur Glücksrenommage der Reiselyriker, daß weder der blaue Süden, noch die berühmten Kunststätten, noch die Reize der Weltstadt ihm viel zu sagen gehabt hätten. In Berlin, wo er Freunde und Wirkungskreis hatte, gefiel ihm das Leben aus praktischen Gründen noch am besten.

Er hatte früh, lange vor ›Knaben und Mörder‹, zu schreiben begonnen, verriet aber seine literarischen Neigungen nur zwei, drei Freunden. Es war kennzeichnend für seinen Charakter, daß Fernerstehende ihn überhaupt nicht für einen geistig interessierten Menschen hielten. Die Regimentskameraden sahen in ihm einen guten Kerl, der gern die anderen unterhielt, sogar ohne dabei sonderlich auf seine Würde zu achten. Advokatur- und Bankkollegen kannten ihn als durchschnittlichen Kaffeehausbesucher und waren nicht wenig überrascht, als sie von Büchern hörten, die er herausgegeben habe und die sogar gelobt wurden.

Er arbeitete schwer. Ein nachgelassenes Tagebuch, das er während seiner letzten Lebensjahre geführt hat, eignet sich aus persönlichen Gründen nicht zur Veröffentlichung in extenso, aber es sind in einer Theaterzeitung Bruchstücke daraus veröffentlicht worden, die Zeugnis ablegen von seiner fanatischen Liebe zur literarischen Kunst, dem Druck der Verantwortung, unter dem er schrieb oder zu schreiben zögerte, von dem Bangen um seine Sendung, der Furcht, sein Können möchte erlöschen, seine Arbeit Handwerk werden. »Ich habe«, schreibt er, »im Kriege die unmittelbare Gefahr des Todes stündlich vor mir gehabt, aber als ich betete, betete ich, daß Gott mich nur leben lassen solle, wenn ich zum Dichter ausersehen sei.« Welche Frömmigkeit! Und ich meine damit nicht seinen Glauben an Gott, sondern seinen Glauben ans Dichtertum. – Ein andermal, am 30. September 1928, heißt es: »Ich habe sechs Monate Urlaub. Niemand soll in dieser Zeit etwas von mir hören. Entweder ich habe dann etwas Wirkliches geschaffen, oder ich mache Schluß mit allem. Vielleicht nicht mit dem Leben, aber mit der Kunst. Aber ohne sie ist kein Leben für mich. Das ist die Gefahr.« – Die Sorge um sein höheres Ich fällt zusammen mit der um sein Leben. Gibt es das noch? Übrigens sorgte er sich um sein Leben auch auf bloß körperlicher Ebene, ein Hypochonder, der jeden Augenblick zum Doktor lief. Schließlich war das die Ursache seines frühen Endes. Denn die Ärzte, abgebrüht und skeptisch gemacht durch seine ewigen Grillen, unterschätzten und verkannten zu lange die Todeskrankheit.

Sein Sterben vollzog sich unter seltsamen Umständen. Zur Zeit seiner akuten Erkrankung befand sich seine Mutter, schwer augenleidend, in derselben Klinik, in der er operiert wurde. Man verheimlicht ihr die Operation, aber ein Traum, den sie hat, handelt von Hermanns Tod. Der Sohn lebt noch mehrere Tage, von den Ärzten aufgegeben, für sein Teil aber hoffnungsvoll. Da wechselt die Pflegeperson: Eine Krankenschwester tritt ein, in der er eine Jugendbekannte aus Boskowice erkennt. Mit Entsetzen, – denn er sieht ein Zeichen darin. Dies Heimatgesicht schickt ihm die Erde entgegen. Er muß sterben.

Seine letzten Phantasien galten der Uraufführung seines Dramas ›Die Gartenlaube‹, das dieser Tage im Wiener Renaissance-Theater die fünfzigste Aufführung erlebt hat. Er starb am 28. Oktober 1929.

FOREWORD
[To Conrad Ferdinand Meyer ›The Saint‹]

I came to love and admire Conrad Ferdinand Meyer at an early age and shall never weary of studying him. I shall not go into detail as to his lyrical productions, so rich in thought and marvelous in expression. His narrative art ranks with the noblest, purest, most plastic, and at the same time psychologically most profound achievements of the nineteenth century in that field. His splendid literary sculptures, for which history furnished him the subjects, ›Jürg Jenatsch‹, ›The Saint‹, ›The Temptation of Pescara‹, ›Angela Borgia‹, are precious treasures of German epic prose; – I say German epic prose, and yet Meyer hesitated in his youth as to whether or not he should write in French, and a certain wavering between the two cultures, French and German, remained with him in maturer years. A strain of Romanic sense of form can easily be traced in his creative work, this work that Detlev von Liliencron in one of his poems compares to »a golden helmet of marvelous craftsmanship«.

Meyer is, however, not only a great artist but also a poet-connoisseur of the human soul. In his disclosures of its deep mysteries the power of his intellectual penetration is fully as much in evidence as his sense for beauty. As a psychologist he combines the monumental and the mystically typical with the intimate in a manner that possesses true sublimity and is in truth reminiscent of Shakespeare. ›The Saint‹ is the very one of his works that makes this comparison most inevitable. Out of the humanly historical motif presented by the contrast between king and priest there is here developed in artistically indirect recital a narrative by whose intellectual suspense and intensely gripping drama the reader who is at all receptive but does not yet know Meyer will be won over to a lasting interest in him.

[Rückübersetzung von Peter de Mendelssohn:]

VORWORT
[Zu Conrad Ferdinand Meyer ›Der Heilige‹]

Ich habe Conrad Ferdinand Meyer seit meiner frühen Jugend geliebt und bewundert und werde nie müde werden, mich in ihn zu versenken. Ich will hier nichts weiter über seine so gedankenreichen und wundervoll ausdrucksstarken lyrischen Hervorbringungen sagen. Seine Erzählkunst gehört zu den edelsten, reinsten, bildhaftesten und zugleich psychologisch tiefsten Leistungen des neunzehnten Jahrhunderts auf diesem Gebiet. Seine herrlichen literarischen Skulpturen, für welche die Geschichte ihm die Vorwürfe lieferte, ›Jürg Jenatsch‹, ›Der Heilige‹, ›Die Versuchung des Pescara‹ und ›Angela Borgia‹, sind kostbare Schätze der deutschen epischen Prosa; – ich sage, der deutschen epischen Prosa, und dabei zögerte Meyer in seiner Jugend, ob er nicht lieber französisch schreiben solle, und ein gewisses Schwanken zwischen den beiden Kulturen, der französischen und der deutschen, verblieb ihm auch in reiferen Jahren. Eine Strähne romanischen Formgefühls läßt sich leicht in seinem schöpferischen Werk aufspüren, diesem Werk, das Detlev von Liliencron in einem seiner Gedichte mit »einem goldenen Helm in wundervoller Arbeit« vergleicht.

Meyer ist jedoch nicht nur ein großer Künstler, sondern auch ein Dichter-Kenner der menschlichen Seele. In seinen Enthüllungen ihrer tiefen Geheimnisse ist die Kraft seiner geistigen Durchdringung ebenso deutlich zu gewahren wie sein Schönheitssinn. Als Psychologe vereint er das Monumentale und mystisch Typische mit dem Intimen auf eine Weise, die echte Erhabenheit besitzt und wahrlich an Shakespeare erinnert. ›Der Heilige‹ ist eben jenes seiner Werke, das diesen Vergleich am unausweichlichsten macht. Aus dem menschlich-historischen Motiv des Gegensatzes von König und Priester ist hier in kunstvoll indirekter Schilderung eine Erzählung entwickelt, deren geistige Spannung und unerhört fesselnde Dramatik den Leser, der hierfür überhaupt empfänglich ist, aber Meyer noch nicht gut kennt, zu fortdauerndem Interesse an ihm gewinnen wird.

[PIERRE VIÉNOT
›UNGEWISSES DEUTSCHLAND‹]

Gestatten Sie mir einen Nachtrag zu meiner kleinen Liste von bemerkenswerten Büchern des letzten Jahres.

Ich hörte soeben, daß im Societätsverlag, Frankfurt a. M., die deutsche Ausgabe von Pierre Viénots ›Incertitudes Allemandes‹ in deutscher Sprache unter dem Titel ›Ungewisses Deutschland‹ erschienen ist. Die Übersetzung liegt mir noch nicht vor, aber ich kenne das Original, das in Frankreich einen erfreulich starken buchhändlerischen Erfolg gehabt hat, und war von der erstaunlich intimen Kenntnis, die Viénot von deutschen Dingen, der deutschen Kultur- und

Wirtschaftskrise, den geistigen Strömungen innerhalb der deutschen Jugend darin an den Tag legt, so angetan, daß ich die deutsche Ausgabe von Herzen begrüße und ihr dieselbe Anteilnahme in Deutschland wünschen möchte, die das Buch in Frankreich gefunden hat.

Viénot, der im Kriege einen schweren Halsschuß davontrug, hat nach Friedensschluß eine Reihe von Jahren in Deutschland gelebt, und die so sympathievoll wie exakte und eindringende Beobachtung, die sein Buch beweist, ist die schönste Widerlegung jenes Pessimismus, der wahres Verständnis von Volk zu Volk für unmöglich erklärt. Die Franzosen besitzen in diesem Werk ein vollkommenes Bild des heutigen Deutschland, seiner Nöte und all dessen, was es an Zukunft birgt, und wenn irgendeine geistige Tat zur Verständigung zwischen den beiden Nachbarnationen beitragen kann, so ist es diese.

JUNGFRANZÖSISCHE ANTHOLOGIE

Selten lese ich ein Buch zu Ende, aber dieses habe ich ganz und systematisch durchgelesen, angefangen von Félix Bertaux' schöner, an national- und zeitpsychologischen Einsichten reicher Vorrede bis zum letzten Wort des ebenso gescheiten und richtigen Nachwortes seines deutschen Mitarbeiters Hermann Kesten. Sie beide bemerken Gutes zu guten Dingen; denn was sie eingefangen haben in dem Netz, das sie an den Enden halten, sind zarte organische Merkwürdigkeiten der Tiefe, vielfältig bewundernswerte Gebilde des dichtenden Geistes, des französischen, reich abgestuft wieder im Persönlich-Individuellen.

Bertaux, der die erstaunliche ›Geschichte der deutschen Literatur seit Hauptmann‹ geschrieben hat, war ganz der rechte Mann, uns instruktive Proben der jungen literarischen Kunst seines eigenen Landes zu vermitteln; er ergänzt unsere Kenntnis dessen, was sich da regt, durch eine ganze Reihe von Namen, die uns nicht wie diejenigen Giraudoux',

ean Schlumbergers, Gide's, Montherlants, Philippe Sou-
aults schon geläufig sind, sondern die uns noch nie zu
Ohren gekommen waren, mit denen wir aber fortan, auf
Grund so liebenswerter Neuigkeiten wie der ›Schwierigen
Heilung‹ von Jean Paulhan, der reizenden Phantasie ›Das
Kind vom hohen Meere‹ von Jules Supervielle oder der
schon sehr starken kleinen Erzählung von André Chamson
›Das Verbrechen der Gerechten‹, einen kundig lächelnden
Begriff der Hoffnung und der Sympathie verbinden wer-
den.

Könnte nicht manche dieser Novellen auch von einem
ungen Deutschen sein? Ja und nein. Bertaux deutet treffend
die atmosphärischen Unterschiede an, die in unseren beiden
Ländern das geistig-künstlerische Leben bestimmen. Ich
glaube sogar, daß er diese Unterschiede nicht stark genug
merkennt, indem er die Treue, die die französische Literatur
den ›inneren‹ Problemen, den psychologischen und moralischen hält, ohne sich ans Politische, Soziale zu verlieren, nur
mit der älteren Erfahrung und der größeren Abgebrühtheit
der Franzosen in Dingen der Revolution erklärt. Die Antwort, die er den französischen Schriftstellern auf Vorwürfe
dieser Art in den Mund legt, ist ausgezeichnet: »Wir sind
nicht von heute, das ist vielleicht die beste Art, von morgen
zu sein. Wir geben keine Antworten auf die Fragen, die von
den Zeitungen gestellt werden. Vielleicht ein Mittel, besser
als die Zeitungsschreiber Fragen aufzuwerfen. Wir sind
keine Politiker, sondern Moralisten: durch die Kraft des
Begreifens werden sich die politischen Konflikte lösen.«
Das hat viel Bestechendes, viel Glaubwürdiges. Schließlich
ist es der Geist, sei er auch scheinbar willenlos und nach
innen gerichtet, der immer die notwendigen Veränderungen
vorbereitet. Allein die einfache Tatsache bleibt bestehen,
daß heute der Geist in Frankreich unter milderen Bedingungen lebt, daß die Idee der Kunst, die Idee der Kultur selbst
dort besser erhalten sind als bei uns, wo diese Worte man-
hem schon wie Laute einer wunderlich veralteten Rede-
weise ins Ohr klingen und wo die fordernde, jedes Gewis-

sen ergreifende Schärfe der wirtschaftlich-sozialen und politischen Problematik dafür gesorgt hat, die ›Seele‹ in Mißkredit zu bringen. Wenn das so neue und geniale Werk
Marcel Prousts in Deutschland keine sehr tiefgehende Wirkung geübt hat, woran liegt es als an seiner für unsere
Begriffe krassen Asozialität, einem Individualismus, der uns
unzeitgemäß bis zum Provokatorischen anmutet?

Dennoch ist gar kein Zweifel, daß nie die deutsche und
französische Jugend einander im Geiste näher waren als
heute – und zwar nicht programmatischerweise, nicht um
der ›Verständigung‹ willen und irgendwelcher Politik, sondern auf die natürlichste Art, weil einfach das Generations-
moment in einem zusammenwachsenden, räumlich und
geistig intim gewordenen Europa an ausgleichender Kraft
gewonnen hat und das ›Wir sind jung‹ mehr Gemeinsames
aussagt als je vorher. Bertaux gibt eine klare und feine
Analyse dieser Gemeinsamkeit, eines neuen Lebensgefühls,
an dem der dichtende Nachwuchs diesseits wie jenseits des
Rheins teilhat. Kesten, eine der anziehendsten Begabungen
unter unseren jungen Erzählern, in dessen natürlich sehr
deutsch bedingten Büchern sich Seiten finden, die tatsächlich von einem der Mitarbeiter dieses schönen Sammelban-
des stammen könnten, sekundiert ihm mit überzeugenden
Akzenten der Kameradschaft, und die Art, in der die Aussa-
gen beider einander ergänzen, ist merkwürdig genug. Während nämlich der Franzose vorwiegend das Moment ent-
schlossener Lebensunmittelbarkeit, Anti-Ideologie und
Unsentimentalität, auch das ›Körpergefühl‹, die von über-
ständiger Geistigkeit befreiten Sinne und, im Zusammenhang mit dem allen, die Sympathie mit dem Irrationalen, primi-
tiv Vitalen, die Erweiterung des Humanen durch vieles,
was lange auf hypokritische Weise davon ausgeschlossen war,
als Merkmal der neuen Haltung betont – bringt der Deutsche, der, beinahe im Stil der ›Trahison des Clercs‹, gegen
den snobistischen Anti-Intellektualismus, die Geistverach-
tung eines gewissen Literatentums polemisiert, der *Vernunft*
eine warmherzige Huldigung dar – ihr, die zu schmähen

und herabzusetzen »in einer Welt, in der fast alle Zustände und Einrichtungen noch voller Unvernunft sind«, eine unverantwortliche Narrheit sei. Und er hält dafür, daß gerade ein neuer Vernunftwille, identisch mit dem Willen zur Wirkung und zur ›Verbesserung der humanen Welt‹, ein Geist der Unruhe und der Neuerungssucht, ein revolutionärer Geist – mit einem Wort – der deutschen und französischen Jugend nicht nur, sondern der Weltjugend gemeinsam sei. Das nenne ich eine glückliche Art des wechselseitigen Entgegenkommens und der Begegnung. Es ist immer gut, wenn bei deutsch-französischen Unterhaltungen der Deutsche von der rationalen, der Franzose von der anderen und ›eigentlich‹ deutschen, der romantischen Seite her einander finden. Die spezifisch ›nationalen‹ Eigenschaften erschöpfen ja nicht die Lebenswahrheit eines Volkes. Der französische Charakter besteht nicht aus lauter Logik, und der deutsche ist nicht bloß ›chaotisch‹, das sind feuilletonistische Vorurteile. Wir sind zuweilen die Geschöpfe unserer Kritiker. Weder Deutsche noch Franzosen aber sollten so töricht sein, sich von der populären Völkerpsychologie irgendeine simpel profilierte Charakterrolle aufschwätzen zu lassen und zu glauben, der eine müsse ewig Vernunft, der andere unausgesetzt Dynamik und Chaos mimen. Die Völker werden einander desto besser verstehen, je unvoreingenommener von ihrem Ruf sie ihren menschlichen Reichtum kultivieren.

[›UR UND DIE SINTFLUT‹]

Es gibt einen Büchertyp heute, mit dem an Interesse zu wetteifern der Roman, die komponierte Fiktion, allergrößte Mühe hat. Es ist schwer, ihn zu kennzeichnen; um anzudeuten, welchen ich meine, nenne ich ›Urwelt, Sage und Menschheit‹ von Dacqué, Yahuda's ›Sprache des Pentateuch‹, ›Die Wirklichkeit der Hebräer‹ von Goldberg, ›Totem und Tabu‹ von Freud, Max Schelers ›Stellung des Menschen im Kosmos‹, die aufregenden Essays von Gott-

fried Benn, betitelt ›Fazit der Perspektiven‹ ... Ist es ein
Typus? Gehört dergleichen zusammen? Äußerlich kaum
selbst dem Stoffe nach kaum. Aber es gehört psychologisch
zusammen, dem Grade nach, in dem es uns heute angeht
den tiefen menschlichen Gründen nach, aus denen es das tut
Ich sage nichts weiter. Aber ich rechne dies Buch dazu
C. Leonhard Woolleys ›Ur und die Sintflut‹, das Brockhaus
mit vielen anschaulichen Abbildungen von Fundstücken
einer Karte und einem Plan von Ur herausgegeben hat. Was
ist Ur? Es ist ›Ur Kaschdim‹, das Ur der Chaldäer, woher
Abraham kam, der Mondwanderer; einst eine stolze
sumerisch-akkadische Stadt am unteren Euphrat, von deren
Turm der Turm zu Babel nur eine überbietende Nachahmung war, heute ein ›Tell‹, ein Ruinenhügel oder deren
mehrere in der Wüste. Wer ist Woolley? Ein angelsächsi-
sischer Mann, der sieben Jahre mit den vereinigten Expeditio-
nen des Britischen Museums und des Museums der Universität Pennsylvania dort gegraben hat und 5500 Jahre tief und
noch tiefer in die Vergangenheit vorgestoßen ist, zu all den
Erkenntnissen, ›Entdeckungen‹ – das Wort ist hier einmal
ganz etymologisch zu verstehen – und rührend-schauer-
lichen Informationen über den Menschen und seine Früh-
kultur, von denen das Buch berichtet. Es ist da eine Schicht
angeschwemmten Lehms, in der sich überhaupt vom Menschen nichts findet, eine tote Schicht zwischen Geschichte
und Geschichte, die der Verfasser als Niederschlag der Flut
agnosziert – der ›Großen‹ Flut, die damit zum historischen
Ereignis wird. Wer etwas Interessanteres zum Lesen weiß,
der sage es. Nur mit irgendeinem Roman komme er uns
nicht. Es ist ja auch besonders hübsch, daß die Stadt ›Ur‹
hieß – ganz nach dem soviel fromme Neugier erweckenden
Sinn, den für uns diese Silbe umschließt. Denn in Doktor
Goldbergs obenerwähntem tollem Buch kann man lesen,
daß Or sive Ur zu den Worten gehört, die nicht nur im
Hebräischen, sondern auch im arischen Sprachgebiet vorkommen, mit dem lateinischen oriri zusammenhängt und
dasselbe bedeutet wie unser deutsches ›Ur‹. Birgt diese Silbe

nicht die Bestimmung des eigentümlichen Reizes, der heute auf uns von bestimmten Büchern ausgeht, der leidenschaftlich-gattungsegoistischen Sympathie und Neugier, mit der wir sie lesen? Wie sollte man also das Buch über Ur nicht vorzugsweise zu diesem Typus von Schriften rechnen!

DIE EINHEIT DES MENSCHENGEISTES

Ein Buch, das ich kürzlich las, das ›Handbuch der altorientalischen Geisteskultur‹ von A. Jeremias, ließ mich das Religionsgeschichtliche wieder als eine Welt von rührender Intimität und Geschlossenheit empfinden, in der von Anfang an alles da ist, als eine Welt, die rein aus menschlicher Sympathie auch denjenigen zu ergreifen vermag, der sich den Namen des homo religiosus nicht anmaßen möchte.

Über seine archäologischen Absichten hinaus ist es die Lehre und These des Buches, daß die Menschheitsbildung ein einheitliches Ganzes ist und daß man in den verschiedenen Kulturen die Dialekte der einen Geistessprache findet. Und wirklich ist kein Gebiet so geeignet, die humane Einheit des Geistes deutlich zu machen, wie das religiöse. Mich freute es vor allem, das himmlische Bild der VirgoMater, der Gottesmutter und Madonna, durch die Jahrtausende zurückzuverfolgen, dies lieblich-menschlichste der Bilder, das die christliche Kirche wieder aufnahm und durch die Kunst tausendfältig neu gestaltete, ohne sich etwa sonderlich erfinderisch damit zu erweisen. Noch einmal, die Religion ist wenig erfinderisch. Ihr Motivkreis ist eng und geschlossen, und immer kehrt alles nur wieder, was schon im Anfang war. Neubeseelung des Uralten ist ihr Betreiben, nichts weiter. Man fühlt wohl, daß es nicht anders sein könnte und daß aus neuen Erfindungen kein Glaube zu gewinnen wäre.

Die Gestalt der Isis, die das Kind Horus stillt, ist der der Madonna mit dem Kinde so ähnlich, daß ihr von unwissen den Christen oft Verehrung dargebracht wurde. Aber auch Eset oder Usit-Isis, auch Hathor mit dem Knaben ist kein Original, nicht das Original. Die Priester Ägyptens haben sie nicht erfunden oder haben nichts mit ihr erfunden. Um sie zu erkennen, um sie zum erstenmal zu sehen, muß man in der Richtung auf den Urgrund der Dinge bis dorthin zurückgehen, wo zuerst der Gedanke eines Heilbringers innerhalb des Tod-Leben-Mysteriums auftaucht. Wo Schöpfungen sind, sind auch Erlösungen. Die Religion stirbt, wo Schöpfung und Erlösung sich trennen. In der Theologie von Babylonien ist Marduk der Erlöser, – er, der größer ist als alle Göttergenealogien und nach dem Sieg über das Chaos dem neuen Weltenbau, den Göttern erst ihre Standorte zuweist. Marduk ist sehr groß, sehr hoch, er ist im Grunde der einzige Gott, und ›die Götter‹ sind genaugenommen, zum mindesten für das esoterische Wissen, nur Sonder-Erscheinungsformen von ihm. »Nennt man dich nicht Nabu, wohnst du nicht in Borsippa? Nennt man dich nicht Nergal, wohnst du nicht in Kutha?« So fragt Babel seinen Gott. Es sind rhetorische Fragen. Babel weiß, daß Nergal der Marduk des Kampfes, daß Nabu der Marduk der Kaufgeschäfte, Schamasch der Marduk der Justiz und so weiter ist, daß das alles Namen und Titel und Funktionen des *einen* sind. Aber Marduk ist nicht der Ursprung. Noch höher hinauf führt die Ur- und Allmutter, die das geheimnisvolle Erlöserkind geboren hat, – und möglicherweise sind wir mit ihr am eigentlichen Anfange und letzten Ursprunge angelangt. Wahrscheinlich hat die frühe Menschheit, haben die Sumerer und die noch zeitiger zur Stelle waren sich das ›Ewig-Weibliche‹ selbst als den Urgrund der Dinge gedacht, die Mutter, die »die Gebärerin der Götter‹ ist. Man darf hier das Weibliche nicht als Gegensatz des Männlichen verstehen. Der Urgrund der Dinge ist ›jungfräulich‹, das heißt: er ist mann-weiblich, und die Sumerer haben die Allmutter bärtig vorgestellt (Venus barbata) Merkwürdig genug, diese Begriffszusammenziehung, diese Definition der Jungfräulichkeit durch die Zweigeschlechtlichkeit. Auf jeden Fall gehört die Spaltung in Urmutter und Allvater bereits der Äonenentfaltung an. Sobald es sich in den gnostischen Mythologien um den Heilbringergedanken handelt, um das von der Urmutter ausgehende Erlöserkind, tritt ganz offenkundig der Vater zurück, und die Urmutter ist dann in der mythologischen Erlösergnosis immer Jungfrau-Mutter, Gattin, Schwester zugleich (siehe das Verhältnis Ischtars zu Tammuz). Die Schöpfung übrigens, als Urzeugung und Zeugung, geschieht priesterlicher Weisheit zufolge durch das Wort, durch das also, was in der späteren hellenistischen Theologie logos heißt. Das Wort aber ist getragen vom ›Hauch‹ Gottes, also vom Geist.

Ist alles da, – Allvater, Virgo coelestis, der Knabe Heilbringer, Wort und Pneuma? Es sind dieselben Namen für dieselben Dinge, und das Christentum hat nichts Neues erfunden. Es hat das Uralte gelehrt und grade damit den Beweis seiner menschlichen Legitimität erbracht. Ich bin nicht der Meinung, daß Religionsgeschichte eine gefährliche Wissenschaft sei, die den Glauben unterhöhle. Sie zerstört vielleicht einen gewissen einfältigen Glauben an die Originalität der eigenen Glaubensüberlieferung. Dagegen vermag ihre Einsicht in die Geschlossenheit der religiösen Vorstellungswelt auch denjenigen der religiösen Welt aufs menschlichste zu verbinden, der ihr sonst ferngeblieben wäre: ich meine den ursprünglich humanistisch und nicht theologisch Gestimmten. Religionsgeschichte ist eine humanistische Wissenschaft, und als solche erhebt sie sich kritisch über das Theologische. Aber es liegt in ihrer Natur und der Richtung ihrer Anteilnahme, daß ihr jede Aggressivität gegen den Glauben, jede ›zersetzende‹ Absicht fehlt – und nicht nur die Absicht. Tatsächlich hat der Glaube nichts von ihr zu fürchten; ich hielte eher für möglich, daß sie ihn zu erzeugen imstande wäre. Als das Christentum das Tammuz-Motiv der Höllenfahrt Jesu als Glaubensartikel in die Geschichte des sterbenden und wieder auferstehenden Heilbringers aufnahm, brauchte es nicht zu fürchten, daß man ihm eines Tages diese Lehre als Plagiat an Sumer und Akkad nachweisen und solchen Nachweis als Einwand gegen seine Wahrheit betrachten würde. Im Gegenteil; es hätte einfach ›etwas gefehlt‹ ohne dieses Motiv, und eine Religion kompromittiert sich nicht, sondern legitimiert sich, indem sie wiederbringt, was immer war.

Nichts reizvoller als die Geschichte der Magna mater und Himmelskönigin! Alle weiblichen Gottheiten des sumerisch-babylonischen Pantheons waren nur Abwandlungen ihrer Wesenheit, und nach dem Befund der Ausgrabungen auf altsumerischem Gebiet scheinen die ältesten Kultorte wesentlich Allmutter-Stätten gewesen zu sein. In den Lobpreisungen ist sie »Herrin der Götter«, »Gebärerin der Götter«, »Mutter aller Menschen«. Zärtlichkeit spricht aus der Anrede »Bêlti«, das heißt: »Meine Herrin«, »Madonna«. Wird man nicht eine Kirche Unserer Lieben Frau mit andächtigeren Empfindungen betreten, wenn man weiß, daß sie nicht das Bauwerk einer Religion, sondern der Religion, daß sie immer noch ein Tempel der Bêlti-Ischtar, das ewige Denkmal der Mutterliebe der Menschheit ist?

Die Mutter heißt wohl Ninmah, »gewaltige Herrin«. Wie aber ist sonst noch ihr Name, wenigstens in gewissen innigen Augenblicken? »Mama«, »Mami«, so ruft man sie an. Die frühe Menschheit lallt zu ihren Füßen, an ihrer Brust, wie wir alle gelallt haben, wie es lallen wird auf Erden in aller Zeit. Rührendes Symbol für die Einheit des Menschlichen, dieser zeitlose und in Morgen und Abend beheimatete Urlaut der Kindlichkeit!

Aber es gibt ein sinnlicheres Lallen als das des zahnlosen Kindes, und auch dieses zeugt für die Faszination, die von der Mutter-Göttin auf die Menschheit ausging, und für die Welt-Funktion dieser Göttin. »Nana« – auch so heißt die Liebe Frau. Man fragt sich, ob Emile Zola durch religionsgeschichtliche Erinnerungen bestimmt wurde, als er seiner symbolischen Heldin, der Astarte des Zweiten Kaiserreichs, diesen lockenden Namen gab. Wahrscheinlich nicht. Er hat ihn ›erfunden‹ – was eben der Mensch erfinden nennt.

Lassen Sie mich noch eine psychologische Einzelheit anführen, die mir aus bestimmten Gründen am Herzen liegt. In der babylonischen Götterbeschreibung ist die Große Mutter mit einem schuppigen Schlangenkleid geschildert, wie gelegentlich auch die ägyptische Isis. Die Schlange ist das Tier der Ischtar. In Sidon wurde bei den Ausgrabungen eine kleine Ischtar-Statuette mit einer Schlange am Busen gefunden. Der Gedanke an Kleopatra liegt nahe und an die Todesart, die sie wählte, – eine bedeutende Todesart, denn die Königin bedeutete die Welt damit, wer sie war und in welchen Fußstapfen sie ging. Die Selbstidentifikation Kleopatra's mit Ischtar, der Liebesgöttin (angedeutet auch in den Namen ihrer Antonius-Kinder: Helios und Selene), ist echt antikes Leben, Leben im Mythos. Das antike Ich und sein Bewußtsein von sich war ein anderes als das unsere, weniger ausschließlich, weniger scharf umgrenzt. Es stand gleichsam nach hinten offen und nahm vom Gewesenen vieles mit auf, das es gegenwärtig wiederholte, das mit ihm ›wieder da‹ war. Noch Napoleon hat sich gewiß zur Zeit seines orientalischen Unternehmens als Alexander gefühlt, und später, da er sich fürs Abendland entschieden, erklärte er: »Ich bin Karl der Große.«

Das Leben, jedenfalls das ›bedeutende‹ Leben, war die Wiederherstellung des Mythos in Fleisch und Blut; es bezog sich und berief sich auf ihn, und weit entfernt, sich durch sein Schon-da-gewesen-sein entwertet oder abgeschwächt zu fühlen, wies es sich gerade erst durch die Bezugnahme aufs Vergangene als echtes und bedeutendes Leben aus. Der Mythos ist die Legitimation des Lebens. Der ›Charakter‹ ist ein mythischer Typus, der ›wieder da‹ ist und sehr wohl weiß, daß er und was mit ihm wieder da ist. Kleopatra war mit Bewußtsein ein Ischtar-Charakter und führte bis in den Tod (wenn ihr Tod derjenige der Legende war) diese Charakterrolle weihevoll durch. Man kann nicht bedeutender, nicht würdiger leben, als indem man den Mythos zelebriert.

Übrigens kann für diesen auch eine Prophezeiung eintreten, in deren Form man sich ausdrückt, um sich mit ihr zu identifizieren. Max Weber bemerkt überaus klug, daß, wenn

Jesus wirklich das Kreuzeswort »Mein Gott, mein Gott, warum hast du mich verlassen!« gesprochen habe, dieser Ruf keineswegs ein Ausdruck der Verzweiflung und Enttäuschung, sondern ein solcher höchsten messianischen Selbstgefühls gewesen sei. Denn jenes Wort ist nicht ›originell‹, kein spontaner Schrei; es ist voller Rückwärtsbeziehung. Es bildet den Anfang des 22. Psalms, der von Anfang bis zu Ende Verkündigung des Messias ist. Jesus *zitierte*, und das Zitat bedeutete: »Ja, ich bin's.« So zitierte auch Kleopatra, wenn sie, um zu sterben, die Schlange an ihren Busen nahm, und wieder bedeutete das Zitat: »Ich bin's!«

[CONTRASTES DE GOETHE]

On a parlé des contrastes qui se présentent chez Goethe entre l'élément national et l'élément européen. Ces contrastes n'existent pas seulement dans ses relations avec le monde extérieur. Ils apparaissent tout au long de la vie et de ses œuvres. L'objet du plus grand effort de Goethe a été justement de concilier ces éléments contradictoires et d'en faire un tout harmonieux.

La nature de Goethe a deux pôles qui sont tout aussi réels l'un que l'autre. Son génie est assez vaste pur les embrasser tous les deux. Voilà pourquoi Paul Valéry a eu tellement raison de parler de *pater aestheticus in aeternum*.

Goethe, nature cosmique, oscille entre deux pôles: vis-à-vis de l'Allemagne, il s'est montré européen; vis-à-vis de l'Europe, il s'est montré allemand. Nous trouvons là une des raisons principales qui lui permettent de jouer son grand rôle, son rôle essentiel d'éducateur.

Goethe a dit lui-même qu'il recélait des possibilités dangereuses, qui allaient bien au-delà de ce que nous savons de lui. Il était travaillé par des forces dynamiques qui l'avaient amené à se détruire lui-même avec tout ce qui l'entourait. Il a toujours cherché à atteindre ce qui est noble, ordonné, harmonieux.

Nous retrouvons encore cette dualité de l'élément allemand et de l'élément européen dans son œuvre, où il se montre, d'une part, lyrique, romantique, orphique, prophète, et, d'autre part, grand écrivain, psychologue et moraliste, réalisant ainsi une magnifique synthèse, non seulement de l'esprit allemand, mais de l'humanité elle-même.

Il a réalisé, d'un seul coup, au moment le plus favorable, la synthèse de l'esprit allemand en ce sens qu'il a réuni en lui la grandeur et l'urbanité, la plus ardente force de la nature et la civilisation la plus haute. Et c'est bien là ce qui a fait qu'il est pour l'humanité un de ceux qu'elle aime le mieux.

Je voulais signaler en quelques mots ces deux pôles de la nature de Goethe, qui on fait de sa personne le sujet le plus recherché et le plus infiniment riche sur lequel nous puissions discuter. Quand on parle de Goethe, c'est toujours le dernier qui parle qui a raison.

J'ai été agréablement surpris en suivant le débat de voir la manière dont il s'est élevé et élargi. Pour tous les problèmes de l'esprit, on peut trouver des contrastes apparents, tel celui entre le romantisme et le classicisme. Mais M. Focillon a tout à fait raison lorsqu'il nous montre le danger qu'il y a à faire violence à la vie et à la réalité pour se laisser entraîner par une dialectique à la fois attrayante et stérile.

Plutôt que de nous arrêter à ce qui peut nous diviser, cherchons à constituer une synthèse de ce qui nous est commun. Notre pensée à tous est purement occidentale, elle doit nous unir.

Goethe nous a donné une excellente preuve de ce que la ligne de démarcation entre le classicisme et le romantisme est purement intérieure, et la synthèse doit l'être également. On paraît simplifier le problème lorsqu'on dit que la pensée française est classique et la pensée germanique romantique, que l'une est dominée par la raison et l'autre par la sensibilité. Ces deux éléments se retrouvent dans chacun des deux pays. Quoi de plus romantique, par exemple, que la pensée de Barrès ou celle de Maurras? Ce qui existe, c'est l'unité occidentale, et nous ne devons pas la détruire par des distinctions trop artificielles.

C'est là une des multiples pensées qui m'assailaient hier à l'inauguration du Musée de Goethe.

[Es folgt die französische Übersetzung der ›Ansprache bei der Einweihung des erweiterten Goethe-Museums in Frankfurt am Main‹.]

[Rückübersetzung von Peter de Mendelssohn:]

[GEGENSÄTZE BEI GOETHE]

Es ist von den Gegensätzen die Rede gewesen, die bei Goethe zwischen dem nationalen und dem europäischen Element vorkommen. Diese Gegensätze sind nicht nur in seinem Verhältnis zur äußeren Welt vorhanden. Sie tauchen während der ganzen Wegstrecke seines Lebens und seines Werkes auf. Goethe's größte Bemühung galt der Aussöhnung eben dieser widersprüchlichen Elemente und dem Versuch, aus ihnen ein harmonisches Ganzes zu machen.

Goethe's Wesen hat zwei Pole, von denen der eine so wirklich ist wie der andere. Sein Genie ist groß genug, um sie beide umfassen zu können. Deshalb hatte Paul Valéry so sehr recht, von einem *pater aestheticus in aeternum* zu sprechen.

Goethe's kosmische Natur schwingt zwischen zwei Polen: gegenüber Deutschland hat er sich als Europäer gezeigt, gegenüber Europa als Deutscher. Hier finden wir einen der Hauptgründe, die es ihm gestatteten, seine große Rolle, seine wesentliche Rolle als Erzieher zu spielen.

Goethe hat selbst gesagt, daß er gefährliche Möglichkeiten in sich berge, die weit über das hinausgingen, was wir von ihm wissen. Er wurde von dynamischen Kräften geplagt, die ihn dazu brachten, sich selbst mit allem, was ihn umgab, zu vernichten. Er hat stets danach gestrebt, das Edle, Geordnete und Harmonische zu erreichen.

Wir finden diese Dualität des deutschen und des europäischen Elementes auch in seinem Werk wieder, in dem er sich einerseits lyrisch, romantisch, orphisch, prophetisch gibt, und andererseits als großer Schriftsteller, Psychologe und Moralist, und auf diese Weise eine großartige Synthese nicht nur des deutschen Geistes, sondern der Humanität selbst verwirklicht.

Er hat, auf einen Schlag und im günstigsten Augenblick, die Synthese des deutschen Geistes in diesem Sinne verwirklicht, daß er die Größe und Urbanität, die feurigste Naturkraft und die höchste Zivilisation in sich vereinigte. Und das ist es, was bewirkt hat, daß er für die Menschheit einer der beiden ist, die sie am meisten liebt.

Ich wollte mit einigen Worten auf diese beiden Pole in Goethe's Wesensart hinweisen, die seine Person zum am meisten durchforschten und unendlich reichsten Gegenstand gemacht haben, über den wir diskutieren könnten. Wenn man über Goethe spricht, hat immer der recht, der als letzter spricht.

Ich war, während ich der Debatte folgte, angenehm überrascht von der Art, wie sie sich erhöhte und erweiterte. Für alle Probleme des Geistes lassen sich augenscheinliche Gegensätze finden, wie der zwischen der Romantik und dem Klassizismus. Aber Monsieur Focillon hat völlig recht, wenn er uns auf die Gefahr hinweist, die darin besteht, daß man dem Leben und der Wirklichkeit Gewalt antut, um sich von einer zugleich anziehenden und fruchtlosen Dialektik fortreißen zu lassen.

Anstatt uns bei dem aufzuhalten, was uns trennen kann, sollten wir lieber versuchen, eine Synthese dessen herzustellen, was uns gemeinsam ist. Unser aller Denken ist rein westlich-abendländisch, und dies sollte uns vereinen.

Goethe hat uns einen ausgezeichneten Beweis dafür geliefert, daß die Trennungslinie zwischen Klassizismus und Romantik eine rein innere ist, und die Synthese sollte es ebenfalls sein. Man scheint das Problem zu vereinfachen, wenn man sagt, das französische Denken sei klassisch und das germanische Denken romantisch; das eine sei von der Vernunft, das andere von der Sensibilität beherrscht. Diese beiden Elemente finden sich indessen in jedem der beiden Länder. Was könnte es zum Beispiel Romantischeres geben als das Denken von Barrès oder Maurras? Es gibt hingegen die abendländische Einheit, und wir dürfen sie nicht durch allzu künstliche Unterscheidungen zerstören.

Dies ist einer der zahlreichen Gedanken, die mich gestern bei der Einweihung des Goethe-Museums bestürmten.

[ROBERT MUSIL
›DER MANN OHNE EIGENSCHAFTEN‹]

Diesmal bin ich entschlossen, meine Antwort auf Ihre Weihnachtsrundfrage ganz und ausschließlich auf *ein* Buch zu stellen, und zwar auf eines, das nicht mehr neu ist und das ich schon voriges Jahr bei gleicher Gelegenheit als erstes genannt habe.

Dieser Entschluß ist ein Opfer. Ich wüßte manche Erscheinung, die mich seit damals erfreut und mir Eindruck gemacht hat, und es wird mir nicht leicht, diese Dinge zurückzustellen. Um das Werk aber, das ich meine, ist es etwas Besonderes und etwas Besonderes um die Gefahr, die es gilt, davon abzuwenden.

Braucht Robert Musils großer Roman ›Der Mann ohne Eigenschaften‹ heute noch meine Empfehlung? Er braucht sie nicht, ich bin durchdrungen davon, in der Sphäre des Geistes. Aber er braucht sie im elend Wirklichen. Denn er wird nicht gekauft oder nicht hinlänglich gekauft, daß die Vollendung des großartigen Planes gesichert wäre, – dieser Riesenkomposition anschaulichen Geistes, an der Musil seit zehn Jahren arbeitet und deren zweiter – mittlerer – Band dem seit zwei Jahren vorliegenden glanzvollen ersten noch diesen Winter folgen soll. Der Verlag, so hört man, erklärt sich außerstande, die Fortführung des Werkes zu finanzieren, wenn nicht ein größerer ›Erfolg‹ sich einstelle, das Unternehmen ist gefährdet, der Dichter von Entmutigung bedroht.

Das ist traurig, beängstigend und beschämend. Man muß die Öffentlichkeit aufrufen und sie ermahnen, daß sie sich nicht durch Teilnahmslosigkeit schuldig mache an der Verkümmerung einer kühnen Idee, eines dichterischen Unternehmens, dessen Außerordentlichkeit, dessen einschneidende Bedeutung für die Entwicklung, Erhöhung, Vergeistigung des deutschen Romans schon außer Zweifel steht.

Der Kritik ist kein Vorwurf zu machen. Sie hat sich vollkommen empfänglich gezeigt für den Rang, die Neuigkeitswerte, die überlegene Kunst des Werkes und es nach Kräften erhoben. Was macht das Publikum kopfscheu? Ist es das Gerücht, der ›Mann ohne Eigenschaften‹ sei kein ordentlicher Roman, wie man's gewohnt sei, mit einer rechten Intrige und fortlaufender Handlung, daß man gespannt sein könne, wie Hans und ob er die Grete kriegt? Aber kann man denn ›ordentliche‹ Romane überhaupt noch lesen, – ich meine Romane, die bloß ›Romane‹ sind? Das kann man ja gar nicht mehr! Der Begriff des Interessanten ist längst im Zustande der Revolution. Nichts öder, nachgerade, als das ›Interessante‹. Dies funkelnde Buch, das zwischen Essay und epischem Lustspiel sich in gewagter und reizender Schwebe hält, ist gottlob kein Roman mehr – ist es darum nicht mehr, weil, wie Goethe sagt, »alles Vollkommene in seiner Art über seine Art hinausgehen und etwas anderes Unvergleichbares werden muß«.

Erschrickt man vor seiner Geistigkeit, seinem ›Intellektualismus‹? Aber sein Witz, seine Gescheitheit und Helligkeit sind von frömmster und kindlichster, sind von Dichter-Art! Waffen sind sie der Reinheit, Echtheit, Natur gegen das Fremde, Trübende, Verfälschende, gegen all das, was es in träumerischer Verachtung »Eigenschaften« nennt und was, sobald die Unschuld der Kinderzeit zu Ende, beansprucht, unser Leben zu sein. Solcher Art ist sein ›Intellektualismus‹.

Und auch von der Art ist er, daß er Geist, Kunst und Leben liebt, als seien sie eines, und in das Menschenleben die »Eigenschaften« der Kunst und des Geistes tragen möchte, nämlich Ordnung, Sinn, Poesie. Das ist in einer Zeit wüstester Unordnung und Sinnlosigkeit wie die unsrige ein herrliches, ein dichterisch-lebensnotwendiges Traumbestreben. ›Der Mann ohne Eigenschaften‹ ist ein im bedeutendsten Sinn *aktuelles* Buch.

Lest es! Es ist wunderbar witzig. Laßt euch nicht einreden, ein Dichter dürfe nicht witzig sein! Jean Paul war ebenso überschwenglich witzig – und war doch ein deutscher Dichter.

Ich wollte noch sagen: Es ist recht billig, das Schludertempo der Zeit zu schelten, die Unsolidität, das künstlerische Halbfertigprodukt – und dabei ein Standardwerk edelster Geduld – jener Geduld, die Schopenhauer die wahre Tapferkeit nannte – schnöde und faul links liegenzulassen.

Seid nicht träge und furchtsam! Lest diesen großen Roman! Laßt euch erhellen, erheitern, befreien von seinem keuschen Witz, seiner bildnerischen Geistigkeit und euch über das ordinäre Mystagogengeschwätz, über die Schwaden verdorbener Literatur, die Deutschland verpesten, hinaus ins Reine tragen! Denkt an den Vers, den Platen – er wußte, warum – seinen Deutschen ins Stammbuch schrieb:

Dieser entsetzlichen Furcht vor dem Geist, ihr Guten, entschlagt euch:
Kommt ihm näher, er ist lieblich und ohne Gefahr.

[ÜBER OSKAR KOKOSCHKA]

Die Nachricht, daß eine Ausgabe des ›Kunstwanderers‹ bevorsteht, in der mein Name eine Verbindung mit dem Oskar Kokoschka's eingeht – ein kleines Stück meines neuen Romans abgedruckt werden und mit einer Zeichnung oder mehreren von der Hand dieses großen Künstlers ge-

schmückt werden soll –, diese Nachricht hat mir große
Freude gemacht, und nicht nur eine Kuriosität, einen überraschenden Einfall erblicke ich in dem Vorkommnis, sondern eine sinnvolle und ›richtige‹ Anordnung des Lebens,
die Erfüllung und Entwicklung einer Sympathie.

Seit langem nämlich bedeutet Kokoschka mir ewas wie den
Inbegriff der modernen Malerei. Ich liebe, verstehe, bewundere die malerische Kunst unserer Tage ganz vornehmlich
in ihm, und das ist zunächst eine bloße Augen-Angelegen-
heit, ein sinnliches Gefallen an seiner Farbe, seiner Form, der
freudige Eindruck, daß diese Bilder ein Schmuck der Welt
sind, und der egoistische Wunsch, das eine oder andere
davon zum Schmuck des eigenen Lebens, zur täglichen
Augenweide zu besitzen. Das ist das rechte Wort: sie sind
mir eine Augenweide. Ich liebe ihre edle Buntheit, die reiche
Polyphonie ihrer Tinten, die vielumfassende Kühnheit und
Weite ihrer Komposition, die wundervolle Kurve, die auf
ihnen gern, wie das Gemälde ›Lyon‹ von 1927 es zeigt, ein
Fluß, eine Straße aus Vordergründen leidenschaftlicher
Nähe und Gegenwart in farbig verdämmernde Fernen
nimmt. Aber die sinnliche Bejahung, das Wohlgefallen hat
geistige Gründe, ich habe es bald herausgefunden. Es ist –
um ein bevorzugtes, auch von den Romantikern geliebtes
Wort zu wiederholen – Sympathie, das Einverständnis mit
gewissen kulturellen Wünschen, Bedürfnissen, Anlagen, die
ich in diesen Malereien ausgedrückt finde, die Zustimmung
zu einer Persönlichkeitssynthese, die leicht, natürlich spielend und wie im Traum Vereinbarungen schafft, Elemente,
Sphären, Ebenen versöhnt, die oft und gern als unversöhn-
bar verschrien werden. Soll ich auf eine knappe, fast humoristische Formel bringen, was ich meine? Zivilisierte Magie
– dergleichen scheint mir in den Bildern Kokoschka's verwirklicht. Hier ist ein moderner Geist und Schöpfer, der,
getreu der Entwicklungsstufe, auf die das Leben ihn gestellt,
ohne eine Spur von Rückwärts-Snobismus und würdelosem
Langen nach dem Primitiven dennoch zum Schauenden
wird, indem er sieht; ein Eingeweihter trotz und mit all

seiner unverleugneten Hochgesittung und seinem spätzeitlichen Geschmack; ein könnerischer Träumer, ein Meister exakter Phantastik, in dessen zauberhaftem Werk der Geist Natur und das Wirkliche Transparent wird für Geistiges. Mit einem Wort: ein Künstler und also weder ein Intellektueller noch ein Geschöpf der Dumpfheit – am wenigsten aber eine falsche Unschuld vom Lande, ein Geck der Ursprünglichkeit. Ein Künstler sein hat immer geheißen: beides haben, Verstand und Träume; es heißt heute wie immer: gesegnet sein »mit Segen oben vom Himmel herab und mit Segen von der Tiefe, die unten liegt«.

Das ist ein Wort des Jaakobssegens am Ende der Genesis, und ich bin damit wieder bei meinem Buche, zu dem ich Bilder sehen soll von Oskar Kokoschka's Hand. Ich mache kein Hehl aus meiner Freude darüber. Betrachte ich seinen in Biskra gemalten ›Exodus‹, diese Karawane, hinter der in gelben Wellen ein furchtbares Stück Elementarnatur, die Wüste, sich breitet, so weiß ich gleich keinen besseren Illustrator für meine Vätergeschichten als ihn. Aber noch aus tieferen Gründen, die ich eben schon andeutete, scheint er mir dazu berufen. Ein Buch, das sich um die Vereinigung von Mythos und Psychologie bemüht, das eine mythische Psychologie und eine Psychologie des Mythos zu geben versucht – wer sollte geschickter sein, es mit Bildern zu schmücken, als der Künstler der »zivilisierten Magie«? Wenn ich zu Ende bin, wenn es fertig ist, das Firdusi-Epos, »meines Liedes Riesenteppich – zweimalhunderttausend Verse« – vielleicht, daß man sich den Gedanken einer illustrierten Gesamtausgabe gefallen läßt. Mir würde es gefallen – dieses Mal, ja. Und von wem ich mir Bilder zum ›Joseph‹ wünsche, das weiß ich, ehe ich Kokoschka's Zeichnungen zu den ›Geschichten Jaakobs‹ gesehen habe.

›WITIKO‹

Sie fragten nach einem Buch, einem alten oder neuen, »das
man zu Weihnachten verschenken sollte«. Meine Bücher-
post ist seit einigen Monaten stark zusammengeschrumpft –
gottlob, die deutschen Verleger lassen mir mehr Freiheit als
früher, zu lesen, wozu ich Lust habe, und nicht wofür sie
eine Empfehlung brauchen. So habe ich auf dieser Reise
ohne Wiederkehr große Dinge gelesen oder wiedergelesen,
die mir geholfen haben, über das Erste, Schlimmste besser
hinwegzukommen: ›Krieg und Frieden‹, den ›Don Quijote‹,
den ›Witiko‹. Das Unglück will, daß diese Bücher wohl
selbst im Sinne Ihrer Rundfrage keiner Empfehlung bedürfen – am ehesten vielleicht noch Stifters unvergleichlicher
Roman, der, glaube ich, selbst solchen eine gewisse Scheu
erregt, die mit den ›Bunten Steinen‹ und anderen kürzeren
Erzählungen dieses sanft-unheimlichen, leise-großartigen
Dichters von jung auf vertraut sind. Auch ich habe den
›Witiko‹ lange gemieden, weil ich ihn für langweilig hielt.
Und dabei wußte ich doch, daß es höchst abenteuerliche
Arten des Langweiligen gibt und daß der Langweiligkeit
nur ein wenig Genie beigemischt zu sein braucht, um in eine
Sphäre zu versetzen, worin von langer und kurzer Weile all-
überall nicht mehr die Rede sein kann. ›Witiko‹ ist ein
solches Traum-Abenteuer einer Langweiligkeit höchster
Art. Die kühne Reinheit, die gewagte Pedanterie, die
fromme Vorbildlosigkeit dieses Meisterwerks sind über
aller Beschreibung. Es hat mir durch Wochen des schweren
Trubels und der Beängstigung soviel Trost und Freude
geschenkt, daß ich auf Ihre Frage keine bessere Antwort
weiß als seinen Namen.

LITERATURE AND HITLER

Every author is confronted with the question whether literature ought to have »tendencies«, or whether it should
keep itself free from parties and political influences. Now

very obviously it is impossible that political events should not influence literature in the long run. All art is dependent either implicitly or explicitly upon political problems. It is difficult to distinguish any strong line of demarcation between artistic and political-social events. Such events naturally play an important role in artistic production. The intellectual climate of the time is a medium from which the author cannot disengage himself. This, however, does not mean that the artist is to assume the functions of the feuilletonist or mere reporter, nor does it mean that he is exempt from the exigencies of artistic discipline.

The novelist, in particular, runs up against this problem in the delineation of his characters. Should he take them from natural life, or at least try to do so, or should he create them out of his own imagination? My conception of the matter is that a character should be a mixture of the real and the ideal. The novelist may prophesy from reality but he can never draw his characters from crude life. That would be photography, not art. The art of literature, like any other art, is a spiritual elevation of reality. True art is stylized, not literal.

In the light of these general observations it is interesting to review the development of the modern German novel and to speculate regarding its future. During the last three or four decades, the German novel has undergone great changes. It has been subjected to innumerable influences – the Scandinavian realists, Ibsen and Björnson; the Russians, Turgenev, Tolstoi, and Dostoievsky; Zola and the French naturalists. I believe, however, that the future development of the German novel will experience a tremendous set-back because of the repercussions of the present political-cultural events in that unfortunate country. The terrible experiences of the German people during and since the war have had a profound influence upon German writers. At the present time we must ask ourselves whether the extreme nationalist tendency in German letters is a permanent one or simply a natural reaction due to the political disturbances which have shaken Germany since the war. I believe it is simply a transitory tendency. Nationalism has exercised a detrimental influence on European literature in general and, more specifically, National Socialism has had the same unwholesome effect on German literature. Personally I have tried to strike a balance between what is essentially German and what is essentially European and cosmopolitan. A student of Goethe and the German romanticists, I have turned to European culture just as these masters did. Viewed from the German perspective I incline towards the European rather than towards the specifically German. My European bias derives from my mother's influence.

The attitude of the artist towards political events depends entirely upon the individual orientation of the artist in question. How is the writer affected by the struggle among Communism, Fascism, and Capitalism? This struggle does not strongly influence the writer who is turned inward and who writes of inner things. It is, however, of vital importance to the writer interested in political and social events. The personal interests of the writer, his avocational activities, so to speak, his capacity for social compassion and his Messianic drive, will operate to place him in the very midst of the social struggle. These matters will not concern the artist who is constituted otherwise.

I do not consider it appropriate to pass summary judgment upon Gerhart Hauptmann's apostasy from a liberal democrat to National Socialism. Yet he represents one type of attitude towards political events. Hauptmann has always been strongly and peculiarly German. From the very beginning his democracy has been strongly tinged with nationalism. He goes along with momentary political events. He is sufficiently versatile to adjust himself to changes in government control. It may be that Hauptmann is convinced of the intellectual tenets of National Socialism, although I strongly doubt it. At any rate, he is apparently dependent upon whatever regime happens to be in power at the moment.

Exiled German authors are in great danger of losing contact with their native country. Their banishment has raised the question as to whether any such expatriated literature outside of Germany – a literature in exile. I confess to doubt whether any such expatriated literature can ever achieve permanency or vigor. There is great danger that the feeling for German life will be lost, that the exiles will get out of touch with it. This has already happened to the Russian exiles who, when they began to write in a different cultural sphere, in a social vacuum, so to speak, found they had no solidity under their feet. I have been very sensitive to this danger in my personal situation. I, too, live outside of Germany because conditions there are unfavorable to my work, but I nevertheless retain my intimacy with German culture and the German language. That is why I have chosen to live in the German part of Switzerland.

An appeal has been made by my brother, Heinrich Mann, to the effect that all Germans in exile should unite and keep alive the ideals of liberal and radical Germany outside of her borders. However, I do not believe much in collective action among intellectuals. I believe that every individual artist should pursue the work that interests him alone. I have found that collaboration in intellectual matters has always been injurious to the individual artist. This is a view that I held before the present events in Germany and it is one to which I still adhere even after the National Socialist resurgence. I have always felt that the work of the individual artist is more important than that of an organization, and therefore I do not concur in the organization of German émigrés in matters intellectual or artistic. I believe, however, that it is the duty of the German writer, and of all writers to work for world peace. How this is to be accomplished is another matter, for, if you were to ask Hitler and Goering, they would answer that Germany is a pacifist state and that they, too, are working for world peace.

I should answer an emphatic »no« to those who contend that Germany's literary and social life was really in danger of Communism before the advent of Hitler. On the other hand, the definite policies of Goebbels with regard to literature and culture have opened a wilde field for opportunists and mediocre writers to ride in on the wave of pseudo-patriotism. Naturally, the present political organization presents a great temptation for weak characters and demagogues. However, it is not lasting. It is a fact that all those early books on »hereditary ties« and »fatherland« are no longer being bought in such quantity by the German public. The public is beginning so tire of them. German journalism, of course, because of its enforced uniformity, has reduced German newspapers to mere bulletins issued by the official agencies of the government. That is the fundamental idea of the German press. Just as in Italy and in Russia, the press is an instrument of the government, and only an instrument. However, might it not be said that there are special interests behind all publications?

In a recent interview with a leading New York daily, I was quoted as having said that German socialism was growing and was much more deeply felt among the German masses than was nationalism. This statement was not entirely correct. Yet it has a certain basis of truth. What I actually did mean was that in certain *quarters*, particularly among strata of the youth, certain socialist tendencies exist and these tend to overcome the forces of reaction. There is a kind of socialism in Germany somewhat like that in Russia. The state takes an active part in business. Individualism which has been synonymous with capitalism, has disappeared in favor of collective enterprise. The government controls prices, and fixes import and export quotas in Germany. This may eventually develop into socialism. It was expected that when the Nazis took over the reigns of government, they would introduce some form of socialism. Nothing of the sort has happened. Still the dissatisfaction of the entrepreneur in present-day Germany is great, which is evidence that the government is not entirely favorable to capitalism.

As far as my own work is concerned, I am at present

occupied with a biblical romance, ›Joseph and His Brothers‹.
The second volume of this work has already appeared in
Germany. At the present I am at work on the third volume.
I shall require about another year for its completion. If I
may be permitted a personal opinion, I believe that ›Joseph
and His Brothers‹ is my best work.

[Rückübersetzung von Peter de Mendelssohn:]

LITERATUR UND HITLER

Jeder Schriftsteller sieht sich vor die Frage gestellt, ob die
Literatur »Tendenzen« haben oder sich von Parteien und
politischen Einflüssen freihalten solle. Nun ist es ganz offensichtlich unmöglich, daß politische Ereignisse die Literatur
auf längere Sicht nicht beeinflussen. Alle Kunst hängt entweder stillschweigend oder ausdrücklich von politischen
Problemen ab. Es ist schwer, zwischen künstlerischen und
politisch-sozialen Ereignissen eine scharfe Trennungslinie
auszumachen. Solche Ereignisse spielen natürlich bei der
künstlerischen Hervorbringung eine bedeutende Rolle. Das
geistige Klima der Zeit ist ein Medium, aus dem der Schriftsteller sich nicht herauslösen kann. Dies bedeutet jedoch
nicht, daß der Künstler die Funktionen des Feuilletonisten
oder des reinen Reporters übernehmen solle, und ebensowenig bedeutet es, daß er von den Anforderungen der künstlerischen Disziplin befreit ist.
Der Romancier im besonderen stößt auf dieses Problem bei
der Zeichnung seiner Personen. Soll er sie aus dem natürlichen Leben nehmen oder doch zumindest es versuchen,
oder soll er sie aus der eigenen Phantasie erschaffen? Meine
Auffassung der Sache ist, daß eine Person, ein Charakter
eine Mischung aus Realem und Idealem sein sollte. Der
Romancier kann sich die Wirklichkeit zunutze machen, aber
er kann niemals seine Charaktere nach dem unverfälschten
Leben zeichnen. Das wäre Photographie und nicht Kunst.
Die Kunst der Literatur ist, wie jede andere Kunst, eine

geistige Erhöhung der Wirklichkeit. Echte Kunst ist stilisiert, nicht wortgetreu.

Es ist interessant, im Licht dieser allgemeinen Bemerkungen die Entwicklung des modernen deutschen Romans zu betrachten und Überlegungen über seine Zukunft anzustellen. Während der letzten drei oder vier Jahrzehnte hat der deutsche Roman große Wandlungen erfahren. Er war unzähligen Einflüssen unterworfen – den skandinavischen Realisten, Ibsen und Björnson; den Russen, Turgenjew, Tolstoi und Dostojewski; Zola und den französischen Naturalisten. Ich glaube jedoch, daß die künftige Entwicklung des deutschen Romans infolge der Auswirkungen der gegenwärtigen politisch-kulturellen Ereignisse in diesem unglücklichen Land einen gewaltigen Rückschlag erfahren wird. Die schrecklichen Erlebnisse des deutschen Volkes während und seit dem Krieg haben einen tiefen Einfluß auf die deutschen Schriftsteller gehabt. Gegenwärtig müssen wir uns fragen, ob die extrem nationalistische Tendenz im deutschen Schrifttum etwas Dauerndes ist oder einfach nur eine natürliche Reaktion auf die politischen Unruhen, die Deutschland seit dem Krieg erschüttert haben. Ich glaube, daß es lediglich eine vorübergehende Tendenz ist. Der Nationalismus hat ganz allgemein einen abträglichen Einfluß auf die europäische Literatur gehabt, und der Nationalsozialismus hat dieselbe schädliche Wirkung auf die deutsche Literatur. Persönlich habe ich versucht, einen Ausgleich zwischen dem wesentlich Deutschen und dem wesentlich Europäischen und Weltbürgerlichen zu finden. Als Kenner Goethe's und der deutschen Romantiker habe ich mich ebenso wie diese Meister der europäischen Kultur zugewandt. Aus deutscher Sicht betrachtet, neige ich eher dem Europäischen als dem spezifisch Deutschen zu. Meine europäische Voreingenommenheit leitet sich vom Einfluß meiner Mutter her.

Die Einstellung des Künstlers zu politischen Ereignissen hängt völlig von der individuellen Orientierung des in Frage stehenden Künstlers ab. Wie wird der Schriftsteller von dem Kampf zwischen Kommunismus, Faschismus und Kapitalismus berührt? Dieser Kampf wird den Schriftsteller, der sich nach innen wendet und über innere Dinge schreibt, nicht stark beeinflussen. Er ist jedoch von lebenswichtiger Bedeutung für den Schriftsteller, der an politischen und sozialen Ereignissen interessiert ist. Die persönlichen Interessen dieses Schriftstellers, seine beruflichen Betätigungen sozusagen, seine Fähigkeit für soziales Mitgefühl und sein messianischer Drang werden dahin wirken, ihn in die Mitte des sozialen Kampfes zu stellen. Ein Künstler, der anders zusammengesetzt ist, wird sich um diese Dinge nicht kümmern.

Ich halte es nicht für passend, ein summarisches Urteil über Gerhart Hauptmanns Abtrünnigkeit vom liberalen Demokraten zum Nationalsozialismus zu fällen. Aber er repräsentiert immerhin einen Haltungstyp gegenüber politischen Ereignissen. Hauptmann war stets sehr stark und sehr eigentümlich deutsch. Seine Demokratie war von Anfang an sehr stark mit Nationalismus getönt. Er geht mit den augenblicklichen politischen Ereignissen mit. Er ist ausreichend vielseitig, um sich Veränderungen in der Regierungskontrolle anpassen zu können. Es mag sein, daß Hauptmann von den geistigen Grundsätzen des Nationalsozialismus überzeugt ist, obwohl ich dies stark bezweifle. Jedenfalls ist er anscheinend von jedem Regime abhängig, das im Augenblick gerade an der Macht ist.

Die exilierten deutschen Schriftsteller sind in großer Gefahr, den Kontakt mit ihrem Heimatland zu verlieren. Ihre Verbannung hat die Frage aufgeworfen, ob irgendeine solche Literatur außerhalb Deutschlands – eine Literatur im Exil – lebensfähig ist. Ich gestehe meinen Zweifel, daß irgendeine solche expatriierte Literatur Dauer oder Entwicklungskraft haben kann. Es besteht die große Gefahr, daß das Gefühl für deutsches Leben verlorengeht, daß die Exilierten die Verbindung mit ihm verlieren. Dies ist bereits den russischen Exilierten widerfahren, die, als sie in einer anderen Kultursphäre, in einem sozialen Vakuum sozusagen, zu schreiben begannen, feststellten, daß sie keinen festen Boden unter den

Füßen hatten. Ich habe in meiner persönlichen Lage diese Gefahr sehr empfindlich gespürt. Auch ich lebe außerhalb Deutschlands, weil die Verhältnisse dort meiner Arbeit ungünstig sind, aber ich halte nichtsdestoweniger an meinem vertrauten Verhältnis zur deutschen Kultur und zur deutschen Sprache fest. Deshalb habe ich mich entschlossen, in der deutschsprachigen Schweiz zu leben.

Mein Bruder Heinrich Mann hat einen Appell an alle Deutschen im Exil gerichtet, sich zusammenzuschließen und die Ideale des liberalen und radikalen Deutschland außerhalb seiner Grenzen lebendig zu halten. Ich habe jedoch keinen großen Glauben an kollektive Aktionen unter Intellektuellen. Ich glaube, daß jeder einzelne Künstler dem Werk nachgehen soll, das ihn allein interessiert. Ich habe gefunden, daß Zusammenarbeit in geistigen Angelegenheiten den einzelnen Künstler stets geschädigt hat. Ich war dieser Auffassung bereits vor den gegenwärtigen Ereignissen in Deutschland, und ich halte an ihr auch nach der nationalsozialistischen Wiedererweckung fest. Ich war immer der Meinung, daß die Arbeit des individuellen Künstlers wichtiger ist als die einer Organisation, und deshalb bin ich mit der Organisation deutscher Emigranten in geistigen und künstlerischen Angelegenheiten nicht einverstanden. Ich glaube jedoch, daß es die Pflicht des deutschen Schriftstellers wie überhaupt aller Schriftsteller ist, für den Frieden zu wirken. Wie dies zu bewerkstelligen ist, ist eine andere Frage, denn wenn man Hitler und Göring fragte, würden sie antworten, daß Deutschland ein friedliebender Staat ist und daß auch sie für den Frieden wirken.

Ich würde mit einem nachdrücklichen »Nein« allen jenen antworten, die behaupten, Deutschlands literarisches und soziales Leben sei vor dem Machtantritt Hitlers wirklich in Gefahr gewesen, kommunistisch zu werden. Andererseits hat die genau umrissene Politik Goebbels' hinsichtlich Literatur und Kultur den Opportunisten und mittelmäßigen Schreibern ein weites Feld geöffnet, um auf der Welle des

Pseudo-Patriotismus mitzuschwimmen. Selbstverständlich stellt die gegenwärtige politische Organisation eine große Versuchung für schwache Charaktere und Demagogen dar. Das ist jedoch nicht von Dauer. Es ist eine Tatsache, daß diese anfänglichen Bücher über »Erbgut« und »Vaterland« vom deutschen Publikum nicht mehr in solchen Mengen gekauft werden. Die Öffentlichkeit beginnt ihrer müde zu werden.

Der deutsche Journalismus hat freilich durch seine erzwungene Einförmigkeit die deutschen Zeitungen zu reinen Regierungsbulletins reduziert. Das ist der Grundgedanke der deutschen Presse. Genau wie in Italien und Rußland ist die Presse in Deutschland ein Instrument der Regierung und nur ein Instrument. Aber kann man andererseits nicht sagen, daß hinter allen Publikationen besondere Interessen stehen?

In einem kürzlichen Interview mit einer führenden New Yorker Tageszeitung wurde ich dahingehend zitiert, daß ich gesagt hätte, der deutsche Sozialismus sei im Wachsen und werde von den deutschen Massen viel tiefer empfunden als der Nationalismus. Diese Äußerung stimmt nicht ganz. Und doch liegt ihr eine gewisse Wahrheit zugrunde. Was ich tatsächlich meinte, war, daß in gewissen *Kreisen*, besonders unter der Jugend, gewisse sozialistische Tendenzen vorhanden sind und diese dahin tendieren, die Kräfte der Reaktion zu überwinden. Es gibt in Deutschland eine Art Sozialismus, die dem in Rußland einigermaßen ähnlich ist. Der Staat beteiligt sich aktiv am Geschäftsleben. Der Individualismus, der gleichbedeutend war mit dem Kapitalismus, ist zugunsten des Kollektiv-Unternehmens verschwunden. Die Regierung in Deutschland steuert die Preise und setzt die Einfuhr- und Ausfuhrquoten fest. Als die Nazis die Regierung übernahmen, erwartete man, daß sie eine gewisse Form des Sozialismus einführen würden. Nichts dergleichen ist geschehen. Immerhin ist die Unzufriedenheit des Unternehmertums mit dem gegenwärtigen Deutschland groß, was beweist, daß

die Regierung dem Kapitalismus nicht gerade günstig ge-
sonnen ist.

Was meine eigene Arbeit angeht, so bin ich gegenwärtig mit
einem biblischen Roman ›Joseph und seine Brüder‹ beschäftigt. Der zweite Band dieses Werkes ist bereits in Deutschland erschienen. Gegenwärtig arbeite ich am dritten Band.
Ich werde noch etwa ein Jahr zu seiner Vollendung brauchen.
Wenn mir eine persönliche Meinung gestattet ist, so glaube
ich, daß ›Joseph und seine Brüder‹ meine beste Arbeit ist.

LEONHARD FRANKS
›TRAUMGEFÄHRTEN‹

Es ist mir in *Roman*gestalt lange nichts so Fesselndes, Neues
und Geistreiches vorgekommen wie Leonhard Franks jüngste Dichtung, die durch ihre ideelle Geschlossenheit diesen
Namen so sehr verdient und durch den – ich möchte sagen –
musikalischen Fleiß, mit dem sie ihr Gedankenthema ab-
wandelt und erschöpft, an die ›Wahlverwandtschaften‹ erinnert. Wie diese ist sie ein erotisches Buch, und ich sehe es
kommen, daß die leidvolle Insistenz, mit der sie das Problem der Liebe, des Geschlechtes verfolgt, sich ganz mit ihm
einschließt und ganz in ihm aufgeht, krankhaft genannt
werden wird, – allerdings nur von solchen, die dies Wort
»Krankhaftigkeit« nicht als Trivialität und Roheit scheuen,
wo es sich um die Geheimnisse menschlichen Seelenlebens
handelt, im Grunde um das Geheimnis und das Problem des
Menschen selbst, den man das »kranke Tier« genannt hat
um der belastenden Spannungen und auszeichnenden
Schwierigkeiten willen, die seine Stellung zwischen Natur
und Geist, zwischen Tier und Engel ihm auferlegt. Von der
Seite der Krankheit her sind der Erkenntnis die tiefsten
Vorstöße in das Dunkel der menschlichen Natur gelungen,
und es ist nicht viel einzuwenden gegen den »Pansexualis-
mus« einer solchen ärztlich orientierten, der Krankheit ver-
pflichteten Psychologie; denn das Geschlecht ist der Brenn-

punkt aller Krankheit und Geist erzeugenden Widersprüche im Wesen des Menschen, – eine Einsicht, in der sich der Arzt mit dem geistig-sinnlichsten Menschentyp, dem Kenner der Sehnsucht, des Traumes und des Wahnsinns, dem Dichter, begegnet.

Es ist darum, daß ich diesen erotischen Roman, diese abwandlungsreiche Phantasie über das Thema der Liebe und ihrer die Seele verstörende Gebundenheit an das Geschlecht als ein so dichterisches und ein so humanes Werk empfinde. Die Art, wie darin die Geschlechtsliebe, eben in der seelischen Angst ihrer Einheit und Zweiheit aus Liebe und Geschlecht, beständig in Traum und Wahnsinn transzendiert, dieses schaudernde Sichretten der Seelen vor dem Abgrund der Triebe in den Wahnsinn ist entschieden von tiefer Poesie. Das Buch hat etwas von dem romantischen Mut, Menschheit und Geisteskrankheit beinahe gleichzusetzen und die Rückkehr zur Gesundheit nicht viel anders denn als einen beschämenden Verrat am Menschlichen empfinden zu lassen, – wobei ich an die sehr zarte und unheimliche Szene denke, wo der eine Teil des irren Liebespaares Maria – Guido sich dem anderen durch Gesundung entfremdet, ihn im Wahnsinn allein läßt, und die Verlassene ihm nachklagt: »Wo bist du?«

Solcher geisterhafter Kühnheiten enthält der Roman noch mehr. Daß seine menschlich-dichterische Sympathie für die Krankheit ihn dem Leben, der glücklichen Normalität und sogar dem Humor nicht entfremdet, sei denn doch auch zu seiner Ehre gesagt. Neben das Exzentrische und Problematische stellt er, unaufdringlich die Komposition vollendend, ohne Geringschätzung, vielmehr mit herzlichem Sinn für die Poesie der Gesundheit, das Einfache, Harmonische und Tüchtige; das junge Wärterpaar der gespenstischen »Parkvilla«, das von seiner Seite nun wieder das Menschlich-Rechte inmitten alles Verstiegenen und Entgleisten redlich vertritt.

Ein merkwürdiges, gewagtes und eindringliches Buch, das Werk eines Dichters unbedingt, mit kranken und gesunden

Seelengegenden, wie sie sich wohl in der dichterischen Verfassung allezeit nebeneinander finden, mit mondänen Neigungen dazu und vielem Sinn für das Elegante, sozial nicht sonderlich interessiert (wie denn die Sphäre des Psychologisch-Erotischen und des Politisch-Sozialen einander fremd zu sein pflegen, obgleich das Geschlecht auch wieder die Wurzel gesellschaftlichen Kriteriums und Enthusiasmus bilden kann), sprachlich-erzählerisch sehr hoch entwickelt und entschieden mit dem Stempel des Außerordentlichen geprägt. Ist aber, heute mehr als je, in der Kunst überhaupt der Welt nur mit dem Außerordentlichen gedient – wie sehr und besonders gilt dies gerade für den Roman, der gar nichts ist, wenn er nicht eine Ausnahme und eigentlich schon mehr ist als »Roman«.

[›GIBT ES EINE ÖSTERREICHISCHE LITERATUR?‹]

Sie fragen mich, ob man von einer spezifisch österreichischen Literatur sprechen kann. Die Bejahung dieser Frage ist mir selbstverständlich. Die spezifische Besonderheit der österreichischen Literatur ist zwar nicht leicht zu bestimmen, aber jeder empfindet sie, und wenn die grimme Zeit nicht den letzten Rest von Sympathie für Kulturmilde und geistige Anmut in ihm zerstört hat, so liebt und bewundert er diese unzweifelhafte Besonderheit. Rundheraus gesagt, halte ich die österreichische Literatur in allen Dingen des artistischen Schliffes, des Geschmackes, der Form – Eigenschaften, die doch wohl nie aufhören werden, in der Kunst eine Rolle zu spielen, und die keineswegs epigonenhaften Charakters zu sein brauchen, sondern den Sinn für das Neue und Verwegene nicht ausschließen – der eigentlich deutschen für *überlegen*. Das hängt mit einer Rassen- und Kulturmischung zusammen, deren östliche, westliche, südliche Einschläge das Österreichertum überhaupt und nach seinem ganzen Wesen von dem Deutschtum, wie es historisch geworden ist, national abheben und ein deutschsprachiges

Europäertum von süddeutscher Volkhaftigkeit und mondän gefärbter Bildung zeitigen – höchst liebenswert und höchst unentbehrlich.

Ein schönes charakteristisches Beispiel österreichischer Dichtung aus jüngster Zeit ist der Roman ›Der arme Verschwender‹ von Ernst Weiß, ein Werk von bewundernswerter künstlerischer Diskretion und melancholischer Tiefe des Lebensgefühls, bitter und hart genug in seiner Erkenntnis, von weichem Getändel recht weit entfernt, auch nur von sehr indirekter und verhüllter Artistik, aber der kulturelle Charme geht unverwechselbar davon aus, der Geheimnis und Spezifikum der österreichischen Geistesprägung ist.

[REDE FÜR DIE GESELLSCHAFT
›URANIA‹, PRAG]

Ich danke Ihnen, lieber Herr Professor, aufrichtig und von Herzen für die freundlichen Worte der Begrüßung, die ich soeben zusammen mit so vielen anderen Menschen hören durfte, und beeile mich hinzuzufügen, daß Sie vollkommen recht hatten zu sagen, ich sei über die Tätigkeit der ›Urania‹ und insbesondere über ihre Wirkung auf dem Gebiet des Rundfunks durchaus auf dem laufenden.

Es ist wahr, ich habe diese Tätigkeit seit meiner ersten Bekanntschaft mit Ihrem Institut, also seit mehr als einem Jahrzehnt mit größter Sympathie und Anteilnahme verfolgt. Ich kenne den Ursprung Ihrer jetzt zu so umfassender Wirksamkeit herangewachsenen Organisation aus den kleinen Anfängen eines begrenzten musikalischen Programmes, und ich bewundere es, mit welcher Umsicht und Energie diese Anfangsidee dann erweitert worden ist, und zwar in erster Linie von Ihnen, lieber Herr Professor, zu der eines allseitigen Volksbildungsinstituts, dem im Laufe der Jahre ein großer technischer Apparat zugewachsen ist. Bei meinen verschiedenen Aufenthalten in Prag hatte ich Gelegenheit, mich mit diesen musterhaften Einrichtungen bekannt zu machen, die die große und schöne Möglichkeit bieten, weiten Kreisen der Bevölkerung geistiges Gut, Bildungsgut, auf freie und genußreiche Weise zugänglich zu machen. Wir alle kennen die ungeheure Rolle, die das Technische im modernen Leben spielt, und wir kennen auch die Gefahren für die höhere oder, besser gesagt: tiefere Gesittung, die sich aus dieser beherrschenden Rolle ergeben. Es sind Gefahren der Verflachung, der seelischen Primitivisierung und Verrohung, Gefahren, denen besonders unsere Jugend in hohem Grade ausgesetzt ist und die wohl die Besorgnis jedes Menschen erregen können, dem Kultur noch ein verehrungswürdiger Begriff geblieben ist. Diese Besorgnis ist um so berechtigter, als bisher die Mittel der Technik auf dem Gebiet der geistigen Werbung und der Ideenverbreitung überall in der Welt nur zu wenig, mit zu geringem Mut und zu geringer Schwungkraft in den Dienst des Rechten und Wünschbaren gestellt worden sind. Und doch bietet die Technik ja gerade auch das Gegengift gegen ihre bedenklichen und gefährlichen Wirkungen, indem sie es möglich macht, große Volksmassen, die weitesten und breitesten Kreise, geistig zu erfassen und im Dienst des Guten und Menschenwürdigen zu beeinflussen. Von der Erziehung, der Hebung und Veredelung der Massen aber – das ist nicht nur die Überzeugung, sondern einfach die innere Wahrheit jedes echten Sozialismus – hängt die Zukunft und das Heil der Menschheit ab. Daß die Prager ›Urania‹ diese Tatsache erfaßt hat und ihre Arbeit von dieser Erkenntnis bestimmen läßt, erscheint mir als das große Verdienst ihrer Schöpfer und ihrer Leitung. Ihre Leistungen im Rahmen meiner heutigen Ansprache auch nur in größter Abkürzung im einzelnen aufzuführen, ist selbstverständlich unmöglich. Aber ich spreche gewiß nur Meinung und Urteil des großen ›Urania‹-Publikums aus, wenn ich sage, daß Wert und Reichtum ihrer Darbietungen und Sendungen auf allen möglichen Gebieten, den musikalischen, den kinematographischen, denen des Hörspiels, denen des literarischen und wissenschaftlichen Vortrages und so fort, keinen Vergleich

zu scheuen hat. An einem alten Giebelhaus meiner Heimat-
stadt Lübeck war der Spruch zu lesen:

>»Allen zu gefallen ist unmöglich.«

Nun, recht vielen Menschen zu gefallen, muß natürlich der
Wunsch einer Einrichtung sein, wie die ›Urania‹ es ist. Er
muß es sein aus materiellen Gründen wie aus Gründen der
Menschenfreundlichkeit. Die Kunst ihrer Leitung aber muß
darin bestehen, solche Gefälligkeit zu gewähren, ohne Zugeständnisse zu machen an unwürdige Wünsche und Forderungen, und den Erziehungsgedanken lebendig zu halten,
ohne langweilig zu sein. Mir scheint, daß die ›Urania‹ diese
Kunst mit hervorragendem Talent geübt hat, was freilich
kaum möglich gewesen wäre, wenn ihr nicht der tschechoslowakische Rundfunk in demselben kulturellen Geist zur
Seite gestanden und ihr sekundiert hätte.
Im Begriff der Volksbildung, meine Damen und Herren, in
dieser Wortverbindung liegen zwei Elemente beschlossen,
die recht eigentlich das Programm der ›Urania‹ ausmachen
und ihr die geistige Prägung geben. Es ist das Demokratische und es ist das Deutsche, denn Bildung darf man,
sowenig das deutsche Volk sie vor anderen voraus hat und
voraus haben will, doch als eine spezifisch deutsche, als eine
Lieblingsidee der deutschen Nation bezeichnen. Im Schutz
und unter der wohlwollenden Förderung der tschechoslowakischen Republik und ihrer Führer, hat dieses deutsche
Bildungsinstitut sich mit Klugheit und Loyalität einzufügen
gewußt in das Kulturleben eines Staates, in dem noch
Demokratie im edlen und echten Sinne herrscht nach dem
Willen und dem Geist seines Schöpfers, des Altpräsidenten
Masaryk und seines Nachfolgers Eduard Beneš. Existenz
und Wirksamkeit der Prager ›Urania‹ beweisen es, daß im
Rahmen eines solchen Staates die deutsche Kultur sich
besonders glücklich mit dem humanen, dem europäischen
Geist verbinden und ihm als eine seiner wichtigsten Ab-
schattungen in ungebrochener, nationaler Eigenart dienen

kann. Diesen Gedanken auszudrücken, wollte ich in erster Linie die kurze, mir zur Verfügung stehende Zeitspanne benutzen, und es bleibt mir nur noch zu sagen, wie sehr es mich freut und ehrt, daß ich die geplanten Sondersendungen zu Ehren der Humanität mit diesen meinen bescheidenen Gruß- und Dankesworten eröffnen durfte. Man hätte für diesen Moment, den Geburtsmonat des Präsidenten, kein geeigneteres Grundmotiv finden können als eben dieses Motiv der Menschlichkeit, des Friedens und des Zusammenarbeitens der Kulturen, welches so sehr der Gesinnung und den Zielen des Hauptes dieser Republik entspricht.

THE LIVING SPIRIT

Let me begin with what lies nearest, with what comes most simply and naturally. Let me tell you how glad I am to be among you this evening at this banquet in honor of the New School for Social Research and its Graduate Faculty of Political and Social Science. That is not so obvious as might appear at first sight. The proposal that I should come here was nearly frustated by my own unwillingness, an unwillingness which I am ashamed of now, but which was, at the outset, very deeprooted.

These four years past – I say four years, though the process has been going on for twenty – I have had to defend the work that means most to me, the work that is most intimately mine, the work which contains my greatest joy and happiness, against demands upon me which I recognize as duties, noble and urgent duties, but which approach me more from the outside, from the civic and political world. It has become incumbent upon me to take a spiritual stand, to declare myself for ideas, and to define my attitude to what is happening in the world about me. Inevitably such duties come into jealous conflict with others arising in my inmost self, the duties of my solitude.

Be that as it may, I know that my anxiety is false and idle. It is easy enough to say that the imaginative writer has nothing to do with politics, that he can entirely dissociate himself from them, and that he actually derogates from his high calling by paying any attention to political developments. That is nonsense. For firstly – as if any imaginative writer would interfere in politics today wantonly or for his own pleasure. As if it were not a matter of the direst necessity, a despairing protest against the wicked aggressions carried out by politics upon his most sacred self, upon spiritual freedom, upon mankind itself. Further, it is in a political form that the question of man's destiny presents itself today. With a gravity no earlier generation ever knew it has become a matter of life and death.

If, however, I speak of these civic and political questions as having become matters of life and death, I mean by that, that every man, and especially the writer, must realize that they involve his spiritual welfare – let us not shirk the religious word – the salvation of his soul. I am convinced that the writer who refuses to take a stand in these vital questions of political faith, who refuses to face the question of mankind in its political form, and is a traiter to man's spirit, is a lost man. He cannot but come to grief, for he must not only forfeit his poetic gift, his »talent«, and cease to produce lasting work. Even his earlier work, which was not conceived under the burden of such guilt, which was once good, will cease to be so and fall to dust under the eyes of men. That is my belief. I have examples in mind.

Yet let me confess that I would have been glad to turn a deaf ear to the call, which reached me in my Swiss retreat, a call which summoned me across the ocean to declare myself for a thing which is in the highest and widest sense political, for the freedom of the spirit and of knowledge, and to testify my respect for an institution which is based on this high principle, and defends it against a hostile world. But I must add that I resisted only as long as I did not understand the invitation, only as long as I did not really grasp what it was all about, and as long as I was quite or half in ignorance about the history, nature and general circumstances of the institution which had called me and desired my presence on its great day. No sooner had some of its members made me better acquainted with all this than my sympathy was roused, and I saw how false and selfish it was of me to refuse to come. I did not imagine, in undertaking this journey, that I could do much in the world either personally or with such powers of agitation as have been given me. On the contrary, I am always inclined on such occasions to say with Moses: »I am not eloquent, but of a slow tongue. Let my brother Aaron speak.« But that I must come, and, such as I am, declare myself for you – this conviction outweighed all my resistance.

First I must speak of the man whose admirable initiative laid the foundation of the scientific institution which we are celebrating today. Four years ago, when the disastrous character of the new German government stood revealed, it was Dr. Johnson who took up the idea which was probably stirring in many minds at the time but was generally regarded as too visionary for fulfilment. That idea was to preserve the institution of the German university, in spite of the inevitable dispersal of the German intellectuals all over the world, and to refound it here, beyond the seas. To this idea of the preservation of the German university, of its transplantation to another country – his own country, this great America with her venerable and unshakable tradition of freedom – he devoted his whole energy, the whole wealth of a personality which is a magnificent blend of theory and sound practice, and whose mainspring is the passion for freedom and justice.

Immediately upon its foundation in 1933 this institution that he created, the Graduate Faculty of Political and Social Science, entered upon its work as a scientific body, and was soon recognized by the authorities of the State of New York, so that it received the right of holding examinations and conferring degrees. The work it does is purely scientific, and for that very reason it is a living protest, none the less powerful because it is indirect, against any encroachment on spiritual freedom and autonomy. It started out as a German university in exile, broadened into a European-American faculty and is now ready and able to be also part of American intellectual life.

And yet, how can I take it upon myself to be a speaker at the banquet of a scientific institution? I am no scholar and, to be honest, I must confess that I have always loved *knowledge* merely as a means to an end – a means to the end of creative achievement. But *truth* I love for its own sake as only a scholar can love it, and I was deeply moved by the motto which stands in the statutes of the Graduate Faculty, a motto which sounds like an oath: »To follow the truth wherever it leads, regardless of personal consequences.«

Let us pause at that great and lovely word *truth*, and consider it for a moment. »What is truth?« is the question put not only by jesting Pilate, but by philosophy itself, by the mind of man taking critical stock of itself. That mind is ready to accept life, admits that life must have *the* truth that helps and furthers it. Only that is true which furthers life. That principle may stand. But if we are not to abandon morality altogether, and sink into an abyss of cynicism, we must supplement it by the other principle: »Only truth furthers life.« If truth is not established for all time, if it is mutable, the mind of man must take yet more anxious care of it, and neglect no movement of the world spirit, no change in the form of truth, nothing that is right and necessary in the temporal world – I should like to say the will of God – which the spirit of man must serve, untouched by the hate of the indifferent, the timid, the callous, of those whose interest it is to preserve falsehood an evil.

A task for care and courage – that is how this problem of truth is regarded by the decent, tolerably God-fearing mind of man. But today a new kind of man has arisen, and has, here and there, attained absolute power. With this great idea of truth, which is related to all other great ideas, he perpetrates the most odious of falsehoods. He denies it, proclaims the lie as the sole begetter of life, the sole power directing history. He has made it his philosophy to recognize no distinction between truth and falsehood. He has set up in the world a shameful pragmatism which denies the spirit itself in the name of utility. Without scruple, he commits or approves crimes, provided they serve his advantage, or what he calls his advantage. He has no dread of falsehood, but reckons falsehood as high as truth, provided only that it is useful in his sense of the word.

We can hardly wonder – indeed it lies in the very nature of things – that it should be just this kind of man who has taken it upon himself today to overthrow Christianity. No man is less qualified to do so, whether the spiritual progress of humanity requires it, or not. Christianity is not to be overthrown by a reversion to a lower moral level than that to which is raised mankind; at most it might be outdone. But the insolent propagandists of its decline do not seem to me to be going that way. Goethe once said to Eckermann: »The mind of man will never soar above the sublimity of the moral discipline of Christianity as it shines radiantly in the Gospels.« Today a few revolutionary writers of popular literature, stimulated by half-knowledge, imagine that they have finished with it. A most untimely presumption, for – even though Christianity has at all times been too lofty and too pure a challenge to man's spirit to be realizable on earth otherwise than as a *corrective* to life, a standard and a spur to the conscience – as a moral discipline it was never more necessary to any time than to ours. And there are no more repulsive examples of the confusion and barbarization of our world than those who claim to overthrow Christianity.

And thus we can see how the problems underlying the spiritual conflicts of our day at all points take on a religious form, just as that very conception of truth which, as our starting-point, has itself a religious ring, however human it may seem. The human is itself the religious, for in the mystery of man, of his position between two worlds, his allegiance to the domains of nature and the spirit, nature itself merges into the spiritual and transcendental.

No religious longing, however, need divert us from our desire to establish a condition of earthly affairs which, without derogating too much from our reason, may guarantee to mankind the measure of freedom, goodness and happiness which is attainable and due to him here below. I have often wondered if I might call myself a socialist. I am no orthodox adherent of the Marxist conception of society. I cannot quite bring myself to see the root creative fact of life in its economic and social factors, or to regard the spiritual and cultural as a mere »ideological superstructure«, however much historical truth the theory may contain. The works of civilization and the intellect, I imagine, belong to *no* class, whether they are of their nature scientific, or artistic and intellectual. The great discoveries and realizations of science, the achievements of a Newton or an Einstein, or even the revolutionary inventions of technology, cannot be explained in terms of class. They are free achievements of humanity, as are, in a still higher form, the conquests of the spirit, of philosophy and art.

And yet, a man can hold this conviction and still be a socialist, in the wisest and best sense of the word, provided that it is united with the other, wider conviction that for the man of intelligence and culture today it would be false and destructive to contemn the social and political sphere, and to regard it as inherently inferior to the inner, metaphysical and religious world. It is no longer permissible, however, to draw comparisons between the personal, inner world, and the social, outer world. We can no longer contrast metaphysics and socialism, regarding the latter as irreligious, unholy, materialistic, a mere seeking for the felicity of the antheap. Even in a world so contrary to God, so bereft of all reason as ours is today, we may no longer oppose the metaphysical, inward, religious world to the desire for better things, or regard it as the superior or even sole worthy one. Political and social man is part of man. Humanity stands astride two worlds, the inward and the outward, and there are good reasons for it, if it is above all the creative artist who refuses to be discouraged in his struggle to humanize and spiritualize the outer world by the jibe that such interests are inferior and merely materialistic.

Materialism – a childish bugbear of a word – and false into the bargain. It is a false idealism to disregard what is humanly decent in the name of the inner world. Materialism can be much more spiritual, much more idealistic and much more religious than any sentimental attitude of proud superiority to the material. For materialism means in no way to be lost, to be dissolved in the material. It means the resolve to penetrate it with the human mind. I can recall a cry uttered by that great individualist, Nietzsche, which sounds absolutely socialistic: »To sin against earth«, it runs, »is now the most dreadful of sins. I conjure you, my brothers, keep true to earth. Do not burrow your heads in the sand of heavenly things, but carry them high, as earthly heads, which give earth its sense. Let your generous love, your knowledge, serve to give earth a sense.« That is the materialism of the spirit; in such a saying the religious soul turns back to earth, which is, for us, the image of the cosmos. And the resolve which is incumbent on us all, is not to hide our heads in the sand of metaphysical things from the urgent demands of the material, of social and collective life, but to join those who have resolved to give earth a sense – a human sense.

These scattered reflections seem to me to have their place here, and to be related to the nature and aims of the young institute which we are here today to honor and celebrate. This youngest American institution of higher learning is in an interesting way connected with a strange incident, which should put every German to shame, an incident that happened at, or I should rather say was inflicted on, the oldest German university, Heidelberg. There the great lecture hall, endowed on the suggestion of the American ambassador

(Schurman), by American philanthropists, bore the inscription:

>»To the Living Spirit.«

This inscription – unbelievable as it seems – has been removed from the building. Thus the regime itself has declared that there ist – for the time being – no home for the living spirit in Germany's universities. Now I suggest that your faculty take these words and make them your motto, to indicate that the living spirit, driven from Germany, has found a home in this country.

[Rückübersetzung von Peter de Mendelssohn:]

DER LEBENDIGE GEIST

Lassen Sie mich mit dem Nächstliegenden beginnen, mit dem, was sich am natürlichsten von selbst einstellt. Erlauben Sie mir, Ihnen zu sagen, wie sehr ich mich freue, heute abend bei diesem Festbankett zu Ehren der ›New School for Social Research‹ und ihrer ›Graduate Faculty of Political and Social Science‹ unter Ihnen zu sein. Das ist nicht so naheliegend, wie es auf den ersten Blick scheinen mag. Der Vorschlag, daß ich zu Ihnen kommen solle, wäre beinahe durch meine eigene Abgeneigtheit zuschanden geworden, eine Abgeneigtheit, deren ich mich jetzt schäme, die aber zu Anfang sehr tief eingewurzelt war.

Während dieser letzten vier Jahre – ich sage vier Jahre, obwohl der Prozeß in Wahrheit seit zwanzig Jahren im Gange ist – mußte ich die Arbeit, die mir am meisten bedeutet, die Arbeit, die aufs persönlichste, intimste die meine ist und meine größte Freude, mein größtes Glück enthält, gegen Anforderungen verteidigen, die ich als Pflichten, edle und dringende Pflichten anerkenne, die jedoch von außen, aus der staatsbürgerlichen und politischen Welt an mich herantreten. Es ist mir zur Obliegenheit geworden, einen geistigen Standpunkt zu beziehen, mich für Ideen zu erklären und meine Einstellung zu dem, was in der Welt um mich herum geschieht, zu definieren. Solche Pflichten geraten unvermeidlicherweise in eifersüchtigen Konflikt mit anderen, die sich aus meinem innersten Selbst ergeben, mit den Pflichten meiner Einsamkeit.

Dem sei wie ihm wolle, ich weiß, daß meine Besorgnis falsch und müßig ist. Es fällt nur zu leicht zu sagen, der Dichter, der Mann der schöpferischen Phantasie habe mit Politik nichts zu schaffen, er könne sich völlig von ihr absondern und erniedrige sogar seine hohe Berufung, wenn er der politischen Entwicklung seine Aufmerksamkeit zuwende. Das ist Unsinn. Denn erstens – als ob irgendein schöpferischer Schriftsteller sich mutwillig oder zu seinem Vergnügen heute in die Politik einmische! Als ob es nicht eine Sache der dringendsten Notwendigkeit wäre, ein verzweifelter Protest gegen die niederträchtigen Übergriffe der Politik auf sein geheiligtestes Selbst, auf die geistige Freiheit, auf das Menschliche überhaupt. Des weiteren stellt die Frage des Menschengeschicks sich uns heute in politischer Form dar. Sie ist mit einem Ernst, wie ihn keine frühere Generation je gekannt hat, zu einer Angelegenheit von Leben und Tod geworden.

Wenn ich jedoch sage, daß diese staatsbürgerlichen und politischen Fragen zu Angelegenheiten von Leben und Tod geworden sind, so meine ich damit, daß jedermann und ganz besonders der Schriftsteller erkennen und begreifen muß, daß es bei ihnen um sein geistiges Wohlergehen, – scheuen wir nicht das religiöse Wort – um sein Seelenheil geht. Ich bin überzeugt, daß der Schriftsteller, der sich weigert, in diesen lebenswichtigen Fragen des politischen Glaubens einen Standpunkt einzunehmen, der es ablehnt, sich der Menschheitsfrage in ihrer politischen Form zu stellen und zum Verräter am Menschengeist wird, eine verlorene Seele ist. Es kann mit ihm nur ein schlimmes Ende nehmen, denn er wird nicht nur seiner Dichtergabe, seines »Talents« verlustig gehen und aufhören, Werke von Dauer zu schaffen. Auch sein früheres Werk, das nicht unter der

Last einer solchen Schuld geschaffen wurde, das einstmals gut war, wird aufhören, es zu sein und wird unter den Augen der Menschen zu Staub zerfallen. Das ist meine Überzeugung. Ich könnte Beispiele dafür nennen.

Und doch will ich Ihnen gestehen, daß ich froh gewesen wäre, mich dem Ruf, der mich in meiner Abgeschiedenheit in der Schweiz erreichte, taub zu stellen, einem Ruf, der mich aufforderte, über den Ozean zu kommen und mich für eine Sache zu erklären, die im höchsten und weitesten Sinn politisch ist, nämlich für die Freiheit des Geistes, des Wissens und der Erkenntnis, und meine Hochachtung vor einem Institut zu bezeugen, das auf diesem hohen Grundsatz ruht und ihn gegen eine feindliche Welt verteidigt. Ich muß jedoch hinzufügen, daß ich nur so lange widerstrebte, als ich die Einladung nicht verstanden hatte, nur so lange, als ich nicht wirklich begriff, worum es dabei ging, und mich ganz oder halb in Unwissenheit befand über die Geschichte, die Wesensart und die allgemeinen Umstände des Instituts, das mich gerufen hatte und meine Anwesenheit an diesem großen Tag wünschte. Einige seiner Mitglieder hatten mich noch kaum mit all diesem besser bekannt gemacht, als sich meine Sympathie regte und ich erkannte, wie falsch und selbstsüchtig es von mir war, mich zu weigern zu kommen. Ich bildete mir nicht ein, als ich diese Reise unternahm, daß ich in der Welt viel ausrichten könne, weder persönlich noch mit den Agitationskräften, die mir verliehen sind. Im Gegenteil, ich bin bei solchen Gelegenheiten stets geneigt, mit Moses zu sagen: »Ich bin je und je nicht wohl beredt gewesen, denn ich habe eine schwere Zunge. Laß meinen Bruder Aaron sprechen.« Aber daß ich kommen müsse und, so wie ich nun einmal bin, mich für Sie erklären müsse – diese Überzeugung wog schwerer als all mein Widerstreben.

Vorerst muß ich von dem Mann sprechen, dessen bewundernswerte Initiative den Grundstein zu dem wissenschaftlichen Institut legte, das wir heute feiern. Vor vier Jahren, als der unheilvolle Charakter der neuen deutschen Regierung offenbar wurde, war es Dr. Johnson, der einen Gedanken aufgriff, welcher sich vermutlich zu jener Zeit in vielen Köpfen regte, aber allgemein als zu visionär angesehen wurde, als daß er sich verwirklichen ließe. Es war der Gedanke, die Einrichtung der deutschen Universität, trotz der unvermeidlichen Zerstreuung der deutschen Geistigen über die ganze Welt, am Leben zu erhalten und hier, jenseits der Meere, neu zu errichten. Diesem Gedanken der Erhaltung der deutschen Universität, ihrer Verpflanzung in ein anderes Land – in sein eigenes Land, dieses große Amerika mit seiner altehrwürdigen und unerschütterlichen Tradition der Freiheit – widmete er seine ganze Tatkraft, den ganzen Reichtum einer Persönlichkeit, die eine prachtvolle Mischung aus Theorie und gesunder Praxis ist und deren Haupttriebfeder die Leidenschaft für Freiheit und Gerechtigkeit ist.

Dieses Institut, das er schuf, die ›Graduate Faculty of Political and Social Science‹, begann sofort nach seiner Gründung im Jahr 1933 seine Arbeit als wissenschaftliche Körperschaft und wurde schon bald von den Behörden des Staates New York anerkannt, was bedeutete, daß es das Recht zur Abhaltung von Examina und zur Verleihung akademischer Würden erhielt. Die Arbeit, die es leistet, ist rein wissenschaftlich, und aus eben diesem Grund ist es ein lebender Protest gegen jeden Übergriff auf die geistige Freiheit und Selbstbestimmung, der darum nicht weniger kraftvoll ist, weil er indirekt erfolgt. Das Institut begann als eine deutsche Universität im Exil, verbreiterte sich zu einem europäisch-amerikanischen Lehrkörper und ist jetzt bereit und imstand, zu einem Teil des amerikanischen geistigen Lebens zu werden.

Und doch, wie kommt es mir zu, bei einem Bankett eines wissenschaftlichen Instituts als Redner aufzutreten? Ich bin kein Gelehrter und muß ehrlicherweise gestehen, daß ich das *Wissen* stets lediglich als Mittel zum Zweck geliebt habe – als Mittel zum Zweck schöpferischer Leistung. Aber die *Wahrheit* liebe ich um ihrer selbst willen, wie nur ein Gelehrter sie lieben kann, und ich war tief bewegt von dem Motto, das in den Statuten der ›Graduate Faculty‹ steht, einem

Motto, das wie eine Eidesformel klingt: »Der Wahrheit folgen, wohin immer sie führt, ungeachtet der persönlichen Konsequenzen.«

Halten wir inne bei diesem großen und schönen Wort *Wahrheit* und bedenken wir es einen Augenblick lang. »Was ist Wahrheit?« ist die Frage, die nicht nur der scherzende Pilatus stellt, sondern die Philosophie selbst, der Menschengeist überhaupt, der sich kritische Rechenschaft über sich selbst ablegt. Dieser Geist ist bereit, das Leben zu bejahen; er gibt zu, daß das Leben *die* Wahrheit besitzen muß, die ihm hilft und es fördert. Nur das ist wahr, was das Leben fördert. Dieser Grundsatz soll feststehen. Aber wenn wir nicht alle Gesittung überhaupt fahren lassen wollen, um in einem Abgrund des Zynismus zu versinken, müssen wir ihn durch einen zweiten Grundsatz ergänzen: »Nur Wahrheit fördert das Leben.« Wenn aber die Wahrheit nicht für alle Zeiten feststeht, wenn sie veränderlich ist, dann muß der Geist des Menschen noch viel sorgfältiger auf sie achten und darf keine Bewegung des Weltgeistes vernachlässigen, keinen Wandel in der Form der Wahrheit, nichts was richtig und notwendig ist in der Welt hienieden – ich möchte sagen, den Willen Gottes – dem der Menschengeist dienen muß, unberührt vom Haß der Gleichgültigen, der Furchtsamen, der Fühllosen, jener, die daran interessiert sind, das Unwahre und Böse zu erhalten.

Als eine Aufgabe der liebenden Sorge und des Mutes – so sieht der anständige, einigermaßen gottesfürchtige Menschengeist dieses Problem der Wahrheit. Heute jedoch ist eine neue Art Mensch aufgestanden und hat hier und dort die absolute Macht errungen. Er verübt mit diesem großen Wahrheitsbegriff, der mit allen anderen großen Ideen in Beziehung steht, auf verbrecherische Weise die schändlichste aller Verfälschungen. Er leugnet ihn, er verkündet die Lüge als einzigen Erzeuger des Lebens, als einzige die Geschichte lenkende Macht. Er hat es zu seiner Weltanschauung gemacht, keinen Unterschied zwischen Wahrheit und Unwahrheit anzuerkennen. Er hat in der Welt einen schimpflichen Pragmatismus aufgerichtet, der im Namen der Nützlichkeit sogar den Geist selbst leugnet. Er verübt oder billigt bedenkenlos Verbrechen, vorausgesetzt, daß sie seinem Vorteil oder dem, was er seinen Vorteil nennt, dienlich sind. Er hegt keine Furcht vor der Lüge, sondern veranschlagt die Lüge ebenso hoch wie die Wahrheit, wenn sie nur in seinem Sinn des Wortes nützlich ist.

Es kann uns kaum wundernehmen – ja es liegt geradezu in der Natur der Dinge – daß es eben diese Menschensorte ist, die es heute auf sich genommen hat, das Christentum zu stürzen. Ob der geistige Fortschritt der Menschheit dies nun erfordert oder nicht, gewiß ist niemand weniger dazu berufen als diese Leute. Das Christentum wird nicht durch einen Rückfall auf eine niedrigere moralische Ebene als jene, auf welche es die Menschheit erhoben hat, gestürzt werden; es kann bestenfalls nur noch übertroffen werden. Aber die unverschämten Propagandisten seines Niedergangs scheinen mir diesen Weg nicht zu gehen. Goethe sagte einmal zu Eckermann: »Der menschliche Geist wird nie über die Hoheit und sittliche Kultur des Christentums hinauskommen, wie es in den Evangelien schimmert und leuchtet!« Heute bilden sich einige revolutionäre Schriftsteller der populären Literatur, von ihrem Halbwissen angeregt, ein, sie seien fertig mit dem Christentum. Eine sehr zur Unzeit kommende Anmaßung, denn – selbst wenn das Christentum zu allen Zeiten eine zu erhabene und reine Herausforderung an den Menschengeist gewesen wäre, als daß sie sich auf andere Weise denn als Korrektiv zum Leben, als ein Maßstab und Ansporn des Gewissens auf Erden verwirklichen ließe – war es als sittliches Prinzip nie notwendiger als in einer Zeit wie der unsrigen. Und es gibt keine abstoßenderen Beispiele für die Verwirrung und Barbarisierung unserer Welt als jene, die behaupten, sie hätten das Christentum gestürzt.

Wir sehen somit, wie die Probleme, die den geistigen Konflikten unserer Tage zugrunde liegen, an allen Punkten eine religiöse Form annehmen, so wie schon der reine Begriff der Wahrheit, der unser Ausgangspunkt war, selbst einen religiösen Klang hat, so menschlich er uns auch erscheinen mag. Das Menschliche ist selbst das Religiöse, denn im Geheimnis des Menschen, in seiner Stellung zwischen zwei Welten, seiner Treuepflicht gegenüber den Bereichen der Natur und des Geistes, geht die Natur selbst ins Geistige und Transzendentale über.

Keine religiöse Sehnsucht braucht uns jedoch von unserem Verlangen abzubringen, in den irdischen Dingen Verhältnisse zu schaffen, die, ohne unserer Vernunft allzu großen Abbruch zu tun, der Menschheit ein Maß von Freiheit, Güte und Glück verbürgen, das erreichbar ist und ihr hienieden zusteht. Ich habe mich oft gefragt, ob ich mich einen Sozialisten nennen dürfe. Ich bin kein orthodoxer Anhänger des marxistischen Gesellschaftsbegriffs. Ich kann es nicht recht fertigbringen, die schöpferische Wurzeltatsache des Lebens in seinen wirtschaftlichen und sozialen Faktoren zu erblicken oder das Geistige und Kulturelle lediglich als einen »ideologischen Überbau« zu betrachten, soviel historische Wahrheit die Lehre auch enthalten mag. Die Werke der Zivilisation und des Intellekts, so scheint mir, gehören *keiner* Klasse, ob sie nun ihrer Natur nach wissenschaftlich, künstlerisch oder intellektuell sind. Die großen Entdeckungen und Erkenntnisse der Naturwissenschaften, die Leistungen eines Newton oder Einstein, oder auch nur die revolutionierenden Erfindungen der Technologie lassen sich nicht mit Klassenbegriffen erklären. Sie sind freie Errungenschaften der Menschheit, so wie es, in noch höherer Form, die Errungenschaften des Geistes, der Philosophie und Kunst sind.

Dennoch kann man dieser Überzeugung und doch im besten und gescheitesten Sinn des Wortes ein Sozialist sein, vorausgesetzt, daß diese Auffassung sich mit jener anderen, weitergreifenden Überzeugung vereinigt, die besagt, daß es für den intelligenten und kultivierten Menschen heute falsch und zerstörerisch wäre, die soziale und politische Sphäre zu mißachten und sie als von Natur aus der inneren, metaphysischen und religiösen Welt untergeordnet zu betrachten. Es ist jedoch nicht länger gestattet, zwischen der persönlichen, inneren Welt und der sozialen, äußeren Welt Vergleiche zu ziehen. Wir können nicht mehr Metaphysik und Sozialismus einander gegenüberstellen und den letzteren als irreligiös, unheilig, materialistisch, lediglich als ein Streben nach der Glückseligkeit des Ameisenhaufens betrachten. Sogar in einer gegen Gott so widersätzlichen, so aller Vernunft baren Welt wie der unsrigen heute, dürfen wir die metaphysische, innere, religiöse Welt nicht mehr dem Bedürfnis nach dem Besseren entgegenstellen oder sie als die überlegene oder gar einzig würdige ansehen. Der politische und soziale Mensch ist Teil des Menschen. Die Menschheit steht gespreizt in beiden Welten, der inneren und der äußeren, und dafür bestehen gute Gründe, wenn es vor allem der schöpferische Künstler ist, der es ablehnt, sich in seinem Kampf um die Humanisierung und Vergeistigung der äußeren Welt durch den hämischen Spott entmutigen zu lassen, solche Anliegen seien minderwertig und lediglich materialistisch.

Materialismus – ein kindischer Popanz von einem Wort – und noch dazu ein unechter. Es ist ein falscher Idealismus, namens der inneren Welt das menschlich Anständige außer acht zu lassen. Materialismus kann viel geistiger, viel idealistischer und viel religiöser sein als jede sentimentale Haltung stolzer Überlegenheit gegenüber dem Materiellen. Materialismus bedeutet keineswegs, daß man im Materiellen verlorengehe und sich auflöse. Es bedeutet vielmehr die Entschlossenheit, das Materielle mit dem menschlichen Geist zu durchdringen. Ich kann mich eines Ausrufs des großen Individualisten Nietzsche entsinnen, der durchaus sozialistisch klingt: »An der Erde zu freveln, ist jetzt das Furchtbarste ... Bleibt mir der Erde treu, meine Brüder, mit der Macht eurer Tugend! ... Einen neuen Stolz lehrte mich mein Ich, den lehre ich die Menschen: nicht mehr den Kopf in den Sand der himmlischen Dinge zu stecken, sondern frei ihn zu tragen, einen Erden-Kopf, der der Erde Sinn schafft! ... Eure schenkende Liebe und eure Erkenntnis diene dem Sinn der Erde! Also bitte und beschwöre ich euch.«

Das ist der Materialismus des Geistes; in einem solchen

Ausspruch kehrt die religiöse Seele zur Erde zurück, die für uns das Abbild des Weltalls ist. Und uns allen ist die Entschlossenheit auferlegt, unsere Köpfe nicht in den Sand metaphysischer Dinge zu stecken und sie von den dringenden Forderungen des materiellen, des sozialen und kollektiven Lebens abzuwenden, sondern uns jenen anzuschließen, die entschlossen sind, der Erde einen Sinn, einen menschlichen Sinn zu verleihen.

Diese verstreuten Überlegungen scheinen mir hier am Platz zu sein und zum Wesen und den Zielen des jungen Instituts, das wir hier heute ehren und feiern, in Beziehung zu stehen. Dieses jüngste amerikanische Institut der höheren Bildung steht in interessanter Weise in Zusammenhang mit einem seltsamen Vorkommnis, das jeden Deutschen beschämen sollte, einem Vorfall, der sich in der ältesten deutschen Universität, in Heidelberg, zutrug, oder besser gesagt, ihr zugefügt wurde. Dort trug der große Vortragssaal, der auf Anregung des amerikanischen Botschafters Schurman von amerikanischen Philantropen gestiftet wurde, die Inschrift:

»Dem lebendigen Geist.«

Diese Inschrift ist, so unglaublich es klingen mag, von dem Gebäude entfernt worden. Damit hat das Regime selbst erklärt, daß es – einstweilen – an Deutschlands Universitäten keine Heimstätte für den lebendigen Geist gibt. Ich möchte jetzt vorschlagen, daß Ihre Fakultät diese Worte übernehme und zu ihrem Motto mache, um zu bezeugen, daß der aus Deutschland vertriebene lebendige Geist in diesem Land eine Heimstätte gefunden hat.

[ANSPRACHE VOR AMERIKANISCHEN BUCHHÄNDLERN]

Ein Fest der Buchhändler ist ein Fest der Schriftsteller ebenfalls. Feste sind ja Stunden erhöhten Lebensgefühls, froh vertieften Selbstbewußtseins einer Gemeinschaft; und wenn diejenigen, deren edles Geschäft ist, Bücher unter die Leute zu bringen, sich festlich-gesellig zusammenfinden, um ihren Stand und Beruf zu feiern, seinen Sinn und Wert sich gemeinsam bewußt zu machen und sich selbst und der Welt zu demonstrieren: wir sind da, wir wirken, wir sind eine Macht, wir erfüllen eine der Zivilisation unentbehrliche Aufgabe, – so darf der Schriftsteller, von dem die eigentümliche Ware des Buchhändlers ausgeht, nicht fehlen. Auch die Schriftsteller tagten und feierten jetzt in New York. Auch sie suchten sich selbst und der Welt den Sinn ihrer Existenz festlich klarzumachen. Sie taten es getrennt von den Buchhändlern, denn Hervorbringen ist etwas anderes als Propagieren. Aber die beiden Berufe gehören zusammen; ihre Interessen vereinigen sich in dem Augenblick, wo das geistige Werk sich von seinem Urheber losgelöst hat und seinen Weg ins Leben antreten soll; wo Traum und Vision die Gestalt eines merkantilen und industriellen Objektes angenommen haben, das der Propagation bedarf, um zu wirken. Von diesem Augenblick an sind Buchhändler und Schriftsteller unzertrennliche Gefährten, von denen einer auf den anderen angewiesen ist und die auch im Feste Gemeinschaft halten sollen. Darum ist es mir eine Freude, heute unter Ihnen zu weilen und ein Wort freundschaftlicher Begrüßung an Sie richten zu dürfen.

Die Art seiner Ware zeichnet den Buchhändler vor allen anderen Geschäftsleuten aus. »Blut«, heißt es in Goethe's ›Faust‹, »ist ein ganz besonderer Saft.« So sind Bücher eine ganz besondere Ware, und sie haben mit Blut zu tun. Ein rechtes Buch ist mit Blut geschrieben, mit Leben bezahlt, und wessen Handelsobjekt das Buch ist, der ist kein gewöhnlicher Handelsmann, er steht dem Geiste nahe, sein Geschäft bildet den Übergang vom rein Nährständisch-Merkantilen zur intellektuellen Sphäre, zur Welt der Idee und Kunst, und nicht das Notwendig-Nützliche, sondern das Übernützlich-Notwendige, das Schöpferische und Geistige ist es, was er der menschlichen Bedürftigkeit vermittelt. Die Mythologie kennt einen schönen, leichten Gott mit Flügelschuhen an seinen Füßen, den Hermes oder Merkur. Er ist der Gott des Handels und Wandels, des Austausches und des Verkehrs, er ist aber auch der Bote des Zeus, der hurtige Träger seiner Gedanken, der Mittler zwischen Himmel und Erde. Merkur ist der Schutzherr der Kaufleute. Aber die Buchhändler dürfen mit höherem, besonderen Recht ihr Gleichnis und ihre Gottheit in ihm sehen, denn er verkörpert dieses Standes Mittlerschaft zwischen Geist und Leben.

Der Schriftsteller hat manchen Grund, den Buchhändler, Verleger wie Sortimenter, zu beneiden. Eingeschlossen in die Grenzen seiner Individualität, hat der Schriftsteller seiner Zeit immer nur sich selbst zu geben. Was er hervorbringt, ist Spur und Zeugnis seines Lebens und Schicksals, bestimmt und gesiegelt durch sein persönliches Talent. Er mag dieses hoch erziehen, mag in sein geistiges Leben immer mehr und mehr Welt einbeziehen, es nach Menschenmöglichkeit weiter und umfassender gestalten. Immer aber bleibt sein Werk, sein Beitrag an Zeit und Leben bedingt und beschränkt durch sein Ich, das ihm Lust ist und Not zugleich, Stolz und Sorge, eine Aufgabe, ein Problem, das intim persönlich bleibt, noch wenn es in die Problematik der Zeit selbst hineingewachsen und auf repräsentative Weise eins mit ihr geworden ist. Das Ich, Quelle aller Unzulänglichkeit und Beschränkung, kennt freilich Freuden und Ehren, wie sie der Mittler und Wegbereiter seiner Leistung, der Verleger und Buchhändler, nicht erfährt. Aber welche wohlige Lebensvorteile hat dieser doch vor dem einzeln Hervorbringenden voraus! Vorteile der Freiheit von den Bedingtheiten, den Sorgen und Mühen, der intimen und gespannten Verantwortlichkeit, von der gerade heute das produktive Ich ein Lied zu singen weiß. Das Gute zu tun, der Zeit zu dienen, das Leben und die Entwicklung zu fördern, sind viele bemüht; aber auch der Beste vermag es nur fragmentarisch und ungenügend zu tun, denn er ist einzeln und allein. Der Beitrag des Buchhändlers und Verlegers dagegen an die

Zeit, an das Leben ist nicht direkt und individuell, sondern mittelbar und organisatorisch. Er ist geistig genommen sowohl leichter als großartiger. Der Verleger, der Buchhändler ist kein Solist der geistigen Anstrengung, er ist ihr Kapellmeister. Wo der Schriftsteller, in seiner öffentlichen Einsamkeit, nur auf sich selbst gestellt, notdürftig-ichbedingt sein Bestes zu geben sucht, da zieht der Verleger, überschauend, von der Gesamtbemühung all das an sich, was seinem Instinkt, seinem Gefühl des Notwendigen recht, gut und förderlich scheint, übernimmt es, drückt ihm das Zeichen seines Unternehmens auf, und mit der unentbehrlichen Hilfe des Einzelverkäufers wirft er es gesammelt ins Treffen des Lebens gegen die Mächte der Unbildung und der Barbarei. Welch ein herrlicher Beruf, diese Mischung aus Geschäftssinn und strategischer Geistfreundschaft! Welch eine lustige und edle Art, sich das Leben zu verdienen! Bequem? Nein, ich weiß wohl, daß heute am wenigsten das Leben des Buchhändlers bequem ist. Aber glücklich, in aller Schwierigkeit, darf man es nennen. Denn glücklich muß es sein, frei von der Qual und Gebrechlichkeit aller Einzelproduktivität dem Geiste dienen zu dürfen.

Wir wollen diesen Dienst auch weiter mit freudigem Vertrauen versehen, Schriftsteller und Buchhändler, ein jeder auf seine Art, obgleich die Zeit unserem Tun nicht gerade begeisterten Vorschub zu leisten scheint. Das moderne Leben hat dem Buche Konkurrenten erstehen lassen, die der Bequemlichkeit sowohl wie dem Sensationsbedürfnis der Massen besser zu schmeicheln wissen. Die Mechanisierung der Welt schreitet fort. Aber darf das Buch sich eigentlich darüber beklagen? Das ist ein Prozeß, der nicht von gestern ist, sondern von langer Hand her datiert. Als vor vierhundert Jahren in Deutschland die Druckerpresse erfunden wurde, also die Möglichkeit, das Wort und den Gedanken auf technisch-industriellem Wege unter den Massen zu verbreiten, da hat wohl manch aristokratischer Anhänger des »Pulchrum est paucorum hominum« ein kulturelles Teufelswerk darin gesehen. Das Druckwerk, das Buch war der

Anfang der geistigen Demokratie, die nur der erste Schritt zur politischen war, und es ist eine Ironie der Weltgeschichte, daß gerade ein Deutscher es in die Welt setzte. Das Buch war einmal ein revolutionäres Produkt. Heute ist es gegenüber den neueren Zerstreuungs-, Belehrungs- und Werbemitteln gewissermaßen in die Rolle eines kulturkonservativen Produktes eingerückt. Und doch ist es nur das älteste Geschwister dieser modernen Mittel, und es ist nicht bewiesen, daß diese ihm geradewegs ans Leben wollen. Die Klage über die Entgeistung der Welt durch das Mechanische ist alt. Heinrich Heine, kein Reaktionär, so darf man sagen, schrieb anfangs der vierziger Jahre des vorigen Jahrhunderts ganz in diesem Sinne über das Klavier, das herzlose Fortepiano mit seinen grellen Klimpertönen ohne natürliches Verhallen, das charakteristisch sei für »unsere Zeit«, und dessen Triumph ganz eigentlich von dem Sieg des Maschinenwesens über den Geist zeuge. Nun, auch der Kulturpessimist, der heute das Ende der Musik ankündigt, wird nicht leicht dem Blüthnerflügel die Schuld an diesem Ende geben. Der Tod der Seele durch den Mechanismus wird zweifelhaft, könnte man sagen, in dem Augenblick, wo der Mechanismus sich beseelt, und der Musik-Apparat etwa ist auf der heutigen, wohl noch nicht endgültigen Stufe seiner Entwicklung eine durchaus ernste musikalische Angelegenheit, von der wohl eine gewisse Kultur-Bigotterie, aber kein Musiker sich verächtlich abwendet.

Bei den modernen Werbe- und Beeinflussungsmitteln kommt alles darauf an, wie man sie verwendet, und leider muß man gestehen, daß die Feinde des Geistes und der Kultur sich dieser demokratischen Mittel geschickter zu bedienen gewußt haben als die Demokratie. Aber das Radio hat Manches für die Musik getan und ist durchaus bereit, auch für das Buch etwas zu tun. Wir werden denjenigen keinen Barbaren nennen, der neben seiner Bibliothek eine wohlbestellte Plattensammlung nebst Radio unterhält. Auch finde ich nicht, daß die Lust am Lesen unter der Empfänglichkeit leidet, die man den Reizen des Films entgegenbringt. Die Verdrängung des Buches durch diese Erfindungen und Sensationen ist unwahrscheinlich. Seine Konjunktur ist abhängig von der allgemeinen wirtschaftlichen Stimmung. Aber man frage unsere Bibliothekare, ob die Nachfrage nach Büchern unter den Triumphen von Film und Radio geringer geworden ist. In Deutschland, einem dem modernen Technizismus sehr angepaßten Lande, konnten vor 1933 selbst geistig schwere und dabei kostspielige Bücher, wenn sie den Nerv der Zeit trafen, Massenauflagen von Hunderttausenden von Exemplaren erfahren. Wenn heute das Buch dort eine klägliche Rolle spielt, so liegt das an dem Terrorismus eines Regimes, welches das Wort mißbraucht und es aller Vertrauenswürdigkeit beraubt hat. Man mag den approbierten Schund nicht lesen. Aber das in der Freiheit entstandene Werk, Übersetzungsliteratur also, ist auch dort eifrig begehrt. Und das merkwürdigste Phänomen ist Sowjet-Rußland, das Land des materialistischen Sozialismus, dessen Gott die Maschine, und das dabei heute das lesehungrigste Land der Welt ist, – sein Massen-Bücherkonsum könnte den Neid aller Schriftsteller und Buchhändler der übrigen Welt erregen.

Alles, was ich sagen wollte, ist: Ein Fest der Buchhändler braucht auch heute nicht im Zeichen kleingläubiger Sorge um Schicksal und Zukunft des Buches zu stehen. Seine Sendung bleibt inmitten aller Veränderungen die alte, und ich meine, dem zum Feste eingeladenen Schriftsteller kam es zu, dies auszusprechen.

[AN MARTIN GUMPERT ÜBER ›DUNANT‹]

Ihr Buch ist ergreifend schön. Nicht oft habe ich so eifrig gelesen. Sie haben viel mehr gegeben als das Bild eines sehr wunderlichen und rührenden Menschenlebens. Wie von ungefähr ist Ihnen daraus das Gemälde eines ganzen Jahrhunderts, des neunzehnten, mit seinen Schwächen und in seiner Größe geworden, seine kurzgefaßte, aber zu vollkommener charakteristischer Anschaulichkeit gebrachte, figurenreiche Geschichte. Ihre literarische Leistung ist außerordentlich, und man darf sie eine dichterische Leistung nennen. Denn wenn Sie auch das Geschicklichkeitskunststück verschmähen, das seltsam anonyme und scheue Leben Ihres Helden, Dunants, des Schöpfers des Roten Kreuzes, zum Roman aufzuschmücken, Sie haben doch einen Roman geschrieben und einen höchst spannenden, ungeheuer viel Lebensgefühl, Lebensparadoxie und -Tragik vermittelnden, den Roman einer großen, illusions- und hoffnungsreichen und in Elend und Verheerung ausgehenden Epoche.

Sie haben es mit soviel Ernst, Klarheit, Gerechtigkeit, Sympathie für das Menschliche getan, daß Ihr Buch ohne Zweifel zu den hervorragendsten Beispielen der historischen Biographie gezählt werden muß. Es ist eines der heute abseitigen und im ehrenvollsten Sinne unzeitgemäßen Bücher, die ihren vollen Klang erst gewinnen, ihren wahren Rang erst einnehmen werden, wenn, um mit Ihren eigenen Worten zu reden, »die alte Heils- und Freiheitslehre des Abendlandes den Massen, die sie heute verachten, und der Jugend, die sie nie gehört hat, wie eine neue und erlösende Wahrheit verkündet werden darf«.

[KUNO FIEDLER ›GLAUBE, GNADE UND ERLÖSUNG
NACH DEM JESUS DER SYNOPTIKER‹]

Lieber Dr. Fiedler!
Bei Gelegenheit meines Dankes für Ihren Brief vom 18. Februar möchte ich noch einmal auf Ihre theologische Streitschrift zurückkommen, die mich in den letzten Tagen wieder beschäftigt hat. Man müßte wohl im kirchlichen Leben stehen, um ihre ganze Tragweite, Bedeutung, vor allem den ganzen Mut zu würdigen, der dazu gehörte, sie zu schreiben und herauszustellen; aber sie hat einen Atem, einen guten Eifer, einen reinen Zorn und Witz, die auch den Fernerste-

henden ergreifen und die große Erinnerungen, an Luther, an Lessing, an Tolstoi, wachrufen. Ich achte die darin verfochtenen (das Wort ist am Platze) Überzeugungen sehr; ich sehe darin naturnotwendige und mir gefühlsmäßig durchaus begreifliche Reaktionen eines Kulturmenschen gegen die *Barbarei* der Orthodoxie und eines stolzen Menschen gegen ihre *Mittelmäßigkeit* – wie sie sich besonders in der (sehr unterhaltsam beantworteten) Ablehnung alles moralischen »Titanismus« und der Warnung vor dem »Pol des Ideals« äußert. Auch Ihre Polemik gegen das »Blut des Erlösers« erkläre ich mir aus der ›rang‹bewußten Verachtung derer, die es sich leicht machen oder leicht machen lassen. Aber freilich ... unter dem Gesichtspunkt des religiösen Tröstungsbedürfnisses der misera plebs – nicht, daß ich ihn gerade teilte – sieht Ihre Attacke wohl bedenklich aus, und ein Zweifel, ob mit Ihrer reinen Jesus-Botschaft eine *Kirche* überhaupt bestehen könne; ob eine solche nicht ein Dogmen-Gebäude und die ur-populäre Traditions-Verbindung mit dem religiösen Mythos braucht, worin der geopferte Gott (mit der Seitenwunde) zu Hause ist – ein solcher Zweifel schleicht sich immer wieder in den Beifall ein, den man unwillkürlich Ihrem streitbaren Evangelium spendet. Ihre zornige Adonis-Osiris-Stelle auf Seite 49 habe ich angestrichen. Das ist mein Held. Nun ja, er ist es wieder, und eine Mutter Gottes, die zugleich Gottes Geliebte ist (daher das alte Kultwort »Stier seiner Mutter«), hat er auch. Man hat es für nötig befunden, ihm diesen *legitimierenden* mythischen Traditions-Durchblick zu geben – das ist wohl religiöse Politik, und ohne das geht es vielleicht nicht. Noch Nietzsche, der, wie ich glaube, den Gedanken der Religionsgründung gefaßt hat, unterschrieb nicht umsonst die späten Zettel abwechselnd mit »Dionysos« und »Der Gekreuzigte«. Ich bin überzeugt, daß Sie mit jedem Wort recht haben, das Sie über Jesus und gegen seine dogmatischen Verballhorner sagen. Wenn es nun aber nicht darauf ankäme, was einer war, sondern darauf, was aus einem gemacht worden ist? Nicht auf den historischen Jesus also, sondern auf das historische

Christentum? Ich frage nur. Aber keine Frage ist mir, daß
auch zu Ihnen, wie zu dem Wiederkehrenden, der Großin-
quisitor sagen würde: »Was bist du gekommen, uns zu
stören?« – Womit nicht gesagt sein soll, daß ich das Stören nicht für eine ausgezeichnete Tätigkeit hielte und daß
ich nicht gegen die Großinquisitoren, die Ihr Büchlein in
Acht und Bann tun werden, von Herzen auf Ihrer Seite
wäre!

PREFACE
[To Martin Gumpert ›First Papers‹]

It gives me genuine pleasure to write a few words of appre-
ciation and good wishes for this excellent book to take with
it on its journey. Of all the books which Martin Gumpert
has had published in English – there are four, if I count
correctly, and among them such fine works as ›Dunant: The
Story of the Red Cross‹ – this one, I believe, is the most
attractive, the most winsome, the happiest; and my experiences with it, as its first reader, are very promising. When I
received the proofs from the publisher, I was in the midst of
entirely different reading matter and was little inclined to be
interrupted. Only in a preliminary fashion, therefore, did I
turn the leaves of the by no means easily manageable proof-
package, in order to look into it, seek contact with it, inform
myself roughly about its content. I began somewhere in the
middle, read down a few of the long pages, wandered back
to the beginning of the chapter, rummaged in another one,
enjoyed myself remarkably well, started at the beginning
and then, with great pleasure, devoted the reading hours of
two days to the systematic perusal of the book, without
omitting what I had already read.

It is hard to define this magnetism which, I am convinced,
will stand the test a thousandfold. Unquestionably it is the
effect of the author's personality. It is the man, the honest,
intelligent, sensible, deeply benevolent, cultured, prudent
and clear-sighted man standing behind the book, who capti-

vates our attention, who wins in quiet and unfailing fashion our confidence and devotion as readers.

The original intentions of the work may have been rather unassuming. They were perhaps purely autobiographical – with an element of educational tendencies which seem to be inherent in the autobiographical impulse – and almost without a breach the volume follows ›Hell in Paradise‹, the attractive account of the author's life until the occupation of Germany by the Nazis. But the title ›First Papers‹, suitably as it is chosen, does not do justice to the book; it is a harmless label for a very weighty and inwardly voluminous, yet gracefully and serenely treated, matter. As with ›Dunant‹, so it is here. There, out of a character sketch, a historical portrait, grew the picture of a whole epoch, a summary of the internal and external history of the nineteenth century with a whole gallery of portraits of its leading intellects. Similarly, this book presents itself in the beginning merely as mirroring the fate of emigration, as a serene-serious description of the first experiences of a Europe-weary immigrant in America, of the difficult process of his adjustment to the new, frequently confusing conditions »over here« – combined with the friendly intention of facilitating the difficulties of this process to other newcomers, beginners, and greenhorns, with good advice and consoling example. But the book grows in all directions beyond this comparatively modest frame; in completely natural and easy-flowing digressions which leave untouched hardly any sphere of social life, it widens into a picture of America, seen anew with grateful but not servile eyes; and still beyond that it grows to a healthy and intelligent criticism of our problematical epoch, its formations and misformations, of the intellectual, moral, economic and political crisis, whose suffering witnesses we are.

Here speaks a good contemporary, a friend of man and a comrade who abandons himself to his experiences with sensitivity, yet with a cheerful heart, and who knows how to strengthen and please us by the intelligent and agreeable, by no means excited, yet seriously concerned communication of his experiences. Gumpert is simultaneously physician and author, a homo litteratus, and it is to this double existence, unified in the most natural way by his personality, combined with a great willingness and ability to learn, to search, to compare, to admire and to raise benevolent doubts, that his book owes the unusual riches of his viewpoints, the well-founded security with which its author, after five years of quiet and well-meaning observations, relates his experiences in the most varied spheres of American life. His chapters about matters of American medicine and nutrition are as good as those about the literary and artistic movement in America, matters of American jurisdiction and education, American anti-Semitism and fascism, the Negro-phenomenon, the type of the American woman. A few passages like ›Writer and Exile‹ and the excellent ›Interim: Would You Ever Go Back, If …‹ particularly concern us who have shared the same fate and fled Europe. But I am certain that it must be a pleasure and comfort for every American to see the life of his country described so freshly, with so much intelligent good will by the author to adapt and adjust himself, and with so much faith in the overcoming and outlasting forces of the American Democracy.

This man is no emigrant who waits for the return to his homeland. He does not look back. He is here, for good and with all his heart. America has gained him completely, and in reading his book, many will feel that he is a gain for America.

[Rückübersetzung von Peter de Mendelssohn:]

VORWORT
[Zu Martin Gumpert ›First Papers‹]

Es bereitet mir ein echtes Vergnügen, diesem ausgezeichneten Buch einige Worte der Wertschätzung und alle guten Wünsche mit auf den Weg zu geben. Von allen Büchern, die

Martin Gumpert in englischer Sprache veröffentlicht hat – wenn ich richtig zähle, sind es vier und darunter so vorzügliche Werke wie ›Dunant – Roman des Roten Kreuzes‹ – ist dieses, glaube ich, das anziehendste, das gewinnendste, das trefflichste, und meine Erlebnisse mit ihm, als sein erster Leser, sind sehr vielversprechend. Als ich die Korrekturfahnen vom Verleger erhielt, war ich mitten in völlig anderer Lektüre und wenig geneigt, mich unterbrechen zu lassen. Ich durchblätterte folglich dieses keineswegs handliche Paket nur auf eine vorläufige Weise, nur um hineinzuschauen, Kontakt mit ihm zu nehmen und mich ungefähr über seinen Inhalt zu unterrichten. Ich begann irgendwo in der Mitte, las einige der langen Seiten hinunter, wanderte zurück zum Anfang des Kapitels, stöberte in einem anderen, unterhielt mich dabei erstaunlich gut, fing sodann am Anfang an und widmete schließlich mit großem Vergnügen die Lesestunden zweier Tage dem systematischen Studium des Buches, ohne das bereits Gelesene zu überspringen.

Es ist schwer, diese magnetische Anziehungskraft zu definieren, die, davon bin ich überzeugt, die Probe tausendfach bestehen wird. Unzweifelhaft ist es die Wirkung der Persönlichkeit des Verfassers. Es ist der Mann, der hinter diesem Buch stehende, ehrliche, aufrichtige, intelligente, sensible, zutiefst wohlwollende, kultivierte, umsichtige und klarblickende Mann, der unsere Aufmerksamkeit gefangen nimmt und auf stille und unfehlbare Art unser Vertrauen und unsere Zuneigung als Leser gewinnt.

Die ursprüngliche Absicht des Buches mag dabei recht bescheiden und anspruchslos gewesen sein. Sie war vielleicht eine rein autobiographische – mit einem Element erzieherischer Bemühung, die dem autobiographischen Impuls nun einmal innezuwohnen scheint – und das Buch folgt denn auch nahezu ohne Bruch dem Band ›Hölle im Paradies‹, dieser reizvollen Schilderung des Lebens des Verfassers bis zur Besetzung Deutschlands durch die Nazis. Aber der Titel ›First Papers‹, so gut und passend er gewählt ist, wird dem Buch nicht gerecht; er ist eine harmlose Aufschrift für eine sehr gewichtige und innerlich umfängliche, dabei anmutig und heiter behandelte Angelegenheit. Wie mit ›Dunant‹ so verhält es sich auch hier. Dort erwuchs aus einer Charakterskizze, einem historischen Porträt, das Bildnis einer ganzen Epoche, eine Zusammenfassung der inneren und äußeren Geschichte des neunzehnten Jahrhunderts mitsamt einer ganzen Porträtgalerie seiner führenden Geister. In ähnlicher Weise bietet sich dieses Buch zu Anfang lediglich als ein Spiegel des Emigrationsschicksals dar, als eine heiter-ernste Schilderung der ersten Erlebnisse und Erfahrungen eines europamüden Einwanderers in Amerika, des schwierigen Prozesses seiner Anpassung und Einfügung in die neuen und häufig verwirrenden Verhältnisse »hier drüben« – im Verein mit der freundschaftlichen Absicht, die Schwierigkeiten dieses Prozesses anderen Neuankömmlingen, Anfängern und Grünschnäbeln durch guten Ratschlag und tröstliches Beispiel zu erleichtern. Aber das Buch wächst über diesen vergleichsweise bescheidenen Rahmen nach allen Richtungen hinaus; mittels völlig natürlicher und ungezwungener Abschweifungen, die kaum eine Sphäre des amerikanischen Lebens unberührt lassen, erweitert es sich zu einem Gesamtbild Amerikas, das mit dankbaren, aber keineswegs liebedienerischen Augen neu gesehen ist; und noch über dies hinaus wächst es sich zu einer gesunden und intelligenten Kritik unserer problematischen Epoche aus, ihrer Gebilde und Mißgebilde, der geistigen, moralischen, wirtschaftlichen und politischen Krise, deren leidende Zeugen wir sind.

Hier spricht ein guter Zeitgenosse, ein Menschenfreund und Kamerad, der sich seinen Erlebnissen und Erfahrungen mit Feingefühl und dabei mit fröhlichem Herzen hingibt und der weiß, wie er uns durch die intelligente und angenehme, keineswegs aufgeregte und doch ihm ernstlich am Herzen liegende Mitteilung seiner Erfahrungen stärken und erfreuen kann. Gumpert ist gleichzeitig Arzt und Schriftsteller, ein homo litteratus, und dieser Doppelexistenz, die aufs natürlichste durch seine Persönlichkeit zusammengeschlos-

sen ist, im Verein mit einer großen Bereitwilligkeit und
Fähigkeit zu lernen, zu forschen, zu vergleichen, zu bewundern und wohlwollenden Zweifel zu äußern, verdankt sein
Buch den ungewöhnlichen Reichtum seiner Gesichts-
punkte, die wohlfundierte Sicherheit, mit welcher sein
Verfasser, nach fünf Jahren stiller und wohlgesonnener Beobachtung, seine Erlebnisse und Erfahrungen in den unter-
schiedlichsten Sphären des amerikanischen Lebens erzählt.
Seine Kapitel über amerikanische Medizin und Ernährungs-
wissenschaft sind ebenso gut wie die über amerikanische
Rechtsprechung und Erziehung, amerikanischen Antisemitismus und Faschismus, die Negerfrage, die amerikanische Frau. Einige Abschnitte wie ›Schriftsteller und Exil‹
und die ausgezeichnete ›Vorläufige Zwischenfrage: Würden
Sie zurückgehen, wenn . . .?‹ gehen besonders uns an, die wir
dasselbe Schicksal geteilt haben und aus Europa geflohen
sind. Aber ich bin gewiß, daß es eine Freude und eine
Beruhigung für jeden Amerikaner sein wird, sein Land so
frisch, mit so viel intelligentem guten Willen seitens des
Verfassers, sich anzupassen, und mit so viel Vertrauen zu
den ausdauernden und alle Gefahren bezwingenden Kräften
der amerikanischen Demokratie geschildert zu sehen.
Dieser Mann ist kein Emigrant, der auf die Rückkehr in sein
Heimatland wartet. Er blickt nicht zurück. Er ist hier, ein
für alle Mal und mit seinem ganzen Herzen. Amerika hat
ihn vollständig gewonnen, und viele, die sein Buch lesen,
werden finden, daß er ein Gewinn für Amerika ist.

A FEW WORDS
ABOUT THE SIGNIFICANCE OF THE BOOK
IN OUR TIME

During a recent railroad trip across the continent, I noticed
that the majority of the passengers were reading newspapers,
magazines, mystery-stories, but not real books. Once again
the thought occurred to me: Is the spirit of our time against

books? Will they not ultimately be displaced by the more immediate expressions of public life, such as the radio, the newsreel, and periodicals? Again I gave myself the answer which so often before has dispersed similar doubts: Totally wrong! The participation in the events of the day will not displace the interest in the truths and forces of which the present itself is only expression or consequence. The one does not exclude the other; the one is enhanced by the other. When the radio began to gain popularity many believed that it would displace the newspapers. On the contrary, however, it increased the interest and understanding of public events, so that today not fewer but more newspapers than before are read. The reciprocal relation between book and magazine ought to be similar. The American magazines are admirably well done; one derives entertainment, stimulation, information from them. I would not want to do without them. But, the deeper entertainment, the true seriousness, the soul-feeding stability is provided by the book. Magazines are good for the exchange and dissemination of ideas. Before an idea can be disseminated, however, it must be created. To prevent it from becoming a slogan, a current coin, it must be scrutinized again and again. This is done by the book. American youth hardly needs the counsel that I would otherwise give to it: Let not the colorful, comfortable splendor of magazines be sufficient! Go to the libraries; if you can afford it, got into the bookstores! A nation which would derive its education predominantly from magazines, would forfeit its psychological health.

[Rückübersetzung von Peter de Mendelssohn:]

EINIGE WORTE
ÜBER DIE BEDEUTUNG DES BUCHES
IN UNSERER ZEIT

Während einer kürzlichen Eisenbahnreise quer durch den amerikanischen Kontinent fiel mir auf, daß die Mehrzahl der

Reisenden Zeitungen, Zeitschriften und Kriminalromane
las, aber keine wirklichen Bücher. Mir kam wieder einmal
der Gedanke: Ist der Geist der Zeit gegen die Bücher?
Werden sie nicht schließlich durch die unmittelbareren Aus-
drucksmittel des öffentlichen Lebens, wie den Rundfunk,
die Wochenschau und Zeitschriften verdrängt werden? Und
wieder gab ich mir die Antwort, die schon so oft zuvor
ähnliche Zweifel zerstreut hat: Völlig falsch! Die Teilnahme
an den Ereignissen des Tages wird nicht das Interesse an den
Wahrheiten und Kräften verdrängen, von denen die Gegenwart selbst nur Ausdruck oder Folge ist. Das eine schließt
das andere nicht aus; das eine wird durch das andere erhöht.
Als der Rundfunk begann, populär zu werden, glaubten
viele, daß er die Zeitungen verdrängen werde. Er hat aber
im Gegenteil das Interesse und Verständnis für öffentliche
Ereignisse vergrößert, so daß heute nicht weniger, sondern
mehr Zeitungen gelesen werden. Das wechselseitige Verhältnis zwischen Buch und Zeitschrift dürfte ähnlich sein.
Die amerikanischen Zeitschriften sind hervorragend gut
gemacht; man bezieht Unterhaltung, Anregung und Informationen aus ihnen. Ich möchte nicht ohne sie auskommen
müssen. Aber die tiefere Unterhaltung, den echten Ernst,
die seelennährende Stabilität liefert das Buch. Zeitschriften
sind gut für den Austausch und die Verbreitung von Ideen.
Ehe eine Idee jedoch verbreitet werden kann, muß sie
geschaffen werden. Um zu verhindern, daß sie ein Schlag-
wort, eine gängige Münze werde, muß sie wieder und
wieder überprüft werden. Dies geschieht durch das Buch.
Die amerikanische Jugend benötigt wohl kaum den Rat, den
ich ihr andernfalls geben würde: Begnügt euch nicht mit
dem farbenfrohen, bequemen Glanz der Zeitschriften! Geht
in die Bibliotheken, und wenn ihr es euch leisten könnt,
geht in die Buchhandlungen! Ein Volk, das seine Bildung
vorwiegend aus Zeitschriften bezieht, verwirkt seine seelische Gesundheit.

EINLEITUNG
FÜR DIE CHRISTMAS BOOK SECTION DER
›CHICAGO DAILY NEWS‹

Der Menschengeist ist tief bewegt und aufgewühlt durch die Krise, deren lebende Zeugen zu sein unserem Geschlecht vorbehalten war, – der größten und umfassendsten vielleicht in der Geschichte der Menschheit, und die sehr möglicher Weise noch furchtbarere Erschütterungen, Umwälzungen, Leiden und Untergänge im Schoße trägt als diejenigen, die schon unser Teil waren. Die Anstrengung des Gedankens, der Lage Herr zu werden, sie zu analysieren, zu klären, das Notwendige zu erkennen, Mittel und Wege zur Lösung, zur Rettung aufzuzeigen, – diese Anstrengung, fieberhaft oder besonnen, wie sie sich nun darstelle, ist universell; sie reicht von der Sphäre höchster philosophischer und formaler Erudition und Geübtheit tief hinab in diejenige bemühter Hilflosigkeit und apokalyptischer Grübelei, – wobei ich an manches Manuskript denke, das mir vor Augen kam, und das nie gedruckt werden wird, weil es den Anforderungen publizistischer Kultur nicht entsprach, das aber ein ebenso rührendes Zeugnis der allgemeinen Ergriffenheit vom Schicksal des Menschen war wie irgendein Werk berufener Denkarbeit, das als »Buch« zur Öffentlichkeit sprechen darf.

Das Schicksal des Menschen. Daß es um dieses, daß es ums Ganze geht, ist eine Sache des allgemeinen Bewußtseins. Was unsere Zeit an bedeutender Dichtung sowohl wie Kulturkritik und Geschichtsphilosophie hervorbringt, hat seine Wurzeln nicht in individuellen, nationalen, partikulären Problemen und Nöten; es ist eingegeben von der Frage nach dem Menschen selbst und seinem Geheimnis, seinem Woher und Wohin, seiner Stellung im All, seiner prekären Existenz als ein der animalischen Natur zugehöriges und dabei dem Geist verbundenes, auf ihn verpflichtetes Wesen. Von diesem Ergriffensein zeugt die mythisierende Epik unserer Tage, zeugen die Dichtungen von Joyce und Broch nicht weniger als

Werke wie Reinhold Niebuhrs ›Nature and Destiny of Man‹ und ›Man the Measure‹ von Erich Kahler.

Vielleicht nie zuvor hat die Frage des Menschen, das humane Problem in seiner Totalität so fordernd vor dem Blick jedes irgendwie zur Verantwortung Berufenen gestanden. Dabei lehrt uns unser Erleben, daß das Menschliche immer als Ganzes, in allen seinen Stufen und Stadien zeitlos also gewissermaßen, auf Erden gegenwärtig ist: Die Idee des historischen Fortschritts wird korrigiert durch die Einsicht, daß stets alles zugleich vorhanden ist, daß das Älteste, Urtümlichste, Niedrigste, im kulturellen Sinne Unheimlichste neben dem Entwickeltsten, Vorgetriebensten fortbesteht, anachronistisch nicht im Sinne der Zeitwidrigkeit, sondern in dem der Zeitlosigkeit und des Immer-Seins, und daß es mit alter Kraft das Geschehen, wie uns scheinen will, entscheidender bestimmt, als die geklärte Vernunft, der wissende Geist.

Dieses Nebeneinander-Bestehen von allem ist wohl die charakteristischste Erfahrung unserer Tage, und sie verleiht unserem Verhältnis zum Menschlichen und seiner Zukunft eine ganz eigentümliche Mischung von Zweifel und gläubigem Stolz. Der Wahn eines humanistischen Fortschrittsglaubens, über gewisse Dinge sei die Menschheit hinaus, ist als Wahn erkannt. Sie ist über gar nichts hinaus. Vor unseren Augen hat der Instinkt, das Unterste und Primitivste, haben Grausamkeit, blinde Machtlust, dumpfer Aberglaube, die Gebundenheit an einen vorreligiösen, mythologischen Seelenzustand ihre Blutfeste gefeiert und fahren fort, orgiastisch, ohne die geringste Selbstkritik, in vollendeter Dummheit, sich auszuleben. Sache des entwickelten Menschengeistes ist es, vor dieser Demonstration der Gleichzeitigkeit nicht zu verzagen, sondern angesichts ihrer eine gewisse philosophische Härte zu erlernen, ohne doch weder an seiner natürlichen Zartheit noch an seinem Stolz, seiner Liebe und seinem Glauben, seinem Willen zum Gottgewollten etwas einzubüßen.

Das Geistige und Gute besteht neben dem selbstbefangenen

Instinkt, die Freiheit neben dem Interesse, der reine Wille neben dem dumpfen Triebe. Der konkrete Träger aber des freien und wohlwollenden, zwar machtlosen, aber mit inniger Geduld um den Menschen werbenden Gedankens ist das Buch. Ich meine, versteht sich, das gute, um Erkenntnis bemühte und nach dem besten Stande vernünftiger Einsicht Rat gebende Buch, an welchem heute gewiß kein Mangel ist. Die geistige Bemühung der Zeit um das Rechte, um Rat und Rettung entspricht ihrer Not; sie ist imposant und rührend. Überall in der Welt wird mit Eifer gedacht, geschrieben und gedruckt, und der Beitrag Amerikas zu der vielstimmigen Diskussion ist unleugbar bedeutend – vielleicht der allerreichste.

Durchaus ist es möglich, daß die Menschheit blind und töricht dem Bösen in den Rachen rennt, und, wenn sie nicht darin umkommt, doch in neuen, noch unvorstellbaren Katastrophen büßen muß. Sie wird dann wenigstens nicht sagen können, daß es aus Unberatenheit geschehen sei. Ein schwacher Trost, aber ein Trost immerhin wird es dann sein, daß alles da war, daß auch das Gute und Vernünftige sich anbot, von Einzelnen gedacht, gesagt und gewollt wurde. Bücher werden das bezeugen.

Ich will zum Schluß meines kleinen Beitrages für die Annual Christmas Book Section dieser Zeitung dem guten Buch den Namen geben, den es verdient. Ich will es den *Ehrenretter der Menschheit* nennen.

[ÜBER HERMANN BROCHS
›DER TOD DES VERGIL‹]

Es war mir eine außerordentliche Freude, zu hören, daß Hermann Brochs Prosagedicht ›Der Tod des Vergil‹ gleichzeitig in der Originalfassung und in der englischen Übertragung (durch Jean Starr Untermeyer), um deren hingebungsvolle Treue ich weiß, erscheint. Für mich, dem gestattet war, das Werk im Manuskript zu lesen, besteht kein Zweifel, daß es zu den höchsten Leistungen deutschen Schrifttums gehört, vor allem aber, daß es eines der wesentlichsten, neuartigsten Werke unserer Zeit ist – eine kühn konzipierte, originelle und erstaunliche Schöpfung, deren Magie jeden gefangen nehmen muß, der in ihren Bannkreis gerät. Das deutsche Schrifttum im Exil darf stolz darauf sein, daß es der Welt ein dichterisches Werk solchen Ranges zu geben vermag.

[AN BOHUŠ BENEŠ ÜBER ›GOD'S VILLAGE‹]

Eben beende ich ›God's Village‹, Ihren Roman aus Sudetenland, und möchte Sie beglückwünschen zu diesem schönen, in künstlerischer, menschlicher und politischer Beziehung kerngesunden Werk. Es traf sich glücklich, daß die persönliche Begegnung mit Ihnen, dem Neffen des großen Staatsmannes, den ich meinen Freund möchte nennen dürfen, der Lektüre Ihres Buches voranging; denn so fand ich den Autor im Werk wieder, hatte meine Freude an der natürlichen Harmonie zwischen dem Menschen und dem Gebild seiner Hände, dieser Harmonie, die Echtheit bedeutet und das wohltuende Gegenteil aller Künstelei und alles falschen Anspruchs ist.

Die Freude an dieser Stimmigkeit von Mensch und Werk wurde aber geistig gehoben durch die Tatsache, daß Sie, der Mann Bohuš Beneš, Eigenschaften Ihrer Nation verkörpern, die sich in vollkommener Unwillkürlichkeit in Ihrer Dichtung widerspiegeln und diese zu einem repräsentativen Produkt des tschechischen Volkscharakters machen. Vernunft, Humor, gesunder Menschenverstand, Bescheidenheit, Rechtlichkeit und ein praktischer Wille zum Guten, das sind solche Eigenschaften Ihrer Rasse; man spürt sie mit Behagen und Sympathie in Ihrer Gesellschaft, und sie geben Ihrem Roman das persönlich-nationale Gepräge, – das Gepräge einer Liebenswürdigkeit, die für mein Gefühl eine europäische Hoffnung ist.

Die Bedeutung der kleinen Nationen für die Zukunft der Menschheit, für einen vernünftigen, gräßlichen Katastrophen vorbeugenden Umbau des politisch-ökonomischen Systems, drängt sich immer wieder meinem Denken auf, das noch nicht auf alle Hoffnungen verzichten möchte. Es war die Schweiz, mit ihren vier Millionen Einwohnern, die, indem sie das deutsche, französische, italienische Element in friedlicher staatlicher Symbiose vereinigte, allem guten Europäertum eine Bestätigung und Verheißung bedeutete. Wie diese kleine Demokratie in beispielgebender Weise hinaus war über den Unheil brauenden Nationalismus der Großstaaten, so ist heute die Tschechoslowakische Republik hinaus über den alle Zivilisation mit dem Untergang bedrohenden Welt-Gegensatz von kapitalistischem Imperialismus und totalitärem Sozialismus: mit wegweisender Intelligenz, Tapferkeit, Lebenswilligkeit hebt sie ihn auf in einer sozial disziplinierten Freiheit, welche, ohne das Individuum dem Kollektiv zu opfern, den sozialistischen Notwendigkeiten der Zeit gerecht wird und dem Osten wie dem Westen Vertrauen einflößen muß.

Gerechtigkeit ist das Ziel, der Sinn und Geist dieser Gemeinschaft, und als dichterischer Impuls beherrscht sie die schlichte und gewinnende Erzählung, von deren Lektüre ich komme, dies echte Produkt tschechischer Menschlichkeit. Gerechtigkeit, das ist seelische Freiheit, und sie sich zu wahren, daran festzuhalten, sie als Künstler zu verwirklichen *nach sechs Jahren deutscher Herrschaft im Lande,* – das ist eine imposante moralische Leistung; nicht jeder Volkscharakter wäre zu ihr fähig; es ist das Zeugnis einer nationalen Gutartigkeit, für die das Beiwort ›rührend‹ zu schwächlich ist, denn in ihrer Unerschütterlichkeit nähert sie sich dem Heroischen. Es muß Ihnen, lieber Dr. Beneš, bescheinigt sein – und man tut es mit einem gewissen Staunen –, daß in Ihrem Buche nichts ist von blindem Deutschenhaß, von überreiztem Patriotismus, von einer Schwarz-Weiß-Malerei, die es künstlerisch entwertet hätte. Sie selbst sind aufgewachsen in dem Grenzgebiet, wo das tschechische und das deutche Element von jeher sich mischten; Sie sind vertraut mit beiden Volkstypen, ihr Miteinander-Auskommen lag Ihnen am Herzen, und Ihre Kritik gilt dem Menschlichen, dem Individuum, nicht dem Nationalen. Wie weit sind Sie entfernt, Ihr tschechisches Grenzdorf, dessen Volksleben Sie so saftig-lebendig zu schildern wissen, mit lauter Edelmenschen und weißen Lämmern zu bevölkern! Diese Tante Skupama ist keine angenehme Weibsperson, und die Rachsucht dieses Arbeiterführers Karen wurzelt in einem auch sonst nicht einwandfreien Charakter. Es sind nicht die Opfer deutscher Brutalität und Grausamkeit, es ist nicht der aus Dachau kommende Franček, noch sind es die von verschiedenen Kriegsschauplätzen heimkehrenden tschechischen Soldaten, die danach gieren, Böses mit Bösem zu vergelten, das Unrecht sich blutig umkehren und fortpflanzen zu lassen. Nur minderwertige Seelen wollen das. Und unvergeßlich ist mir die Figur Ihrer Jüdin, der tatkräftigen Hilfslehrerin Karla, mit ihrem Schmerz, ihrem natürlichen Zorn, den sie bändigt, über den sie sich menschlich erhebt, indem sie die Kettensperre der Anständigkeit gegen Unrecht und Gewalttat organisiert und die Deutschen des Ortes vor der Vernichtung rettet.

Sie hat die schöne Szene am Schluß mit den Kindern des Dorfes, tschechischen und deutschen, denen sie kluge und rechtliche, zum Guten rufende Worte sagt, und unter denen man den schon wieder recht anmaßenden kleinen Hans gewahrt. O ja, ich weiß, der kleine Hans ist schon wieder recht frech, weil sehr große Leute rechts und links ihm abwechselnd Schokolade zustecken, oder sie ihm doch versprechen, damit er ihnen bei der Austragung ihrer gewaltigen Weltgegensätze diene. Das ist dem kleinen Hans gar nicht gut, bei seiner Neigung zum Finsteren mag es sein, daß es ihn endgültig ruiniert. Aber das gehört nicht mehr in den Bereich Ihrer so moralisch erbaulichen wie künstlerisch frischen Geschichte.

Möge die englisch-amerikanische Ausgabe viele Leser finden. Und möge auch bald einer deutschen der Weg freigegeben sein in das Land, das dem Ihren soviel Böses zufügte, und dem Sie als Dichter verziehen.

FÜR FRITZ VON UNRUH

Ich habe das Buch mit einem Gefühl tiefer Genugtuung durchgesehen und mit aufrichtiger Anerkennung des literarischen und menschlichen Verdienstes, das Alwin Kronacher, der Verfasser, sich damit erworben. Seine Schrift ist eine *gute Tat*, noch eindrucksvoller gemacht durch das warm empfundene Vorwort Albert Einsteins. Es war an der Zeit, daß die englisch-amerikanische Öffentlichkeit mit allem Nachdruck auf diese durch Reinheit, Kühnheit, sittliches Pathos bezwingende Dichtergestalt Fritz von Unruh's hingewiesen wurde, um die sie sich bisher in wunderbarem Vorbeisehen, abgelenkt durch manche viel geringere Erscheinung, so wenig gekümmert hat.

Dies Leben, das eine einzige Befreiungstat war, ist hier auf knappem Raum erzählt, sein dichterischer Niederschlag liebevoll dargestellt und mit eigenem und fremdem Wort in seinem einmaligen Wert gekennzeichnet. Es gab noch keine Schrift, die über ein ergreifendes moralisches und künstlerisches Können unserer Zeit so umfassend und zugleich bequem, so mahnend und gewinnend unterrichtet hätte. Überblickt man aber die lange Reihe begeisterter Zeugnisse, die maßgebende europäische Literaturgelehrte, Dramaturgen und Kritiker über Unruh's Lebenswerk abgelegt haben, überblickt man dies Lebenswerk selbst, diese unablässige, durch drei Jahrzehnte gehende Folge von tief bewegten Dramen, bitter-lustigen Komödien, Prosa-Epen und wortgewaltigen politischen Ansprachen, und nimmt man die Tatsache hinzu, daß der Dichter, eine magnetische Persönlichkeit, seit Jahren hier in unserer Mitte lebt, so versteht man kaum die betrübliche Stille um ihn, und daß sein Name bisher in diesem Lande fast unbekannt geblieben ist.

Es ist an der Zeit, und ich denke, Ihre Veröffentlichung wird dazu beitragen, daß dieser ungehörige Zustand sich wende. Sie kommt durchaus im rechten Augenblick, denn das Erscheinen eines großen Romans des Dichters steht bevor, dem sie den Weg bereiten mag, und der manchem über Wert und Würde des Mannes die Augen öffnen wird.

[DIE AUFGABE DES SCHRIFTSTELLERS]

Liebe Kollegen,

Sie haben in München den Schutzverband Deutscher Schriftsteller wieder ins Leben gerufen, dessen Vorsitzender ich in alten Zeiten war, und haben sich sogar zur Herausgabe einer kleinen Verbandszeitschrift entschlossen. Nehmen Sie meine herzlichen Glückwünsche dazu! Elastizität ist die kennzeichnendste Eigentümlichkeit ausharrender Lebenskraft, und Ihr Tun beweist, daß die deutsche Intelligenz sich vom Drang und Notstand der Zeit nicht beugen und niederhalten läßt, sondern, über das persönliche Werk des einzelnen hinaus, auch schon wieder auf das Gemeininteresse, die Rechte, die Solidarität geistiger Arbeit organisatorisch bedacht ist.

Aufrichtig, ich finde es generös von Ihnen, daß Sie für die erste Ausgabe Ihres Verbandsorganes einen Gruß, ein ›Geleitwort‹, einen Segensspruch von mir wünschen. Denn ich war nicht unter Ihnen während der Jahre des Schreckens und kenne nicht nur, sondern verstehe auch vollkommen die gewisse Abneigung derer, die drinnen waren und das ganze Grauen am eigenen Leibe erfahren haben, gegen das Mitredenwollen solcher, die *nicht* dabei waren, der im Grunde Ahnungslosen, die nicht wissen, daß »ja alles noch viel schlimmer war«. Ich mache mir keine Illusionen über das Ansehen von uns Emigranten in Deutschland. In Italien scheinen die Dinge sehr ähnlich zu stehen. So ist Toscanini, als er jetzt sein Land wieder besuchte, nach allem, was man hört, keineswegs so enthusiastisch bewillkommnet worden, wie man es hätte erwarten sollen, und wie er selbst es erwartet haben mag. »Auch wieder da? Nun ja, jetzt ist es vorüber.«

Lassen Sie sich, rein vertraulich, das Folgende erzählen. Vom Mai 1943 bis in dieses Jahr hinein habe ich an einem umfangreichen Roman gearbeitet, der die tragische Lebensgeschichte darstellt eines angeblich 1885 geborenen deutschen Musikers und sich unterderhand viel mit dem Charakter und Schicksal unseres Volkes beschäftigt. Der Verfasser der Biographie bin – wiederum angeblich – nicht ich, sondern es ist ein überlebender Freund und Verehrer des kurz vor der ›nationalen Revolution‹ an Paralyse zugrunde gegangenen Komponisten, ein guter deutscher Mann, Humanist, Gymnasialprofessor in Freising an der Isar, der 1933 aus Überzeugungsgründen sein Amt niedergelegt hat und vereinsamt, voller Gram über den wüsten Wandel seines Landes, während der letzten beiden Jahre des Hitler-Krieges von der Periode vor und nach dem Ersten Weltkrieg berichtet. Der Roman hat also eine doppelte Zeit: die, *von* der der fingierte Verfasser schreibt, und die, *in* der er schreibt, und deren Ereignisse bis zur Katastrophe er bei seiner Arbeit laufend registriert. In seinen Kommentaren, Ruminationen und Geständnissen spiegelt sich der ganze vielerlebte und notvolle Widerstreit zwischen natürlicher Vaterlandsliebe und dem moralischen Zwang, die Niederlage des eigenen Landes herbeizuwünschen.

Nun, ist das nicht merkwürdig? Was der gute Professor Zeitblom (so heißt er) schrieb, schrieb ich, hier, in Kalifornien, in seinem Geist und Namen. Für lange Jahre hatte ich mir eine Arbeit ausgedacht, die der wirklichen mir zugefallenen Daseinsform widersprach, die mich nach Deutschland, in eine stille oberbayrische Gelehrtenklause versetzte, mich im Geiste ›an Ort und Stelle‹, unter Ihnen, mit Ihnen leben und Ihre Erfahrungen teilen ließ. Bedenkt man, wie sehr unsere Arbeit unser wahrer und eigentlicher Lebensraum ist, so kann man zu dem Schlusse kommen, es handle sich um einen psychologischen Trick, eine Kompensation, eine triebmäßige Korrektur der Wirklichkeit, eine Buße fürs Außensein. – –

Verzeihung für diese Offenherzigkeiten! Mit einem Beitrage haben sie wenig Ähnlichkeit, und es sieht nicht aus, als ob ich es zu einem solchen noch bringen werde. Ich muß reisen, soll in Washington und New York über Nietzsche's Philosophie lesen und darüber, wie sie sich ausnimmt »im Lichte unserer Erfahrung«. Immer noch faszinierend genug, sollte ich denken! Möge auch seine Romantisierung des Bösen uns, die wir das Böse in seiner ganzen Miserabilität kennengelernt haben, wenig mehr sagen, sein heroischer Ästhetizismus überhaupt, den er auf den Namen des Dionysos taufte, uns Zweifel machen. Wir sind Künstler und haben es als solche mit dem ›Schönen‹ zu tun. Aber das will nicht sagen, daß wir Ästheten wären – es heute noch sein könnten. Zu deutlich empfinden wir, daß die Welt aus einer ästhetischen Epoche (der bürgerlichen) herausgetreten ist in eine moralische und soziale, als daß wir glauben könnten, aus einer ästhetischen Weltanschauung könnte die Lösung der Aufgaben kommen, die jetzt der Menschheit gestellt sind. »Es gibt keinen festen Punkt außerhalb des Lebens«, hat Nietzsche gesagt, »von dem aus über das Dasein reflektiert werden könnte, keine Instanz, vor der das Leben sich *schämen* könnte.« – Was meinen Sie dazu? Hat man nicht das Gefühl, daß doch eine solche Instanz da ist? Und möge es nicht die christliche Moral sein, so ist es schlechthin der Geist des Menschen, die Humanität selbst als Kritik, Ironie und Freiheit, verbunden mit dem richtenden Wort. »Das Leben hat keinen Richter über sich«? Aber im Menschen kommen doch irgendwie Natur und Leben über sich selbst hinaus, sie verlieren in ihm ihre Unschuld, sie bekommen *Geist*, und Geist ist die Selbstkritik des Lebens. Er ist dabei *nicht* der Feind des Lebens, wie man in Deutschland eine Weile hat glauben wollen. »Des Lebens Leben« – hat Goethe ihn im Gedichte genannt. Das geistige Werk ist das Leben noch einmal, verstärkt, geläutert, erhöht, durchheitert, – die Apotheose des Lebens ist es im Grunde, denn auch wenn es sich depressiv gibt, sich in Melancholie hüllt, bleibt es das stärkste Tonikum von der Welt, weil ja die Kunst froh ist in sich selbst. Ist der Geist die Instanz, vor der das Leben sich seiner moralischen und ästhetischen Unvollkommenheit schämen muß, so ist er der Liebhaber und Freier des Lebens doch auch; er wirbt darum noch im letzten, bittersten Hohn, den er ihm zu bieten wagt.

Sagten Sie nicht etwas von der »Aufgabe des deutschen Schriftstellers in der Gegenwart«? Lassen wir das nationale Beiwort beiseite: ich glaube, daß die Aufgabe des Schriftstellers heute keine andere ist, als sie es war von eh und je, nämlich ein Richter und ein Befeuerer des Lebens zu sein. In einer Zeit, die zur Verzweiflung, zum Aufgeben, zur Apathie verführen möchte, gebe er, durch das geistige Werk, ein Beispiel der Spannkraft, der Unbeugsamkeit, der inneren Freiheit, des Mutes zur Tat. Dies mag besonders die Obliegenheit des deutschen Schriftstellers sein, und doch fasse er seine Aufgabe nicht zu national. Das volkhaft Charakteristische, wenn es ungewollt und kein Meinen und Schreien, sondern ein Sein, ein Tun ist, bleibt ein Reiz; ein pittoresker Wert, aber ein Wert ersten Ranges ist es nicht länger. Es ist in allen Stücken mit dem bloß Nationalen nicht mehr viel anzufangen. Was not tut, ist der geistige Typ, der die europäische Tradition als Ganzes repräsentiert. Europa ist machtlos heute; aber als Außenlebender spüre ich sehr wohl den Respekt, den die Welt der Macht noch immer für den erfahrensten Erdteil hegt, und die geistige Führung mag dennoch sein bleiben. Aus »Deutsch-Europa« ist nichts geworden und durfte nichts werden. Aber das deutsche Empfinden muß europäisch sein, damit Europa werde.

GEIST UND POLITIK

Es gibt keinen subalterneren Hohn als den auf den Dichter, der »in die politische Arena hinabsteigt«. Was aus ihm spricht, ist im Grunde das Interesse, das im Schweigen und im Dunkel walten möchte, unbeaufsichtigt durch den Geist, von dem es wünscht, daß er sich hübsch im »Geistigen«, im »Kulturellen« halte, und dem es dafür erlaubt, das Politische als unter seiner Würde zu betrachten. Daß er eben damit zum Knecht des Interesses, zu seinem mit falscher Würde bezahlten Helfershelfer und Parteigänger wird; daß er überdies mit solchem vornehmen Rückzug auf den Elfenbeinturm eine anachronistische Albernheit begeht, soll er nicht merken, kann aber heute fast unmöglich umhin, diese Bemerkung zu machen.

GEIST IST FREIHEIT

Wir leben in einer Zeit, die neben einigen kräftigen Nachteilen den Vorzug hat, daß sie unser Erleben zu den Wurzeln der Dinge, zu den Grundwahrheiten, Grundtatsachen zurückgeführt hat und uns ewige Realitäten wieder bedenkenswert macht, die uns gerade ihrer Selbständigkeit wegen mehr oder weniger aus dem Sinn gekommen waren und unbeachtet erscheinen.

Eine solche simple und heute gleichsam als Neuigkeit zu erlebende und auszusprechende Wahrheit ist die, daß der Geist frei sein muß, um irgendwie interessant zu sein, um irgendwie Neugier zu erregen. Reglementierter, kommandierter, terrorisierter Geist ist keinen Schuß Pulver wert, er lockt keinen Hund vom Ofen und ist ein Unding, um das sich niemand kümmern mag, weil er kein Vertrauen erweckt und die Uninteressantheit selber ist. Wer möchte ein Buch lesen, von dem er im voraus weiß, daß der Verfasser darin nicht seine eigenen Gedanken ausdrückt, nicht frei seinem Genius folgt, sondern gezwungen ist, sich einer die Aufsicht führenden Ideologie anzupassen, ihr nach dem

Munde zu reden und sich in Verneigungen vor ihr zu erschöpfen? Welchen Sinn hätte eine solche Lektüre? Freiheit und Geist sind ja ein und dasselbe. Freier Geist ist ein Pleonasmus und unfreier Geist ein Widerspruch im Beiwort. Und wenn ich »Geist« sage, so meine ich natürlich auch die Kunst, die ja eine besondere, sinnenfrohe Äußerungsform des Geistes ist; ich meine auch die Dichtung. Die Dichtung muß frei sein. Sie mag sich dann binden, wie sie will – aber ihre erste, ihre primäre Voraussetzung ist Freiheit.

Freiheit des Geistes und der Kunst ist natürliche Voraussetzung der Kultur. Was aber ist Kultur? Sie ist nicht Spiel und Luxus, und wer ihr anhängt, wer Sorge um sie trägt, kein schwachherziger Schönling. Sie ist das Ernsteste, denn sie ist die einst als Fortschrittsglaube in die Zeit projizierte, in Wahrheit aber außerzeitliche Bemühung um Annäherung des Menschen an seine Idee, um die Vermenschlichung des Menschen. Man muß ihn, bevor es zu spät ist, an ein Wort erinnern, das freilich aus einem staatlich ungern gesehenen Buche stammt, an das Wort: »Was hülfe es dem Menschen, wenn er die ganze Welt gewänne, und nähme doch Schaden an seiner Seele?«

[›WIE STEHT ES UM DIE NACHKRIEGSDICHTUNG?‹]

Von einer Kulturkrise und Zeitenwende, mit allen Anpassungsschwierigkeiten und -nöten, die eine solche begleiten und in denen sie sich ausdrückt, kann man wohl sprechen. Sie liegt uns ja allen in den Gliedern, und wir alle haben Mühe, uns leidlich klug, gerecht und anständig dabei zu halten‹ und zu stellen. Von einer ›nivellierenden‹ Wirkung der umfassenden Krise auf die Literatur kann *nicht* die Rede sein: dazu malt sie sich zu verschieden und nach künstlerischen Persönlichkeiten abgestuft in einer Reihe von Werken, die eben dadurch ›bedeutend‹ sind, daß sie ihre Spuren tragen und sich mehr oder weniger direkt mit ihr auseinandersetzen. Und zwar scheinen mir diese Werke ganz vor-

wiegend von älteren und alten Autoren zu kommen, wahrscheinlich weil ihr Horizont weiter, ihre Bildung und Erfahrung reicher ist als die der in die Auflösung hineingeborenen
Jungen. Persönlich halte ich es für einen Vorteil, das letzte
Viertel des neunzehnten, des bürgerlichen Jahrhunderts
noch miterlebt zu haben.

Brochs ›Vergil‹, meines Bruders Spät-Roman ›Der Atem‹,
Hesse's ›Glasperlenspiel‹, manches von Aldous Huxley,
selbst mein eigener ›Faustus‹-Roman sind größer und als
Dokumente der Zeit ausgiebiger, als was die Jungen bisher
hervorgebracht. Mögen diese wachsen und erstarken und
unser Erbe fortentwickeln. Die abendländische Kultur hat
schon vieles durchgestanden und wird auch diesmal nicht
untergehen.

FRAGMENT ÜBER ZOLA

Emile Zola ist mir immer als einer der stärksten, von der
Epoche am exemplarischsten geprägten Repräsentanten des
neunzehnten Jahrhunderts erschienen. Einmal, vor Jahrzehnten schon, habe ich ihn zum unberechtigten Schrecken
meiner Landsleute, der Deutschen, mit Richard Wagner
verglichen: ich nannte die ›Rougon-Macquart‹ mit dem
›Ring des Nibelungen‹ zusammen. Und gehören sie nicht
zusammen? Die Verwandtschaft des Geistes, der Absichten,
der Mittel selbst springt heute in die Augen. Es ist nicht nur
der Ehrgeiz des Formates, der Kunstgeschmack am Gran-
diosen und Massenhaften, was sie verbindet, auch nicht nur,
im Technischen, das homerische Leitmotiv (das man auch
bei Tolstoi findet); es ist vor allem ein Naturalismus, der
sich ins Symbolische steigert und enge Fühlung hat mit dem
Mythischen. Denn wer wollte in Zola's Epik den Symbolismus und den mythischen Hang verkennen, der bei aller
Drastik und ehemals skandalisierenden Brutalität des Wahr-
heitsdienstes seine Welt ins Überwirkliche hebt? Ist jene
Aspasia des zweiten Kaiserreiches, Nana genannt, nicht ein
Symbol und ein Mythus? Woher hat sie ihren Namen? Er ist

ein Urlaut, ein frühes sinnliches Stammeln der Menschheit;
Nana, das war ein Beiname der babylonischen Ischtar. Hat
Zola das gewußt? Aber desto merkwürdiger und kennzeich-
nender, wenn er es nicht gewußt hat.

Seine mächtige Bürgerlichkeit, sein kolossales Arbeitsethos,
seine Wissenschaftsfrömmigkeit, die eigentümliche Mischung, die bei ihm eine bis zum Wuchtig-Unflätigen gehende Düsternis der Weltschau einging mit der Fähigkeit zu
hellem Glauben an schlichte Ideale und zum Einsatz der
Person im Kampfe für sie: das alles ist imposantestes neun-
zehntes Jahrhundert, und mit dem Mythos, dünkt mich,
hatte es auch zu tun, oder, wenn man ein Synonym für
›Mythos‹ vorzieht, mit Tradition. Denn so gut, wie der
wüste Wahrheitsübermut seines epischen Werkes doch im
Schutze der Tradition französischer Gesellschaftskritik
stand, so gut war seine politische Aktion von 1898, das
berühmte ›J'accuse‹, mit dem er in die Affaire Dreyfus
eingriff, mythisch gedeckt durch französische Tradition:
ohne das Voltaire'sche Vor- und Mahnbild, ohne den Fall
Jean Calas hätte der saturierte, bürgerlich etablierte Romancier sich kaum zum Kampfe verstanden, noch wäre er dabei
von seiner Nation verstanden worden.

Gestehen wir nur unseren Neid auf die glückliche Einfachheit der moralischen Situation, in die dieser Mann und
Schriftsteller gestellt war. Zu fechten für Wahrheit und
Recht gegen die trüben und freiheitsfeindlichen Machen-
schaften einer Militärclique – wie gut, wie klar, wie schön!
Und das damit verbundene Märtyrertum – wie harmlos
vergleichsweise! Verglichen nämlich mit demjenigen, das
unser nach-liberales Zeitalter, das totalitäre, über jederlei
Nonkonformismus verhängt. Ein Ausflug nach England,
der ihm schon Herz-Asthma bereitete, während doch der
Zeitgeist es niemandem erlaubte, die Hand an sein Hab und
Gut, an sein Werk zu legen, und zu Hause ungehindert die
Artikel aus seiner Feder erschienen, die der Zurückgekehrte
im nächsten Jahr schon unter dem Titel ›La vérité en mar-
che‹ sammeln konnte, – nun, es scheint uns recht glimpflich,

wir haben anderes erlebt. Und wer heute, er lebe wo immer, gegen den Stachel löcken, die Lüge, den Rechtsverrat bloßstellen wollte, den erwarteten nicht Unannehmlichkeiten, wie Zola sie auszustehen hatte, – schlagfertig wartete auf ihn die Vernichtung.

Goldenes Zeitalter, wo eine einzige Missetat am Recht, die schuldlose Verstoßung eines Einzelmenschen die ganze Welt mit Hilfe des Wortes eines großen Schriftstellers in Aufruhr versetzen konnte! Die sittliche Regression seither ist schauerlich; grauenhaft unsere seelische Abstumpfung durch die Erfahrung im massenhaft Bösen. Apathie und Angst machen uns zu moralischen Krüppeln – und wir rühmen uns noch der Verfeinerung unserer Erkenntnis, unserer ›Überwindung des Materialismus‹ und gar einer ›Wiedererstarkung des religiösen Impulses‹.

Das bürgerliche Zeitalter, – wahrhaftig, wir sind die Rechten, im Rückblick darauf mokante Gesichter zu schneiden! In Zola bewundere ich das neunzehnte Jahrhundert, und ich verehre in ihm den Mythus Frankreichs, die Tradition, die ihn beseelte und die eine Tradition gesellschaftlichen Gewissens und wachsamer Empfindlichkeit ist für Freiheit, Wahrheit und Menschenwürde.

[HERMANN KESTEN
›DIE KINDER VON GERNIKA‹]

Dieser Roman von Hermann Kesten, der uns alles in allem schon acht große Erzählwerke dieser Art, dazu einen Band Novellen, dazu eine so wohlfundierte wie amüsante Casanova-Biographie beschert hat, – dieser Roman, ›Die Kinder von Gernika‹, der unzweifelhaft einen der Höhepunkte seines Schaffens bildet, ist es wert, der deutschen Öffentlichkeit in einer populären, der lesenden Menge zugänglichen Ausgabe vorgelegt zu werden. Im Exil entstanden und ursprünglich dort erschienen (Allert de Lange, Amsterdam, 1939), ist dies europäisch gestimmte Werk sehr danach angetan, Gutes zu wirken im Lande seiner nationalen Herkunft.

Seine erzählerische Verve, die Farbigkeit, die geschwinde, schlagende Knappheit seines Vortrags sind erstaunlich, seine künstlerische Lustigkeit ist so hinreißend wie die moralische Erbitterung, mit der er die infamen Schrecken seines Gegenstandes, des spanischen Bürgerkrieges, in unvergeßlichen Bildern bloßstellt. Die Schilderung dieser Barbareien, das grausame Schicksal der Baskenfamilie Espinosa, legt der Verfasser einem fünfzehnjährigen Knaben, Carlos, einem nach Paris entkommenen Mitglied der Familie, in den Mund. Der Junge erzählt ihm das alles vor einem Tuilerien-Café. Erzählt er es auf kindliche Weise? Das nicht gerade. Er erzählt es auf ungezählten Seiten, dem größten Teil des Buches, so meisterhaft, daß es einem den Atem verschlägt, mit allen Ausgepichtheiten eines hochbegabten Romanciers – und zwar eines ganz bestimmten Romanciers, von besonderer Verve. Nun, hören Sie, Kesten, alles was recht ist: In der Kunst gibt es viele schöne Fiktionen, edle Stilisiertheiten und Übernatürlichkeiten. Auf dem Theater sprechen die Leute ja öfters in Versen, und in der Oper singen sie sogar. Aber ein fünfzehnjähriges Apothekersöhnchen aus Gernika, einen »ganz gewöhnlichen, ganz hübschen Jungen«, der allerdings eine überraschend tiefe Stimme, mädchenhafte Züge und kluge schwarze Augen hat, hundertzweiundfünfzig Seiten lang so sprechen zu lassen, wie Sie schreiben, das ist denn doch der schönen Fiktion zuviel! Schrieben Sie mäßiger, so wäre es weniger schlimm. Und wenn Sie wenigstens dem Leser vergönnten, mit der Zeit zu vergessen, wer da schildert! Aber es kostet Sie nichts, ihn dann und wann, in Pausen, auch noch daran zu erinnern, daß es der Halbwüchsige mit der Baskenmütze ist, der da all Ihre Künste – Ihre hinreißende Erzählkunst übt!

Ist irgend etwas wie eine Entschuldigung, eine Rechtfertigung vorzubringen für diesen formalen Exzeß? Ich gewinne meiner streng kritischen Natur das Zugeständnis ab, daß sich allerdings dergleichen findet. Der halbwüchsige Erzähl-Virtuos sagt einmal: »Die Leute von Gernika beruhigten sich bald. Laß die Erde zu neun Zehnteln versinken, die Überlebenden werden sich bald beruhigen. Die Menschen gehen wie Schlafende durch die Welt. Gibt es nichts, um sie aufzuwecken?« Er glaubt, daß es etwas gibt. Es stellt sich heraus, daß er Journalist werden, in den Zeitungen schreiben will. Was um Himmels willen ihn daran locke!

»Ich will was schreiben«, sagt er. »Das alles. Dieses Leben. Diese Kriege. Diese Mordmaschinen. Man muß es für die Leute schreiben.«

»Glaubst du, daß es eine Wirkung hat?«

»Was?« fragt er. »Sind alle Mörder? Mein Vater war ein guter Mann, und es muß mehr Leute geben, die eine bessere Welt verdienen. Die meisten Menschen wissen nicht, was mit ihnen geschieht. Man muß sie aufklären. So will ich es tun!«

Er will es tun, will durch das mit Erfahrenheit geladene Wort die Menschen aus ihrem Schlafwandel wecken, will schreiben, und bevor er schreibt, spricht er, erzählt er. Er hat das Unglaublichste erlebt, das Äußerste. Alle Greuel eines infamen Bürgerkriegs mit frecher Intervention von außen zugunsten der niederträchtigen Seite. Er hat die deutschen Mordmaschinen im Tiefflug in den Wagenzug der Flüchtlinge hineinpfeffern, Frauen, Kinder und armes Vieh massakrieren, seinen guten Vater, seine kleinen Geschwister hinmachen sehen. Er war Zeuge der barbarischen Zerstörung heiliggehaltener Städte, der letzten Tage von Freiheit und Recht. Dies alles ist über seine junge Seele hergestürzt und hat sie über das natürliche Maß ihrer Reife hinausgerissen. Ist es eine dichterische Denkbarkeit, daß es ihm Worte, Sätze, Schilderungen zukommen läßt, die ihm nicht ›zukommen‹? Daß es ihn zu einer Meisterschaft der Erzählung emportreibt, die ausgemacht unrealistisch ist? Ich frage: Ist das eine stärkere ästhetische Fiktion, als wenn das Drama in Versen spricht und die Leidenschaft Arien singt?

Was er hauptsächlich erlebt und was dieses Buch, so sehr es das Herz zur Empörung stachelt, aufs seltsamste in Erinnerung bringt, ist die konsternierende Ambivalenz des Menschlichen, die kein Urteil zuläßt wie ›Der Mensch ist böse‹ oder ›Der Mensch ist gut‹. ›Der Mensch‹ benimmt sich in Kestens oder Carlos' Erzählung wie ein Vieh – oh, viel schlimmer. Aber immer wieder heißt es dazwischen so ähnlich wie: »Mitten in der schlimmsten Verfolgung macht man die ewig neue Erfahrung, wie viele gute Menschen es auf Erden gibt. Hatte man sie bisher übersehen? Oder dachte man, unter den Schlägen des Bösen, diesem gliche alle Welt? Zwar, glauben Sie mir, es ist ein kleiner Trost, diese Begegnung mit dem Guten. Man findet sie so vereinzelt, so skrupelvoll, so mutlos. Und doch, was wäre das Leben ohne sie?« – Ein älterer Soldat, der den Jungen, unter anderen, zum Friedhof führt, wo man erschossen wird, murmelt: »Bist du nicht aus der Apotheke am Markt? Ich kannte deinen Vater. Stell dich als letzter in der Reihe auf. Beim ersten Schuß fall um! Nicht schreien! Ich schieße, wenn du liegst, nochmals auf dich. Nicht schreien!« – Unschuldige Kinder werden erbarmungslos gemetzelt. Aber dann werden ihrer zweitausenddreihundert auf ein Schiff geladen, über dem das Rote Kreuz weht, und es geht nach Frankreich. »Alle wurden wir gewogen, geimpft, gemessen. Jeder trug ein Papptäfelchen um den Hals, darauf standen eine Nummer, der Name, der Wohnort, das Alter … Auch tausend Frauen und Greise wurden verladen. Jedes Kind bekam eine Pastete, ein halbes Pfund schwer, eine Düte mit Karamels, später Milch und Kaffee … Englische Kriegsschiffe fuhren an unserer Seite. Die Kinder schrien: Vive la France!«

›Der Mensch‹ widerspricht sich so sonderbar. Haben wir es nicht eben jetzt wieder erfahren, in einer Zeit, die nach dem Schlimmsten das wohl endgültig Schlimmste braut und große Länder vor Haß und Angst zu Narrenhäusern macht? Ja, Haß und Angst, Lüge, Bosheit, Menschenhatz, Rechtsklitterung und barer Wahnwitz. Und dann ist da in Holland eine große Wassernot, und auf einmal, in rührender und ebenfalls fast närrischer Einigkeit, als hätten sie heimlich nur auf eine Gelegenheit gewartet, zu zeigen, daß sie auch anders können, daß der Mensch gut sein kann, wetteifern alle Nationen in Hilfeleistung, überbieten sich darin, spenden Hilfe aus Leibeskräften.

Es soll einer klug werden aus dem Menschen und ausmachen, ob er eine bessere Welt verdient als die, die er sich selbst immer wieder anrichtet!

EIN WORT HIERZU
[Vorwort zu Klaus W. Jonas
›Fifty Years of Thomas Mann Studies‹]

Neulich erschien eine Sammlung ›kleine Prosa‹ von mir, allerlei literarischer Lebensniederschlag, der sich unversehens in Jahrzehnten angesammelt. Im Vorwort fragte ich mich, ob ich nicht lieber einem Nachlaßverwalter das Geschäft der Herausgabe hätte vermachen sollen, denn ich sähe wohl, daß dem Bande etwas Posthumes anhafte, und gewiß sei manches darin, was wieder in Erinnerung zu bringen allenfalls der Pietät des ›Nachher‹ hätte anheimgegeben werden sollen. »Aber«, fügte ich hinzu, »wenn nun doch einmal die launische Natur uns gewährt, gleichsam ins Nachher hineinzudauern und ›uns selber historisch zu werden‹, – warum sollten wir uns da nicht der Philologie zuvorkommend erweisen?«

Dies hier ist nun auch so etwas, was besser ganz hinter meinem Rücken, ohne irgendwelche Teilnahme daran von meiner Seite, oder, noch besser, erst ›nachher‹ hätte geschehen sollen, wenn man mich nicht wohl mehr um ein Vorwort, mein Placet dazu hätte ersuchen können. Aber da ich nun doch noch da bin und solchem Ersuchen erreichbar; da mein verwunderlich beharrliches Dasein schon viel vom ›Nachher‹, dem eigentlichen Spielraum der Philologie, angenommen hat, – wie könnte ich mich da steif und abweisend und undankbar erweisen gegen diese? Finde ich sie doch ganz einfach rührend!

Man sehe sie an, die Bibliographie von Äußerungen über

mein Tun und Treiben und den Bienenfleiß, mit dem ihre
›Items‹ aus aller Herren Länder sammelnd und sichtend
zusammengetragen sind, wie Mr. Klaus W. Jonas es in dem
Arbeitsbericht seines ›Preface‹ schildert! Mein Gott, was gab
sich der Gute für Not! Durch Jahre hat er in öffentlichen und
Universitätsbibliotheken gesessen, aus Amerika mit Schriftstellern und Gelehrten korrespondiert von Leipzig bis Tokio
und Venezuela, Gesandtschaften und ›Cultural Relations
Officers‹ in Bewegung gesetzt von Moskau bis Australien,
Bücher herangezogen, denen es gar nicht gleich anzusehen
ist, daß darin auch von mir gehandelt wird, und selbst
ungedruckte, nur in Maschinenschrift vorhandene, in Col-
lege- und Universitätsbibliotheken lagernde Dissertationen
mit aufgereiht. Und er entschuldigt sich noch wegen der
unvermeidlichen Unvollständigkeit des Ergebnisses seiner
Forschungen!
Soll ich ihm für soviel monomanische Treulichkeit etwa
nicht voller Erkenntlichkeit die Hand drücken, – was immer
ich denken möge von der Wichtigkeit seines Betreibens und
von der Dankbarkeit, die Mit- und Nachwelt ihm dafür
zollen werden? Die Nachwelt macht mir schon darum
Zweifel, weil ich viel zuviel im Munde der Mitwelt war;
weil diese sich viel zuviel den Mund über mich zerrissen
und, fürchte ich, meinen Nachruhm schreibend und redend
aufgezehrt hat. Die zeitgenössische Diskussion über mich
und das Meine – oft stand sie im Zeichen herzlicher Gewon-
nenheit und Gewogenheit, ja der Panegyrik, oft auch in dem
erbittertster Verneinung, – kein Wunder, daß manchmal das
Zitat sich mir nahelegte:

> Sollen dich die Dohlen nicht umschrein,
> Mußt nicht Knopf auf dem Kirchturm sein.

Aber rasch verwarf ich jedesmal den Gedanken daran, denn
nie habe ich mich für den Knopf auf dem Kirchturm, mich
niemals für einen großen Mann und mein Werk für eigentlich groß gehalten. Der Fontane'sche »mangelnde Sinn für

Feierlichkeit« hinderte mich daran – und einiges andere. Ich habe darüber einmal mit Hermann Hesse korrespondiert, der mir schrieb (ich hoffe, er gibt mir die Briefstelle frei): »Es gibt unter den Künstlern, wie unter den anderen Leuten auch, den Typ, der das Glück und die Frechheit hat, an sich zu glauben und auf sich stolz zu sein, Leute wie den Benvenuto Cellini etwa, vielleicht gehören auch Hebbel, Victor Hugo, vielleicht auch G. Hauptmann zu diesem Typ, und außerdem noch viele Kleine, die eine ihnen nicht bestimmte Größe und Dauer in einem pathetischen Selbstgefühl vorwegnehmen. Und zu diesem Typ, es mag um uns sonst stehen wie es möge, gehören wir nicht.« – Sehr gut! Aber für mich bedarf es da noch einer persönlichen Ergänzung.

Man sollte denken, daß ein Künstler, dessen Selbstbeurteilung sich in das Wort zusammenfassen läßt: »Thou com'st in such a questionable shape«, sich besonders gern von Bewunderung trösten und erheben lassen müsse. Tatsächlich aber fühle ich mich als Objekt der Bewunderung, das ich zuweilen ja abzugeben habe, nicht à mon aise, nicht in der mir natürlichen Rolle – aus dem einfachen Grunde, weil ich die Bewunderung als mein eigen Teil, durchaus als dem Subjekt vorbehalten empfinde. Ich habe mein Leben in Bewunderung des Großen und Meisterhaften hingebracht – meine ganze Essayistik, neben dem Werk, *besteht* ja aus lauter Bewunderung; und dieses Werk selbst ist im Angesicht der Größe, unter ihrem Auge und in stetem Aufblick zu ihr getan –, einem Aufblick, der auch Einblick war, und dem zuweilen eine waghalsige Zutraulichkeit eignete. So kommt es, daß in meine Lebensarbeit etwas von intimer Erinnerung ans Große, von augenzwinkernder Allusion auf die Größe eingegangen ist, was den oder jenen dazu verleiten mag, sie selbst dem Großen und ›Eigentlichen‹ im Bereich menschlicher Schöpfung anzureihen und zu bewundern, was besten Falles ein Abglanz und selbst nur Bewunderung ist. Das muß ihnen verwiesen sein.

Es soll dies nicht heißen, daß es mich nicht freut, zu sehen,

wie die Sympathie, die dem Tagwerk meiner Hände zuteil
geworden ist, dem Ärgernis, das es erregt, so hübsch die
Waage hält. Und ich kann nur wünschen, daß diese sorg-
same Übersicht über alles, was die Mitwelt von mir gemeint, ihrem Hersteller gedankt werden und der literarischen Beflissenheit von Nutzen sein möge.

[›ZÜRICH‹]

Die liebe Züristadt! Hier ist sie wieder einmal in wohlge-
wählten, künstlerisch trefflich ausgeführten Ansichten ihrer
Schönheiten und Traulichkeiten. »Angefangen an trautem
Ort«, schrieb ich meiner Frau in das Buch ›Lotte in Weimar‹, aus dem ich 1938 im Schauspielhaus zum Abschied
vorlas und das ich in Amerika beendete. Fünfzehn Jahre
habe ich in der komfortablen Weite jenes Landes drüben
gelebt und bin sein Bürger geworden. Aber merkwürdig! Je
länger ich dort war, desto bewußter wurde ich mir meines
Europäertums, und immer dringlicher, fast ängstlich,
wurde der Wunsch nach rechtzeitiger Heimkehr zur alten
Erde.
Wenn ich aber ›Europa‹ dachte und sagte, so meinte ich
immer die Schweiz, genauer: den »trauten Ort«, den ich von
früh an geliebt hatte und in dessen Schutz ich fünf Jahre lang
glücklich-tätig gewesen war. Ich meinte Zürich – und so bin
ich denn wieder da, wieder unter den alten Freunden, von
denen nur leider mancher schon ins Ewige entschwand.
Wieder blicken meine Fenster auf den See, seine abendlich
funkelnden Hügelufer und die »türmende Ferne«. Der
Föhnsturm fegt, er geht auf die Nerven, aber auch das
gehört zur »Trautheit«, und ich lächle zufrieden. »Verbrin-
gung des Lebensabends und literarische Betätigung« heißt
es amtlich als Zweck meines Aufenthalts in dem Papier, das
mir die Niederlassung (gleich die Niederlassung!) gewährt.
Literarische Tätigkeit und nicht so einfach daumendrehen-
des Vor-dem-Hause-Sitzen im Lebensabendscheine ist also

geradezu Vorschrift. Nun, auch mit diesen Zeilen, diesem
Vor-Wörtlein zum Zürcher Bilder-Album gehorche ich ihr.
Wie gern geschieht es! Wie herzlich gern!

[PABLO CASALS]

Meine Meinung über Pablo Casals? Das ist keine ›Meinung‹,
das ist tiefste Ehrerbietung und eine Bewunderung, die
etwas von Jubel hat, angesichts eines menschlichen Phänomens, in welchem ein hinreißendes Künstlertum sich mit
entschiedenster Verweigerung jedes Zugeständnisses an das
Böse, an das moralisch Miserable und die Gerechtigkeit
Beleidigende auf eine Weise verbindet, die geradezu unseren
Begriff vom Künstler läutert und erhöht, ihm für einmal
jede Ironie entzieht und in verwilderter Zeit ein Beispiel
stolzer, durch nichts zu bestechender Integrität setzt.
Hier ist keine Spur von escapism, von ästhetischer Neutralität in Fragen der Menschlichkeit, von jener Bereitschaft zur
Prostitution, die so oft das liebe Künstlervölkchen charakte-
risiert und die spricht: »Ich spiele jedem auf, der mich
bezahlt.« Ein phantastisches Talent, um das die Welt sich
reißt, das stürmischer Erfolge überall sicher ist, dem man
ganze Vermögen bietet, um Geschäfte mit ihm zu machen, –
es stellt seine Bedingungen, die nichts mit Geld und Erfolg
zu tun haben. Dieser große Könner betritt kein Land, in
dem Freiheit und Recht mißhandelt werden. Er betritt auch
keines, das, mag es sich gleich selber ›frei‹ nennen, mit dem
Unrecht opportunistisch paktiert. Er entzieht sein Genie
einer Welt, die, obgleich in Schuld steckend bis an den Hals,
in Schuld namentlich an dem Lande seiner Geburt, Spanien,
sich an diesem Genie ästhetisch ergötzen möchte. Er folgt
überhaupt keiner Einladung mehr, verläßt nicht mehr den
Ort nahe der französisch-spanischen Grenze, den er als
Zuflucht gewählt: Prades. Diesen Namen haben wenige
gekannt, bevor er ihn mit dem seinen verband. Jetzt kennt
ihn jeder. Er ist zum Symbol geworden eines Künstlertums,

das unverführbar auf sich hält, zum Symbol unerschütterlicher Einheit von Kunst und Moralität.

Einer siegreichen Einheit – denn die Berge des Eremiten wird zum Zielpunkt andächtiger Pilgerschaft aus aller Welt. Ja, die Welt strömt dem zu, der nicht mehr zu ihr gehen wollte, und die ›Festivals de Prades‹ sind das Werk der Anziehungskraft eines großen Charakters nicht weniger als des musikalischen Enthusiasmus, der gar nicht umhinkann, hier zum Protest zu werden gegen die Herrschaft des Bösen.

Was für ein Triumph! Welche aufheiternde Genugtuung! Das gebrechliche Menschengeschlecht hat Ehrenretter gebraucht wohl je und je. Ein solcher ist der Künstler, – ein Ehrenretter der Menschheit. Mit Freuden bekenne ich, daß sein Dasein mir, wie Tausenden, ein Labsal ist.

›LIEBENSWERTE MENAGERIE‹

Dies kleine Buch ist in seiner gesetzten, sehr verständigen Ausgelassenheit so sonderbar, daß ich ihm gern ein Wort der Sympathie und der Empfehlung mitgebe für alle, die unter den grimmigen Umständen des Tages noch Sinn haben fürs freundlich und etwas schmerzlich – auch manchmal etwas beängstigend – Abseitige.

Bei der Bereitwilligkeit zu solchem Wort ist eine alte Zuneigung im Spiel zu dem Verfasser dieser acht kuriosen Novelletten, Alexander M. Frey, geboren 1881, einem Mann von hintergründiger Gesetztheit, Verständigkeit, Ruhe und Güte, mit dem ich seit Jahrzehnten auf gutem Fuße stehe: nämlich schon, seit er um die Jahrhundertwende mit seinem Roman ›Solneman der Unsichtbare‹ (man muß den Namen ›Solneman‹ von hinten nach vorn lesen) hervortrat, welchem dann nach und nach weitere Merkwürdigkeiten unter charakteristischen Titeln wie ›Kastan und die Dirnen‹, ›Spuk des Alltags‹, der Feldsanitätsroman ›Die Pflasterkästen‹ und andere gute Dinge von gehaltener Schmerzlichkeit und Komik folgten.

Ich habe das alles sehr gern. Einer gewissen grotesken Überwirklichkeit, ja milden Absurdität entbehrt nichts davon, ist aber alles mit literarischer Höflichkeit und still parodistischer Hergebrachtheit vorgetragen, eine Haltung, die ich schätze, auch in den hier vorgelegten acht Skizzen und Träumereien, und zwar gerade in ihrem Zusammenwirken mit den Illustrationen des Herrn Jean Arp aus Straßburg, eines Graphikers und Bildhauers, der auch ein Dichter von stark dadaistischer Note ist, als solcher bekannt geworden besonders durch zwei Gruppen von Poesien, deren fesselnde Unsinnigkeit zum Verwundern ist: ›Behaarte Herzen‹ und ›Könige vor der Sintflut‹. Ohne Zweifel steht Frey künstlerisch etwas ›rechts‹ von seinem Illustrator, und als ich dessen Bilder zuerst, noch ohne die Novellen zu kennen, sah, befremdeten sie mich einigermaßen: Die meisten davon erschienen mir wie Fragmente phantastischer Landkarten, aus denen hie und da eine Erinnerung an Tierisch-Organisches sich hervortun wollte. Nun aber, da ich Gedicht und Bild zusammen vor mir habe, finde ich, daß jenes nicht ganz wäre, was es ist, ohne dieses; daß die Geschichten durch Arps bildnerisches Zutun erst in das rechte künstlerische Licht gesetzt werden und daß eine Bildbegleitung von weiter ›rechts‹ hier inadäquat gewesen wäre.

Sie hätte das schriftstellerisch Korrekte und Verständige der Novellen überbetont und die scherzende Einsamkeitsstimmung für die Empfindung des Lesers allzu sehr zurückgedrängt. Auch gibt sich Arp in diesen Kartons weniger ›dadaistisch‹ als in seinen Gedichten: Seine Versinnlichung der beiden Hunde diesseits und jenseits des Zaunes in der köstlich phantastisch beobachteten Studie ›Der Mut‹, dieser beiden reißenden Bestien, deren Mut und Wut durch die offenstehende Pforte plötzlich als das lächerlichste Theater entlarvt wird, ist durchaus konkrete Kunst; und das ist auch das Bild der Raupe, der nach Herkunft und Schicksal geheimnisvollen, tief rührenden Heldin des ersten Stückes der Sammlung, des wunderlich gemütvollsten, würde ich sagen, wenn diese Eigenschaft nicht ebensowohl dem letzten zukäme, ›Brasilien ist seine Heimat‹, der Schilderung einer Tierschau von unerreichter Erbärmlichkeit, mit ihrem winzigen Protagonisten, dem ›Löwenäffchen‹ am Busen der staubigen alten Frau.

Diese beiden Stücke sind meine Lieblinge – unbeschadet der Zuneigung, die ich der leicht abwegigen und dennoch gewinnenden Rechtslogik des ›Tierquälers‹ entgegenbringe, unbeschadet auch meiner lebhaften Anteilnahme an den beiden Angstträumen vom Besuch bei den Gorillatieren und von dem abwechselnd verfolgenden und verfolgten Löwen; unbeschadet schließlich meines Staunens über die für Freys illusionistisch-konstruktive Neigungen so charakteristischen Volksfest-Sensationen vom ›Zentauren‹ und von der ›Raubfischdressur‹.

Die klägliche Tierschau an der schmutzigen Budenstraße mit dem unsichtbaren »Gamelion«, den halbwüchsigen, nach Milch quiekenden Meerschweinchen und dem verfrorenen Miniaturäffchen in den Kleiderfalten der staubigen alten Frau nennt der Dichter gelegentlich eine »liebenswerte Menagerie«. Ich weiß nicht, welchen Titel er seinem Buch zu geben gedenkt. Für mein Teil gebe ich ihm eben diesen.

[›DIE SCHÖNSTEN ERZÄHLUNGEN DER WELT‹
GELEITWORT]

Dies ist ein Buch – nie sah ich seinesgleichen. Ich schreibe ihm ein Vorwort aus lauter Staunen über die Weite seines Horizontes, aus hellem Vergnügen an seinem Universalismus, welcher sich übrigens in diesem Bande, der ein *erster* Band ist, noch nicht vollkommen verwirklicht. Eine Sammlung mit dem kühnen Titel ›Die schönsten Erzählungen der Welt‹, worin, weil sie von vornherein das Weitgreifende, das möglichst Umfassende erstrebt, die großen Schweizer, die Österreicher, die Polen, die besten erzählerischen Leistungen der Tschechen, Ungarn, Süd-Amerikaner und so weiter vorläufig ausgelassen werden mußten, ist selbstverständlich noch nicht ganz, was sie zu sein verspricht. Nur Geduld, sie wird es sein; schon übers Jahr wird ein zweiter Band das Vermißte nachholen, es zum schönen Ganzen fügen, wird auch von der neuesten literarischen Produktion der Völker einiges Gelungene mit aufnehmen und so das große Attribut des *Universellen*, dessen das Werk sich vermißt, zu voller Berechtigung erheben.

Offensichtlich ist der Verlag zu seiner – man muß sagen – großartigen Konzeption auf dem Wege über sein Hausbuch ›Die schönsten deutschen Erzählungen‹ gelangt. Die schönsten deutschen – warum nun nicht gar gleich die schönsten aus aller Welt? Das war ein, bei all seiner Weitläufigkeit, naheliegender Gedanke, und es war – so muß man wiederum sagen – ein äußerst glücklicher, äußerst zeitgemäßer Gedanke. Ein gut deutscher übrigens auch. Denn der deutsche Geist war immer, oder doch zu seinen besten Zeiten, universell gestimmt, nach Aufnahme und Verarbeitung des Universellen begierig. Die deutsche Klassik forderte es. Goethe erklärte, mit *Nationalliteratur* sei *jetzt* (vor hundertundfünfzig Jahren schon) nicht gar viel mehr anzufangen; eine Weltliteratur, die er halb forderte, halb als gegeben statuierte, sei an der Tagesordnung. Und Schiller, mit dem ich mich aktuellerweise gerade eben wieder zu beschäftigen hatte – wie hat er das Universelle, die »weiteste Teilnehmung« verherrlicht und die Beschränkung aufs Nationelle über die Achsel angesehen! Sie sei einem philosophischen Geiste ganz unerträglich, sagte er – zur Mißbilligung Carlyle's, der dafür hielt, die Liebe verdunste und könne nicht lebenswirksam sein, wenn sie sich zu sehr aufs Allgemeine und Abstrakte, auf die *Menschheit* richte; sie brauche ein ganz Konkretes und Beschränktes, einen kleinen Raum zum Gegenstande, um ihrerseits konkret zu sein und dem Leben zu dienen.

Nun, eine ganze Epoche ist ihm gefolgt; es war die Epoche des Nationalismus, und sie ist abgelaufen, ist von gestern. Kein halbwegs gescheiter Mensch, in welchem Lande immer, glaubt heutzutage, daß vom bloß Nationalen her irgendein Problem, ein politisches, wirtschaftliches, allgemein geistiges, noch zu lösen sei. Es geht ums Ganze heute, um die Menschheit, um ihre Gesittung, ja um ihr Bestehen; die »weiteste Teilnehmung« ist nicht nur das bildungsmäßig Wünschenswerte, sie ist das Lebensnotwendige, und angesichts einer Weltlage, so entsetzlich gefahrdrohend wie der gegenwärtigen, ist jedes geistige Unternehmen, das dem Gedanken des Universellen dient, froh und dankbar zu begrüßen.

Dies globale Geschichtenbuch, umfassend in Raum und Zeit, ist ein solches Unternehmen, und gewiß ist der Plan dazu aus dem Gefühl für seine Zeitgemäßheit hervorgegangen – auch für die Erfolgsaussichten, die sich aus ihr ergeben. Ich zeichne nicht als Herausgeber und habe die Ankerplätze dieser literarischen Weltumseglung nicht bestimmt. Immerhin habe ich die Auswahl ein wenig überwacht, bin, im deutschen Bereich, für ›Gockel, Hinkel und Gackeleia‹, eine Jugend-, ja Kindheitsliebe von mir, eingetreten, im französischen für Flauberts herrliche ›Legende von Sankt Julian dem Gastfreundlichen‹ und habe dafür gesorgt, daß Mérimée und Maupassant gut vertreten seien: dieser mit seiner stärksten Kurzgeschichte, ›La petite Roque‹. Wie hätten wir, zur Repräsentation der römischen Antike, den ›Goldenen Esel‹ ganz abdrucken können? Aber daß das Reizendste daraus, ›Amor und Psyche‹, ins Buch kam, ist mein Werk. Auch habe ich es mir angelegen sein lassen, den Redaktoren ein Gewissen zu machen aus der Aufnahme des viel zuwenig gelesenen Leskow, und mit meiner leidenschaftlichen Fürsprache hat es zu tun, daß dem Leser hier aufs neue Gelegenheit zu tiefster Ehrfurcht gegeben ist vor Leo Tolstois mächtiger Erzählung vom ›Tode des Iwan Iljitsch‹. – Nichts zu danken.

Im übrigen ist die Komposition des Bandes, sind die Funde, großen Erinnerungen, Überraschungen, Merkwürdigkeiten, die er birgt, der weltliterarischen Beschlagenheit und Umsicht des Verlegers und seines Stabes zuzuschreiben. Es ist nicht weniger als phantastisch! Der fliegende Teppich des

Märchens hebt uns, trägt uns durch Zeiten und Gebreite und setzt uns an den wundersamsten Punkten, bei den bedeutendsten Vorkommnissen in der Welt der Erzählung ab. Klug ist zwischen den Russen des neunzehnten Jahrhunderts (»Wir kommen alle aus Gogols ›Mantel‹ her«, sagte Turgenjew) und dem Zurücktauchen ins alte Ägypten mit seiner Novelle von den ›Beiden Brüdern‹, zu der die alttestamentliche Josephsgeschichte, ebenso ihre persischen Versionen und die des Korans merkwürdige Beziehungen aufweisen – ein jüdisches Stück eingeschaltet: etwas sehr Feines und Geistiges aus Bubers ›Erzählungen der Chassidim‹. Die seraphische Sphäre von Dante's ›Vita nuova‹ umfängt uns; der ›Decamerone‹, ›Tausendundeine Nacht‹, das türkische ›Papageienbuch‹ tun sich auf, Spanien glänzt mit Cervantes und Alarcón, der europäische Norden ist dreifach da, die Niederlande sprechen doch wenigstens durch den Mund des Belgiers Charles de Coster, bis Indien, Japan, China geht die Wunderfahrt, und schließlich lassen wir uns, auf der Rückkehr zum Westen, im Nordamerikanischen, bei der krankhaften Intensität Edgar Allan Poe's, bei Thomas Wolfe und Melville nieder.

Herman Melville, der Schöpfer des ›Moby Dick‹! Die Geschichte, die wir hier von ihm finden oder wiederfinden, heißt wenig anders, sie heißt ›Billy Budd‹ – und wenn man mich fragt, wo in dem Bande ich am längsten verweilt, wobei mir das Herz am größten wurde, so gestehe ich die Modernität meines Geschmackes und antworte: Bei ›Billy Budd‹. Wie schön ist das, wie ergreifend – meisterhaft, heiter-ernst, männlich-rein, unerbittlich und zugleich poetisch-versöhnend! Eine Wohltat, daß der Schurke, Waffenmeister Claggart, sein Teil bekommt und, wenn auch mit allen seemännischen Ehren, ins Meer versenkt wird, bevor sein Opfer, Billy, oben den Tod durch den Strick erleidet! Dieser Autor weiß Bescheid auf einem Segeldreidecker der britischen Kriegsmarine zur Zeit der Französischen Revolution, welche auch eine Zeit gefährlicher Unruhen und Meutereien in der englischen Marine war; er weiß Bescheid in dem äußeren und inneren Leben der Mannschaft und ihrer Offiziere, daß man vor soviel sicherer Kundigkeit die Augen niederschlägt. Kundigkeit, genaue, sachlich mindestens so exakte wie seelische, die intuitiv ist und nicht studiert zu werden braucht – erste aller Bedingungen für einen Geschichtenschreiber, der Eindruck machen will. Diese Angelsachsen wissen zu erzählen – mit einer Sicherheit, einer Drastik und Unsentimentalität, die sehr wohl Raum zur Rührung läßt, einer Kunst zu fesseln, die meine ganze Bewunderung erregt, und daß sie außerdem den größten Dramatiker der neueren Zeit hervorgebracht haben, ist das erstaunlichste. Übrigens finden sich Shakespeare'sche Züge in Melville's Novelle – nämlich in der Figur jenes Erzschurken Claggart. Man lese nach, was der Dichter, das Vorrecht des Erzählers zum psychologischen Kommentar wahrnehmend, über diesen unselig scheußlichen Charakter sagt. »Ein solcher Mensch«, heißt es da, »mag durch seine gleichmäßige Laune und seine gepflegten Manieren in besonderem Maße vernünftig erscheinen – in den Tiefen seiner Seele lehnt er sich auf gegen jedes Gesetz, leugnet jede Bindung und hört nur soweit auf die Vernunft, als er diese benutzen und brauchen kann, um das schlechthin Unvernünftige zu tun. Oder, mit anderen Worten, er wird, um sein Ziel, dessen ausschweifende Bosheit fast einen Verrückten verrät, zu erreichen, mit kühler, umsichtiger und völlig klarer Überlegung zu Werke gehen.« Das ist, nebst einigem, was hinzukommt, die genaue Psychologie Jago's, und meiner Meinung nach bedeutet es keinen ganz kleinen Kunstfehler, daß dieser Name innerhalb der Geschichte *fällt*. Claggart blickt dem guten, schönen Billy einmal »mit dem höhnischen Grinsen Jagos« nach. Das tadle ich. War Melville sich nicht bewußt, daß er Shakespeare's dramatische Behauptung des sinnlos Urbösen ins Erzählerische übertrug? Seine Geschichte sollte sich als Kunstwerk soweit isolieren, daß sie von Shakespeare's furchtbarer Charakterkonzeption nichts wüßte. Sie ist selbst schön, groß, meisterhaft, herzergreifend genug dazu, und ich finde, das Mitleid mit dem schlichten und doch irgendwie erhabenen Vortoppmatrosen Billy Budd, ein verklärtes Mitleid, wiegt dasjenige auf, das wir für Othello und Desdemona empfinden. Das Wort des Kapitäns Vere vor Claggarts Leichnam »Geschlagen durch einen Engel Gottes! Und doch muß der Engel gehängt werden!« bleibt einem im Ohre haften. Und was für eine unvergeßliche Szene ist das, wie Billy nach ehernem Kriegsrecht vor versammelter Mannschaft an der Rahe des Hauptmastes erhängt wird – eine Szene, nicht roh, nicht grausam, sondern die Seele mit dem Gefühl versöhnter Gerechtigkeit und mit Zuversicht erfüllend. »Im gleichen Augenblick durchbrach die Sonne das tief im Osten ausgebreitete Wolkenvlies und ließ es aufleuchten in sanfter Glorie, als erschiene in mystischer Vision das Lamm Gottes am Himmel. Zur gleichen Zeit, verfolgt von den Blicken der dicht aneinandergedrängten erhobenen Gesichter, stieg Billy hinan, und steigend empfing er das volle Licht der Morgenröte.« Oh, hätte ich das geschrieben, oder könnte ich mich der einem Naturereignis angeglichenen Beschreibung rühmen des undeutlich aufkommenden und von der Disziplin rasch unterdrückten Murmelns und Murrens der auf dem offenen Deck versammelten Mannschaften, die alle ihren Billy lieben!

Nicht, daß es nicht auch für jedes andere Stück dieser Sammlung gälte – aber, ausdrücklich: Melville's ›Billy Budd‹ ist wirklich eine der *Schönsten Erzählungen der Welt*!

Die Forderung des Tages: So war von Thomas Mann ein Band seiner ersten Werkausgabe selbst überschrieben worden, und er hatte dort versammelt, was es bei ihm an Stellungnahmen gegeben hatte auf Anfragen von außen. Auch dieser Band enthält Antworten auf Forderungen und Herausforderungen, und schon ihre Zahl läßt erkennen, in welch außerordentlichem Maß Thomas Mann sich seiner Zeit und ihrer Ansprüche an ihn bewußt war, weit über das damals Zusammengetragene hinaus. Vieles ist hier zwar nur Reaktion auf nicht sonderlich ernstzunehmende Ansuchen, auf Umfragen und Reporterneugier, auf Einladungen zu Rückäußerungen und auf Briefe hin, von denen er glaubte, daß er sie öffentlich beantworten müsse. Das Panorama dieser Antworten ist denn auch so breit wie bunt: es reicht von juvenilen Notizen, von denen man nicht weiß, wie ernst sie zu nehmen sind, über Gutachten und Vorworte, über Glückwünsche und Stellungnahmen, Briefantworten und Adressen, Ansprachen und freundschaftliche Huldigungen bis hin zu großen Würdigungen anderer Werke und anderer Autoren. Anderes aber gehört zu den für ihn unverzichtbaren Selbsterklärungen oder zeichnet scharf sein Weltverständnis nach. Ein sehr pointillistisches Gemälde also, das sich da auftut, verwirrend vielgestaltig und durchaus nicht, wie etwa ›Adel des Geistes‹ oder ›Altes und Neues‹, durchzogen von darin sichtbaren großen Lebenslinien. Was hier eine Einheit schafft, ist auf den ersten Blick hin denn auch weniger der Autor als vielmehr die Zeit, auf die er reagiert. Über den Film hat Thomas Mann sich ebenso geäußert wie über heute reichlich unbekannte Bücher, er hat vor amerikanischen Buchhändlern gesprochen und Musikalisches beschrieben, von russischer Literatur ist ebenso die Rede wie von ungarischen und schwedischen, französischen und amerikanischen Werken, von Religion wie von Malerei, von Politik wie von internationaler Kunst. In seine frühere Sammlung seiner ›Kleinen Prosa aus fünf Jahrzehnten‹, in den Band ›Altes und Neues‹ also, der doch immerhin so etwas wie eine ersatzweise Autobiographie ist und als solche vielleicht noch eindringlicher in ihrer Spannweite und Tiefendimension als der fragmentarische ›Lebensabriß‹ aus dem Jahre 1930, hat Thomas Mann, abgesehen vom Spengler-Essay aus ›Briefe aus Deutschland‹, nichts von alledem aufgenommen, was hier zusammengetragen ist. Bedenkt man, daß ja schon der Band ›Altes und Neues‹ gewissermaßen ein Supplementunternehmen zu jenem anderen Essay-Band ›Adel des Geistes‹ war, so scheint Thomas Mann indirekt gerade das, was in dem vorliegenden Band vereint ist, deklassiert zu haben. Und wenn er von ›Altes und Neues‹ schon selbst sagte, daß das alles ein bißchen zufällig sei und sich dann und wann überschneide, so muß das im Grunde genommen in viel höherem Maße von der vorliegenden Sammlung gelten. Thomas Mann hatte ›Altes und Neues‹ nach einzelnen Abteilungen geordnet, aber er hatte damals auch schon zugegeben, daß die Ordnung hie und da zwangsläufig willkürlich sei, ein Stück ebensogut in einem anderen Bereich untergebracht sein könne. Im vorliegenden Band ist verständlicherweise im Gegensatz zu anderen Bänden der Frankfurter Ausgabe auf eine derart thematisch orientierte Zuordnung verzichtet worden; die Chronologie war zumeist entscheidend. Aber nicht nur, daß jede andere Anordnung höchst fragwürdig gewesen wäre: Die mehr als achtzig Stellungnahmen, jene Antworten auf Forderungen des Tages, enthüllen ein mosaikartiges Bild Thomas Manns, wie es oft genug beiseite geschoben worden sein mag, weil es nicht sonderlich authentisch zu sein scheint. Aber dennoch gehört es nicht weniger zu seiner Gesamterscheinung wie das seiner großen Romane und Erzählungen. Denn hinter dieser höchst vielgestaltigen Fülle von Reaktionen zeichnen sich Konstanten seines Denkens und Reagierens ebenso ab wie, um es mit einem Worte zu sagen, sein Weltverständnis und Weltverhältnis überhaupt. Sicher stellt sich in allen diesen Bemerkungen und Abhandlungen nicht die innere Lebensgeschichte Thomas Manns unmittelbar dar – aber die äußere ist hier gewiß enthalten, wenngleich man sie wiederum mißverstehen würde, sähe man hier nur Äußerlichkeiten, Belanglosigkeiten, literarische Flüchtigkeiten.

Daß ein kleiner Aufsatz über ›Heinrich Heine, den Guten‹ den Band eröffnet, ist natürlich in gewisser Hinsicht zufällig, oder besser: nur von der Chronologie her vorgegeben. 1893 erschien er, noch unter dem Pseudonym Paul Thomas, in einer Schülerzeitschrift. Doch es ging um mehr als um eine lokale Fehde. Denn da wagte sich ein unbekannter Pennäler an einen Kritiker des ›Berliner Tageblattes‹ heran, um ihm die Leviten zu lesen. Aber das Ganze ist mehr als nur ein Akt jugendlicher Unverfrorenheit. Nicht nur, daß Thomas Mann eine erstaunliche Kenntnis der Heineschen Werke an den Tag legt; er fällt über den armen Kritiker mit der ganzen Macht seiner frühen Ironie her, noch kein ironischer Deutscher, aber wohl ein ironischer Rezensent, der sich nicht wenig lustig macht über den sogenannten »guten« Menschen, seinen Spott über die patriotische Lobhudelei ausgießt und ganz nebenbei der Beredsamkeit des Kritikers ein erbärmliches Zeugnis ausstellt. Über Heine hat Thomas Mann sich später im Grunde genommen kaum geäußert, was freilich nicht bedeuten sollte, daß er nichts mehr von ihm gehalten habe. Aber hier tritt der scharfzüngige und ironische Kritiker in seinem Namen auf, der nicht nur die Lacher, sondern auch den Witz auf seiner Seite hat. Man sollte diese jugendliche Florettfechterei gewiß nicht überbewerten, aber ein paar markante Züge zumindest des frühen Kritikers Thomas Mann sind hier doch sichtbar: eine gewisse Iraszibilität, die er später an Lessing so gern gerühmt hat, sprachliche Eleganz, vor allem aber: Wahrheitssuche. Thomas Mann will seinem Kritiker vorhalten, wie Heine

eigentlich zu lesen und zu verstehen ist, und dieses Durchschauen des Äußerlichen, das Insistieren auf dem, was hinter
der Oberfläche liegt und den Charakter eines Werkes eigentlich prägt, eben das zeigt die kleine Miszelle über Heine
schon in verblüffender, enthüllender Deutlichkeit. Nun mag
man das einer integeren Kritik ohnehin zurechnen, aber als
Anwalt einer solchen versteht sich Thomas Mann, und er
hat auch darüber erstaunlich früh sich geäußert in ›Über die
Kritik‹. Auch dort geht es um etwas sehr Wichtiges.

Thomas Manns frühe Stellungnahme zur Kritik war zwar
wiederum nichts anderes als die Antwort auf eine Rundfrage, aber sie bot ihm einen willkommenen Anlaß, sein
Verhältnis zur literarischen Kritik darzulegen. Und damit
berührt er einen entscheidenden Punkt in seinem Selbstver-
ständnis. Denn er gesteht offen, daß er eine Schwäche für
alles hege, was Kritik heiße, und sein Bekenntnis: »Ich
glaube, daß es die besten Autoren nicht sind, die mit der
Kritik auf gespanntem Fuße leben, denn ich glaube, daß kein
moderner schaffender Künstler das Kritische als etwas seinem eigenen Wesen Entgegengesetztes empfinden kann« –
dieses Bekenntnis läßt die so gängige Unterscheidung zwischen dem Künstler und dem Kritiker hinfällig werden.
Thomas Mann ging damit gegen ein spezifisch deutsches
Vorurteil an, das sich vor allem damals noch großer Beliebtheit erfreute. Die Literaturkritik war seit dem Beginn des
18. Jahrhunderts einem Verfallsprozeß ausgesetzt gewesen,
und eine naserümpfende Mißachtung der Kritik hatte sich
seit langem breitgemacht. Thomas Mann war mutiger, als
er selbst wußte, wenn er derart eine Lanze für das kritische
Element in der Literatur brach – Nietzsches Lebenskritik
hatte er ausführlich genug und zustimmend studiert, aber er
wiederholte sie hier nicht, sondern wandte sie an auf sein
eigenes Lebenselement, auf das Schreiben und die darin
seiner Meinung nach so unerläßliche kritische Komponente.
Die in seinen Augen so unsinnige Trennung zwischen Dichtung und Kritik war ihm Ärgernis genug, um auch zum
Schluß seines Artikels noch einmal darauf einzugehen: »Es

gibt keinen wahren Künstler – heute gewiß nicht! –, der nicht zuletzt auch ein Kritiker wäre, und kein wahrhaft kritisches Talent ist denkbar ohne die Feinheiten und Kräfte der Seele, welche den Künstler machen.« Das war deutlich genug; es war vor allem aber auch eine Antwort in eigener Sache. Von hierher wird ebenfalls begreiflich, warum neben der späteren Goetheverehrung Thomas Manns Verständnis für Schillers Werk immer lebendig blieb. Dichtertypen sind literartheoretische Fiktionen, aber Thomas Mann hat gewürdigt und geschätzt, was Schiller über den sentimentalischen Dichter schrieb. Denn das war er in gewisser Weise selbst. Sein produktives Literaturverständnis, seine konstruktiven Vorstellungen vom Wesen der Dichtung hinderten ihn allerdings, die Formel »Kritik ist Geist« auch reversibel zu benutzen: Daß Geist immer auch Kritik sei, das wäre ihm vermutlich als zu defätistisch erschienen. Dabei hatte er ironischerweise mit seinen ›Buddenbrooks‹ die Umkehrung dieser Formel bereits praktiziert.

Kritik ist Geist: Das nimmt sich nachträglich wie eine ebenso kurze wie nachdrückliche Verteidigung in eigener Sache aus, denn vieles davon, was in diesem Bande versammelt ist, ist Kritik, geistvolle Kritik. Dabei läse man die zahlreichen Rückäußerungen auf Anfragen gewiß falsch, sähe man in ihnen tatsächlich nur den Respons eines vielgefragten Schriftstellers oder gar nur die Reaktion auf neugierige Meinungsaushorcherei. Thomas Mann hat den Lebensraum seines Schreibens, sofern er ihn für bedroht erachtete, in seinen kleinen Aufsätzen zur Literatur, zur Kunst sehr viel nachdrücklicher verteidigt als mit seinen großen Romanen und seinen Erzählungen selbst. Die Berührungspunkte mit einer oft anders denkenden Umwelt, die Auseinandersetzungen mit ihr und die Abgrenzungen in eigener Sache: hier sind sie zu finden, unter versteckt und harmlos klingenden Überschriften, aber kompromißlos im Grundsätzlichen. So hat man etwa Thomas Manns ›Versuch über das Theater‹ zu lesen. Der Titel muß merkwürdig klingen für jeden, der Thomas Manns Werk nur aus der Ferne kennt: denn zum

Theater hat Thomas Mann ein allenfalls rezeptives Verhältnis gehabt, wie jedermann weiß. Auch hier scheint es sich also um nichts Bedeutenderes zu handeln, wiederum bloß um eine Antwort auf eine Rundfrage, wie derlei damals eben modisch war. Über »die kulturellen Werte des Theaters« sollte er sich auslassen; aber das war für ihn allerdings dann doch keine beliebige Angelegenheit. Vom Literaturgeschmack der Welt von damals her gesehen war zwar die Antwort eigentlich schon in der Frage enthalten: Die theaterfreudige Zeit konnte die Frage nach den kulturellen Werten des Theaters nur höchst zustimmend beantworten. Daß den Deutschen eine Ehrfurcht vor dem Theater eingeboren sei, wie keine andere Nation sie kenne, das ist kein hämischsatirisches Bonmot, sondern entsprach nur zu sehr der literarischen Wirklichkeit der Jahrhundertwende. Und natürlich war auch der junge Thomas Mann vom Theater berührt worden; seine Feststellung, es sei ferne von ihm, eine Stätte zu schmähen, an die sich die Erinnerung so vieler seltsam erregender Eindrücke knüpfe, ist aufrichtig. Aber ein Loblied auf das Theater singt er dennoch nicht. Denn was folgt, ist von meisterhafter Bosheit: Die Geschichte von jenem Gang ins Theater, in das »musische Staatsinstitut«, wo nun ein künstlerisches, künstliches Idealleben sich entfaltet, dessen Unwahrhaftigkeit nur noch komisch erlebt werden kann. Das ist grandiose Satire, ein etwas verspätetes, prosaisches Gegenstück zur bitterbösen Theaterkarikatur, wie Bruder Heinrich sie im ›Schlaraffenland‹ gegeben hatte, wenn er die töricht-verblendeten Zuschauer, die für wirklich hielten, was da vorne auf der Bühne geschah, einem naturalistischen Elendsstück konfrontierte. Dieser Art waren also offenbar die »seltsam erregenden Eindrücke«, und nach der Theaterpersiflage weiß man also, daß jener Satz, der bei genauerem Zusehen tatsächlich kein Lob enthielt, nur den Schwall an Boshaftigkeit präludierte, der dann so meisterlich über den Theaterfreund herabsaust.

Aber jener Versuch über das Theater enthält mehr. Thomas Mann beginnt nicht umsonst mit einer scheinbar nur philologischen Haarspalterei, wenn er die rhetorische Frage stellt, ob denn nun vom Drama oder vom Theater die Rede sein soll. Das ist kein Spiegelgefecht mit Worten, mit dem die im Grunde so spannungslose, weil von vornherein feststehende Antwort (daß das Theater nämlich durchaus kulturelle Werte habe) ein bißchen aufregender gemacht werden sollte. Thomas Mann spricht auch hier in eigener Sache. Denn wenn er scheinbar sophistisch zwischen den Dramen und dem Theater unterscheidet, so führt das sehr rasch auf eine für jeden Erzähler damals unumgängliche Frage, mit der Thomas Mann sich denn auch auseinandersetzt: »Ob dem Drama im Reiche der Dichtkunst der Vorrang gebühre«. Das mutet zunächst auch noch wie theoretische Prinzipienreiterei an, ist aber für den Erzähler um 1900 geradezu lebenswichtig. Denn das Drama galt in der Tat als höherstehend, und das war von Friedrich Theodor Vischer, dem Ästhetiker um 1850, auch theoretisch fundiert worden. Das Drama, so die herrschende Meinung von damals, war eine Späterscheinung, das Höchste und Edelste nach Epos und Lyrik, gegenwartsbezogen und nicht wie jenes vergangenheitsorientiert, gegenwartsfern und lebensfremd also, und wenn sich im Drama die »Poesie der Poesie« verwirklichte, so galt der Romanschreiber – Thomas Mann hat das sehr genau im Ohr – allenfalls als »Halbbruder des Dichters«. Friedrich Theodor Vischer hätte freilich niemals allein in Thomas Manns Theateressay so große Bedeutung erlangt, stünde nicht dahinter noch eine ganze Reihe von Theoretikern, die schon vor Vischer ähnlich geurteilt hatte. Worum es hier ging, war nichts geringeres als die mehr als ein Jahrhundert dauernde Abwertung des Romans. Der Roman: das war, in Vischers Verdikt, die Nachfolgeinstitution der alten Rittergedichte, ein bißchen unseriös und in die allzu große Nähe zur bloßen Abenteuergeschichte geraten. Mehr als ein höchst mangelhaftes, spätes Nachfolgeprodukt des an sich hochgeschätzten Epos war der Roman also nicht in den Augen der Literaturtheoretiker, und es war nicht Vischer allein, sondern vor ihm Hegel und davor wiederum

Schiller, die zwar noch nicht so abschätzig wie ihr später Epigone über den Roman gedacht hatten, bei denen er aber doch auch schon entschieden deklassiert worden war, wie das eben in Schillers Wort vom »Halbbruder des Dichters« nur zu deutlich wird. Der Hochschätzung des Dramas entsprach also eine Geringschätzung des Romans – und das mußte einen Romancier unmittelbar treffen, provozieren und zur Antwort bringen. Und so setzt Thomas Mann sich denn zur Wehr, »ungelehrt, anspruchslos«, wie er ironisch-entlarvend hinzusetzt, und verteidigt den Roman mit der ganzen Überzeugung dessen, der darin die Gegenwart repräsentiert sieht und nicht im so fragwürdigen wie lebensfernen klassizistischen Theater. Das Theater, so weiß er, war zum Zeitvertreib der Bourgeoisie herabgewürdigt, zum fragwürdigen und problematischen, unaufrichtigen Kunsterzeugnis, dessen Diktatur auf künstlerischem Gebiet unerträglich geworden war. Dagegen nun führt der angeblich so ungelehrte wie anspruchslose Romanautor der ›Buddenbrooks‹ nicht nur die Fragwürdigkeiten des theoretisierenden Oberlehrers an, sondern auch den ›Werther‹ und die ›Wahlverwandtschaften‹, Flaubert und Dostojewski, selbst Heine und Schiller, Hebbel und Shakespeare, schließlich noch Georg Brandes und Theodor Fontane: Am Ende ist es der europäische Roman, als »dessen Sohn und Diener« Thomas Mann sich fühlt, der hier gegen das traditionelle Theater ausgespielt wird. Die Romanciers kurz nach der Jahrhundertwende verhelfen dem Roman auch zur theoretischen Anerkennung, und Thomas Mann ist ihr beredter und überzeugender Wortführer. Döblin, Lukács und Hermann Broch werden bald darauf folgen, und Thomas Mann selbst wird die »Kunst des Romans« immer wieder grandios unter Beweis stellen. Er hat im ›Versuch über das Theater‹, aus scheinbar nichtigem Anlaß, als einer der ersten den in der Theorie so verkannten und mißachteten Roman verteidigt und als Gattung wieder hoffähig gemacht – eine Pionierleistung, die nicht hoch genug gewürdigt werden kann.

Wie tief gerade diese Verteidigung in eigener Sache ging und wie weit sie ausstrahlte, zeigen spätere Aufsätze. Im September 1925, in einem der ›Briefe aus Deutschland‹, findet sich sogar eine Replik auf das von ihm selbst 1908 Formulierte. Wenn er schreibt: »Die gesellschaftlichen, moralischen, allgemein geistigen Erschütterungen, denen wir ausgesetzt waren, haben bewirkt, daß heute bei uns ein Romandichter im öffentlichen Interesse eine Stellung einnehmen kann, wie sie bis vor kurzem nur dem Dramatiker vorbehalten war«, dann rekapituliert er damit noch einmal den ganzen bitteren Streitfall des Jahres 1908, und das läßt erkennen, wie sehr und wie lange ihn das Problem bewegt haben muß. Der Streit war in der Tat weitergegangen: als er, so berichtet er, im ›Tod in Venedig‹ die nationale Größe eines Prosaisten (Gustav von Aschenbach ist natürlich gemeint) beschrieben habe, habe man ihm bedeutet, »das sei unglaubwürdig; nie könne der Romanschreiber, ›der Halbbruder des Dichters‹, wie Schiller sagt, in Deutschland eines solchen Ehrenstandes teilhaftig werden wie dieser Gustav von Aschenbach«. Geradezu lächerlich und verschroben aus der Sicht des Jahres 1925, und Thomas Mann kann tiefbefriedigt feststellen: »Der Roman dominiert, – zumal denn auch die Produktion auf diesem Gebiet die dramatische an Bedeutung ganz übertrifft.« Das war nach dem ›Zauberberg‹ ausgesprochen, nach Heinrich Manns ›Der Kopf‹, nach den »großen Büchern Alfred Döblins« – ein später Triumph des streitbaren Romanverteidigers von 1908. So lange also hat jene Umfrage gewirkt, und noch ein wenig länger. Denn es gibt ein zweites Selbstecho auf das Wortgefecht von damals, im ›Geleitwort‹ zu den ›Romanen der Welt‹ 1927 zu orten: Auch dort findet sich das Thema, und es ist nicht Rechthaberei Thomas Manns, die ihn hier noch einmal darüber sprechen läßt, sondern die Genugtuung des Romanschreibers, daß seiner Kunst tatsächlich die Geltung widerfahren ist, die ihr, so meinte schon der junge Autor, nun einmal widerfahren mußte. Und diesmal folgt eine Begründung, die nur scheinbar ins Politische spielt, in

Wirklichkeit aber mit dem Humanitätsbegriff Thomas Manns zu tun hat, wenn er schreibt: »Es ist bezeichnend genug, daß noch bis vor kurzem das Drama hier für die unbedingt höchste Dichtungsform und der Erzähler für den ›Stiefbruder des Dichters‹ galt. Daran ist wahr, daß in der Tat der Roman, im Vergleich mit dem Drama, die modern-populärere, eine demokratische Kunstform bedeutet.« Der Roman: das ist, so meint er, das Endprodukt einer »langen und scharfen Übung in prosaistischer Form und kritischer Psychologie«. Daß das auch eine Hebung des literarischen Niveaus bedeutet hat, hat Thomas Mann noch außerdem vergnügt konstatiert. Und so hat er denn das Geleitwort zu den ›Romanen der Welt‹ gewiß nur zu gerne geschrieben.

Einseitigkeiten? Thomas Mann hat oft bekannt, daß er dem Theater das Erlebnis Wagners verdankt habe, und wir wissen ja, was das bedeutet – auch wenn er 1908 den ›Ring des Nibelungen‹ noch ein »ideales Kasperltheater« mit einem »unbedenklichen Helden« genannt hatte. Bis in die späten Mythenkonzeptionen hinein ist Wagners Spur zu verfolgen, die Leitmotivtechnik hatte er an ihm schon früh intensiv studiert und sich angeeignet. Da kamen freilich Dramatisches und Episches in einem zusammen, aber es war immerhin das Theater, das diese Bekanntschaft zuerst vermittelte. 1908 mochte Thomas Mann noch feststellen, daß das Theater ihm niemals »einen reinen Genuß, eine hohe und zweifellose Schönheitserfahrung vermittelt« habe. Aber wir kennen ja auch jenen hinreißenden Bericht über eine Szene von Wedekind, diese hochdramatische Prosa, in der Wedekinds Theater lebendiger wird als auf jeder Bühne. Und wir kennen auch jenen nicht weniger glänzenden Aufsatz über Kleists ›Amphitryon‹, in dem das ganze Elend der Doppelexistenz des Kleistschen Dramenhelden, diese fürchterliche Verwirrung der Gefühle nacherzählt ist, mit einem ironisch-verständnisvollen Kommentar versehen. Auch hier wird die klägliche Existenz des Sosias, die göttliche Bedenkenlosigkeit des Amphitryon so lebendig, wie wiederum kaum ein Theater es bieten könnte. Im Grunde ging es denn also nicht gegen das Theater oder allenfalls gegen dessen dem Protestanten so verdächtige Sinnlichkeit, wenn der Roman verteidigt wurde. Aber dessen theoretische Rettung war gewissermaßen eine literarische Lebensfrage für Thomas Mann, und bei erster Gelegenheit, nämlich anläßlich jener Aufforderung zur Stellungnahme, hat er sie behandelt. Ein Beispiel nur, wie sehr Aufsätze, die nichts als Entgegnungen zu bringen scheinen, zum Zentrum des Thomas Mannschen Selbstverständnisses gehören.

Auch andere Hauptmotive seines Schreibens, seines Denkens werden in diesen oft so flüchtig anmutenden Kleinigkeiten immer wieder sichtbar. Die großen Namen, der Fixsternhimmel seines Reiches, Nitzsche, Goethe, Schopenhauer, Wagner und einige andere, immer wieder tauchen sie auf, stecken die Grenzen ab, innerhalb derer die literarisch-philosophische Tradition für ihn lebendig ist. Natürlich gehören auch Schiller dazu und russische Autoren wie Tolstoi und Dostojewski – wer Einflußforschung zu treiben sich bemüßigt fühlt, wird auf ein reiches Spurenmaterial stoßen. Thomas Manns konstruktiver Traditionalismus – hier ist er überall am Werke, werden die Leitlinien in die Vergangenheit hin gezogen, die für ihn zugleich Orientierungspunkte für die Zukunft liefern. Vor allem in den zwanziger Jahren mehren sich die Äußerungen aus literarischem Anlaß, zu literarisch aktuellen Gelegenheiten. Nirgendwo werden die kosmopolitischen Aspekte seiner literarischen Welt greifbarer als gerade hier. Die großen Neuerscheinungen und literarischen Aufregungen der zwanziger Jahre ziehen noch einmal vorüber, verbunden mit dem wachen Kommentar des aufmerksamen Beobachters. Manche Bemerkung wirkt wie ein Pinselstrich in einem ungewollten Selbstbildnis. »Niemand wird in seiner Essayistik den dichterisch-phantastischen, genial-spielerischen Einschlag verkennen, und in seiner Dichtung [...] erkennt man die Mittel seiner Kritik in geheimnisvoller Umwandlung wieder« – eine einsichtige Kritik über Thomas Mann? Nein, Thomas Mann über Mereschkowski, aber es hätte auch

Thomas Mann über Thomas Mann sein können. Das bedeutet beileibe nicht, daß er immer nur Gleichartiges erkannt und anerkannt habe. Hier wird vielmehr etwas von der kontemporären Modernität sichtbar, an der Thomas Mann ebenso teilhatte wie eben auch Mereschkowski. Das ganze reiche literarische Leben der zwanziger Jahre – in Thomas Manns eigentlich noch sehr sparsamen Bemerkungen zum Katalog der Neuerscheinungen aus dem Jahre 1925 ist es präsent. Ein weltliterarisches Jahrzehnt, so wie es auch die ›Bücherliste‹ von 1928 zeigt oder jener leicht selbstironische Bericht über ›Verjüngende Bücher‹. Damals gab es noch den Plan, einen »Tag des Buches« einzuführen: das war keine liebhaberische Marotte, sondern gleichsam ein Lebensbedürfnis der Zeit, und Thomas Mann hat wie kaum ein anderer gesehen, wie nötig Bücher – so meinte er damals – waren. Damals: das waren die zwanziger Jahre, über die er übrigens in seinen ›Briefen aus Deutschland‹ den Amerikanern so nachdrücklich berichtet. Auch das war eine Auftragsarbeit, für den New Yorker ›Dial‹ verfaßt. Ob das alles der amerikanischen Öffentlichkeit verständlich war, was Thomas Mann hier schrieb, mag dahingestellt sein – wir lesen diese Briefe heute eigentlich denn auch ganz anders, als direkteste Dokumente zur Zeitgeschichte, zur inneren Befindlichkeit der damals noch erstarkenden Weimarer Republik. Viel von den Zeitstimmungen ist da eingefangen, und es ist keine beliebige Entscheidung, daß Thomas Mann im ersten dieser Briefe ausführlich über Spenglers ›Der Untergang des Abendlandes‹ spricht. Gewiß, er hat auch da einen sehr persönlichen Streit mit diesem ihm tief verdächtigen, allzu skeptischen und lebensfeindlichen Geist auszutragen, den er in seiner Unerbittlichkeit geradezu verabscheut, obwohl er die Kräfte dieses Buches, die betörende Verwirrungsmacht der Spenglerschen Ideen nur zu deutlich erkennt. Ein verdrehter Kulturmensch, mit dem er sich nicht zuletzt deswegen auseinandersetzt, weil Spengler in seinen Untergangslehren eben das verkündet, was Thomas Mann vor dem Ersten Weltkrieg selbst immer wieder in seinen Verfallsgeschichten beschrieben hatte. Aber um so deutlicher distanziert er sich jetzt von dieser eigentümlich vexatorischen Erscheinung, von der erbarmungslosen und kalten Lehre, daß das Abendland unweigerlich zum Untergang bestimmt sei. Könnte etwas deutlicher den Lebenswillen der jungen Weimarer Republik zum Ausdruck bringen als dieser kritische Bericht über die damalige Neuigkeit des Tages? – Über das deutsche Theater macht er auch hier nicht viel Worte, aber von der vibrierenden Geistigkeit jener Jahre zeugt eigentlich alles, was er davon den Amerikanern zu berichten hat. Eine literarische Feindschaft wird hier auch schon früh begründet: Über Bertolt Brecht hat Thomas Mann nicht sonderlich viel Gutes zu sagen, und über das ›Dickicht der Städte‹ befindet er, daß das »eher einen Rück- als Fortschritt bedeutete«. Nun, Brecht hat ihm später mit ähnlicher Münze heimgezahlt, aber zwischen beiden lagen schon damals tatsächlich Welten.

Was sich in Thomas Manns Briefen präsentiert, ist literarische Kultur, und sein Glaube an deren Kraft und Überzeugungsgewalt war – damals – noch unüberwindlich. Und noch etwas anderes zeigen die Aufsätze aus den zwanziger und frühen dreißiger Jahren: wie stark die europäische Literatur in die deutsche eingedrungen ist, wie sehr die literarischen Nationalitätsgrenzen aufgesprengt sind. Thomas Mann sieht sich immer wieder als Vermittler anderer Nationalliteraturen, und wenn er im Vorwort zu Edmond Jaloux' Roman ›Die Tiefen des Meeres‹ einmal von der »Europäisierung Frankreichs« spricht, dann ist das übertragbar, weil er im Grunde genommen von der Europäisierung aller europäischen Einzelländer handelt. Neben Jaloux ist es vor allem André Gide, der ihn fesselt. In einer »Liste von bemerkenswerten Büchern des letzten Jahres« (gemeint ist das Jahr 1930) taucht denn auch wie selbstverständlich französische Literatur auf, und manche Aufsätze demonstrieren in der Tat, daß Frankreich immer noch als das klassische Land der Literatur erscheint – auch für Thomas Mann. 1926 hatte er noch relativ überzeugt die Erscheinungen der deutschen Kultur verteidigt, mit keinem geringeren Zusatz als: »Inbegriff aller Frömmigkeit zum Geiste und zur Kultur«. 1929, also drei Jahre später, sieht er überall in Europa einen »gewissen Entnationalisierungsprozeß«, Veränderungen in der literarischen Atmosphäre also, ein Vordringen des Buches über alle Staatsgrenzen hinweg, und Thomas Mann ist überzeugt, daß die Literatur der Musik damit sogar »weitgehend den Rang abgelaufen hat«. Nationalliteratur – das ist für ihn die europäische Literatur dieser Jahre, und es hat wohl nie wieder in unserem Jahrhundert einen derartig intensiven Austausch zwischen den europäischen Literaturen gegeben, niemals eine so aktive Aufnahme anderer Nationalliteratur wie damals: Thomas Manns kleine Aufsätze zu fremdsprachigen Büchern lassen das im Widerschein seiner Kommentare nur zu deutlich erkennen. Das hat Thomas Mann freilich nicht davon abgehalten, richtig und nachdrücklich für Bücher deutscher Autoren einzutreten, die er verkannt glaubte – der Hinweis auf Musils ›Mann ohne Eigenschaften‹ läßt keinen Zweifel daran, daß dieses Buch für ihn zu dem unbedingt Lesenswerten gehört. Ganz nebenbei wird hier auch noch einmal der hohe Anspruch an den Roman als Kunstform sichtbar. Thomas Mann setzt sich mit dem Gerücht auseinander, Musils Werk sei kein ordentlicher Roman, »wie man's gewohnt sei, mit einer rechten Intrige und fortlaufender Handlung, daß man gespannt sein könne, wie Hans und ob er die Grete kriegt?« Nun, solche Romane seien gar nicht mehr lesenswert, könnten es nicht mehr sein, ist Thomas Manns Antwort – und dahinter wird unversehens der Leistungsstandard sichtbar, vor dem die neue Literatur standzuhalten hat.

Mit Beginn des Jahres 1933 ändert sich fast schlagartig das literarische Panorama. Nach seiner »Reise ohne Wiederkehr« mindert sich das Interesse an der Gegenwartsliteratur, so etwas wie ein literarischer Rückbezug wird wieder sichtbar. Die beliebt-törichte Frage nach dem Buch, das man Weihnachten verschenken möchte, beantwortet er mit Stifters ›Witiko‹, und seine Charakteristik – »Traum-Abenteuer einer Langweiligkeit höchster Art« – ist unschwer in Verbindung zu bringen mit dem veränderten Anspruch des Emigranten an das, was die Literatur zu erfüllen hat. Ein unvergleichlicher Roman, so meinte er, der ihm Trost und Freude geschenkt haben in diesen »Wochen des schweren Trubels und der Beängstigung«: Es ist vorbei mit der frohgemuten Literaturaussicht über die Landesgrenzen hinweg, traditionelle Aspekte geraten erneut ins Blickfeld. Die Literatur bekommt plötzlich die Aufgabe, die realiter verlorengegangene Beziehung zum Heimatland aufrechtzuerhalten, sie wird zum Überlebensmittel und zur Identifikationshilfe. Das ist um so schwieriger, als Thomas Mann mit dem Pseudopatriotismus des Goebbelsschen Kulturbetriebes selbstverständlich nichts zu tun haben will: und so erscheinen die Stellungnahmen zur Literatur als Aufforderung, diese weiterhin ernstzunehmen. Eines aber ist auffällig: daß in der Exilzeit bis 1945 etwa wenig die Rede ist von einzelnen Werken. Die generellen Stellungnahmen überwiegen, aber auch sie sind nicht sehr zahlreich, gemessen an denen der zwanziger Jahre. Das hat natürlich seine äußerlichen Gründe: Die literarische Kultur war ausgebürgert worden, und sie hatte sich zerstreut über viele Länder; Gespräche, Tagebücher und Briefe hatten sich vorgeschoben, es gab kaum Anlaß, über Neuerscheinungen zu berichten, um so mehr Anlaß jedoch, um politisch tätig zu werden. Eine Krisenzeit, die sich zwangsläufig auch in den relativ spärlichen und kurzen Äußerungen zur Literatur und zur Kunst dieser Zeit spiegelt. Das liegt freilich nicht nur an mangelnden Gelegenheiten. Thomas Manns literarische Tätigkeit hatte sich erneut auf die großen Romane verlagert, das Riesenwerk der Josephs-Romane nahm ihn in Anspruch, ›Lotte in Weimar‹ und ›Faustus‹ gaben im Grunde genommen deutlichere Antwort auf die Zeitfragen, als das die Entgegnungen auf Umfragen je hätten tun können.

Die Zahl der Aufsätze nach dem Kriege ist ebenfalls gering, wiederum gemessen an den Jahren vor 1933. Die Stellungnahmen sind kürzer, die Botschaften allgemeiner. Eine Endzeitstimmung kommt hier und da auf, das Gefühl, in dem eigenen Werk sei ein Abschluß gekommen, danach werde nicht mehr viel sein. Die Nachkriegsdichtung hat Thomas Mann außerordentlich skeptisch beurteilt, Brochs ›Tod des Vergil‹, Heinrich Manns ›Atem‹, Hermann Hesses ›Glasperlenspiel‹, seinen eigenen ›Faustus‹-Roman hat er höher bewertet und »als Dokumente der Zeit ausgiebiger« genannt als das, was neu heraufkam. War das Resignation, Altersstolz, wahre Einsicht in die problematische Qualität der frühen Nachkriegs-Literatur? Der Blick fällt noch einmal zurück auf Zola, auf das 19. Jahrhundert, das bürgerliche Zeitalter. Sehr erfreut hat ihn die erste Thomas-Mann-Bibliographie, »Fifty years of Thomas Mann Studies«, in der er die so strahlende Spur seines Wirkens nachgezeichnet fand, bei aller leichten Ironie sich selbst gegenüber – ein kleines Augenzwinkern tauscht er mit seinem Leser, was die eigene Größe angeht, ein wenig protestantische Zurückhaltung und Selbstbescheidung wird unvermutet sichtbar – bei allem Wissen um den Rang des eigenen Werkes. Doch die Endzeitstimmung ist auch hier unverkennbar. Aber das ist keine Altersskepsis. Thomas Mann hat in seiner Stellungnahme zur ›Aufgabe des Schriftstellers‹ die säkularen Umschichtungen sehr deutlich gesehen, wenn er die ästhetische Epoche der bürgerlichen Ära jetzt beendet sah und eine »moralische und soziale« begonnen fand. Heine hatte das nach dem Tode Goethes ähnlich empfunden, wenn er vom »Ende der Kunstperiode« sprach. Hier ist es der Große, Thomas Mann selbst, der den Abschluß einer ganzen Epoche, das Ende der bürgerlichen Welt gekommen sieht.

Im Juli 1955, wenige Wochen nur vor seinem Tode, hat Thomas Mann noch einmal ein Geleitwort geschrieben für die ›schönsten Erzählungen der Welt‹. Man kennt derartige Sammlungen, sie können allen großen Namen zum Trotze belanglos sein bis zur Unverbindlichkeit. Thomas Mann aber hat hier tatsächlich die schönsten Geschichten seiner Welt nacherzählt und gewürdigt, und es ist Weltliteratur, ohne jeden Beigeschmack akademischer Weitläufigkeit und

Gleichgültigkeit. Die späte Goethesche Idee der Weltliteratur, hier ist sie noch einmal aufgenommen, anverwandelt, neu und unmittelbar präsentiert. Brentano und Flaubert, Apulejus und Leskow, Tolstoi und Dante, Cervantes und Edgar Allan Poe, Thomas Wolfe und Melville – eine glänzende Kette von Namen, tatsächlich schönste Erzählungen der Welt, auf wenige Seiten vorgestellt. Thomas Mann bewundert fast hemmungslos Melvilles ›Billy Budd‹, und die Beschreibung seines Endes, und sein Ausruf »Oh, hätte ich das geschrieben!« ist alles andere als bloß Rhetorik, nämlich Bewunderung für eine alte Welt des Erzählens, wie sie in diesem Geschichtenbuch, das er eingeleitet hat, sich noch einmal präsentiert. Nichts ist geblieben von der scharfzüngigen Boshaftigkeit der frühen Versuche, der zornigen Wahrheitssuche oder den entlarvenden Satiren der jugendlichen Schriften. Am Ende steht das Bekenntnis zur großen abendländischen Erzähltradition.

Es sind Lebensspuren, die hier, in diesem vorliegenden Band versammelt sind, gleichermaßen aber auch Dokumente der Zeitgeschichte, wie sie im Horizont und Schicksal eines einzelnen erschienen ist. Gelegentlich hat man Thomas Mann vorgehalten, daß er öffentlich zu leichtfertig gelobt habe, zu wenig kritisiert – die Tagebücher sprechen in der Tat da manchmal eine sehr viel deutlichere Sprache, und einige private Briefe auch. Das stimmt, aber es ist gewiß nicht nur aus literarischer Höflichkeit geschehen, wenn er sich als Kritiker milde verhielt. Die kleinen Aufsätze zu Literatur und Kunst lassen wie die großen Abhandlungen, die Romane, etwas von der geradezu unbegrenzten Aufnahmefähigkeit Thomas Manns für Fremdes erkennen, seine Anverwandlungskunst und sein Reproduziertalent, die außerordentliche Offenheit seines Geistes nicht nur für Gleiches, sondern auch für Fremdartiges. Es gehört zu seinem Kulturbegriff, daß diese Amalgamation des Anderen und Überkommenen eine geistige Existenz erst begründen könne. So geht es ihm denn auch so gut wie nirgendwo um die bloße Bereicherung durch das, was er zu besprechen hatte. Zur Kunst der Anverwandlung gehört die Beherrschung des Fremden, der kommentierende Einbezug des anderen in den eigenen Lebenshorizont. Das setzt eine Offenheit voraus, die bereit ist, das Heil nicht in der Beschränkung auf das eigene Ich zu sehen. So ist den Forderungen des Tages hier denn auch so zahlreich wie mannigfach Rechnung getragen worden. Ein dialogisches Weltverhältnis wird deutlich, das den autobiographischen Neigungen und der Selbstbezogenheit durchaus die Waage hält.

Helmut Koopmann

BIBLIOGRAPHISCHER NACHWEIS

GWE = Gesammelte Werke [in Einzelausgaben], Berlin: S. Fischer Verlag 1922–1935, und Wien: Bermann-Fischer Verlag 1936–1937
StGA = Stockholmer Gesamtausgabe der Werke von Thomas Mann, Stockholm: Bermann-Fischer Verlag 1938–1947; Amsterdam: Bermann-Fischer Verlag 1948; Wien: Bermann-Fischer Verlag 1949; Frankfurt am Main: S. Fischer Verlag 1950–1965

7 *Heinrich Heine, der ›Gute‹.* Erstmals in ›Der Frühlingssturm‹, Lübeck, Juni/Juli 1893, unter dem Pseudonym Paul Thomas. Erste Buchveröffentlichung in ›Gesammelte Werke in zwölf Bänden‹, Band 11, Frankfurt am Main: S. Fischer Verlag 1960. Aufgenommen in ›Reden und Aufsätze II‹, Frankfurt am Main: S. Fischer Verlag 1965 = (StGA).
9 *[Über die Kritik.]* Antwort auf die Rundfrage: ›Bedarf die Kritik einer Reform? – Welches sind die Hauptmängel der Kritik? – Wie verhalten Sie sich zur Nachtkritik?‹ Erstmals in ›Kritik der Kritik‹, Berlin, 1. Jg., H. 2 (November) 1905. Erste Buchveröffentlichung in ›Gesammelte Werke in dreizehn Bänden‹, Band 13, Frankfurt am Main: S. Fischer Verlag 1974.
11 *Versuch über das Theater.* Antwort auf eine Rundfrage über die kulturellen Werte des Theaters. Erstmals in ›Nord und Süd‹, Breslau, 32. Jg., H. 370 (Januar) und H. 371 (Februar) 1908. Erste Buchveröffentlichung (in überarbeiteter Fassung) in ›Rede und Antwort. Gesammelte Abhandlungen und kleine Aufsätze‹, Berlin: S. Fischer Verlag 1922 = (GWE). In dieser Form aufgenommen in ›Reden und Aufsätze I‹, Frankfurt am Main: S. Fischer Verlag 1965 = (StGA).
51 *Der Künstler und der Literat.* Einer größeren, nicht vollendeten Arbeit entnommen; erstmals unter den Titeln ›Der Literat‹ (1. Teil) und ›Der Künstler und der Literat‹ (2. Teil) in ›März‹, München, 7. Jg., H. 1, 4. 1. 1913, und H. 2, 11. 1. 1913. Erste Buchveröffentlichung in ›Gesammelte Werke in zwölf Bänden‹, Band 10, Frankfurt am Main: S. Fischer Verlag 1960. Aufgenommen in ›Reden und Aufsätze I‹, Frankfurt am Main: S. Fischer Verlag 1965 = (StGA).
59 *[Für Fritz Behn.]* Erstmals in ›Lübecker Nachrichten‹, 12. 4. 1913. Erste Buchveröffentlichung in ›Gesammelte Werke in

zwölf Bänden‹, Band 11, Frankfurt am Main: S. Fischer Verlag 1960. Aufgenommen in ›Reden und Aufsätze I‹, Frankfurt am Main: S. Fischer Verlag 1965 = (StGA).

67 *[Über Karl Kraus.]* Erstmals in ›Der Brenner‹, Innsbruck, 3. Jg., H. 18, 15. 6. 1913. Erste Buchveröffentlichung in ›Rundfrage über Karl Kraus‹, hrsg. v. Ludwig von Ficker, Innsbruck: Brenner-Verlag 1917. Aufgenommen in ›Reden und Aufsätze II‹, Frankfurt am Main: S. Fischer Verlag 1965 = (StGA).

68 *Die deutsche Stunde.* Antwort auf eine Rundfrage, veranstaltet von Ernst Hierl, München. Datiert: 4. Mai 1917. Erstmals unter dem Titel ›Bemerkungen zum Deutschen‹ in ›Zeitschrift für Deutschkunde‹, Leipzig/Berlin, 34. Jg., H. 2, 10. 3. 1920. Erste Buchveröffentlichung in ›Rede und Antwort. Gesammelte Abhandlungen und kleine Aufsätze‹, Berlin: S. Fischer Verlag 1922 = (GWE). Aufgenommen in ›Reden und Aufsätze II‹, Frankfurt am Main: S. Fischer Verlag 1965 = (StGA).

72 *[Maler und Dichter.]* Antwort auf die Rundfrage: ›Mit welchen Malern finden Sie sich in Ihrem Schaffen verbunden?‹ Erstmals in ›Berliner Tageblatt‹, 25. 12. 1913. Erste Buchveröffentlichung in ›Gesammelte Werke in zwölf Bänden‹, Band 11, Frankfurt am Main: S. Fischer Verlag 1960. Aufgenommen in ›Reden und Aufsätze II‹, Frankfurt am Main: S. Fischer Verlag 1965 = (StGA).

73 *Aufruf zur Gründung einer ›Deutschen Akademie‹.* Zu Anfang des Ersten Weltkrieges wurde in München die Gründung einer ›Deutschen Akademie‹ beraten. Der Plan scheiterte. Dieser Aufruf wurde im Auftrage des Ausschusses verfaßt (1915). Erstmals in ›Rede und Antwort. Gesammelte Abhandlungen und kleine Aufsätze‹, Berlin: S. Fischer Verlag 1922 = (GWE). Aufgenommen in ›Reden und Aufsätze II‹, Frankfurt am Main: S. Fischer Verlag 1965 = (StGA).

76 *[Von der literarischen Zukunft.]* Antwort auf die Rundfrage: ›Wie denken Sie über die Zukunft der Literatur nach dem Kriege?‹, veranstaltet vom Bund deutscher Gelehrter und Künstler. Erstmals in dänischer Übersetzung (zusammen mit vollständigem deutschen Text) in ›Litteraturen‹, Kopenhagen, 1. Jg., H. 19/20 (März) 1919. Der deutsche Text danach in ›Berliner Tageblatt‹, 26. 4. 1919, (fragmentarisch) und in ›Frankfurter Zeitung‹, 2. 5. 1919, (vollständig). Erste Buchveröffentlichung in ›Gesammelte Werke in dreizehn Bänden‹, Band 13, Frankfurt am Main: S. Fischer Verlag 1974.

78 *Glückwunsch an den ›Simplicissimus‹.* Antwort auf die Rundfrage: ›Wie denken Sie über den ‹Simplicissimus›?‹ Erstmals in ›Simplicissimus‹, München, 25. Jg., H. 1, 1. 4. 1920. Erste Buchveröffent-

lichung in ›Rede und Antwort. Gesammelte Abhandlungen und kleine Aufsätze‹, Berlin: S. Fischer Verlag 1922 = (GWE). Aufgenommen in ›Reden und Aufsätze II‹, Frankfurt am Main: S. Fischer Verlag 1965 = (StGA).

79 *Editiones insulae.* Erstmals in ›Münchner Neueste Nachrichten‹, 24./25. 12. 1920. Erste Buchveröffentlichung in ›Rede und Antwort. Gesammelte Abhandlungen und kleine Aufsätze‹, Berlin: S. Fischer Verlag 1922 = (GWE). Aufgenommen in ›Reden und Aufsätze I‹, Frankfurt am Main: S. Fischer Verlag 1965 = (StGA).

83 ›*Knaben und Mörder*‹. Erstmals in ›Vossische Zeitung‹, Berlin, 29. 5. 1921. Erste Buchveröffentlichung in ›Bemühungen. Neue Folge der Gesammelten Abhandlungen und kleinen Aufsätze‹, Berlin: S. Fischer Verlag 1925 = (GWE). Aufgenommen in ›Reden und Aufsätze I‹, Frankfurt am Main: S. Fischer Verlag 1965 = (StGA).

89 *Ein Gutachten.* Geschrieben für die J. G. Cotta'sche Verlagsbuchhandlung, Stuttgart. Erstmals unter dem Titel ›Um Bismarcks dritten Band‹ in ›Berliner Tageblatt‹, 3. 6. 1921. Erste Buchveröffentlichung in ›Rede und Antwort. Gesammelte Abhandlungen und kleine Aufsätze‹, Berlin: S. Fischer Verlag 1922 = (GWE). Aufgenommen in ›Reden und Aufsätze I‹, Frankfurt am Main: S. Fischer Verlag 1965 = (StGA).

93 *Ein schönes Buch.* Erstmals in ›Neue Freie Presse‹, Wien, 1. 3. 1922. Erste Buchveröffentlichung in ›Bemühungen. Neue Folge der Gesammelten Abhandlungen und kleinen Aufsätze‹, Berlin: S. Fischer Verlag 1925 = (GWE). Aufgenommen in ›Reden und Aufsätze I‹, Frankfurt am Main: S. Fischer Verlag 1965 = (StGA).

95 *Russische Dichtergalerie.* Datiert: 21. November 1922. Erstmals in ›Prager Presse‹, 3. 12. 1922. Erste Buchveröffentlichung in Alexander Eliasberg, ›Bildergalerie zur russischen Literatur‹, München: Orchis-Verlag 1922. Aufgenommen in ›Bemühungen. Neue Folge der Gesammelten Abhandlungen und kleinen Aufsätze‹, Berlin: S. Fischer Verlag 1925 = (GWE) und in ›Reden und Aufsätze I‹, Frankfurt am Main: S. Fischer Verlag 1965 = (StGA).

97 *[Bekenntnis und Erziehung.]* Ansprache, gehalten am 1. März 1922 im Opernhaus Frankfurt am Main. Erstmals (mit einer Faksimile-Wiedergabe der ersten Manuskriptseite) unter dem Titel ›Vorrede zur Zauberflöte‹ in ›Süddeutsche Zeitung‹, München, 13./14. 7. 1974. – In die Ansprache sind einzelne Abschnitte aus ›Goethe und Tolstoi‹ eingearbeitet.

105 *[Über Mereschkowski.]* Brief an den Direktor des Russischen Dramatischen Theaters, A. Grischin; datiert: April 1922. Erstmals

in ›Das Tagebuch‹, Berlin, 3. Jg., H. 17, 29. 4. 1922. Erste Buchveröffentlichung in ›Gesammelte Werke in dreizehn Bänden‹, Band 13,
Frankfurt am Main: S. Fischer Verlag 1974.

[Briefe aus Deutschland.]
107 [Erster Brief.] [November 1922.] Erstmals in englischer Übersetzung unter dem Titel ›German Letter [I]‹ in ›The Dial‹, New
York, vol. 73, nr. 6 (Dezember) 1922. Der Hauptteil des Briefes
erstmals deutsch unter dem Titel ›Über die Lehre Spenglers‹ in
›Allgemeine Zeitung‹, München, 9. 3. 1924; erste Buchveröffentlichung dieses Teiles in ›Bemühungen. Neue Folge der Gesammelten Abhandlungen und kleinen Aufsätze‹, Berlin: S. Fischer Verlag
1925 = (GWE). Der ungekürzte Brief erstmals deutsch unter dem
Titel ›Briefe aus Deutschland. German Letter I‹ in Hans Wysling,
›Dokumente und Untersuchungen. Beiträge zur Thomas-Mann-
Forschung‹, Bern und München: Francke Verlag 1974 = (Thomas-
Mann-Studien. Dritter Band).
118 [Zweiter Brief.] Datiert: München, Februar 1923. Erstmals in
englischer Übersetzung unter dem Titel ›German Letter [II]‹ in
›The Dial‹, New York, vol. 74, nr. 6 (Juni) 1923. Deutsche Origi-
nalfassung erstmals unter dem Titel ›Briefe aus Deutschland. Ger-
man Letter II‹ in Hans Wysling, ›Dokumente und Untersuchungen.
Beiträge zur Thomas-Mann-Forschung‹, Bern und München:
Francke Verlag 1974 = (Thomas-Mann-Studien. Dritter Band). –
Die gültige Fassung des hier in englischer Übersetzung wiederge-
gebenen Absatzes – Thomas Mann hatte ihn im Manuskript auf ein
Beiblatt geschrieben – ist im deutschen Original nicht erhalten. Die
ursprünglich konzipierte, dann aber wieder gestrichene Formulierung dieses Absatzes lautet: »Obgleich übrigens die Preise den
Investierungen der Verleger und dem Profitbedürfnis der Zwischenhändler entsprechen, das heißt: obgleich sie kolossal sind,
werden die Bücher dennoch gekauft; der Buchhandel hat nicht zu
klagen, – wofür es geistige Gründe gibt, die ich in meinem vorigen
Brief angedeutet habe, aber auch wirtschaftliche. Denn das Publikum, das den Sachwert schätzen gelernt hat, erblickt im Buche auch
heute noch ein solides Anlage-Objekt und bevorzugt es, wenn es
gilt, einander zu beschenken.« – Der Abschnitt über das ›Deutsche
Lesebuch‹ von Hugo von Hofmannsthal erstmals deutsch unter
dem Titel ›Hofmannsthals Lesebuch‹ in ›Vossische Zeitung‹, Berlin, 10. 7. 1923; erste Buchveröffentlichung in ›Gesammelte Werke
in zwölf Bänden‹, Band 10, Frankfurt am Main: S. Fischer Verlag

1960, aufgenommen in ›Reden und Aufsätze I‹, Frankfurt am Main: S. Fischer Verlag 1965 = (StGA).

127 [Dritter Brief.] Datiert: München, Juni 1923. Erstmals in englischer Übersetzung unter dem Titel ›German Letter [III]‹ in ›The Dial‹, New York, vol. 75, nr. 4 (Oktober) 1923. Deutsche Originalfassung erstmals unter dem Titel ›Briefe aus Deutschland. German Letter III‹ in Hans Wysling, ›Dokumente und Untersuchungen. Beiträge zur Thomas-Mann-Forschung‹, Bern und München: Francke Verlag 1974 = (Thomas-Mann-Studien. Dritter Band).

137 [Vierter Brief.] Datiert: München, September 1923. Erstmals in englischer Übersetzung unter dem Titel ›German Letter [IV]‹ in ›The Dial‹, New York, vol. 76, nr. 1 (Januar) 1924. Deutsche Originalfassung erstmals unter dem Titel ›Briefe aus Deutschland. German Letter IV‹ in Hans Wysling, ›Dokumente und Untersuchungen. Beiträge zur Thomas-Mann-Forschung‹, Bern und München: Francke Verlag 1974 = (Thomas-Mann-Studien. Dritter Band). – Der Abschnitt über die Whitman-Übersetzung von Hans Reisiger ist teilweise identisch mit einem Brief Thomas Manns an Reisiger; unter dem Titel ›Hans Reisigers Whitman-Werk‹ erstmals in ›Frankfurter Zeitung‹, 16. 4. 1922 (vgl. in dieser Ausgabe den Band ›Rede und Antwort‹, S. 619 f.). – Der Abschnitt über Ernst Troeltsch, ›Naturrecht und Humanität in der Weltpolitik‹ deutsch erstmals unter dem Titel ›Naturrecht und Humanität‹ in ›Frankfurter Zeitung‹, 25. 12. 1923; erste Buchveröffentlichung in ›Gesammelte Werke in zwölf Bänden‹, Band 12, Frankfurt am Main: S. Fischer Verlag 1960, aufgenommen in ›Reden und Aufsätze II‹, Frankfurt am Main: S. Fischer Verlag 1965 = (StGA).

146 [Fünfter Brief.] Datiert: München, April 1924. Erstmals in englischer Übersetzung unter dem Titel ›German Letter [V]‹ in ›The Dial‹, New York, vol. 77, nr. 5 (November) 1924. Deutsche Originalfassung erstmals unter dem Titel ›Briefe aus Deutschland. German Letter V‹ in Hans Wysling, ›Dokumente und Untersuchungen. Beiträge zur Thomas-Mann-Forschung‹, Bern und München: Francke Verlag 1974 = (Thomas-Mann-Studien. Dritter Band).

153 [Sechster Brief.] [September 1925.] Erstmals in englischer Sprache unter dem Titel ›German Letter [VI]‹ in ›The Dial‹, New York, vol. 79, nr. 4 (Oktober) 1925. Deutsche Originalfassung erstmals unter dem Titel ›Briefe aus Deutschland. German Letter VI‹ in Hans Wysling, ›Dokumente und Untersuchungen. Beiträge zur Thomas-Mann-Forschung‹, Bern und München: Francke Verlag 1974 = (Thomas-Mann-Studien. Dritter Band).

Die beiden letzten Briefe – ›German Letter [VII]‹, geschrieben im
März 1927, und ›German Letter [VIII]‹, datiert: München, April 1928
– sind zuerst in deutscher Sprache unter den Titeln ›Verjüngende
Bücher‹ (s. in diesem Band S. 213-220) und ›Dürer‹ erschienen.

161 *[Nationale und internationale Kunst.]* Erstmals unter dem Titel
›National und International‹ in ›Vossische Zeitung‹, Berlin, und
›Neue Zürcher Zeitung‹ (fragmentarisch), 20. 8. 1922. Erste Buch-
veröffentlichung in ›Gesammelte Werke in zwölf Bänden‹, Band
10, Frankfurt am Main: S. Fischer Verlag 1960. Aufgenommen in
›Reden und Aufsätze II‹, Frankfurt am Main: S. Fischer Verlag 1965
= (StGA).

168 *[Die Bibliothek.]* Erstmals in ›Leipziger Tageblatt‹, 20. 10. 1923.
Erste Buchveröffentlichung in ›Gesammelte Werke in zwölf Bänden‹, Band 10, Frankfurt am Main: S. Fischer Verlag 1960. Aufgenommen in ›Reden und Aufsätze II‹, Frankfurt am Main 1965 =
(StGA).

168 *[Die Buddho-Verdeutschung Karl Eugen Neumanns.]* Antwort auf
eine Rundfrage. Erstmals in ›Almanach des R. Piper Verlages
1904–1924‹, München 1923. Aufgenommen in ›Gesammelte Werke
in dreizehn Bänden‹, Band 13, Frankfurt am Main: S. Fischer Verlag
1974.

169 *Ein ungarischer Roman.* Brief, datiert: München, 4. Juni 1923.
Erstmals in ungarischer Übersetzung unter dem Titel ›Thomas
Mann Kosztolányi Dezsö regényéröl‹ in ›Nyugat‹, Budapest, 16.
Jg., H. 17/18, 12. 9. 1923. Deutsche Originalfassung erstmals unter
dem Titel ›Ein Vorwort statt der Besprechung‹ in ›Frankfurter
Zeitung‹, 7. 3. 1924. Erste Buchveröffentlichung in Desidér Koszto-
lányi, ›Der blutige Dichter‹, Konstanz: Oskar Wöhrle Verlag 1924.
Aufgenommen in ›Bemühungen. Neue Folge der Gesammelten
Abhandlungen und kleinen Aufsätze‹, Berlin: S. Fischer Verlag
1925 = (GWE), und in ›Reden und Aufsätze I‹, Frankfurt am Main:
S. Fischer Verlag 1965 = (StGA).

171 *Große Unterhaltung.* Erstmals in ›Berliner Tageblatt‹,
12. 12. 1924. Erste Buchveröffentlichung in ›Bemühungen. Neue
Folge der Gesammelten Abhandlungen und kleinen Aufsätze‹, Berlin: S. Fischer Verlag 1925 = (GWE). Aufgenommen in ›Reden und
Aufsätze I‹, Frankfurt am Main: S. Fischer Verlag 1965 = (StGA).

175 *Katalog.* Erstmals in ›Frankfurter Zeitung‹, 13. 12. 1925. Erste
Buchveröffentlichung in ›Gesammelte Werke in dreizehn Bänden‹,
Band 13, Frankfurt am Main: S. Fischer Verlag 1974.

184 *[Vorwort zu ›Der deutsche Genius‹.]* Datiert: München, November 1926. Erstmals in ›Der deutsche Genius‹, hrsg. von Hanns Martin Elster, Berlin: Deutsche Buchgemeinschaft 1926. Aufgenommen in ›Reden und Aufsätze I‹, Frankfurt am Main: S. Fischer Verlag 1965 = (StGA).

[›Romane der Welt‹]
189 [Geleitwort.] Datiert: Ettal, Oberbayern, Februar 1927. Erstmals fragmentarisch, unter dem Titel ›Thomas Mann über die ‹Romane der Welt›‹, in ›Prager Presse‹, 23. 3. 1927, vollständig in ›Neue Zürcher Zeitung‹ und ›Berliner Tageblatt‹, 28. 3. 1927. Erste Buchveröffentlichung in Hugh Walpole, ›Bildnis eines Rothaarigen‹, Berlin: Th. Knaur Nachf. 1927 = (›Romane der Welt‹, Band 1). Aufgenommen in ›Reden und Aufsätze I‹, Frankfurt am Main: S. Fischer Verlag 1965 = (StGA).

193 [Antwort auf einen Offenen Brief.] Datiert: München, 17. Mai 1927. Erstmals in ›Das Tagebuch‹, Berlin, 8. Jg., H. 22, 28. 5. 1927. Erste Buchveröffentlichung in ›Gesammelte Werke in zwölf Bänden‹, Band 11, Frankfurt am Main: S. Fischer Verlag 1960. Aufgenommen in ›Reden und Aufsätze II‹, Frankfurt am Main: S. Fischer Verlag 1965 = (StGA).

196 [Antwort an Winifred Katzin.] Datiert: München, 27. Oktober 1928. Erstmals in ›Die Horen‹, Berlin, 5. Jg., H. 3, 1929. Erste Buchveröffentlichung in ›Gesammelte Werke in zwölf Bänden‹, Band 11, Frankfurt am Main: S. Fischer Verlag 1960. Aufgenommen in ›Reden und Aufsätze II‹, Frankfurt am Main: S. Fischer Verlag 1965 = (StGA).

198 *[Über Rudolf Borchardt.]* Datiert: München, 10. Januar 1926. Erstmals in ›Die literarische Welt‹, Berlin, 2. Jg., Nr. 15, 9. 4. 1926. Erste Buchveröffentlichung in ›Gesammelte Werke in zwölf Bänden‹, Band 10, Frankfurt am Main: S. Fischer Verlag 1960. Aufgenommen in ›Reden und Aufsätze II‹, Frankfurt am Main: S. Fischer Verlag 1965 = (StGA).

201 *[Dichtung und Christentum.]* Antwort auf eine Rundfrage. Erstmals in ›Ostwart-Jahrbuch 1926‹, hrsg. von Viktor Kubczak, Breslau: Verlag des Bühnenwerkbundes, Abt. Breslau, 1926. Aufgenommen in ›Gesammelte Werke in dreizehn Bänden‹, Band 13, Frankfurt am Main: S. Fischer Verlag 1974.

201 *Die Unbekannten.* Datiert: Forte dei Marmi, 1. September 1926. Erstmals in ›Berliner Tageblatt‹, 10. 10. 1926. Erste Buchveröffent-

lichung in ›Die Forderung des Tages. Reden und Aufsätze aus den Jahren 1925–1929‹, Berlin: S. Fischer Verlag 1930 = (GWE). Aufgenommen in ›Reden und Aufsätze II‹, Frankfurt am Main: S. Fischer Verlag 1965 = (StGA).

207 ›Verkannte Dichter unter uns?‹ Antwort auf eine Rundfrage. Erstmals in ›Neue Zürcher Zeitung‹, 4. 4. 1926. Erste Buchveröffentlichung in ›Die Forderung des Tages. Reden und Aufsätze aus den Jahren 1925–1929‹, Berlin: S. Fischer Verlag 1930 = (GWE). Aufgenommen in ›Reden und Aufsätze II‹, Frankfurt am Main: S. Fischer Verlag 1965 = (StGA).

211 *Lieber und geehrter Simplicissimus…* Erstmals in ›Simplicissimus‹, München, 31. Jg., H. 1, 5. 4. 1926. Erste Buchveröffentlichung (fragmentarisch) in Eugen Roth, ›Simplicissimus‹, Hannover: Fackelträger-Verlag 1954. Aufgenommen in ›Reden und Aufsätze II‹, Frankfurt am Main: S. Fischer Verlag 1965 = (StGA).

213 *Verjüngende Bücher.* Erstmals in ›Frankfurter Zeitung‹, 17. 4. 1927. In englischer Übersetzung unter dem Titel ›German Letter [VII]‹ in ›The Dial‹, New York, vol. 83, nr. 1 (Juli) 1927. Erste Buchveröffentlichung in ›Die Forderung des Tages. Reden und Aufsätze aus den Jahren 1925–1929‹, Berlin: S. Fischer Verlag 1930 = (GWE). Aufgenommen in ›Reden und Aufsätze I‹, Frankfurt am Main: S. Fischer Verlag 1965 = (StGA).

220 *Bücherliste.* Antwort auf eine Rundfrage. Erstmals in ›Das Tagebuch‹, Berlin, 9. Jg., H. 48, 1. 12. 1928. Erste Buchveröffentlichung in ›Gesammelte Werke in dreizehn Bänden‹, Band 13, Frankfurt am Main: S. Fischer Verlag 1974.

226 *Vorwort zu Ludwig Lewisohn Roman ›Der Fall Herbert Crump‹.* Erstmals in ›Obelisk-Almanach auf das Jahr 1929‹, Berlin/München: Drei-Masken-Verlag 1928. Aufgenommen in Ludwig Lewisohn, ›Der Fall Herbert Crump‹, Berlin/München: Drei-Masken-Verlag 1929, und in Thomas Mann, ›Die Forderung des Tages. Reden und Aufsätze aus den Jahren 1925–1929‹, Berlin: S. Fischer Verlag 1930 = (GWE), sowie in Thomas Mann, ›Reden und Aufsätze I‹, Frankfurt am Main: S. Fischer Verlag 1965 = (StGA).

229 *Vorwort zu Edmond Jaloux' Roman ›Die Tiefen des Meeres‹.* Erstmals in Edmond Jaloux, ›Die Tiefen des Meeres‹, Berlin: Wegweiser-Verlag 1928. Aufgenommen in ›Die Forderung des Tages. Reden und Aufsätze aus den Jahren 1925–1929‹, Berlin: S. Fischer Verlag 1930 = (GWE), sowie in ›Reden und Aufsätze I‹, Frankfurt am Main: S. Fischer Verlag 1965 = (StGA).

236 *Worte an die Jugend.* Antwort auf eine Rundfrage. Erstmals in

›Die literarische Welt‹, Berlin, 3. Jg., H. 1, 7. 1. 1927. Erste Buchveröffentlichung in ›Die Forderung des Tages. Reden und Aufsätze aus den Jahren 1925–1929‹, Berlin: S. Fischer Verlag 1930 = (GWE). Aufgenommen in ›Reden und Aufsätze II‹, Frankfurt am Main 1965 = (StGA).

239 *An Karl Arnold.* Brief, datiert: Ettal, 31. 1. 1927. Erstmals in ›Berliner Tageblatt‹, 11. 2. 1927. Erste Buchveröffentlichung in ›Die Forderung des Tages. Reden und Aufsätze aus den Jahren 1925–1929‹, Berlin: S. Fischer Verlag 1930 = (GWE). Aufgenommen in ›Reden und Aufsätze II‹, Frankfurt am Main: S. Fischer Verlag 1965 = (StGA).

242 *Über den Film.* Antwort auf eine Rundfrage. Erstmals in ›Schünemanns Monatshefte‹, Bremen, H. 8 (August) 1928. Erste Buchveröffentlichung in ›Die Forderung des Tages. Reden und Aufsätze aus den Jahren 1925-1929‹, Berlin, S. Fischer Verlag 1930 = (GWE). Aufgenommen in ›Reden und Aufsätze II‹, Frankfurt am Main: S. Fischer Verlag 1965 = (StGA).

245 *›Die Welt ist schön‹.* Erstmals in ›Berliner Illustrirte Zeitung‹, 37. Jg., Nr. 52, 23. 12. 1928. Erste Buchveröffentlichung in ›Gesammelte Werke in zwölf Bänden‹, Band 10, Frankfurt am Main: S. Fischer Verlag 1960. Aufgenommen in ›Reden und Aufsätze II‹, Frankfurt am Main: S. Fischer Verlag 1965 = (StGA).

247 *[Der Tag des Buches.]* Erstmals in ›Reclams Universum‹, Leipzig, 45. Jg., H. 25, 21. 3. 1929. Erste Buchveröffentlichung in ›Gesammelte Werke in zwölf Bänden‹, Band 10, Frankfurt am Main: S. Fischer Verlag 1960. Aufgenommen in ›Reden und Aufsätze II‹, Frankfurt am Main: S. Fischer Verlag 1965 = (StGA).

250 *Vom schönen Zimmer.* Erstmals in ›Jahrbuch der deutschen Werkstätten 1929‹, Hellerau/München: Verlag der deutschen Werkstätten 1929. Aufgenommen in ›Die Forderung des Tages. Reden und Aufsätze aus den Jahren 1925–1929‹, Berlin: S. Fischer Verlag 1930 = (GWE), und in ›Reden und Aufsätze II‹, Frankfurt am Main: S. Fischer Verlag 1965 = (StGA).

252 *[Vorwort zu dem Katalog ›Utländska Böcker 1929‹.]* Erstmals in ›Utländska Böcker 1929‹, Stockholm: Fritzes Hovbokhandel 1929. Aufgenommen in ›Reden und Aufsätze I‹, Frankfurt am Main: S. Fischer Verlag 1965 = (StGA).

258 *[Arthur Eloesser ›Die deutsche Literatur‹.]* Erstmals in ›Die neue Rundschau‹, Berlin, 40. Jg., H. 12 (Dezember) 1929 (Besprechung des ersten Bandes ›Die deutsche Literatur vom Barock bis zu Goethes Tod‹ unter dem Titel ›Die deutsche Literatur‹) und ›Die

neue Rundschau‹, Berlin, 44. Jg., H. 1 (Januar) 1933 (Besprechung des zweiten Bandes ›Die deutsche Literatur von der Romantik bis zur Gegenwart‹ unter dem Titel ›Eloessers zweiter Band‹). Erste Buchveröffentlichung in ›Gesammelte Werke in zwölf Bänden‹, Band 10, Frankfurt am Main: S. Fischer Verlag 1960. Aufgenommen in ›Reden und Aufsätze I‹, Frankfurt am Main: S. Fischer Verlag 1965 = (StGA).

265 *[Hermann Ungar ›Colberts Reise und andere Erzählungen‹.]* Vorwort, datiert: Nidden, August 1930. Erstmals unter dem Titel ›Hermann Ungar‹ in ›Berliner Tageblatt‹, 10. 10. 1930. Erste Buchveröffentlichung in Hermann Ungar, ›Colberts Reise und andere Erzählungen‹, Berlin: Ernst Rowohlt Verlag 1930. Aufgenommen in ›Reden und Aufsätze I‹, Frankfurt am Main: S. Fischer Verlag 1965 = (StGA).

271 *Foreword. [To Conrad Ferdinand Meyer ›The Saint‹.]* Erstmals in Conrad Ferdinand Meyer, ›The Saint‹, transl. by Edward Franklin Hauch, New York: Simon and Schuster 1930. Das deutsche Original ist nicht erhalten. Aufgenommen in ›Gesammelte Werke in dreizehn Bänden‹, Band 13, Frankfurt am Main: S. Fischer Verlag 1974.

273 *[Pierre Viénot ›Ungewisses Deutschland‹.]* Nachtrag zu einer Liste ›Die besten Bücher des Jahres. Antwort auf eine Rundfrage‹ (in ›Das Tagebuch‹, 12. Jg., H. 49, 5. 12. 1931). Erstmals in ›Das Tagebuch‹, 12. Jg., H. 51, 19. 12. 1931. Erste Buchveröffentlichung in ›Gesammelte Werke in dreizehn Bänden‹, Band 13, Frankfurt am Main: S. Fischer Verlag 1974.

274 *Jungfranzösische Anthologie.* Erstmals in ›Deutsch-französische Rundschau‹, Berlin, Bd. 4 (Januar) 1931. Erste Buchveröffentlichung in ›Gesammelte Werke in zwölf Bänden‹, Band 10, Frankfurt am Main: S. Fischer Verlag 1960. Aufgenommen in ›Reden und Aufsätze I‹, Frankfurt am Main: S. Fischer Verlag 1965 = (StGA).

277 *[›Ur und die Sintflut‹.]* Besprechung des Buches von Charles Leonard Wooley. Erstmals in ›Reclams Universum‹, Leipzig, 47. Jg., H. 17, 22. 1. 1931. Erste Buchveröffentlichung in ›Gesammelte Werke in zwölf Bänden‹, Band 10, Frankfurt am Main: S. Fischer Verlag 1960. Aufgenommen in ›Reden und Aufsätze I‹, Frankfurt am Main: S. Fischer Verlag 1965 = (StGA).

279 *Die Einheit des Menschengeistes.* Erstmals in ›Vossische Zeitung‹, Berlin, 17. 2. 1932. Erste Buchveröffentlichung in ›Almanach‹ [des S. Fischer Verlages]. Das 49. Jahr‹, Berlin: S. Fischer Verlag 1935. Aufgenommen in ›Reden und Aufsätze I‹, Frankfurt am Main: S. Fischer Verlag 1965 = (StGA).

284 *[Contrastes de Goethe.]* Diskussionsbeiträge auf der Tagung des ›Comité Permanent des Lettres et des Arts‹ am 12.–14. Mai 1932 in Frankfurt am Main. Erstmals in ›Entretiens sur Goethe‹, éd. par la Société des Nations, Paris: Institut International de Coopération Intellectuelle 1932. Das deutsche Original ist nicht erhalten. Aufgenommen in ›Gesammelte Werke in dreizehn Bänden‹, Band 13, Frankfurt am Main: S. Fischer Verlag 1974.

288 *[Robert Musil ›Der Mann ohne Eigenschaften‹.]* Antwort auf die Rundfrage: ›Die besten Bücher des Jahres‹. Erstmals in ›Das Tagebuch‹, Berlin, 13. Jg., H. 49, 3. 12. 1932. Erste Buchveröffentlichung in ›Gesammelte Werke in zwölf Bänden‹, Band 11, Frankfurt am Main: S. Fischer Verlag 1960. Aufgenommen in ›Reden und Aufsätze II‹, Frankfurt am Main: S. Fischer Verlag 1965 = (StGA).

290 *[Über Oskar Kokoschka.]* Brief an Wolfgang Born, o. D. (lt. Tagebuch: 27. 10. 1933). Erstmals in ›Der Wiener Kunstwanderer‹, Wien, 1. Jg., Nr. 10, 1933. Erste Buchveröffentlichung in ›Gesammelte Werke in zwölf Bänden‹, Band 10, Frankfurt am Main: S. Fischer Verlag 1960. Aufgenommen in ›Reden und Aufsätze II‹, Frankfurt am Main: S. Fischer Verlag 1965 = (StGA).

293 ›Witiko‹. Antwort auf eine Rundfrage. Erstmals in ›Die Welt im Wort‹, Prag/Wien, 1. Jg., Nr. 12, 21. 12. 1933. Erste Buchveröffentlichung in ›Gesammelte Werke in zwölf Bänden‹, Band 10, Frankfurt am Main: S. Fischer Verlag 1960. Aufgenommen in ›Reden und Aufsätze II‹, Frankfurt am Main: S. Fischer Verlag 1965 = (StGA).

293 *Literature and Hitler.* Erstmals in ›The Modern Thinker and Author's Review‹, New York, vol. 5, nr. 2 (August) 1934. Das deutsche Original ist nicht erhalten. Erste Buchveröffentlichung in ›Gesammelte Werke in dreizehn Bänden‹, Band 13, Frankfurt am Main: S. Fischer Verlag 1974.

303 *Leonhard Franks ›Traumgefährten‹.* Erstmals in ›National-Zeitung‹, Basel, 19. 4. 1936. Erste Buchveröffentlichung in ›Gesammelte Werke in dreizehn Bänden‹, Band 13, Frankfurt am Main: S. Fischer Verlag 1974.

305 *[›Gibt es eine österreichische Literatur?‹]* Antwort auf eine Rundfrage. Erstmals unter dem Titel ›Österreich im Schrifttum‹ in ›Almanach 1936 der literarischen Buchhandlung Dr. Martin Flinker‹, Wien 1936. Aufgenommen in ›Reden und Aufsätze II‹, Frankfurt am Main: S. Fischer Verlag 1965 = (StGA).

306 *[Rede für die Gesellschaft ›Urania‹, Prag.]* Gehalten im Tschechoslowakischen Rundfunk am 10. Mai 1936. Das Manuskript ist

nicht erhalten. Der Text wurde von Ernst Loewy von der Tonaufnahme transkribiert. Erste Buchveröffentlichung unter dem Titel ›Rede vor der Gesellschaft ‹Urania›, Prag‹ in ›Gesammelte Werke in dreizehn Bänden‹, Band 13, Frankfurt am Main: S. Fischer Verlag 1974. – Der Obmann der Gesellschaft ›Urania‹ war Professor Oskar Frankl.

309 *The Living Spirit.* Speech at Banquet in Honor of New School for Social Research on April 15, 1937. Erstmals in ›Social Research‹, New York, vol. 4, nr. 3 (September) 1937. Das deutsche Original ist nicht erhalten. Erste Buchveröffentlichung in ›Gesammelte Werke in dreizehn Bänden‹, Band 13, Frankfurt am Main: S. Fischer Verlag 1974.

324 *[Ansprache vor amerikanischen Buchhändlern.]* Gehalten am 17. Mai 1939. Erstmals in englischer Übersetzung unter dem Titel ›Mediators between the Spirit and Life‹ in ›The Publisher's Weekly‹, New York, vol. 135, nr. 21, 27. 5. 1939. Der deutsche Originaltext erstmals in ›Gesammelte Werke in dreizehn Bänden‹, Band 13, Frankfurt am Main: S. Fischer Verlag 1974.

329 *[An Martin Gumpert über ›Dunant‹.]* Brief, datiert: Jamestown, Rhode Island, 27. Mai 1938. Erstmals auf dem Schutzumschlag von Thomas Mann, ›Achtung Europa!‹, Stockholm: Bermann-Fischer Verlag 1939, 4.–5. Tausend. Aufgenommen in ›Briefe 1937–1947‹, hrsg. von Erika Mann, Frankfurt am Main: S. Fischer Verlag 1963, und in ›Gesammelte Werke in dreizehn Bänden‹, Band 13, Frankfurt am Main: S. Fischer Verlag 1974.

330 *[Kuno Fiedler ›Glaube, Gnade und Erlösung nach dem Jesus der Synoptiker‹.]* Brief, datiert: Princeton, N. J., 19. März 1940. Erstmals in ›Mass und Wert‹, Zürich, 3. Jg., H. 4 (Mai/Juni/Juli) 1940. Erste Buchveröffentlichung in ›Gesammelte Werke in zwölf Bänden‹, Band 10, Frankfurt am Main. S. Fischer Verlag 1960. Aufgenommen in ›Reden und Aufsätze I‹, Frankfurt am Main: S. Fischer Verlag 1965 = (StGA).

332 *Preface. [To Martin Gumpert ›First Papers‹.]* Erstmals in Martin Gumpert, ›First Papers‹, transl. by Heinz and Ruth Norden, New York: Duell, Sloan and Pearce 1941. Das deutsche Original ist nicht erhalten. Aufgenommen in ›Gesammelte Werke in dreizehn Bänden‹, Band 13, Frankfurt am Main: S. Fischer Verlag 1974.

337 *A few words about the significance of the book in our time.* [1941/42]. Das deutsche Original ist nicht erhalten. Erstmals in ›Gesammelte Werke in dreizehn Bänden‹, Band 13, Frankfurt am Main: S. Fischer Verlag 1974.

340 *Einleitung für die Christmas Book Section der ›Chicago Daily News‹.* Undatiert, vermutlich geschrieben im Dezember 1945. Erstmals in ›Gesammelte Werke in dreizehn Bänden‹, Band 13, Frankfurt am Main: S. Fischer Verlag 1974.

342 *[Über Hermann Brochs ›Der Tod des Vergil‹.]* Geschrieben 1943 für eine privat verschickte Einladung zur Subskription von Brochs Roman, der 1945 in deutscher und englischer Ausgabe bei Pantheon Books, New York, erschien. Erstmals in ›Die Fähre‹, München, 1. Jg., H. 8, 1946. Erste Buchveröffentlichung in ›Gesammelte Werke in dreizehn Bänden‹, Band 13, Frankfurt am Main: S. Fischer Verlag 1974.

343 *[An Bohuš Beneš über ›God's Village‹.]* Datiert: Pacific Palisades, Calif., 22. September 1946. Erstmals in englischer Übersetzung unter dem Titel ›Foreword‹ in Bohuš Beneš, ›God's Village‹, London: Allan & Unwin 1947. Die deutsche Originalfassung erstmals in ›Gesammelte Werke in dreizehn Bänden‹, Band 13, Frankfurt am Main: S. Fischer Verlag 1974.

346 *Für Fritz von Unruh.* Über Alvin Kronacher, ›Fritz von Unruh‹, New York 1946. Aus einem Brief an Rudolf Schick, o. D. (lt. Tagebuch: 17. 11. 1946). Erstmals in ›Aufbau‹, New York, vol. 12, nr. 50, 13. 12. 1946. Erste Buchveröffentlichung in ›Gesammelte Werke in dreizehn Bänden‹, Band 13, Frankfurt am Main: S. Fischer Verlag 1974.

347 *[Die Aufgabe des Schriftstellers.]* Brief an den Schutzverband Deutscher Schriftsteller, München; datiert: Pacific Palisades, Calif., 18. April 1947. Erstmals als Geleitwort in ›Der Schriftsteller‹, München, 1. Jg., H. 1 (August) 1947. Erste Buchveröffentlichung in ›Gesammelte Werke in zwölf Bänden‹, Band 10, Frankfurt am Main: S. Fischer Verlag 1960. Aufgenommen in ›Reden und Aufsätze I‹, Frankfurt am Main: S. Fischer Verlag 1965 = (StGA).

351 *Geist und Politik.* Erstmals in ›Die Fähre‹, München, 3. Jg., H. 3, 1948. Erste Buchveröffentlichung in ›Gesammelte Werke in dreizehn Bänden‹, Band 13, Frankfurt am Main: S. Fischer Verlag 1974.

351 *Geist ist Freiheit.* Erstmals im September 1948 in einer bisher nicht identifizierten sächsischen Zeitung. Erste Buchveröffentlichung in ›Gesammelte Werke in dreizehn Bänden‹, Band 13, Frankfurt am Main: S. Fischer Verlag 1974.

352 *[›Wie steht es um die Nachkriegsdichtung?‹]* Antwort auf eine Rundfrage. Brief an Ludwig Kunz, datiert: Amsterdam, 5. August 1949. Erstmals in ›De Kim‹, Amsterdam, Nr. 1, 1949. Erste Buch-

veröffentlichung in ›Gesammelte Werke in zwölf Bänden‹, Band 10, Frankfurt am Main: S. Fischer Verlag 1960. Aufgenommen in ›Reden und Aufsätze II‹, Frankfurt am Main: S. Fischer Verlag 1965 = (StGA).

353 *Fragment über Zola*. Datiert: Zürich, 17. Dezember 1952. Erstmals in französischer Übersetzung unter dem Titel ›Zola et l'Age d'Or‹ in ›Présence de Zola‹, introd. par Marc Bernard, Paris: Éditions Fasquelle 1953. Der deutsche Text erstmals in ›Nachlese. Prosa 1951–1955‹, Berlin und Frankfurt am Main: S. Fischer Verlag 1956 = (StGA).

355 *[Hermann Kesten ›Die Kinder von Gernika‹.]* Geleitwort, datiert: Erlenbach-Zürich, März 1953. Erstmals in französischer Übersetzung als ›Préface‹ in Hermann Kesten, ›Les Enfants de Guernica‹, Paris: Éditions Calman Lévi 1954. Erste deutsche Buchveröffentlichung in ›Die Kinder von Gernika‹, Hamburg: Ernst Rowohlt Verlag 1955 = (rororo-Taschenbuch 142). Aufgenommen in ›Reden und Aufsätze I‹, Frankfurt am Main: S. Fischer Verlag 1965 = (StGA).

359 *Ein Wort hierzu*. [Vorwort zu Klaus W. Jonas ›Fifty Years of Thomas Mann Studies‹.] Datiert: Erlenbach am Zürichsee, April 1953. Erstmals unter dem Titel ›Vorwort zu einer amerikanischen Bibliographie‹ in ›Begegnungen. Jahrbuch der Freien Akademie der Künste‹, Hamburg 1953. Aufgenommen in Klaus W. Jonas, ›Fifty Years of Thomas Mann Studies‹, Minneapolis: University of Minnesota Press 1955, und in ›Reden und Aufsätze I‹, Frankfurt am Main: S. Fischer Verlag 1965 = (StGA).

362 *[›Zürich‹.]* Datiert: Erlenbach, 2. Juni 1953. Erstmals in Faksimile-Wiedergabe der Handschrift als Vorwort in ›Zürich‹, Zürich: Verlag Oprecht 1953. Aufgenommen in ›Reden und Aufsätze I‹, Frankfurt am Main: S. Fischer Verlag 1965 = (StGA).

363 *[Pablo Casals.]* Brief an José Maria Corredor, datiert: Erlenbach-Zürich, März 1954. Erstmals in José Maria Corredor, ›Gespräche mit Casals‹, Bern: Alfred Scherz Verlag 1954. Aufgenommen in ›Nachlese. Prosa 1951–1955‹, Berlin und Frankfurt am Main: S. Fischer Verlag 1956 = (StGA).

364 *›Liebenswerte Menagerie‹*. Datiert: Kilchberg, April 1955. Erstmals in Alexander Moritz Frey, ›Kleine Menagerie‹, Wiesbaden: Limes Verlag 1955. Aufgenommen in ›Nachlese. Prosa 1951–1955‹, Berlin und Frankfurt am Main: S. Fischer Verlag 1956 = (StGA).

366 *[›Die schönsten Erzählungen der Welt‹ · Geleitwort.]* Datiert: Noordwijk aan Zee, Juli 1955. Erstmals unter dem Titel ›Das letzte

Manuskript‹ in ›Die Gegenwart‹, Frankfurt am Main, 10. Jg., H. 241, 27. 8. 1955. Erste Buchveröffentlichung in ›Die schönsten Erzählungen der Welt‹, Band I, München/Wien/Basel: Kurt Desch Verlag 1955. Aufgenommen in ›Nachlese. Prosa 1951–1955‹, Berlin und Frankfurt am Main: S. Fischer Verlag 1956 = (StGA).

INHALT

Heinrich Heine, der ›Gute‹. 7
[Über die Kritik]. 9
Versuch über das Theater. 11
Der Künstler und der Literat 51
[Für Fritz Behn] 59
[Über Karl Kraus] 67
[Maler und Dichter] 68
Aufruf zur Gründung einer ›Deutschen Akademie‹. . 69
Die deutsche Stunde 72
[Von der literarischen Zukunft] 76
Glückwunsch an den ›Simplicissimus‹ 78
Editiones insulae. 79
›Knaben und Mörder‹ 83
Ein Gutachten 89
Ein schönes Buch 93
Russische Dichtergalerie 95
[Bekenntnis und Erziehung] 97
[Über Mereschkowski] 105
[Briefe aus Deutschland]
    [Erster Brief] 107
    [Zweiter Brief] 118
    [Dritter Brief] 127
    [Vierter Brief] 137
    [Fünfter Brief]. 146
    [Sechster Brief] 153
[Nationale und internationale Kunst]. 161
[Die Bibliothek] 168
[Die Buddho-Verdeutschung Karl Eugen Neumanns] 168
Ein ungarischer Roman 169
Große Unterhaltung. 171
Katalog 175
[Vorwort zu ›Der deutsche Genius‹] 184

[›Romane der Welt‹]

    [Geleitwort] 189

    [Antwort auf einen Offenen Brief] 193

    [Antwort an Winifred Katzin] 196

[Über Rudolf Borchardt] 198

[Dichtung und Christentum] 201

Die Unbekannten 201

›Verkannte Dichter unter uns?‹ 207

Lieber und geehrter Simplicissimus 211

Verjüngende Bücher 213

Bücherliste 220

Vorwort zu Ludwig Lewisohns Roman ›Der Fall
Herbert Crump‹ 226

Vorwort zu Edmond Jaloux' Roman ›Die Tiefen des
Meeres‹ 229

Worte an die Jugend 236

An Karl Arnold 239

Über den Film 242

›Die Welt ist schön‹ 245

[Der Tag des Buches] 247

Vom schönen Zimmer 250

[Vorwort zu dem Katalog ›Utländska Böcker 1929‹] 252

[Arthur Eloesser ›Die deutsche Literatur‹] 258

[Hermann Ungar ›Colberts Reise und andere Erzählungen‹] 265

Foreword. [To Conrad Ferdinand Meyer ›The Saint‹]
[Englische Übersetzung] 271

[Rückübersetzung: Vorwort. (Zu Conrad Ferdinand
Meyer ›Der Heilige‹)] 272

[Pierre Viénot ›Ungewisses Deutschland‹] 273

Jungfranzösische Anthologie 274

[›Ur und die Sintflut‹] 277

Die Einheit des Menschengeistes 279

[Contrastes de Goethe]

    [Französische Übersetzung] 284

    [Rückübersetzung: Gegensätze bei Goethe] 286

[Robert Musil ›Der Mann ohne Eigenschaften‹] . . . 288

[Über Oskar Kokoschka] 290

›Witiko‹ 293

Literature and Hitler
   [Englische Übersetzung] 293
   [Rückübersetzung: Literatur und Hitler] 298

Leonhard Franks ›Traumgefährten‹ 303

[›Gibt es eine österreichische Literatur?‹] 305

[Rede für die Gesellschaft ›Urania‹, Prag] 306

The Living Spirit
   [Englische Übersetzung] 309
   [Rückübersetzung: Der lebendige Geist] 316

[Ansprache vor amerikanischen Buchhändlern] . . . 324

[An Martin Gumpert über ›Dunant‹] 329

[Kuno Fiedler ›Glaube, Gnade und Erlösung nach
dem Jesus der Synoptiker‹] 330

Preface. [To Martin Gumpert ›First Papers‹]
   [Englische Übersetzung] 332
   [Rückübersetzung: Vorwort. (Zu Martin Gumpert
   ›First Papers‹)] 334

A few words about the significance of the book in
our time
   [Englische Übersetzung] 337
   [Rückübersetzung: Einige Worte über die Bedeutung des Buches in unserer Zeit] 338

Einleitung für die Christmas Book Section der ›Chicago Daily News‹ 340

[Über Hermann Brochs ›Der Tod des Vergil‹] 342

[An Bohuš Beneš über ›God's Village‹] 343

Für Fritz von Unruh 346

[Die Aufgabe des Schriftstellers] 347

Geist und Politik 351

Geist ist Freiheit 351

[›Wie steht es um die Nachkriegsdichtung?‹] 352

Fragment über Zola 353

[Hermann Kesten ›Die Kinder von Gernika‹] 355

Ein Wort hierzu. [Vorwort zu Klaus W. Jonas ›Fifty
Years of Thomas Mann Studies‹] 359

[›Zürich‹] 362
[Pablo Casals] 363
›Liebenswerte Menagerie‹ 364
[›Die schönsten Erzählungen der Welt‹ · Geleitwort] . 366

Nachwort von Helmut Koopmann 373
Bibliographischer Nachweis 391

Erste Auflage 1986
Gesetzt in 9/10 p Bembo auf Linotron 202
und gedruckt von der
Buch- und Offsetdruckerei Wagner GmbH, Nördlingen
Das Papier lieferte die Papierfabrik Scheufelen, Oberlenningen
Fadengeheftet und flexibel gebunden in Iris-Leinen
der Vereinigten Kaliko, Bamberg
von der Buchbinderei Lachenmaier, Reutlingen
Gestaltet von Manfred Walch, Frankfurt am Main
Printed in Germany
ISBN-3-10-048241-7